Zum ersten Mal seit über 700 Jahren hat mit Benedikt XVI.
ein Papst sein Amt aufgegeben – aus freien Stücken? Vatikan-
Kenner Andreas Englisch deckt die Hintergründe für diese
aufsehenerregende Entscheidung auf. Vor allem aber stellt er
den neuen Papst vor und beschreibt die Revolution, die sich seit
seinem Amtsantritt im Vatikan vollzieht: wie Franziskus mit
jahrhundertealten Privilegien und der Cliquenwirtschaft im
Vatikan bricht; wie er die Korruption der Vatikanbank stoppen
will; wie die Botschaft des »Papstes der Armen« aussieht und
welche Änderungen er in der katholischen Kirche und ihrer
Lehre vornehmen will.

ANDREAS ENGLISCH ist der bekannteste deutsche Vatikan-
Korrespondent. Er ging 1987 in das Büro des Springer-
Auslandsdienstes in Rom, dessen Leiter er 1992 wurde. Neben
seiner Arbeit als Italien- und Vatikan-Korrespondent hat er
Romane und Sachbücher verfasst, die in neun Sprachen
übersetzt wurden.

ANDREAS ENGLISCH BEI BTB
Der Wunderpapst. Johannes Paul II. (74454)

# ANDREAS ENGLISCH

# FRANZISKUS

## ZEICHEN DER HOFFNUNG

Vom Erbe Benedikts XVI.
zur Revolution im Vatikan

btb

Der Verlag weist ausdrücklich darauf hin, dass im Text
enthaltene externe Links vom Verlag nur bis zum Zeitpunkt
der Buchveröffentlichung eingesehen werden konnten.
Auf spätere Veränderungen hat der Verlag keinerlei Einfluss.
Eine Haftung des Verlages ist daher ausgeschlossen.

Verlagsgruppe Random House FSC® N001967

4. Auflage
Genehmigte Taschenbuchausgabe Februar 2015,
btb Verlag in der Verlagsgruppe Random House GmbH,
Neumarkter Str. 28, 81673 München
Copyright © der Originalausgabe 2013, 2014 by C. Bertelsmann
Verlag, München in der Verlagsgruppe Random House GmbH
Umschlaggestaltung: semper smile, München
nach einem Umschlagentwurf von buxdesign, München
Umschlagfoto: © Alessandro Bianchi / Reuters
Bildredaktion: Dietlinde Orendi
Druck und Einband: GGP Media GmbH, Pößneck
MK · Herstellung: sc
Printed in Germany
ISBN 978-3-442-74880-8

www.btb-verlag.de
www.facebook.com/btbverlag
Besuchen Sie auch unseren LiteraturBlog www.transatlantik.de

*Für meine Frau Kerstin*
*und meinen Sohn Leonardo*
*und voller Dank für Seine Exzellenz*
*Bischof Marcelo Sánchez Sorondo,*
*ohne dessen Hilfe dieses Buch*
*nicht entstanden wäre*

# Inhalt

# Die Sensation Franziskus

Mittwoch, 13. März 2013. Sixtinische Kapelle. Vatikanstadt. Es ist 16.30 Uhr, als die Kardinäle nach der Mittagspause unter den weltberühmten Fresken von Michelangelo Buonarroti in die Kapelle zum vierten Wahlgang einziehen. Trotz der Stille in der Kapelle ist deutlich zu spüren, dass etwa 30 von ihnen von nackter Angst gepackt werden – so werden das später mehrere Kardinäle beschreiben. Es sind die etwa 30 Kurienkardinäle, die ständig in Rom wohnen und die Kirchenregierung, die Kurie, stellen. Sie wissen, dass sie jetzt vor allem eines unbedingt verhindern müssen: in Panik zu geraten. Was sie fürchten, darf auf keinen Fall eintreten: dass der Mann, der bereits im Jahr 2005 etwa 40 Stimmen bekam, der nächste Papst wird. Was sie auf Teufel komm raus verhindern müssen, ist die Wahl des Jorge Mario Bergoglio.

Die Kurienkardinäle erinnern sich gut an Bergoglio. Viel zu gut. Der Argentinier kam immer ungern nach Rom, aber wenn er kam, dann immer aus dem gleichen Grund: weil die Kurie ihm das Leben in Buenos Aires wieder einmal unmöglich gemacht hatte. Und sie hatten es ihm oft unmöglich gemacht! Bergoglio hatte die unangenehme Eigenschaft, dass er nicht einfach mit sich machen ließ, was die Kurie vorhatte. Wenn sie ihm wieder Ärger bereitet hatte, dann reiste er an, scheute nicht den Streit und besorgte sich einen Termin beim Papst. Zum Unglück der Kurie erfreute sich Bergoglio großer Wertschätzung sowohl von Johannes Paul II. als auch von Benedikt XVI. Streit war also vorprogrammiert, sobald Bergoglio in Rom war, und der Kardinal aus Buenos Aires hielt ihn aus.

Der entscheidende Konflikt war erst einige Monate her. Monsignore Ettore Balestrero, Zweiter Sekretär in der Abteilung des Staatssekretariats, das zuständig war für die Beziehung zu den Staaten, hatte Bergoglio attackiert. Dazu muss man wissen, dass Balestrero nichts anderes war als der verlängerte Arm des großen Bosses, des Kardinalstaatssekretärs Tarcisio Bertone. Wenn also Balestrero auf einen Kardinal losging, dann steckte Bertone dahinter – alle wussten das. Balestrero hatte Bergoglio wieder einmal vorgeworfen, dass dieser die besten Priester immer in die Slums schickte statt in die teuren Eliteschulen der katholischen Kirche für die Oberschicht oder in die Pfarreien der eleganten Stadtviertel von Buenos Aires oder gar nach Rom, wo wegen des Priestermangels dringend Nachwuchs gebraucht wurde. Wegen dieses Punktes gab es Ärger seit der Ernennung Bergoglios zum Erzbischof von Buenos Aires, also seit 1998. Bergoglio persönlich ging mit den Priestern in die Slums, jahrzehntelang, selbst dahin, wohin sich nicht einmal die Polizei traute. Bergoglio lehnte immer alle Eskorten ab, er nahm seine Priester mit und stellte sie den armen Leuten vor. Nie war Bergoglio ein Haar gekrümmt worden. Er hatte mit den Ärmsten Mate getrunken, den typischen Aufguss aus den Blättern des Matestrauchs, über viele Jahre hinweg. Die Ärmsten wussten, dass Bergoglio ihr Bischof war, und deswegen schützten sie seine Priester und nahmen sie auf. Selbst dort, wo sich Drogenbanden Feuergefechte lieferten, wo es um viel Geld ging, konnten Bergoglio und seine Priester nach Belieben kommen und gehen. Sie waren Männer Gottes, und selbst die schlimmsten Verbrecher akzeptierten das.

Aber die Kurie sieht das anders. Weil Bergoglio sich um die Armen kümmert, gilt er als Versager, als Mann, der keine Ahnung hat, wie man eine Diözese lenkt. Balestrero lässt durchblicken, dass Bergoglios Tage gezählt sind. Angesichts seiner Haltung werde sein Rücktritt vom Amt des Erzbischofs von Buenos Aires, der kurz bevorstehe, auf jeden Fall angenommen werden. Jorge Mario Bergoglio wurde am 17. Dezember 1936 geboren, mit Vollendung des 75. Lebensjahres im Dezember 2011 muss er also, wie jeder andere Kardinal oder Bischof auch, seinen Rücktritt anbieten. In der Regel geschieht dies erst mit einigen Monaten Verzögerung. Balestrero lässt wissen, dass Bergoglios Amtszeit auf keinen Fall verlängert wird, wie das bei anderen Bischöfen oft der Fall ist. So ist etwa der Kölner Erzbischof Joachim Kardinal Meisner drei Jahre älter als Bergoglio, aber immer noch im Amt. Für Bergoglio aber sei noch vor Beginn des Sommers 2013 Schluss. Er habe nur noch ein paar Monate Amtszeit vor sich, das immerhin garantiert Balestrero im Namen von Tarcisio Bertone.

Der Hass auf Bergoglio hängt nicht nur mit seinem Kampf für die Armen zusammen. Es gibt einen zweiten Grund, der noch schwerer wiegt, auch wenn das lächerlich erscheint. Jorge Mario Bergoglio ist die lebende Anklage gegen die Kurie und gegen fast alle Kardinäle und 5000 Bischöfe der Welt. Im Vatikan weiß jeder, was Bergoglio darüber denkt, dass die Kurienkardinäle im Besonderen, aber auch fast alle anderen Kardinäle und Bischöfe sich von Ordensfrauen bedienen lassen, von einer mehr als 10 000 Frauen umfassenden Armee von Haushälterinnen, die fast alle Nonnen sind. Papst Benedikt konnte sich über die Dienste von gleich vier Ordensfrauen von Comunione e Liberazione (CL) freuen. Bergoglio hat keine einzige Nonne als Haushälterin. Das allein wäre nicht so schlimm, wenn er wenigstens die Klappe halten würde, aber das tut er nicht. Er sagt bei Treffen im Vatikan ganz offen, dass die Ordensfrauen, die in den Küchen der Kardinäle kochen, Wäsche waschen, Betten beziehen, Geschirr abwaschen und Kaffee für den Fahrer des Bischofs aufbrühen, das tun sollten, wofür sie eigentlich Nonnen geworden sind: das Evangelium verkünden, Kinder beschützen, Alten beistehen, Gottes Liebe zeigen. Diese Kritik, so simpel sie auch erscheinen mag, sorgt für blankes Entsetzen im Staat des Papstes. Kein Kardinal braucht echten Ärger zu fürchten, wenn er seine Geldgeschäfte über die wegen mutmaßlicher Geldwäsche in Verruf geratene Vatikanbank IOR abwickelt, aber über die Abschaffung der Gratis-Dienstboten aus den Frauenorden zu räsonnieren ist eine unverzeihliche Todsünde – und Bergoglio begeht sie immer wieder.

Balestrero lässt keinen Zweifel daran: Bergoglios Kirchenkarriere ist aus und vorbei. Die Kurie steht also kurz davor, Bergoglio endlich loszuwerden – und jetzt das: Im dritten Wahlgang hat er über 50 Stimmen auf sich versammelt. Ausgerechnet der Mann, der schon abgeschoben ist, kann jetzt doch nicht etwa der nächste Papst werden! Lächerlich, wiegelt Kardinalstaatssekretär Tarcisio Bertone ab. Die Wahl Bergoglios ist ausgeschlossen. Alles hatten

Bertone und sein Freund Angelo Kardinal Amato, Chef der päpstlichen Kongregation für Selig- und Heiligsprechungen, in den vergangenen Jahren getan, um Bergoglio zu verhindern. Bertone und Amato lernten sich in der Glaubenskongregation kennen, sie sind beide Salesianerpater. Sie haben mit sanftem Druck auf den Papst ein Kardinalskollegium zusammengestellt, das eine Wahl Bergoglios unmöglich machen soll. Sie haben sehr gut und sehr gründlich gearbeitet. Zumindest glauben sie das. Sind nicht alle erklärten Gegner Bergoglios Kardinal geworden, wie der Kanadier Marc Ouellet, der Chef der Kongregation für die Bischöfe, der angesehene Fachmann der von Joseph Ratzinger gegründeten Zeitschrift *Communio*? War es nicht Ouellet, der Bergoglios Ansichten, seine aktive Umsetzung einiger Ideen der Theologie der Befreiung mit aller Macht bekämpft hat? War es nicht ein Hauptanliegen Joseph Ratzingers gewesen, die Protagonisten der Theologie der Befreiung, wie den Franziskaner Leonardo Boff, zu bekämpfen? So hatte im Jahr 1985 Ratzinger den Theologen Boff dazu gezwungen, wegen seines Buches *Kirche – Charisma und Macht* ein Jahr lang zu schweigen. Was der Kurie Kopfschmerzen bereitet, ist der Umstand, dass Ratzinger zwar die Theologie der Befreiung hart bekämpft, aber ein Bewunderer Bergoglios ist. Er versäumte es nie, über Bergoglio zu sagen, dass er ihn für einen Heiligen hält.

Aber Joseph Ratzinger ist nicht im Konklave, und da ist nicht nur Ouellet, der helfen kann, ein Bollwerk gegen Bergoglio zu errichten, da sind vor allem die 28 Kardinäle aus Italien. Das war Bertones Meisterstück: Männer, die gemessen an einem Genie wie dem Philosophieprofessor Bergoglio kaum bis drei zählen können, zum Kardinal machen zu lassen. Es sind Bischöfe, die nur deshalb Kardinäle wurden, weil der Vatikan eben in Italien liegt und die Macht der Kurie zahlreiche italienische Kardinäle durchsetzen kann. Es ist in ihrem Interesse, dass kein Papst aus Lateinamerika gewählt wird, sondern ein Mann der Kurie, sodass alles beim Alten bleibt, vor allem die Italiener im Staatssekretariat wollen die Macht behalten. Hilfe gegen die Lateinamerikaner erwarten die Kurienkardinäle auch von dem ergebenen Ratzinger-Anhänger, dem US-Amerikaner William Levada, den Ratzinger als Nachfolger auf dem Chefsessel der Glaubenskongregation wollte. Levada soll die ganze US-amerikanische Gruppe von immerhin elf Kardinälen gegen Bergoglio in Stellung bringen.

Tarcisio Bertone lässt kurz vor dem vierten Wahlgang seinen Blick noch einmal durch die Sixtinische Kapelle wandern, um den Kardinälen eindringlich in die Augen zu schauen und sie an eine simple Tatsache zu erinnern: Die Hälfte von ihnen sitzt nur deswegen hier, weil Bertone es so wollte. Jetzt ist die Stunde gekommen, in der die Rechnung präsentiert wird. Sie müssen ihm einfach den Rücken stärken und Bergoglio verhindern. Seit Beginn seiner Amtszeit vor sieben Jahren hat Tarcisio Bertone maßgeblich entschieden, wer Kardinal werden darf und wer nicht. Er will ein Kardinalskollegium, das dasteht wie eine Burg, um Jorge Mario Bergoglio zu verhindern.

In der Kurie kennen alle Bergoglios Spitznamen, sie nennen ihn den »alten Jesuiten«. Das tun sie, weil er im Unterschied zu den neuen Jesuiten kein Mann ist, der seine Zeit am liebsten mit den Wissenschaften verbringt, sondern einer der Jesuiten vom alten Schlag, die Lateinamerika mit aufgebaut und nicht vergessen haben, dass der Gründer des Ordens, Ignatius von Loyola, vor allem eines war: ein Soldat Gottes. Und genau so verhält er sich. Trotz aller Freundlichkeit und Demut, trotz seiner eindrucksvollen Bescheidenheit und Einfachheit ist er ein Krieger, ein Krieger, der einstecken kann, wenn er einstecken muss, der aber auch austeilen kann, wenn er es für nötig hält.

Der Streit der Kurienkardinäle mit Bergoglio war im Laufe der Jahre so heftig geworden, dass sie schließlich die extreme Entscheidung trafen, die sie immer treffen, wenn es mit einem Kardinal beim besten Willen nicht geht: Sie boten ihm einen Posten in der Kurie an, einen guten Posten, er sollte einer von ihnen werden. Er sollte den Chefsessel der Kongregation für den Klerus bekommen. Dann konnte er sich weltweit mit rebellischen Priestern herumschlagen, wie er aus Sicht der Kurie selber einer war. Doch dann geschah etwas, das eigentlich gar nicht hätte passieren dürfen: Er lehnte ab. Die Kurie konnte es nicht fassen. Normalerweise kann es Kardinälen aus weit entfernten Weltgegenden wie Argentinien gar nicht schnell genug gehen, nach Rom zu kommen. Doch Bergoglio wollte partout nicht. Er durchschaute das Spiel, dass die Kurie immer wieder versuchte, unliebsame Kandidaten nach Rom zu locken. So war es mit dem einst brillanten Bischof Emmanuel Milingo geschehen, dem Erzbischof von Lusaka, der sich nach Rom auf den Posten des Päpstlichen Rats für die Seelsorge der Migranten hatte abschieben lassen und daran zerbrochen war. Bergoglio ließ sich nicht verführen, er wollte einfach in Argentinien bleiben, und die Kurienkardinäle fragten sich die ganze Zeit, warum er sich das eigentlich antat. Statt im Zentrum der kirchlichen Macht in Rom bequem dem Ruhestand entgegenzusehen, musste er in Buenos Aires eine Schlacht nach der anderen schlagen, gegen die eigenen Leute, vor allem gegen die Brüder aus dem eigenen Orden, aber auch gegen die Regierung und gegen eine ganze Armee von Kritikern. Wenn es für die Kurienkardinäle einen Albtraum gibt, dann heißt der Bergoglio.

Vor dem vierten Wahlgang erklärt Bertone die Marschrichtung. Angelo Kardinal Scola soll der nächste Papst werden, das scheint die beste Lösung zu sein. Die Kardinäle wissen, dass sie schlicht und einfach weitermachen können, indem sie den Erzbischof von Mailand oder den Patriarchen von Venedig zum Papst wählen. Das hatte man über viele Jahrhunderte immer wieder getan, und es hatte gut geklappt. Der Zufall will, dass der derzeitige Mailänder Erzbischof Angelo Scola auch schon Patriarch von Venedig gewesen war. Im ersten Wahlgang sollte Angelo Scola etwa ein Viertel der Stimmen bekommen. Bertone ist enttäuscht und fragt sich: Warum so wenige?

Scola hat einen Fehler gemacht, einen schweren Fehler. Seit seiner Ankunft in Rom hatte sich Scola nicht wie ein normaler Kandidat aufgeführt, sondern so, als wäre er bereits der nächste Papst. Die übrigen Kardinäle hatten mit Befremden mit angesehen, wie Scola sich wie eine Majestät verkaufte. Er bemühte sich sogar, einen wichtigen gegen ihn erhobenen Vorwurf zu entkräften: Scola predigt oft so kompliziert, dass ihn keiner mehr versteht. Sobald er jedoch in Rom angekommen war, hielt er extrem volksnahe Predigten. Zu seiner Siegesgewissheit hatte er auch allen Grund; Tarcisio Bertone hatte ihm schließlich versprochen, dass er gewählt werden würde. Dass Bertone einen Ersatzkandidaten in petto hat, den langjährigen brasilianischen Kurienkardinal Odilo Pedro Scherer, verschweigt er Angelo Scola. Keinen Zweifel aber hat Bertone daran, dass er die Kontrolle über die absolute Mehrheit der Kardinäle hat. Sie müssen einfach den wählen, den er ausgesucht hat. Schließlich hat er die Mehrheit der 115 Kardinäle in ihr Amt gehievt. Es sei denn… Aber diesen Gedanken wagt Tarcisio Bertone wohl kaum zu Ende zu denken. Es sei denn, sie kehrten ihm ausgerechnet jetzt den Rücken und verrieten ihn, wie Judas das einst mit Jesus gemacht hatte. Aber das werden sie nicht, lässt Bertone seine Sympathisanten wissen. Sie werden Bergoglio verhindern.

Doch die Kardinäle spüren, dass es noch ein anderes Problem gibt als Scolas Arroganz. Nicht einmal die Italiener stehen einmütig hinter Angelo Scola. Die italienischen Kardinäle, immerhin 28 an der Zahl, treten im Konklave keineswegs als geschlossener Block auf, sondern scheinen vollkommen zerstritten zu sein. Viele von ihnen fürchten, dass Scola dem ehemaligen Landesvater der Lombardei, Roberto Formigoni, viel zu nahe gekommen ist. Am 16. März 2012 hatte der unter Korruptionsverdacht stehende Formigoni, damals noch Präsident der Lombardei, die Unterstützung von Angelo Scola eingeklagt und verlangt, dass Scola seine Integrität unter Beweis stelle, nach allem, was er für ihn getan habe. Kurz vor dem Konklave, am 12. Februar 2013, war Formigoni von der Staatsanwaltschaft sogar des organisierten Verbrechens beschuldigt worden. Kann man einen Mann zum Papst wählen, der ein Freund eines mutmaßlich korrupten Politikers ist? Die Mehrheit der Kardinäle ist wohl der Meinung, dass das nicht geht.

Doch der vierte Wahlgang bringt eine Sensation. Angelo Scola hat keine Chancen mehr. Bei der Auszählung der Stimmen schallt immer wieder derselbe Name durch die Sixtinische Kapelle: »Bergoglio«, »Bergoglio«, »Bergoglio« ... Bergoglio erreicht über 70 Stimmen. Die Mehrheit ist zum Greifen nahe. Jetzt bricht bei Bertone die blanke Panik aus, Schweiß steht auf seiner Stirn. Es kann nicht sein, was nicht sein darf. Wozu hat er denn die Kardinäle so sorgfältig ausgewählt? Doch nicht deshalb, damit so was hier geschieht!

Noch einmal versucht Bertone zu beschwichtigen, es gibt einen Hoffnungsschimmer. Hat Bergoglio nicht schon einmal gekniffen, damals im Jahr 2005 während der Papstwahl? Er hatte knapp 40 Stimmen auf sich versammelt, gegen den großen Favoriten Joseph Ratzinger. Und dann hatte er plötzlich die Kardinäle gebeten, ihn nicht mehr zu wählen, und aufgegeben. Bis heute weiß niemand, warum er das getan hatte. Fürchtete er damals, dass alte Vorwürfe ihn einholen könnten, wonach er die beiden Jesuitenpater Franz Jalics und Orlando Yorio, also eigene Leute, 1976 während der Zeit der Militärdiktatur in Argentinien an die Behörden ausgeliefert haben soll? Jalics und Yorio waren daraufhin fünf Monate lang inhaftiert und gefoltert worden. Wollte er der Kirche diesen Skandal ersparen? Oder hatte es einen anderen Grund gegeben? Schreckte er davor zurück, sich dem weit bekannteren Joseph Ratzinger in den Weg zu stellen?

Die Mehrheit der Kurienkardinäle um Tarcisio Bertone weiß, dass dieser sich in Wirklichkeit nur an einen Strohhalm klammert. Bergoglio hat dieses Mal ganz klar gesagt, dass er die Wahl zum Papst annehmen wird. Während der Kardinalskongregationen sprach er über die Erfüllung von Pflichten und erklärte, dass das auch für ihn gilt, wenn Gott es von ihm verlangt. Auch wenn

Bertone es einfach nicht wahrhaben will: Es scheint der für ihn schlimmste Fall einzutreten – Bergoglio sträubt sich nicht, er will tatsächlich Papst werden.

Aber noch ist es nicht zu Ende. Der fünfte Wahlgang allerdings könnte Bergoglio zum Papst machen. Jetzt kommt es darauf an, das um jeden Preis zu verhindern. In aller Eile versuchen die Kurienkardinäle einen Kompromisskandidaten aus dem Hut zu zaubern, irgendeinen, der möglichst rasch möglichst viele Stimmen auf sich vereinigen kann. Die Gruppe um Bertone versucht trotzdem Ruhe zu bewahren. Die Kurienkardinäle sagen sich: Wir werden Bergoglio schon noch aufhalten, so schlimm war das, was wir unter Benedikt XVI. angerichtet haben, nun auch wieder nicht. Wir haben genug Unterstützung in den eigenen Reihen, allzu groß wird der Hass auf uns schon nicht sein. Doch da irren die frommen Herren. Vor allem die elf Kardinäle aus den USA, darunter auch William Levada, den Bertone für einen Freund hielt, und die Kardinäle aus Deutschland machen kein Geheimnis daraus, dass sie Bergoglio durchsetzen wollen. Bertone wird immer flauer im Magen.

Jorge Mario Bergoglio hatte viel Ärger mit ihm, vor allem wegen seines Dauerstreits mit der argentinischen Präsidentin Cristina Fernández de Kirchner. Im Staatssekretariat gibt es reihenweise Männer, die bei dem Gedanken an Bergoglio Schweißausbrüche bekommen. Der Argentinier machte keinen Hehl daraus, was er davon hielt, dass Benedikt XVI. mit dem Kriegsherrn George W. Bush im Weißen Haus ausgerechnet seinen Geburtstag gefeiert und diesen wenige Monate später noch einmal mit allem Pomp im Vatikan empfangen hatte. Denselben Bush, den Johannes Paul II. mit allen ihm zur Verfügung stehenden Mitteln bekämpft hatte, um die Kriege im Irak und in Afghanistan zu verhindern. Wie konnte Benedikt XVI. das nur tun? Im Vatikan lässt sich nicht mehr geheim halten, was viele Kardinäle wissen, auch Jorge Bergoglio: dass mehrere Priester die Kirche verlassen haben wegen einer fröhlichen Geburtstagsfeier des Papstes im Weißen Haus mit George W. Bush, die Kardinalstaatssekretär Tarcisio Bertone arrangiert hatte.

Als die Stimmen des fünften Wahlgangs ausgezählt werden, sinkt die Hoffnung der Kurienkardinäle zusehends. »Bergoglio«, »Bergoglio«, »Bergoglio«, klingt es immer wieder durch die Sixtinische Kapelle. Jetzt können die Kurienkardinäle ihr Entsetzen kaum mehr verbergen. Tarcisio Bertone kann es einfach nicht fassen. Ausgerechnet Jorge Mario Bergoglio, der schon ein für alle Mal erledigt schien, in Lateinamerika, in seinem Jesuitenorden, im Kirchenapparat – dieser Mann sollte sich tatsächlich gegen den Willen des erfolgreichen Kardinalstaatssekretärs durchsetzen? Ein Mann, den der eigene Orden von seinem Leitungsposten als Provinzial und Chef der Jesuiten Argentiniens abgesetzt hatte, der vor seiner Ernennung zum Erzbischof nichts war als der Verwalter eines schäbigen kleinen Exerzitienhauses. Ausgerechnet dieser Mann sollte jemanden wie ihn, Tarcisio Bertone, hinwegfegen, der glaubte, zusammen mit der Kurie Weltgeschichte geschrieben zu haben? Er tat es.

Das Ergebnis des fünften Wahlgangs ist eine einzige Katastrophe für die Kurie. Bergoglio bekommt sogar mehr Stimmen als Ratzinger 2005. Es werden letztendlich 88 sein, nur knapp 30 Kardinäle stimmen nicht für ihn. Den Kurienkardinälen hat niemand geholfen, keiner erbarmte sich ihrer.

»Es war ein Bumerang für die Kurie«, sagte mir nach der Wahl einer der engsten Vertrauten Bergoglios in Rom. »Die Kurie hat alles getan, um ihn zu verhindern, sogar das Kardinalskollegium so umbesetzt, dass seine Wahl unmöglich werden sollte, aber dabei haben sie es so übertrieben, dass selbst die, die Bergoglios Wahl verhindern sollten, sich von der Kurie abgewendet haben und Bergoglio schließlich gewann. Nur die etwa 30 Kurienkardinäle haben ihn nicht gewählt.«

Dann kommt es noch schlimmer für die Kurie an diesem Mittwoch. Das Oberhaupt der Kardinäle, Kardinal Giovanni Battista Re, fragt Bergolio, ob er die Wahl annehme. Das tut er und gibt dann eine überraschende Antwort auf die Frage, wie er sich nennen wolle: »Franziskus.« Noch nie hieß ein Papst Franziskus. Das ist ein Paukenschlag. Ausgerechnet ein Papst nennt sich nach dem Hungerleider aus Assisi. Was für eine kolossale Ohrfeige das für die Kurie bedeutet, versteht auf Anhieb jeder, der wenigstens zum Kreis der Gäste gehörte, die in der Vergangenheit an den Festivitäten der Kurie teilnehmen durften. Der langjährige Kardinalstaatssekretär Angelo Sodano, der die Kurie maßgeblich prägte, ließ etwa zur Feier des Beginns seiner Amtszeit ein komplettes Orchester zu einem prächtigen Fest in die vatikanischen Gärten einfliegen. Den Kurienkardinälen, die ihre Mercedes-S-Klasse-Limousinen schätzen, schaudert bei der Vorstellung, was der neue Papst in wenigen Minuten vor den Gläubigen wohl sagen wird.

Zunächst zieht sich Franziskus als erster Papst der Geschichte nach seiner Wahl in die Paulinische Kapelle zum Gebet zurück, erst dann geht es los. Mehr als 200 000 Menschen haben sich auf dem Petersplatz versammelt, nachdem sich die Nachricht verbreitet hatte, dass weißer Rauch aufgestiegen war. Der Regen hatte die Menge immer wieder durchnässt. Dennoch waren die Menschen nicht müde geworden, auf den Platz zu strömen. Jetzt klatschen sie erst einmal, als die Musikkapelle des Vatikans und die Carabinieri aufmarschieren. Um 19.07 Uhr war der weiße Rauch aufgestiegen, jetzt ist es fast 20 Uhr. Wenige Minuten vor dem Auftritt des neuen Papstes hört es endlich auf zu regnen. Die Italiener halten ihre Fahnen in der Hand, um einen ihrer Stars, Angelo Scola oder Tarcisio Bertone, feiern zu können. Die Brasilianer schwenken Fahnen, sie rechnen damit, dass Odilo Pedro Scherer, der Kardinal von São Paulo, als neuer Papst auf den Balkon kommen wird.

Dann tritt Kardinal Jean-Louis Tauran auf den Balkon des Petersdoms und verkündet, worauf die Welt gewartet hat: »Annuntio vobis gaudium magnum, habemus Papam!« (»Ich verkünde euch eine große Freude: Wir haben einen Papst!«) Dann sagt Tauran den Satz, der sich erst endlos zu dehnen scheint, bis endlich der Name des neuen Papstes fällt: »Eminentissimum ac Reverendissimum Dominum Georgium Marium...« Das war schon mal der Vorname des neuen Papstes, Georgius Marius. Schweigen auf dem Platz. Wie bitte, Georgius Marius? Wer heißt denn mit Vornamen so? Der Spitzenkandidat der Italiener heißt Angelo, ein anderer aus Kanada Marc. Dann hätte Tauran aber » Angelum« oder »Marcum« sagen müssen. Tauran spricht immer noch, es dauert, bis er zum Nachnamen kommt: Erst muss er noch den Titel nennen, »Santae Romanae Ecclesiae Cardinalem«, und dann endlich: »Bergoglio.« Die Massen von Gläubigen, die auf dem Platz und der dorthin führenden Via della

Conciliazione warten, erstarren in Stille. Georgius Marius Bergoglio. Wer ist das denn? Nur ganz vorn schwenkt ein kleines Grüppchen eine Fahne, die Nationalflagge Argentiniens. Dann spricht Kardinal Tauran weiter: »qui sibi nomen imposuit Franciscum« (»der sich den Namen Franziskus gab«). Jetzt brandet Applaus über den Platz. Ein Kollege steht neben mir und schaut mich ungläubig an. Der erste Papst in der Geschichte, der sich den Namen des heiligen Franziskus gibt. Der erste Papst in der Geschichte der Kirche, der aus der Gesellschaft Jesu kommt, der ein Jesuit ist.

Dann kommt Franziskus auf den Balkon, und die ganze Welt erwartet eine bedeutsame Geste, aber der Mann aus Buenos Aires sagt etwas so Naheliegendes, dass niemand es erwartet hätte: »Buona sera« – »Guten Abend.« Er spricht so bescheiden, als wollte er sich entschuldigen, dass er einen ruhigen Fernsehabend gestört hat. Dann nimmt er sich selber auf die Schippe, wie er es schon in der Sixtinischen Kapelle vor den Kardinälen getan hatte. Da hatte er den Kardinälen gesagt, dass er darauf hoffe, dass »Gott ihnen vergeben möge« dafür, dass sie ihn, Jorge Mario Bergoglio, zum Papst gewählt haben. Auf dem Balkon sagt er nun: »Es scheint, meine Mitbrüder, die Kardinäle sind fast bis ans Ende der Welt gegangen, um ihn zu holen.« Dann entschließt er sich zu einer Geste, die keiner seiner 265 Vorgänger jemals vollzogen hatte: Er spendet nicht der Menge den Segen, sondern er bittet sie darum, den Herrn anzurufen, dass dieser ihn, Bergoglio, segne. Das ist unfassbar, über mehr als ein Jahrtausend hatten Menschen ihr Leben riskiert, um sich in Rom vom Papst den Segen erteilen zu lassen, und jetzt bittet ein Papst die Menge um Fürbitten, dass er gesegnet werde.«In Stille wollen wir euer Gebet für mich halten.« Danach begeht er einen ähnlichen Fauxpas wie der große Karol Wojtyła am Tag seiner Wahl 1978. Wojtyła hatte auf Italienisch sagen wollen: »Wenn ich einen Fehler in der italienischen Sprache mache, werdet ihr mich korrigieren« – und machte in diesem Satz prompt einen Fehler. Jorge Mario Bergoglio betet das Ave-Maria und verwechselt Italienisch mit Spanisch. Statt »con te« – mit dir – sagt er »con ti«, wie es im Spanischen heißt. Am Ende verabschiedet er sich wie ein alter Gemeindepfarrer: »Schlaft gut.«

Rom wird sich jetzt daran gewöhnen müssen, einen Papst zu haben, der um 21 Uhr zu Bett geht, dafür aber um vier Uhr morgens aufsteht. Nach der Zeremonie wartet vor dem Apostolischen Palast der pompöse S-Klasse-Mercedes, den Papst Benedikt XVI. geschenkt bekam, ein Auto, das weit über 100000 Euro kostet. Doch Papst Franziskus weigert sich einzusteigen, er setzt sich in den Bus, zusammen mit den anderen Kardinälen. Kardinalstaatssekretär Tarcisio Bertone muss sich allein in die schicke Dienstlimousine setzen. Das ist etwas Unerhörtes: Ein Papst fährt Bus, wer hätte das je für möglich gehalten! Auf dem Petersplatz ruft die Menge »Fran-cesco« und »Ber-go-glio.«

Auch ich stand an diesem verregneten Tag in der feiernden Menge auf dem Petersplatz und staunte einfach nur über das, was geschehen war. Der Balkon war längst leer, der neue Papst längst im Gästehaus der heiligen Martha. Ich wollte einfach noch einen Moment die Jubelstimmung genießen. Mein Handy klingelte ununterbrochen. Irgendwann beantwortete ich die Anrufe, und eine Unzahl von Kollegen wollten alle das Gleiche wissen: »Sag doch bitte, woher hast du das gewusst? Wie zum Teufel konntest du den Tag und die Uhrzeit vorhersagen, wann der neue Papst gewählt wird?« Ich hatte am Vormittag dieses Tages im *Morgenmagazin* der ARD gesagt: »Heute Abend haben wir einen neuen Papst.« Alle hatten mich für verrückt erklärt. Niemand glaubte mir, dass bereits am zweiten Wahltag, schon im fünften Wahlgang der neue Papst gewählt werden würde. Ein alter Freund aus den USA meldete sich: »Gib es zu«, schrie er ins Telefon, »irgendein Kardinal hat es dir aus dem Konklave gesteckt, richtig? Niemand konnte damit rechnen, dass es ein so kurzes Konklave geben würde. Du hast einen Tipp bekommen. Sag schon, von wem?« Ich wusste nicht, was ich ihm antworten sollte. Ich wusste, dass es eine Revolution gegen die Kurie geben würde, der Zorn der Kardinäle war gewaltig, ein Anti-Kurie-Mann würde kommen. Ich wusste nicht, wer das sein würde, aber ich wusste, dass der Zorn auf die Kurie und die Empörung unter den Kardinälen so groß war, dass sie sich schnell auf den neuen Mann einigen würden, der einen Erdrutsch auslösen sollte.

Ich hatte keinen Tipp bekommen, ich wusste nur, wie das alles angefangen hatte, was zur Wahl dieses Papstes führte. Und angefangen hatte es mit der Liebe eines Vaters zu seinen Kindern und einem Schreibtisch – aber wie sollte ich das meinen Kollegen erklären?

# Der verhängnisvolle Schreibtisch

Aber diese Ereignisse – der Rücktritt von Papst Benedikt XVI. und die überraschende Wahl von Papst Franziskus – nahmen nicht ihren Lauf, wie viele vermuten, aufgrund der kriminellen Energie einiger Verräter in der Kurie. Letzteres sollte erst später hinzukommen. Am 12. Oktober 2012, wenige Monate vor seinem Rücktritt, wird Benedikt XVI. beklagen, dass es »Unkraut« und »faule Fische« in der Kirche gebe. Doch angefangen hat das Unheil, das zum vorzeitigen Ende des Pontifikats von Benedikt XVI. führte, nicht mit krimineller Energie, sondern mit Vaterliebe. Ohne die väterliche Fürsorge des ehemaligen päpstlichen Kammerdieners Angelo Gugel für seine Töchter wäre alles ganz anders gekommen. Gugel ist es, der eine weitreichende Entscheidung herbeiführen wird: die Zahl der Schreibtische im Vorzimmer des Papstes von zwei auf drei zu erhöhen.

Päpstliche Sekretäre, die über so etwas wie das Vorzimmer des Oberhauptes der katholischen Kirche wachen, gibt es bereits im Mittelalter. Die Zahl der Sekretäre variiert jedoch sehr stark. Papst Innozenz VIII. (Pontifikat 1484–1492) verfügte über 24 Apostolische Sekretäre, die unter anderem damit beschäftigt waren, sich mit seinen zahlreichen Kindern (angeblich 16 an der Zahl) herumzuschlagen. Unter all den Sekretären hatte der Papst meist einen echten Vertrauten, der *Secretarius Papae* oder *Secretarius intimus* genannt wurde. Es handelte sich meist um einen Prälaten, dem der Papst besonderes Vertrauen schenkte. In der Barockzeit nimmt der Kardinalnepot, eine Art Ministerpräsident des Papstes, die Rolle des wichtigsten Sekretärs ein. Papst Paul II. hatte das Amt während seines Pontifikats von 1534 bis 1549 etabliert. Die Päpste beriefen von nun an einen engen Verwandten, häufig einen Neffen, in dieses Amt. Schon während des Barocks wird diese Praxis stark kritisiert, der noch heute gängige Begriff »Nepotismus« (Vetternwirtschaft) geht auf diese päpstliche Praxis zurück.

Seine heutige Form nahm das Vorzimmer des Papstes aber erst nach der Abschaffung des Amts des Kardinalnepoten im Jahr 1692 an. Seitdem arbeiten die Sekretäre zusammen mit dem Papst die Unterlagen durch, die das Staatssekretariat und die verschiedenen Kongregationen der Kirche an den Papst senden. Alle wichtigen Unterlagen für den Papst, sowohl die privaten als auch alle offiziellen Dokumente der Kurie, wandern seitdem über die Schreibtische im päpstlichen Vorzimmer im Apostolischen Palast.

Jahrhundertelang standen zwei Schreibtische in diesem Vorzimmer, der des ersten und der des zweiten Sekretärs des Papstes. Doch dann kommt der Kammerdiener Angelo Gugel aus Venetien mit Papst Johannes XXIII. nach Rom. Gugel ist ein Familienmensch und mächtig stolz auf seine drei Töchter Raffaella, Carla und Flaviana. Doch im Rom der 8oer-Jahre ist es nicht einfach, einen Job für die gut ausgebildeten Frauen zu bekommen. Aber Angelo Gugel arbeitet immerhin im Vatikan, als Kammerdiener des Mannes, der das Oberhaupt von rund einer Milliarde Katholiken ist. Das größte Problem Gugels ist, dass er zwar viel mit dem Papst allein ist und ihm beim An- und Auskleiden hilft, dessen Koffer für die zahlreichen Auslandsreisen packt und ihn bei Tisch bedient, aber vom Zentrum der Macht, dem Vorzimmer des Papstes, ausgeschlossen ist. Aber in diesem Machtzentrum laufen alle wichtigen Dinge zusammen, auch Informationen über offene Stellen im Vatikan, die für seine Töchter interessant sein könnten.

Angelo Gugel hat Großes vor, er will nicht nur eine, sondern alle drei Töchter im Vatikan unterbringen. Dazu muss er es zunächst einmal in das Vorzimmer des Papstes schaffen. Seinem Drängen, als erster Kammerdiener überhaupt einen eigenen Schreibtisch im Machtzentrum, dem Vorzimmer des Papstes, zu erhalten, kommt Johannes Paul II. schließlich nach.

Kammerdiener Gugel macht sich an die Arbeit. Unermüdlich zieht er Fäden, führt Gespräche, passt auf wie ein Luchs, wenn etwas über seinen Schreibtisch im Vorzimmer des Papstes geht, das für ihn wichtig sein könnte, und das Projekt seines Lebens gelingt am Ende tatsächlich: Raffaella Gugel bekommt einen Job in der Vatikanbank, Carla Gugel in der Verwaltung der Kongregation von Propaganda Fide und Flavia Gugel im statistischen Büro des Vatikans.

Gugel hatte zweifellos Erfolg, doch er hinterlässt ein fatales Erbe, den dritten Schreibtisch im Vorzimmer des Papstes. Auf diesem dritten Schreibtisch des Kammerdieners werden schließlich die Dokumente liegen, die Angelo Gugels Nachfolger Paolo Gabriele gleich kistenweise fortschaffen wird, um zu beweisen, wie korrupt es rund um den Papst zugeht. Auf diesem Schreibtisch wird auch der Brief landen, der die für Papst Benedikt XVI. so katastrophalen Folgen haben wird. Er kommt aus den USA, aus Washington, geschrieben von dem redlichen Bischof Carlo Maria Viganò.

# Korruption und Geldwäsche in Vatikan und Kirche

Das Unheil nimmt mit dem letzten Tag des Jahres 2011 seinen Lauf: Am 31. Dezember stirbt Don Luigi Maria Verzé im gesegneten Alter von 91 Jahren. Der charismatische Gründer des Großkrankenhauses San Raffaele in Segrate bei Mailand galt viele Jahre als ein leuchtendes Beispiel für einen aufopferungsvollen Priester. Doch kurz nach dem Tod von Don Verzé brechen alle Dämme: Mitarbeiter und Weggefährten packen aus und verraten, wer der Priester wirklich war. Er soll mit regelrechten Mafiamethoden gearbeitet, Drohungen und Erpressungen eingesetzt haben, um Baugrundstücke zu erhalten, die an die Ländereien des Krankenhauses grenzten und deren Besitzer nicht verkaufen wollten. Im Jahr 1976 war Don Verzé wegen Anstiftung zu Korruption zu einer Haftstrafe auf Bewährung verurteilt worden, 1988 wegen Verstoßes gegen das Baugesetz und Missachtung von Baugenehmigungen ein weiteres Mal. Doch damit nicht genug. Der Priester hatte ganz offensichtlich einen fatalen Hang zur Prasserei. Nach seinem Tod tauchten erste Fotos auf, die ihn in Feierlaune im Wellness-Schwimmbad eines Luxusresort in Brasilien zeigen. Er verbrachte dort keineswegs nur seinen Urlaub, die Anlage gehörte zu seinem

Krankenhaus-Imperium. Um nicht die Unbequemlichkeiten eines Linienfluges nach Brasilien auf sich nehmen zu müssen, flog der Priester in einem Privatjet, um komfortabel in sein Resort zu gelangen.

Das flotte Leben des Krankenhausgründers zieht üble Konsequenzen nach sich, nach seinem Tod wird das ganze Ausmaß des Schuldenbergs des Krankenhauses bekannt. Insgesamt fehlen etwa eine Milliarde Euro. Das Krankenhaus ist pleite. Joseph Ratzingers wichtigster Vertrauensmann, Tarcisio Kardinal Bertone, will das Krankenhaus und das Andenken an Luigi Verzé retten und träumt von der Zusammenlegung mehrerer Großkrankenhäuser der katholischen Kirche, darunter auch das Prestigeobjekt des Vatikans, die römische »Policlinico Universitario Agostino Gemelli«.

Was während des Rettungsversuchs des Krankenhauses geschieht, zeigt deutlich die Nachteile einer »absoluten Monarchie« auf. Hier werden entscheidende Positionen nicht nach dem Kriterium der Befähigung besetzt, sondern nach ganz anderen Gesichtspunkten wie Frömmigkeit und vor allem persönliche Verbundenheit mit dem Monarchen, also dem Papst. Ähnlich wie bei den europäischen Königs- und Fürstenhäusern in den letzten Jahrhunderten geht es fast nie darum, was bei Hofe geleistet werden soll und wer dafür befähigt ist, sondern immer nur um eine Frage: Wie komme ich dem Herrscher möglichst nahe?

Die Rettung eines Krankenhauses erfordert großen Sachverstand. Das ist eine Aufgabe für Fachleute. Doch dieser Plan zur Zusammenlegung der Krankenhäuser liegt zu Beginn des Jahres 2012 in der Hand des 77-jährigen Tarcisio Kardinal Bertone, eines Mannes, der als Priester dafür ausgebildet wurde, Achtjährige auf die Kommunion vorzubereiten, und der sich in der Moraltheologie auskennt, aber nicht im Verwaltungswesen einer Großklinik. Um seinen Plan, das San-Raffaele-Krankenhaus zu retten, in die Tat umsetzen zu können, benötigt Bertone Geld, viel Geld. Mindestens jedoch sofort 200 Millionen Euro und dann weitere 800 Millionen. Auftreiben soll das Geld natürlich die Vatikanbank, das Istituto per le Opere di Religione, kurz IOR. Der Chef dort heißt Ettore Gotti Tedeschi, ein sehr frommer Mann, der zur Personalprälatur von Opus Dei gehört. Gotti Tedeschi hat einen unschätzbaren Vorteil: Er ist ein enger Freund des Papstes. Benedikt XVI. persönlich holte den Banker zur seit Jahrzehnten durch Skandale erschütterten Vatikanbank.

Natürlich weiß der Banker, dass seine wichtigste Aufgabe darin besteht, die Pläne des Heiligen Vaters zu finanzieren. Pro Jahr nimmt der Vatikan zwischen 250 und 300 Millionen Euro ein, vor allem dank des Peterspfennigs, der direkten Spende an den Papst weltweit. Der Vatikan gibt aber in etwa die gleiche Summe auch wieder aus, in der Staatskasse bleiben meist nicht mehr als fünf bis zehn Millionen Euro als Überschuss übrig. Den größten Batzen der Ausgaben bilden die Gehälter, vor allem für die Angestellten des päpstlichen Radio Vatikan. Der Sender kostet den Papst zwischen 20 und 30 Millionen Euro im Jahr. Mit solchen Zahlen kann ein Mann wie Ettore Gotti Tedeschi jonglieren, aber Kardinal Bertone wollte nicht die eine oder andere Million von ihm, sondern eine Milliarde. Um eine solche Summe aufbringen zu können, müsste der Vatikan mehr als 100 Jahre lang den oben erwähnten Überschuss von rund zehn Millionen Euro erwirtschaften, was extrem unwahrscheinlich ist, weil die Einnahmen der Kirche ständig zurückgehen. Es ist also kein Wunder, dass Gotti Tedeschi die hochtrabenden Pläne ablehnt. Vor allem will der Banker die Unsitte beenden, dass die Kirchenmänner sich in der Vatikanbank bedienen, wie es ihnen gerade gefällt, ohne auf Transparenz und Standards zu achten, die jede gewöhnliche Bank einhalten muss.

Diese Art zu wirtschaften brachte der Vatikanbank eine kaum vorstellbare Demütigung ein. Die Aufsichtsbehörde der Europäischen Union »Moneyval« verdächtigte den Vatikan illegaler Bankgeschäfte und sogar der Geldwäsche. Ausgerechnet der Vatikan, dessen Chef den hochtrabenden Titel des Vikars Jesu Christi tragen darf, bringt es nicht zustande, auf die »White List« zu kommen, das Verzeichnis der Länder, die sich wirksam gegen Geldwäsche einsetzen. Die Schmach ist gewaltig. Der Papst versucht zwar unermüdlich, die ganze Welt von der Morallehre der katholischen Kirche zu überzeugen, diese aber lässt es offenbar zu, dass sich Verbrecher ungestört ihrer Bank bedienen. Ettore Gotti Tedeschi soll diesen unhaltbaren Zustand beenden. Er fühlt sich moralisch auch durch den Papst, der ihn ja selber engagiert hat, gestützt und kann sich im Januar 2012 nicht ausmalen, dass ihm ausgerechnet die Bekämpfung verbrecherischer Machenschaften innerhalb der Kirche zum Verhängnis werden soll.

Es gibt in diesem Januar 2012 noch einen weiteren Mann, der das Gleiche will wie Ettore Gotti Tedeschi, nämlich ausmisten: Bischof Carlo Maria Viganò. Er sollte die Geschicke des Vatikans im Jahr 2012 maßgeblich prägen. Normalerweise werden unliebsame Männer wie er diskret und folgenlos vom päpstlichen Hof verbannt und möglichst weit weggeschickt, doch im Fall Viganò sollte dieses lang erprobte Verfahren nicht gelingen.

Carlo Maria Viganò, geboren 1941 in Varese in Norditalien, hatte eine Bilderbuchkarriere als Vatikandiplomat hinter sich. Was ihm besonders zur Ehre gereichte, war der Umstand, dass er seine Zeit als Botschafter des Vatikans nicht auf höchst angenehmen Posten in gut katholischen Ländern wie Spanien oder Polen bei Champagnerempfängen verbrachte, sondern in extrem heiklen Ländern wie zum Beispiel Nigeria, einem Land, in dem Mordanschläge gegen Christen und Anschläge auf Kirchen auf der Tagesordnung stehen. Viganò hat auch den tristen Teil der Welt gesehen, und das hat ihn geprägt. Für Verschwendung, Prunk, Egoismus in der Kirche hat er kein Verständnis.

Als ihn Papst Benedikt XVI. am 16. Juli 2009 zum Generalsekretär des Governatorats macht, schwant vielen Böses. Eigentlich wird unter den Bischöfen der Kurie dieser Job als oberster Verwaltungsboss des Vatikans immer etwas belächelt, weil der zuständige Kirchenmann ganz wenig mit dem lieben Gott, dafür umso mehr mit Geld zu tun hat. Dabei ist der Generalsekretär des Governatorats nicht der Chef – das ist der Gouverneur –, aber die eigentliche Arbeit macht natürlich nicht der Chef, sondern der Generalsekretär. Er muss sich mit den höchst irdischen Angelegenheiten der Gottesmänner auseinandersetzen. Es geht um eine Unzahl von Verträgen und Genehmigungen – etwa um die, dass der Billigsprit des Papstes an der Vatikantankstelle auch verfügbar ist, was einer Familie pro Jahr etwa ein Monatsgehalt erspart. Es geht um Verhandlungen um die Gehaltserhöhungen der

Angestellten und um die Verwaltung des gigantischen Immobilienbesitzes des Vatikans, und es geht natürlich um Aufträge zur Beschaffung. Einen legendären Ruf als Spezialist für die Beschaffung hatte der US-Kardinal Edmund Casimir Szoka, Verwaltungschef der Vatikanstadt von 1997 bis 2006. Ihm gelang es, dem US-Autobauer Ford extrem günstige Konditionen für die Lieferung von Autos an den Vatikan abzuhandeln. Seitdem fahren die meisten Vatikanmitarbeiter, die ein Anrecht auf einen Dienstwagen haben, einen Ford.

Bischof Renato Boccardo war zwischen Frühjahr 2005 und Sommer 2009 Generalsekretär des Governatorats. Ich hatte mich mit ihm mehrfach über diesen Job unterhalten und ihn auch wiederholt zum Thema interviewt. Boccardo hatte nicht damit hinter dem Berg gehalten, dass es eine nervenaufreibende Tätigkeit war, weil auf so viele Interessen Rücksicht genommen werden musste. Der mit 68 Jahren noch relativ junge Viganò trat 2009 voller Elan seinen Job an. Mindestens fünf Jahre sollte er auf dem Posten bleiben, doch nach zwei Jahren war Schluss: Er hatte etwas gefunden, wonach er nicht hätte suchen sollen, weil es das eigentlich gar nicht geben konnte: Korruption in der Kirche.

Ich erinnere mich daran, dass Viganò im Herbst 2009 nach seiner Ernennung auf einem Empfang darüber sprach, dass er künftig die Vetternwirtschaft im Vatikan nicht mehr dulden werde. In den ersten Monaten seiner Amtszeit will Viganò genau diese gängige Praxis unterbinden, die darin besteht, Verwandte im Vatikan unterzubringen. Seit Jahrhunderten haben immer wieder Menschen, die einen Posten im Vatikan ergattert hatten, den Versuch unternommen, auch noch Schwester oder Bruder, Neffe oder Cousin in der Verwaltung des Papststaates unterzubringen – meistens mit Erfolg. Aber im Lauf der Jahre 2010 und 2011 muss Carlo Maria Viganò die Erfahrung machen, dass es im Staat des Papstes weitaus Schlimmeres gibt als das Verschachern von Posten, nämlich Bestechung in hohem Ausmaß.

Die Korruptionsfälle haben fast immer mit dem gleichen Mechanismus zu tun. Der Vatikan ist einer der größten Besitzer von Immobilien in Italien. Deswegen müssen im Namen des Papstes auch ständig Bauaufträge vergeben werden zur Instandhaltung oder Restaurierung von Gebäuden. Viele Unternehmen arbeiten seit Jahrzehnten, manche seit über 100 Jahren für den Vatikan. Konkurrenz ist unerwünscht, was dazu führt, dass der Vatikan für viele Leistungen viel zu viel bezahlt und eine ziemlich mächtige Gruppe von Unternehmen möchte, dass das auch genau so bleibt.

Doch Viganò lässt sich nicht einschüchtern. Die Warnungen, dass es übel für ihn ausgehen könnte, überhört er. Im Jahr 2011 findet Bischof Viganò schließlich eindeutige Anzeichen dafür, dass es tatsächlich weitverbreitete Korruption im Vatikan gibt.

Auch ich habe mich mehrfach mit Herren unterhalten, die mehr oder weniger offen zugaben, zu dem korrupten System im Vatikan beigetragen und davon profitiert zu haben. Sie hatten allesamt ein sehr geringes Unrechtsbewusstsein und waren einfach der Meinung, dass alles so bequem bleiben sollte wie bisher.

Seinen Feinden bleibt die Arbeit Viganòs natürlich nicht verborgen. Was jetzt beginnt, ist ein Kampf, der von Viganòs Lebenserfahrung geprägt ist. Viganò hatte in Nigeria Priester gesehen, die an vorderster Front kämpften und ihr Leben riskierten. Dass im Hauptquartier der Christenheit, im Vatikan, hingegen Geldgier regiert, weil Kirchenmänner bei der Auftragsvergabe ein Auge zudrücken, bringt den Bischof regelrecht auf die Palme.

Als er standhaft alle Warnungen ignoriert, bleibt seinen Gegnern nichts anderes übrig, als zurückzuschlagen. Das System der Korruption im Vatikan betrifft so viele Geschäfte, und Viganò weiß so viel, dass es nicht möglich ist, die Deals vor ihm zu verheimlichen. Es bleibt also nur ein Ausweg: Er muss weg. Um den Mann loszuwerden, braucht es ein Machtwort des engsten Vertrauten des Papstes: Tarcisio Kardinal Bertone muss eingreifen. Als Chef des Staatssekretariats ist Bertone Vorgesetzter des Vollblutdiplomaten Viganò. Er kann ihn mit Zustimmung des Papstes in den diplomatischen Dienst zurückberufen und weit, weit weg schicken.

Das Ganze hat allerdings einen Haken: Carlo Maria Viganò hat sich nichts zuschulden kommen lassen und ist erst seit zwei Jahren im Amt. Sein Vorgänger Renato Boccardo hatte das Amt vier Jahre lang bekleidet, bevor er abgelöst wurde. Schon damals hatte die Nachrichtenagentur Adnkronos über den »plötzlichen Wechsel« spekuliert, eine vierjährige Amtszeit war als ungewöhnlich kurz empfunden worden. Was für ein Gerede würde es jetzt erst geben, wenn Viganò nach nur zwei Jahren ersetzt würde. Seinen Gegnern ist eines vollkommen klar: Tarcisio Kardinal Bertone muss Viganò sehr weit weg versetzen und ihn dazu zwingen, zu schweigen. Nur dann kann der unliebsame Mann in der Versenkung verschwinden und die Korruption im Vatikan ungestört weitergehen.

Den Feinden von Viganò gelingt das Kunststück tatsächlich. Der redliche Bischof wird am 19. Oktober des Jahres 2011 weit weg versetzt und über den Großen Teich nach Washington geschickt. Vermutlich wäre die ganze Affäre damit beendet gewesen, wenn die Widersacher des Carlo Maria Viganò nicht etwas übersehen hätten. Die Tatsache, dass er nur zwei Jahre lang als Generalsekretär des Governatorats amtierte, sorgt für Spekulationen. Es muss doch einen Grund geben, dass Viganò so rasch abserviert worden war, und so kommt das Gerücht auf, dass er sich aus der Kasse des Papstes bedient haben könnte. Das wiederum bringt den Mann, der hatte aufräumen wollen, so sehr auf, dass er einen Brief schreibt. Damit beginnt der vermutlich größte Spionageskandal des Vatikans seit über hundert Jahren. Jeder Bischof, der sich ungerecht behandelt fühlt, hat das Recht, sich direkt an den Papst zu wenden, und genau das tut Carlo Maria Viganò jetzt. Er schreibt dem Papst, dass man ihn abgeschoben habe, weil er Korruption im Vatikan entdeckt hatte und das publik machen wollte. Er bittet den Papst, in den Vatikan zurückkehren und dort weitermachen zu dürfen, wo man ihn gestoppt habe. Seine Feinde im Staatssekretariat, die ihn nach Washington schicken wollten, dürften nicht gewinnen.

Der Brief ist an Brisanz kaum zu übertreffen, weil Viganò es wagte, den Unantastbaren, den besten Freund und wichtigsten Mitarbeiter des Papstes, Tarcisio Kardinal Bertone, als einen Beschützer von Kriminellen hinzustellen. Der Brief ist eine Bombe, und das begreift auch Kammerdiener Paolo Gabriele. Seit sechs Jahren sammelt er bereits heimlich Unterlagen des Papstes, doch einen so »heißen« Brief hatte er noch nie in der Hand. Er weiß, dass Journalisten sich um diesen Brief reißen würden, er kopiert ihn und nimmt die Kopie mit. Das Original erhält Joseph Ratzinger.

Papst Benedikt XVI. hat angesichts dieses Briefes nur zwei Möglichkeiten: Entweder er feuert seinen Freund, den Kardinalstaatssekretär, weil er einen unverzeihlichen Fehler begangen hat, oder aber er lässt Viganò einfach fallen und in Washington versauern, wo er der korrupten Clique im Vatikan nicht mehr gefährlich werden kann. Der Papst entscheidet sich für Letzteres. Doch das Schicksal oder »der Teufel« (wie später Tarcisio Kardinal Bertone vermuten wird) oder aber gar der liebe Gott sorgen dafür, dass es anders kommt.

Im Januar 2012 scheint die Operation Viganò perfekt abgelaufen zu sein. Der unliebsame Bischof ist weg, die Korruption kann weitergehen wie gehabt. Der Protestbrief Viganòs an den Papst war wirkungslos geblieben, niemand ahnt, dass ihn ausgerechnet der Kammerdiener an sich gebracht hatte. Benedikt XVI. entscheidet sich, Viganò keineswegs wieder zurückzuholen, trotz dessen Bitte, die Versetzung rückgängig zu machen, um die Korruption weiter bekämpfen zu können. Offensichtlich ist Viganò tatsächlich so integer, wie seine Gegner immer gefürchtet hatten, denn statt sich öffentlich über die Ungerechtigkeit zu beschweren, die ihm mit Wissen des Papstes zugefügt worden war, schweigt der Bischof in Washington und nimmt sein Schicksal, so ungerecht es ihm auch erscheinen mag, auf sich.

Doch dann geschieht das Unvorstellbare: Paolo Gabriele kann der Versuchung nicht widerstehen, er spielt den Brief Journalisten zu. Ende Januar veröffentlichen der Fernsehsender »La Sette« sowie die Tageszeitung *Il Fatto quotidiano* den geheimen Protestbrief Viganòs an den Papst, die komplette Intrige fliegt schlagartig auf. Benedikt XVI. und sein Kardinalstaatssekretär stehen da als Beschützer jener Verbrecher, die die Korruption im Vatikan blühen lassen. Noch schlimmer wiegt, dass jetzt bekannt wird, dass sie den Mann, der hätte aufräumen sollen, beiseitegeschafft haben. Jetzt muss der Papst öffentlich dazu stehen, dass er den Bischof hat kaltstellen lassen.

Es war ein Desaster. Das Ausmaß dieses Gesichtsverlustes zeigte allein schon die lange Schreckensstarre, in die der Vatikan verfiel. Niemand wusste, was im Fall einer solchen Katastrophe zu tun sei, und vor allem, wo die undichte Stelle liegen konnte. So verstreichen ganze zehn Tage. Erst am 6. Februar 2012 veröffentlicht der Vatikan endlich eine Stellungnahme. Aber eine wirkliche Rechtfertigung gelingt dem Vatikan nicht. Wie auch? Wie sollte man erklären, dass man einen redlichen Bischof abgeschoben hatte, der dabei gewesen war, Korruptionsfälle aufzudecken? Im Grunde bleibt dem Kardinalstaatssekretär nur übrig zu beteuern, dass der Posten des Nuntius in Washington ein hoch angesehener Posten für einen Kirchenmann sei. Aber dass Viganò den Job gar nicht haben, sondern weiter Verbrecher jagen will, dazu fällt dem Kardinalstaatssekretär nichts ein.

Im Februar 2012 begeht der Vatikan dann einen Fehler, der die eigenartige Denkweise einer absoluten Monarchie entlarvt. Das Kind war nun mal in den Brunnen gefallen, die ganze Welt wusste, dass der Vatikan den Bischof, der die Korruption hatte bekämpfen wollen, abgeschoben hatte. In einer Demokratie hätte erfahrungsgemäß jetzt die Öffentlichkeit verlangt, dass das Übel an der Wurzel gepackt, also die Korruption endlich bekämpft würde.

Aber das geschieht nicht. Es geschieht vielmehr etwas vollkommen Absurdes. Der Vatikan beschließt, Jagd auf die Leute zu machen, die die Öffentlichkeit darüber informiert hatten, dass Bischöfe kaltgestellt werden, die es wagen, die Korruption im Vatikan zu bekämpfen.

Der Vatikan beschwert sich lautstark darüber, dass der Papst ausspioniert worden sei. Die italienische Staatsanwaltschaft nimmt sogar Ermittlungen auf wegen Bespitzelung eines Staatsoberhaupts und der Gefährdung des Staates, was mit bis zu 30 Jahren Haft bestraft werden kann. Es besteht schließlich der Verdacht, dass jemand von außen, also von Italien aus, den Papst ausspioniert hat. Die nunmehr einsetzenden Vorbereitungen für die Jagd auf den Spion scheinen in der Öffentlichkeit völlig in Vergessenheit geraten zu lassen, was wirklich geschehen war. Dass der Protestbrief eines abgeschobenen Bischofs bekannt geworden ist, der die Korruption im Vatikan anprangerte, hätte doch eigentlich dafür sorgen müssen, dass der Papst etwas gegen die Korruption unternimmt. Stattdessen tut die Kurie alles, um derer habhaft zu werden, die verbrecherische Praktiken in Vatikan und Kirche aufzudecken versucht haben.

Benedikt XVI. trifft eine Entscheidung, wie sie seit Entstehung des Vatikanstaats durch die Lateranverträge im Jahr 1929 noch nie von einem Papst getroffen worden war: Zum ersten Mal setzt ein Papst eine Art »007-Sonderermittler-Kommission« ein, eine regelrechte Abteilung für Antispionage. Vorsitzender wird der als beinhart geltende Opus-Dei-Kardinal Julián Herranz Casado (* 1930). Unterstützen sollen ihn der Slowake Jozef Kardinal Tomko (* 1924), der den Vorteil hat, die Kurie in- und auswendig zu kennen, sowie Salvatore Kardinal De

Giorgi (* 1930), der langjährige Bischof von Palermo. Die Berufung von De Giorgi in diese Kommission von Kirchenagenten muss der Papst zwangsweise vornehmen. Die Gerüchteküche hat verlauten lassen, dass De Giorgi sich anschickt, ein Komplott gegen den Papst anzuzetteln. Seine Nominierung bedeutet, dass der Papst der Kurie ausdrücklich sein Vertrauen ausspricht. Diese drei Kardinäle sollen jetzt die undichte Stelle im Vatikan suchen. Das Dossier dieser drei Kardinäle, die zum Zeitpunkt des Beginns des Konklaves zwischen 82 und 89 Jahre alt sind, wird die Grundlage für das Pontifikat von Franziskus bilden.

Das 300-Seiten-Dossier, das Ende Februar 2013, kurz vor Beginn des Konklaves, dem Papst vorgelegt wird, enthält so viel Sprengstoff, dass Benedikt XVI. beschließt, die Ergebnisse an seinen Nachfolger weiterzureichen. Es ist auch ein schmerzliches Eingeständnis einer Niederlage. Die Art und Weise, wie Benedikt XVI. das Amt des Papstes verstanden und ausgeübt hatte, als ein extrem schwacher Papst gegenüber der Kurie, hatte sich nicht bewährt. Mit geradezu prophetischer Kraft hatte Joseph Ratzinger am Karfreitag des Jahres 2005, als sein Vorgänger Johannes Paul II. bereits mit dem Tod rang, im Kolosseum vorhergesagt, was dessen Nachfolger würde leisten müssen: den Schmutz aus der Kirche kehren.

Damals hatten sich alle Beobachter gewundert, dass Joseph Ratzinger, der den todkranken Papst an diesem Abend im Kolosseum vertreten musste, so starke Worte gebrauchte. Dass Ratzinger wusste, wovon er sprach, darüber gibt es nicht den geringsten Zweifel. Als Chef der Glaubenskongregation war er zuständig für alle schweren Vergehen von Priestern, so auch die Fälle sexuellen Missbrauchs. Als er dann am 16. April 2005 überraschend zum Papst gewählt wurde, glaubten viele in der Kurie, dass er jetzt ernst machen und den Schmutz, den er selber so angeprangert hatte, tatkräftig auskehren würde.

Aber es sollte ihm nicht gelingen. Seine Niederlage räumt er am 11. Oktober 2012 ein, ausgerechnet vor den jungen Menschen der Katholischen Aktion Italiens, die zu einem Fackelzug gekommen waren, ausgerechnet am legendären Fenster der Päpste, hoch über dem Petersplatz, als er sagt: »An diesem Tag vor 50 Jahren war auch ich hier auf dem Platz, mit dem Blick auf dieses Fenster gerichtet, wo der ›gute Papst‹, der selige Papst Johannes XXIII., mit unvergesslichen Worten zu uns gesprochen hat – Worten voller Poesie, voller Güte, Worten, die aus dem Herzen kamen. Wir waren glücklich, würde ich sagen – und voller Begeisterung. In diesen 50 Jahren haben wir gelernt und erfahren, dass die Erbsünde existiert und immer wieder in persönlichen Sünden zum Ausdruck kommt, die auch zu Strukturen der Sünde werden können. Wir haben gesehen, dass auf dem Acker des Herrn immer auch Unkraut ist. Wir haben gesehen, dass sich im Netz des Petrus auch schlechte Fische befinden. Wir haben gesehen, dass die menschliche Schwäche auch in der Kirche vorhanden ist, dass das Schiff der Kirche auch im Gegenwind fährt, in Stürmen, die das Schiff bedrohen, und zuweilen haben wir gedacht: ›Der Herr schläft und hat uns vergessen.‹«

Wie groß muss die Einsamkeit von Papst Benedikt XVI. gewesen sein, wenn er zu so einem vernichtenden Urteil kommen musste! Er hat eine schwere Niederlage erlitten, weil die drei Ermittler-Kardinäle schlicht nicht das herausfanden, was er erhofft hatte. Der Papst aus Bayern hatte geglaubt, dass der Diebstahl seines Kammerdieners Paolo Gabriele eine schwer nachzuvollziehende Einzelaktion gewesen sei und dass der ganze Rest der Kirchenregierung, der Kurie, fest und treu und vor allem mit weißer Weste hinter ihm stünde. Aber dem war nicht so. Die Grundlage für das Pontifikat von Franziskus war somit bereitet.

# Der Fall Gabriele und die Folgen

Ich habe Paolo Gabriele immer geschätzt, und ich gebe zu, dass ich mir nie hätte vorstellen können, dass er ein Spion ist. Ich hätte auf eine solche Frage wohl geantwortet: auf keinen Fall. Mehr noch, ich hätte Paolo, Spitzname Paoletto, immer als ein leuchtendes Beispiel von Treue und Ergebenheit gegenüber der Kirche und dem Papst geschildert. Meine positive Einschätzung war zunächst einmal der schlichten Tatsache geschuldet, dass Paolo Gabriele mich überhaupt wahrnahm. Sein Vorgänger Angelo Gugel besaß ein ähnliches Gemüt wie der legendäre Polizeichef des Papstes, Camillo Cibin. Über Gugel und Cibin sagte man gleichermaßen, dass sie von so absoluter, totaler, geradezu peinlicher Verschwiegenheit seien, dass sie niemals auf eine Frage antworten würden, nicht einmal auf einen Gruß, Wenn man Cibin oder Gugel mit »Buongiorno, come va?« grüßte (»Guten Tag, wie geht's?«), dann senkten sie indigniert ob der Indiskretion dieser Frage den Kopf und stampften schweigend davon. Ich habe Gugel unzählige Male Erinnerungsmedaillen an Teilnehmer der Audienzen verteilen sehen und stundenlang mit ihm auf dem Gang vor der Bibliothek des Papstes herumgestanden, aber unsere Konversation ging über ein Kopfnicken nicht hinaus.

Mit Paoletto änderte sich alles, er schien das neue, menschliche, frische Gesicht am Hof des Papstes zu sein – allein schon deswegen, weil er der Vater dreier kleiner Kinder war. Er wohnte mit seiner sympathischen Frau im Vatikan, und ich freute mich jedes Mal, wenn ich die junge Familie hinter den Mauern des Vatikans spazieren gehen oder im Vatikan-Supermarkt einkaufen sah, weil ich dann dachte, dass es dem Staat der alten Männer im Vatikan ganz gut tat, zu sehen, womit sich eine Familie mit drei kleinen Kindern herumschlagen muss. Paolo war ebenso korrekt wie Angelo Gugel, aber nicht so unzugänglich. Wenn der Papst gerade eine Predigt hielt und Paolo irgendwo herumstand und wartete, bis er dem Papst einen Schirm oder einen Mantel bringen musste, haben wir auch ganz normale Gespräche über unsere Kinder, über Fußball oder über die schlechten Restaurants rund um den Vatikan geführt.

Als im Frühjahr 2012 den Zeitungen die ersten geheimen Unterlagen aus dem Büro des Papstes zugespielt wurden, hätte ich nie im Leben darauf getippt, dass Paolo hinter dem Komplott steckte. Als der Deckname des Spions, »Maria«, bekannt wurde, hätte ich eher an einen alten, verräterischen Kardinal gedacht als an Paolo. Es war der erste Sekretär des Papstes, Monsignore Georg Gänswein, der Paolo am 25. Mai 2012 enttarnte und für seine Festnahme sorgte. In dem Buch *Seine Heiligkeit* des Journalisten Gianluigi Nuzzi hatte Georg Gänswein ein Dokument entdeckt, das nur durch ihn, Gänswein, den zweiten Sekretär Alfred Xuereb oder Paolo Gabriele an die Öffentlichkeit gelangt sein konnte, weil nur die drei Zugang zu diesem Brief und den drei Schreibtischen im Vorzimmer des Papstes hatten. »Ich bin es nicht gewesen, der diesen Brief weitergegeben hat, dass es Alfred war, glaube ich nicht, also musst du es gewesen sein«, soll Gänswein gesagt haben.

Die Razzia im Haus von Paolo Gabriele brachte kistenweise gestohlene Unterlagen an den Tag. Bis zum 21. Juni 2012 saß er in Haft, danach wurde er zu seiner Familie zurückgeschickt und durfte dort unter Hausarrest leben. Am 6. Oktober 2012 verurteilte ihn das Gericht im Vatikan wegen schweren Diebstahls zu 18 Monaten Haft, die er im Gefängnis des Vatikans abzusitzen begann. Am 22. Dezember 2012 besuchte ihn Papst Benedikt XVI. im Gefängnis, vergab ihm und sorgte für seine sofortige Freilassung.

Der Papst war über das, was geschehen war, bis ins Mark erschüttert. Der Kammerdiener des Papstes ist nicht einfach nur ein normaler Angestellter, der seinen Job macht und dafür bezahlt wird. Der Kammerdiener gehört quasi zur Familie des Papstes, er hilft ihm beim An- und Auskleiden, nimmt an den Festen teil, ist in den privaten Momenten zugegen, in denen der Papst einfach mal nicht der Papst, sondern ein müder alter Herr sein will. Für Benedikt XVI. war Paolo wie ein Sohn, und deswegen wog dieser Verrat so schwer. Leider bestätigte sich auch die Hoffnung nicht, dass sich die ganze schreckliche Affäre auf einen Einzeltäter, auf Paolo Gabrieles eigenartigen Raubzug im Vorzimmer des Papstes, reduzieren ließ. Vielmehr sollten die »007-Kardinäle« des Papstes herausfinden, dass der Verrat des Paolo Gabriele eher ein Kavaliersdelikt war, gemessen an dem Abgrund, der sich sonst innerhalb der Kurie auftat. Das schockierte die Kardinäle, die im März zum Konklave zusammentraten, weil sie jetzt wussten, wie weit verbreitet Korruption und Intrigen innerhalb der Kirche waren und dass sie bei der Wahl des Nachfolgers von Benedikt XVI. nach einem Mann suchen mussten, der vor allem eines sein sollte: ein starker Papst.

Papst Benedikt XVI. hatte sich ganz bewusst dazu entschlossen, ein schwacher Papst zu sein, viel Entscheidungsgewalt abzugeben. Er wollte als Theologe wirken und sich nicht Kompetenzen anmaßen, die er nicht besaß. Das war der Plan gewesen, es hatte aber nicht geklappt. Statt dem Papst Entscheidungen abzunehmen und in seinem Sinne zu handeln, hatte die Kurie ihn hintergangen. Diese Vorgeschichte hatte auch zur Wahl Jorge Mario Bergoglios geführt. Man konnte Bergoglio für aufbrausend halten, aber dass er sich vor schwierigen Entscheidungen drückte und sich versteckte, konnte man ihm sicher nicht vorwerfen.

# Starker Papst – schwacher Papst

Die Wahl von Papst Franziskus war allein deswegen schon von großer Dramatik geprägt, weil sich seit Jahrhunderten nicht mehr ein solches Spannungsfeld zwischen einem extrem starken und einem unmittelbar darauf folgenden extrem schwachen Papst aufgetan hatte. Die Wahl des neuen Papstes war also nicht nur mit der Frage verbunden, wer der neue Papst sein, sondern vor allem auch damit, wie er das Amt des Papstes ausüben sollte. In einem war sich das Konklave bei der Wahl von Papst Franziskus einig: Das Experiment mit dem stark intellektuell geprägten Joseph Ratzinger war fehlgeschlagen. Jetzt musste wieder ein Mann her, der auf den Tisch hauen konnte. Das war eines der entscheidenden Kriterien für die Wahl von Papst Franziskus.

Die Geschichte des starken Papstes aus Polen beginnt an einem Telefon. Bekannt wird sie erst lange nach dem Tod von Karol Wojtyła; zu dessen Lebzeiten hat niemand gewagt, über das zu sprechen, was da passiert war. Giovanni Kardinal Lajolo (* 1935), der eine Bilderbuchkarriere im Staatssekretariat gemacht hatte, bevor man ihn in das Governatorat abschob, hat sie mir erzählt: »Ich war im Staatssekretariat, zusammen mit vielen anderen, als das Telefon klingelte und der Staatssekretär Agostino

Kardinal Casaroli abnahm. Papst Johannes Paul II. war in der Leitung, und er brüllte seinen Staatssekretär am Telefon derart an, dass es das ganze Staatssekretariat mitbekam. Dann legte Agostino Casaroli auf, er war totenblass. Einen solchen Vorfall hatte es im Staatssekretariat überhaupt noch nie gegeben. Niemand konnte sich daran erinnern, dass so etwas unter Paul VI. oder Johannes XXIII. oder Pius XII. je passiert war – ein Papst, der seinen zweiten Mann regelrecht anschrie. Johannes Paul II. rief dann später noch einmal an, um sich zu entschuldigen, aber alle wussten ab dem Zeitpunkt Bescheid.«

Bescheid wussten jetzt alle über eines: Im Apostolischen Palast saß alles andere als ein Weichei, sondern das absolute Gegenteil, ein »Rambo-Papst«, ein Mann, der mit dem Kopf durch die Wand ging, wenn es sein musste, ein Mann, der keinen Zweifel daran ließ, dass er der Boss war, und dass jeder, der das nicht ernst nahm, mit erheblichem Ärger rechnen konnte.

Der Vatikan stand angesichts dieses Papstes rund drei Jahrzehnte lang – und das ist keine Übertreibung – unter einem regelrechten Schock. Dabei hatte die Kurie nach der Wahl des Kardinals von Krakau in einem Punkt nicht den geringsten Zweifel gehegt: Karol Wojtyła würde keine Chance haben gegen die Kirchenregierung. Die Kurie war sich absolut sicher, dass sie mit diesem Papst würde machen können, was sie wollte, denn Johannes Paul II. hatte nun einmal überhaupt keine Ahnung, wie die Kurie funktionierte. Ein Schicksal, das Papst Franziskus mit ihm teilen sollte. Er hatte dort keine Freunde, keine Vertrauten, er war vollkommen ungeschützt. Er kam von weit her, aus Polen, hatte nie Erfahrungen am Hof der Päpste in Rom gesammelt. Es schien unausweichlich, dass er sich auf die Kurie verlassen und sich auch von ihr lenken lassen würde. Aber es kam völlig anders, und viele Kurienkardinäle haben sich von dem Wirbelsturm, den Karol Wojtyła entfachen sollte, bis zu ihrem Ausscheiden aus dem Amt nicht mehr erholt.

Das Hauptproblem der Kurie bestand darin, dass Papst Johannes Paul II. durch seine 104 Auslandsreisen die wichtigste Einrichtung der Kurie, das Staatssekretariat, überflüssig gemacht hat. Jahrhundertelang hatte das Staatssekretariat im Auftrag des Papstes die Beziehungen zu den einzelnen Staaten gepflegt, Briefe geschrieben, Gespräche führen lassen über den Nuntius vor Ort. Dabei ging es zum Beispiel darum, ob Kinder katholischen Religionsunterricht bekamen, ob die römisch-katholische Kirche in den betreffenden Ländern Krankenhäuser, Kindergärten, Altenheime betreiben durfte, und ähnliche Probleme. Doch dann kam Johannes Paul II. und reiste durch die Welt. Statt sich mit einem Brief aus dem Staatssekretariat abspeisen zu lassen, zogen es die meisten Staatsoberhäupter nun vor, mit Johannes Paul II. direkt zu sprechen, was diesem auch lieber war, aber das Staatssekretariat de facto komplett entmachtete und arbeitslos machte.

Papst Benedikt XVI. sorgte nicht für eine leichte Kurskorrektur, sondern entschloss sich, genau das Gegenteil von seinem Vorgänger zu tun. Statt dem Staatssekretariat nur etwas weniger hineinzufunken, hielt er sich komplett heraus. Der Theologe Ratzinger hatte bittere Erfahrungen gemacht, wenn er versucht hatte, sich in die Politik und Kirchenpolitik einzumischen. Er entmachtete sein eigenes Amt, das des Papstes, so sehr, dass selbst während der großen Krisen seines Pontifikates das Staatssekretariat entschied und handelte, ohne ihn auch nur zu informieren, geschweige denn ihn nach seiner Meinung zu fragen. Ich glaube, dass es noch nie in der Geschichte der Päpste einen politisch so komplett entmachteten Papst gegeben hat.

Papst Franziskus steht jetzt vor der Herausforderung, in der Kurie mit eisernem Besen ausfegen und grundlegende Reformen durchsetzen zu müssen. Er wird vor allem ein nach innen starker Papst sein und einen ähnlichen Weg gehen müssen wie Johannes Paul II., der erst einmal nach innen, innerhalb der Kurie aufräumen musste, um dann nach außen stark werden zu können, sehr stark.

Entscheidend für den Kampf um die Macht wird auch für Papst Franziskus das Staatssekretariat sein. Johannes Paul II. nahm es mit dem wichtigsten Amt im Vatikan auf, Benedikt XVI. zerbrach daran. Johannes Paul II. hatte von Anfang an verstanden, dass es keinen Frieden mit dem Staatssekretariat geben konnte. Man musste in diesem Kampf gewinnen – oder man verlor. Aber Karol Wojtyła war kein Mann, der gern verlor. Das musste das Staatssekretariat in den folgenden Jahren schmerzhaft erfahren.

Damals herrschte im Vatikan eine unverhohlene Angst vor dem Riesenreich Moskaus. Viele mögen das später vergessen haben – aber der Kalte Krieg fand auch im Vatikan statt. In den 50er-Jahren schmuggelte der KGB als Priester getarnte Spione im sogenannten Collegium Russicum ein, das in der Nähe der Kirche Santa Maria Maggiore in Rom liegt. Der Vatikan schlug zurück und baute eine Gegenspionage auf, die auch tatsächlich mehrere KGB-Agenten enttarnen konnte. Doch trotz einzelner

Erfolge war der Vatikan beherrscht von der Vorstellung, dass man eine echte Auseinandersetzung mit Moskau niemals würde gewinnen können. In der Folge bestimmte ein Kurs der Annäherung an die Positionen Moskaus, ein Kurs, der aus Kompromissen und Zugeständnissen an das Sowjetimperium bestehen sollte, die Außenpolitik des Vatikans. Die fast schon unterwürfige Haltung der Vorgänger Papst Johannes Pauls II. gegenüber Moskau führte zu katastrophalen Fehlern wie dem Abkommen des Jahres 1964. Ein schwerer Irrtum Agostino Casarolis hatte dazu geführt, dass drei bereits bekannte Geheimagenten der Kommunistischen Partei in Ungarn zu Bischöfen geweiht wurden. Eine Katastrophe – die kommunistische Partei konnte daraufhin die katholische Kirche im Untergrund regelrecht auseinandernehmen, zahlreiche Priester landeten in Straflagern.

Doch dann kam Karol Wojtyła. Er setzte seine Linie der totalen Konfrontation mit Moskau mit aller Macht gegen das Staatssekretariat durch, und zwar auf eine Weise, dass die Fetzen flogen. Das gleiche Staatssekretariat, das Benedikt XVI. entmachten sollte, musste unter Johannes Paul II. die Demütigung hinnehmen, dass der Papst beschloss, das Staatssekretariat in wichtige Entscheidungen einfach nicht mehr einzubeziehen. Was die Kurienkardinäle dachten, war Karol Wojtyła schlicht und einfach egal.

Besonders deutlich zeigte sich die harte Haltung Papst Johannes Pauls II. gegenüber seinem eigenen Staatssekretär, wenn es um den für ihn wichtigsten aller Konflikte ging: Polen. Spätestens seit der Ermordung des Priesters und Solidarność-Sympathisanten Jerzy Popiełuszko durch Mitarbeiter des polnischen Staatssicherheitsdienstes im Oktober 1984 verliefen die Verhandlungen zwischen dem Vatikan und Polen so, als befände sich das Heimatland des Papstes mit dem Kirchenstaat im Kriegszustand. Karol Wojtyła schadete dem polnischen Regime, wo immer er konnte. Im gesamten Ostblock war man sich bewusst, dass der Vatikan im Kampf um Polen eine entscheidende Rolle spielte. DDR-Staatschef Erich Honecker schrieb 1980, ein Jahr nach dem triumphalen Besuch des Papstes in seiner Heimat, entsetzt nach Moskau, dass er den »Tod des sozialistischen Polen« befürchte.

In diesen zum Teil eisigen, zum Teil lautstark geführten Gesprächen zwischen Wojtyła und den polnischen Unterhändlern schloss jener seinen eigenen Staatssekretär oft aus, indem er einfach die Sprache wechselte. Statt mit der polnischen Delegation weiter Französisch zu sprechen, damit Staatssekretär Casaroli wenigstens mitbekam, worum es ging, sprach Karol Wojtyła plötzlich Polnisch – und der Kardinalstaatssekretär verstand kein Wort mehr. Das muss ihn so sehr geärgert haben, dass er begann, heimlich hinter dem Rücken seines Chefs Polnisch zu lernen – jedenfalls fand man nach seinem Tod in seiner Wohnung Polnisch-Lehrbücher. Wie sehr sich die Kurie verrechnet hatte, zeigen allein schon die Umstände des Rücktritts Casarolis: Er sollte der einzige Kardinalstaatssekretär des 20. Jahrhunderts sein, den der Papst nicht bat, im Amt zu bleiben, nachdem er die Altersgrenze erreicht hatte.

Der Kurs der totalen Konfrontation setzte sich schließlich durch. Die Polenreisen des Papstes, der Aufstieg der Solidarność-Gewerkschaft, der erste Runde Tisch des Ostblocks, der in Warschau gestanden hatte, und schließlich der Fall der Berliner Mauer waren auch ein Triumph der Politik Papst Johannes Pauls II. Er hatte gewonnen, aber er hatte nur deswegen gewinnen können, weil er die Kurie in Schach gehalten und – wenn nötig – auch mal zusammengebrüllt hatte.

Mit seiner großen Autorität als Papst hatte Wojtyła mit dazu beigetragen, das Riesenreich Moskaus niederzuringen. Aber das hat ihm auch massive Kritik eingetragen. Weltweit rebellierten die Bischöfe gegen diesen starken Papst. Sie forderten mehr Mitbestimmung. Der Begriff »Kollegialität« wurde zum geflügelten Wort der Kritik an Papst Johannes Paul II. Die Bischöfe warfen ihm vor, alles an sich zu reißen und den Kirchen vor Ort jeden Handlungsspielraum zu nehmen. Die Kurie wagte nach Jahrzehnten der Unterdrückung durch den Papst nicht mehr aufzumucken. Sogar in extremen Fällen setzte sich Johannes Paul II. noch durch, selbst dann, als er schon schwer krank war, und auch wenn die komplette Kurie gegen ihn war, wie im Mai 2001. Er wollte als erster Papst der Geschichte in einer Moschee beten, der Umayyaden-Moschee in Damaskus. Die Kardinäle wollten nicht, dass ein Papst in einer Moschee betete. Das war aber nicht das einzige Problem: Das saudische Königshaus, das sich als Beschützer der heiligen Stätten des Islam sah, wollte das auch nicht. Karol Wojtyła setzte sich trotzdem durch mit einem Trick. Denn schließlich stand die Moschee über dem mutmaßlichen Schrein, der den Kopf Johannes des Täufers bergen soll.

Es ist jedoch keineswegs die Wucht der Wirkung des Pontifikates Johannes Pauls II., nicht seine Stärke, die eine Vorentscheidung bei der Wahl von Papst Franziskus herbeigeführt hat, es ist vielmehr der unglaubliche Kontrast zu Johannes Pauls II. Nachfolger. Allein schon ihre ersten Worte, das Motto des jeweiligen Pontifikates, hätten unterschiedlicher nicht sein können. Kurz nach seiner Wahl verkündete Johannes Paul II.: »Non abbiate paura.« (Habt keine Angst.) Die Menschen in Rom hatten damals den Eindruck, dass die ganze Christenheit hinter dem breiten Kreuz des Papstes Zuflucht nehmen könne und dass dieser Papst sie allesamt, die mehr als eine Milliarde Katholiken auf dieser Welt, verteidigen werde. Natürlich galt diese Botschaft in besonderem Maße den Menschen hinter dem Eisernen Vorhang. Karol Wojtyła wollte ihnen sagen, dass er sie nicht vergessen werde, nur weil er jetzt Bischof von Rom war. Dieses »Habt keine Angst« sollte sich als so wirkungsmächtig erweisen, weil es den Katholiken im Osten Europas Mut machte, gegen die Diktaturen in ihren Ländern aufzustehen.

Wie anders kam dagegen dieser Joseph Ratzinger in seiner ersten Ansprache daher: Er sei nur ein »einfacher Arbeiter im Weinberg des Herrn«. Kein Wort mehr davon, dass die Katholiken keine Angst mehr zu haben brauchen – wie sollte auch der einfache Arbeiter Ratzinger im Weinberg des Herrn sie verteidigen können! Dass das Pontifikat von Benedikt XVI. von Anfang an verfahren war, hatte seinen Grund unter anderem auch darin, dass der wichtigste Mann an seiner Seite, Kardinalstaatssekretär Angelo Sodano, ihm seine politische Unfähigkeit für den Fall eines EU-Beitritts der Türkei öffentlich bescheinigt hatte. Von Anfang an hält sich dieser Papst aus der Politik heraus. Die Herren vom Staatssekretariat können es kaum fassen, es ist wie eine Wiederauferstehung. Sie sind auf einmal wieder da, sie spielen auf einmal wieder eine Rolle.

Die Vorentscheidung für das politische Scheitern seines Pontifikates trifft Benedikt XVI. im Frühjahr des Jahres 2006. In all den Jahren im Vatikan hat er sich nur zwei wirkliche Freunde geschaffen, auf die er sich bedingungslos verlassen kann: seinen ehemaligen Sekretär Don Joseph Clemens und seinen langjährigen Mitarbeiter aus der Glaubenskongregation Tarcisio Bertone. Bertone ist Salesianerpater, er kennt sich aus mit der Pastorale, er weiß, dass man mitklatscht, wenn Jugendliche einen Gottesdienst feiern. Er hatte sich in der Glaubenskongregation verdient gemacht, aber er hatte von Politik und Diplomatie keine Ahnung. Er hatte nie im Staatssekretariat gearbeitet. Schlimmer noch, er muss gegen seinen Ruf ankämpfen. Tarcisio Kardinal Bertone ist ein großer Fußballfan, er wird Kardinal Ratzinger mehrfach den »Beckenbauer der Theologie« nennen, in seiner Heimatdiözese in Genua hat er sich dazu hinreißen lassen, Fußballspiele zu kommentieren. Aber kann man einen Chefdiplomaten ernst nehmen, der sich nebenbei als Fußballkommentator verdingt, und das ausgerechnet als hochwürdiger Staatssekretär des Vatikans, als wichtigster Mann des Vikars Jesu Christi?

Benedikt XVI. schlägt alle Warnungen in den Wind und ernennt Tarcisio Kardinal Bertone am 22. Juni 2006 zum Staatssekretär. Zu den zahlreichen Handicaps, mit denen Bertone kämpfen muss, gehört, dass der oberste Diplomat und Chef der Außenpolitik kein Wort Englisch spricht und angesichts seines fortgeschrittenen Alters das auch nicht mehr lernen will. Eines spricht jedoch für Bertone: Er hat das absolute Vertrauen des Papstes, und im Vatikan hegt man die Hoffnung, dass dieses totale Vertrauensverhältnis die Nachteile aufwiegen wird. Wird es aber nicht. Die Falle ist schon zugeschnappt, und Benedikt XVI. gelingt es jetzt nicht mehr, aus ihr herauszukommen: Er hat zu Beginn seines Pontifikates im Jahr 2006 zu viel Respekt vor Angelo Kardinal Sodano, der seit 1991, seit mehr als vierzehn Jahren, Kardinalstaatssekretär ist, und überlässt ihm die Politik. Er mischt sich im ersten Jahr nie ein.

Als Tarcisio Bertone, sein Freund, in diesem Amt nachfolgt, mischt sich Benedikt XVI. erst recht nicht ein, weil er jetzt das Gefühl hat, dass die Politik des Vatikans nun in guten Händen sei. Benedikt XVI. verpasst etwas sehr, sehr Wichtiges für jeden Papst: Er stellt sich nicht eindeutig an die Seite der Menschen. Ein Papst hat einen klaren Platz einzunehmen, an der Seite der Schwachen, der Armen, derer, die allein gelassen wurden. Sein Nachfolger Jorge Mario Bergoglio wird auf drastische Weise zeigen, wie man das mit wenigen klaren Gesten machen kann. Aber auch schon Johannes Paul II. hatte vorgemacht, wie das geht. Er hatte sich gegen die kommunistischen Regime in Osteuropa gestellt, an die Seite derer, die von Haft bedroht waren, die hungerten, die ausgebeutet wurden. Er hat sich als ihr Verteidiger gefühlt, denn das war seine Botschaft: Habt keine Angst.

Für Papst Benedikt XVI. kommt die erste Chance, ein Zeichen zu setzen, im Mai 2007. Die erste Reise nach Lateinamerika steht an, dem Kontinent der Hoffnung. Brasilien hat mit einem kolossalen Wandel zu kämpfen, scharenweise verlassen die Menschen die katholische Kirche, um zu den Freikirchen zu wechseln. Innerhalb von 30 Jahren, in einer einzigen Generation, ging der katholischen Kirche Brasiliens ein Drittel ihrer Gläubigen verloren. Dennoch gibt es immer noch 120 Millionen Katholiken in dem riesigen Land. Viele von ihnen sind bitterarm, leben in Favelas unter unmenschlichen Bedingungen. Wie man das macht, sich in Südamerika an die Seite der Menschen zu stellen, hatte Karol Wojtyła mit einer geradezu unerhörten Geste gezeigt. Er hatte ein Armenviertel in Rio de Janeiro besucht, das nur ein paar hundert Meter von einem Luxushotel und dem berühmten Strand von Copacabana entfernt liegt. Angesichts der erschütternden Armut schenkte der Papst seinen Siegelring, den Ring des Fischers, einer alleinerziehenden Mutter und ihren Kindern. Das war ein Skandal, das war noch nie vorgekommen. Der Ring des Papstes, der Fischerring, ist das Zeichen der Würde des Papstes, er muss nach seinem Tod zerstört werden. Ihn wegzuschenken war undenkbar. Auch wenn die Kurie den rebellischen Papst aus Polen für diese Geste auf Jahre immer wieder rügen wird, bei den Menschen Lateinamerikas hinterlässt das einen gewaltigen Eindruck. Denn es bedeutet: Er steht zu uns, er lässt uns nicht allein, er gibt uns das einzig Wertvolle, das er bei sich hat, den Fischerring. Von diesem Tag an werden alle nachfolgenden Lateinamerikareisen dieses Papstes ein Triumphzug werden.

Die Voraussetzungen der Brasilienreise des Joseph Ratzinger waren ähnlich gut wie seinerzeit diejenigen von Karol Wojtyła beim gleichen Anlass. Benedikt XVI. wollte Kinder und Jugendliche treffen, die drogenabhängig geworden waren. Ein von den Sternsingern in Deutschland mitfinanziertes Projekt sollte dem Papst die Gelegenheit geben, in der Nähe von Aparecida bei São Paulo mit diesen Menschen, die wie Ausgestoßene der Gesellschaft behandelt werden, zusammenzutreffen. Es sollte in der Fazenda da Esperança ein wunderschönes Treffen werden, doch der Stolz Benedikts XVI. auf seinen Glauben stellt ihm ein Bein. Die Botschaft, die er hätte verkünden sollen, wäre gewesen: Ich bin bei euch, alle Tage, ich bin in eurer Nähe, ich werde euren täglichen Kampf niemals vergessen. Ich schäme mich, dass eure Kinder unterernährt sind und dass ich nicht mehr für euch getan habe. Stattdessen verteidigt der Papst seinen Glauben, rechthaberisch, ohne die Fehler der Kirche einzuräumen. Er sagt: »Welche Bedeutung hatte aber die Annahme des christlichen Glaubens für die Länder Lateinamerikas und der Karibik? Es bedeutete für sie, Christus kennenzulernen und anzunehmen, Christus, den unbekannten Gott, den ihre Vorfahren, ohne es zu wissen, in ihren reichen religiösen Traditionen suchten. Christus war der Erlöser, nach dem sie sich im Stillen sehnten.«

Als ich das damals höre, denke ich, mich trifft der Schlag. Wie kann der Papst so etwas sagen, denn so war es doch nicht gewesen! Die Ureinwohner Lateinamerikas saßen keineswegs in ihren Hütten und sehnten sich still nach Christus. Sie wurden von den Spaniern und Portugiesen niedergemetzelt und zwangschristianisiert. So war das, da war kein Platz für stilles Sehnen. Weiter heißt es bei Papst Benedikt XVI.: »Tatsächlich hat die Verkündigung Jesu und seines Evangeliums zu keiner Zeit eine Entfremdung der präkolumbischen Kulturen mit sich gebracht und war auch nicht die Auferlegung einer fremden Kultur. Echte Kulturen sind weder in sich selbst verschlossen noch in einem bestimmten Augenblick der Geschichte erstarrt, sondern sie sind offen, mehr noch, sie suchen die Begegnung mit anderen Kulturen, hoffen, zur Universalität zu gelangen in der Begegnung und im Dialog mit anderen Lebensweisen und mit den Elementen, die zu einer neuen Synthese führen können, in der man die Vielfalt der

Ausdrucksmöglichkeiten und ihrer konkreten kulturellen Verwirklichung respektiert.«

Die Kulturen Lateinamerikas suchten also einen »Dialog«? Aber was war das denn für ein Dialog, dass die Katholiken die Ureinwohner wie Tiere jagten, sie vergewaltigten, dass sie sich jahrelang darüber stritten, ob es überhaupt Menschen sind? War dieses Massaker die Synthese der Kulturen, über die der Papst spricht? Warum gibt der Papst nicht einfach zu, dass die katholische Kirche unverzeihliche Fehler während der Christianisierung Amerikas begangen hat? Warum bittet er nicht um Vergebung und reicht den Menschen Lateinamerikas die Hand? Die Reaktion auf die Rede Joseph Ratzinger war ein Aufschrei des Protestes: Der damalige Staatspräsident Venezuelas, Hugo Chávez, verlangte eine Entschuldigung. »Wie kommt der Papst dazu zu sagen, dass die Evangelisierung nicht aufgezwungen war? Warum mussten dann unsere Ureinwohner in den Urwald und in die Berge fliehen? Als Staatschef, aber mit der Bescheidenheit eines venezolanischen Bauern bitte ich den Papst darum, sich zu entschuldigen.« Der Papst hatte eine schwere Niederlage eingefahren. Er gehört an die Seite der Armen, der Schwachen und der Verlierer. Es geht nicht darum, recht zu haben und die Christianisierung Südamerikas zu erklären, sondern es geht darum, sich an die Seite der Menschen zu stellen, vor allem an die Seite derer, die seine Hilfe wirklich brauchen.

Die Wahl von Papst Franziskus hat jetzt gezeigt, dass die Kardinäle verstanden haben, dass es ein schwerer Fehler von Papst Benedikt XVI. war, das Staatssekretariat einfach machen zu lassen. Denn das blinde Vertrauen Benedikts XVI. in seinen Staatssekretär Tarcisio Bertone sorgte unter anderem dafür, dass der neue Papst Franziskus eine Verstimmung erbte, die ohne jede Not aus politischer Unfähigkeit des Kardinalstaatssekretärs und des Papstes heraus entstanden war und die es nun auszubügeln galt in dem alles entscheidenden Land für die katholische Kirche, den USA.

# Der Vatikan und die Vereinigten Staaten von Amerika

Die Vereinigten Staaten von Amerika sind für die katholische Kirche aus einem ganz simplen Grund so bedeutsam: Die freiwilligen Spenden aus den USA, der sogenannte Peterspfennig, finanzieren zu einem großen Teil den Staat des Papstes. Ohne diese Spenden – und auch ohne die Unterstützung aus Deutschland durch die dort erhobene Kirchensteuer – würde der Vatikan finanziell zusammenbrechen. Ohne die Unterstützung der rund 63 Millionen Katholiken der USA, die in knapp 20 000 Pfarreien leben, würden in Rom die Lichter ausgehen.

Dabei beginnt das Verhältnis der Päpste zu den USA katastrophal schlecht. Das liegt in der Natur der Sache: Die Verfassung der Vereinigten Staaten, wie sie im Jahr 1787 unterzeichnet wurde, bedeutete für die Päpste damals ein ungeheures Verbrechen gegenüber Gott. Die Amerikaner hatten – aus Sicht der Päpste – einen unverzeihlichen Frevel begangen, indem sie ihre Verfassung mit dem Satz beginnen ließen: »We the People of the United States«. Das war deshalb eine so unerhörte Sünde, weil es die von Gott gegebene Ordnung der Welt auf den Kopf stellte. Das Volk, also auch das der USA, hatte gar nichts zu melden, sich auch keine Verfassung zu geben.

Gott hatte schließlich den Monarchen die Aufgabe auferlegt, die Völker wie im Staat der Kirche zu lenken und zu leiten. Dass der Pöbel sich jetzt eine eigene Verfassung gab und es wagte, im Namen des Volkes zu sprechen statt im Namen der von Gott legitimierten Herrscher, stellte eine Unverfrorenheit unerhörten Ausmaßes dar. Noch im folgenden Jahrhundert werden die Päpste die Grundlagen der Demokratie, wie in den USA praktiziert, klar und deutlich verurteilen. Der *Syllabus der Irrtümer unserer Zeit* (*Syllabus complectens praecipuos nostrae aetatis errores*), den Papst Pius IX. im Jahr 1864 veröffentlichen wird, verurteilt als Reaktion auf den Aufstieg der USA aufs Schärfste jegliche Form von »Liberismus«, jegliche Rebellion des Menschen gegen einen absoluten Monarchen wie den Papst. Eines der berühmtesten Denkmäler der Welt, die Freiheitsstatue im Hafen von New York, ist dem Vatikan ein Dorn im Auge; sie ist für ihn Ausdruck der Weigerung der Amerikaner, sich der gottgegebenen Ordnung einer Monarchie unterzuordnen.

Erst langsam normalisiert sich das Verhältnis zwischen den USA und dem Vatikan. Die USA entwickeln nach und nach ein Interesse daran, ein gutes Verhältnis zum Vatikan aufzubauen, weil die Zahl der Katholiken in den USA ständig steigt. Zunächst hatten die Einwanderer aus Europa, vor allem aus Polen, Italien und Deutschland, die katholische Religion nach Amerika gebracht. Doch später sollten vor allem die Zuwanderer aus Mexiko die USA in eine immer katholischere Supermacht verwandeln. In dem am stärksten von Mexiko beeinflussten US-Bundesstaat, New Mexico, bekennen sich heute 97 Prozent der Bevölkerung zum Christentum, 44 Prozent davon sind Katholiken. Insgesamt ist etwa jeder vierte US-Bürger römisch-katholisch. Als Paul VI. im Oktober 1965 als erster Papst der Geschichte amerikanischen Boden betritt, kommt es zu einer starken Annäherung der USA an den Vatikan. Mit der Wahl Johannes Pauls II. intensiviert sich diese weiter. Bereits zu Beginn seines Pontifikates rücken der Vatikan und die USA so nahe zusammen wie nie zuvor in der Geschichte. US-Präsident Jimmy Carter erkennt sofort, dass die USA im Kalten Krieg gegen die Sowjetunion und ihre Satellitenstaaten einen wichtigen Verbündeten gewinnen können: den Vatikan.

Carter sorgt im Winter 1980 dafür, dass im Vatikan eine untergegangen geglaubte Tradition wieder auflebt: die systematische militärische Beratung des Papstes durch eine Supermacht. Während der Kriege der Renaissance in Italien gehörte es zu den selbstverständlichen Aufgaben eines Papstes, sich über Truppenbewegungen zu informieren. Schließlich musste er sein eigenes Heer leiten und lenken. Die Päpste haben Militärberater und Informanten bezahlt, die Truppen- und Flottenbewegungen der damaligen Supermächte Spanien, Frankreich, Venedig und des Heiligen Römischen Reiches Deutscher Nation meldeten. Mit dem Zusammenbruch des Kirchenstaats 1870 schien diese Epoche zu Ende gegangen zu sein.

Doch Jimmy Carter persönlich wird es sein, der als Oberhaupt einer Supermacht den Papst in militärische Geheimnisse einweihen wird. Er ruft im Winter 1980/81 Papst Johannes Paul II. an und informiert ihn über die Lage in seinem Heimatland. US-Aufklärungssatelliten und -Flugzeuge haben starke Truppenbewegungen in den Warschauer-Pakt-Staaten aufgezeichnet. Die Rote Armee konzentriert ihre Divisionen an der polnischen Grenze, ebenso die NVA in der DDR. General Wojciech Jaruzelski ruft im Dezember 1981 das Kriegsrecht aus, angeblich um einen Einmarsch der Roten Armee in Polen abzuwenden. Auch Carters Nachfolger Ronald Reagan sieht in Papst Johannes Paul II. einen wichtigen Verbündeten. Im Jahr 1987 treffen die beiden in Miami zusammen. Nach dem Mauerfall lässt Ronald Reagan keinen Zweifel daran, dass das Sowjetimperium ohne die Hilfe aus dem Vatikan nicht hätte niedergerungen werden können.

Das Verhältnis des Vatikans zu den USA ist so gut, dass es sogar schwere Belastungsproben aushält. Johannes Paul II. stellt sich eindeutig und klar gegen die Kriege am Golf. Der Vatikan ist dank seiner Rolle beim Zusammenbruch des Sowjetimperiums politisch so bedeutend geworden, dass die Paläste am Petersdom eine Drehscheibe der internationalen Politik werden. Der irakische Außenminister Tareq Aziz reist wenige Wochen vor Ausbruch des Irakkriegs 2003 nach Rom, um den Papst um diplomatische Vermittlungen zu bitten. Der Christ Aziz schafft es zumindest, dass Johannes Paul II. sich deutlich gegen einen Krieg im Irak ausspricht. Dieser verurteilt den Einmarsch der US-Truppen als einen »ungerechten Krieg«. Die prophetischen Warnungen des Papstes, dass die USA den Krieg im Irak bereuen würden, sorgen in den USA für starke Sympathien für den Papst, als den Amerikanern immer deutlicher bewusst wird, wie hoch der Preis für den Krieg ist. Als Papst Benedikt XVI. im Jahr 2005 gewählt wird, kann der Vatikan darauf verweisen, alles richtig gemacht zu haben. Kriegsherr Tony Blair, der britische Premier, muss einräumen, dass ausgerechnet der Papst das militärische Risiko weit korrekter eingeschätzt habe als die Generäle seines Landes.

Für den Vatikan war der Irakkrieg mit einer eigenartigen Umwertung politischer Symbolik verbunden. Lange Zeit galt der Staat des Papstes linken Parteien und Bewegungen als Inbegriff reaktionärer Gesinnung. Aber nach Ausbruch des Krieges im Frühjahr 2003 marschierten die Kriegsgegner plötzlich auf dem Petersplatz auf, und ausgerechnet die linken Aktivisten ließen sich der Unterstützung durch den Papst versichern. Plötzlich demonstrierten linke Studenten nicht gegen, sondern für den Papst Johannes Paul II.

Aber im Frühjahr 2008 schlagen die Außenpolitiker des Vatikans einen verhängnisvollen Kurs ein, dessen Folgen zu beheben eine der vordringlichsten Aufgaben des neuen Papstes Franziskus sein wird. Seit Ende 2007 sind die Diplomaten des Vatikans mit den Vorbereitungen einer USA-Reise des Papstes und eines Besuchs bei den Vereinten Nationen beschäftigt. Die erfahreneren unter ihnen raten dem Kardinalstaatssekretär von einem Besuch des Papstes bei US-Präsident George W. Bush ab, der als Hauptverantwortlicher für den Irakkrieg mit seinen zigtausenden Toten dabei ist, als einer der schlechtesten Präsidenten in die Geschichte des Landes einzugehen, und drängen darauf, dass der Papst sich nicht an der Seite des Kriegsherrn Bush zeigt, sondern erst neben dem durch den Krieg nicht vorbelasteten Nachfolger.

Doch Staatssekretär Bertone will den Papstbesuch in den USA unbedingt bereits im April 2008 stattfinden lassen. Er hat nichts dagegen, dass der Papst mit Bush zusammentrifft. Diese Fehleinschätzung wird aber nicht der einzige grobe Patzer des Tarcisio Bertone bleiben. Als im Staatssekretariat klar wird, dass Bertone sich mit seinen Plänen für den Papstbesuch durchsetzen wird, wollen die Diplomaten wenigstens erreichen, dass das Zusammentreffen von Benedikt XVI. mit dem unbeliebten George W. Bush möglichst kurz und unspektakulär gestaltet wird. Aber Bertone übergeht auch dies – ganz im Gegenteil: Er legt den Besuch des Papstes im Weißen Haus auf den 16. April 2008. Das bedeutet, dass der Papst seinen Geburtstag mit dem Mann feiern wird, den sein Vorgänger Johannes Paul II. wegen seiner Kriegführung mit allen diplomatischen Mitteln bekämpft hat.

Und so wird die katholische Welt ein einzigartiges Schauspiel erleben: Der Mann, der sich als Vikar Jesu Christi sieht, der predigte, dass die selig sind, die Frieden stiften, wird sich an seinem Geburtstag im Haus des Mannes vorfinden, der Krieg um jeden Preis wollte. Der Papst wird also mit George W. Bush anstoßen, der zwei Länder mit Krieg überzogen und unter den Katholiken in seinem Heimatland einen katastrophalen Ruf hat. Was für ein Fehler! Es geschieht, was zu befürchten war. Eine große Zahl von US-Katholiken hat keinerlei Verständnis dafür, dass der Papst ohne Not seinen Geburtstag ausgerechnet mit George W. Bush feiert. Der Vatikan unterläuft damit seine bisherige politische Linie der Bekämpfung der Kriegspolitik George W. Bushs und macht sich lächerlich. Der Anspruch, dass die vatikanische Diplomatie zu den besten der Welt zählt, ging an diesem Tag endgültig baden, »Außenminister« Tarcisio Bertone schoss aus schlichter Unfähigkeit ein Eigentor. Papst Benedikt XVI. hätte sich ein gutes Jahr später an der Seite des Friedensnobelpreisträgers Barack Obama zeigen können. Weltweit verstehen Katholiken nicht, was dieser Besuch des Papstes im Weißen Haus bezwecken sollte. Auch im Staatssekretariat des Papstes wird Kritik laut.

Kardinalstaatssekretär Bertone reagiert so falsch, wie

es falscher nicht mehr geht: mit Trotz. Auf den Fehler, den er begangen hat, setzt er noch einen zweiten. Am 13. Juni 2008 bereitet der Vatikanstaat ausgerechnet George W. Bush den prächtigsten und außergewöhnlichsten Empfang in der modernen Geschichte des Vatikans. Mir sagte damals ein erfahrener Diplomat des Vatikans, dass sich Johannes Paul II. wohl im Grabe umgedreht habe. Denn dem Mann, den die Diplomatie Papst Johannes Pauls II. jahrelang bekämpfte, wird eine Ehre wie keinem anderen Staatschef in den vergangenen Jahren zuteil: Er darf den Papst nicht wie andere Staatsgäste in der Bibliothek, sondern in den Vatikanischen Gärten treffen, im Turm des heiligen Johannes, der nur extrem wichtigen Besuchern wie etwa dem Patriarchen von Konstantinopel vorbehalten ist. Zudem darf Bush in den Gärten vor der nachgebauten Grotte von Lourdes mit dem Papst beten, ebenfalls ein Privileg, das bisher noch keinem anderen Staatsoberhaupt zugestanden wurde. Jetzt wird Papst Franziskus den Kurs, der sich aus der starken Annäherung Bertones und Benedikts XVI. an George W. Bush ergab, korrigieren und der US-Diplomatie erklären müssen, dass die Haltung des Vatikans sich geändert hat.

# Der Rücktritt

Vatikanstadt. Es ist der Vormittag des 11. Februar 2013. Der Pressesaal des Heiligen Stuhls wirkt auf den ersten Blick keineswegs wie ein Ort, an dem Weltgeschichte geschrieben wird. In den meisten Redaktionen auf dem Globus wissen die Journalisten nicht einmal, dass es diesen Pressesaal überhaupt gibt und wer dort arbeitet, aber das sollte sich an diesem Tag gegen Mittag schlagartig ändern.

Das Hauptproblem der Kollegen, die regelmäßig im Pressesaal des Vatikans tätig sind, besteht darin, dass der überwiegende Teil dessen, was der Vatikan mitteilen will, keinen Menschen interessiert. Im Pressesaal werden etwa Informationen darüber verbreitet, dass dem großen Kirchenlehrer Augustinus ein besonderes Jahr des Gedenkens gewidmet wird, dass im Jahr des Glaubens besonders nachhaltig für den Glauben gebetet werden soll oder dass der päpstliche Rat für die Angestellten im Gesundheitswesen sich für einen menschlicheren Umgang mit Kranken ausspricht. Ganz selten allerdings macht auch dieser Saal Furore, zum Beispiel wenn die Wahl des ersten slawischen Papstes der Geschichte verkündet wird oder dessen Tod.

Mir kam die Arbeit im Pressesaal immer ein bisschen so

vor, wie wohl einst die Arbeit der Goldsucher am Klondike River in Kanada gewesen sein muss. Halbe Ewigkeiten lang durchsiebst du unendlich langweiligen Sand, und dann, auf einmal, hast du ein riesiges Goldnugget in der Hand, das dein ganzes Leben verändern kann. Zunächst ist aber der Sand dran, Unmengen von Sand, deswegen auch schicken die Redaktionen in den Pressesaal des Vatikans vor allem zuverlässige, erfahrene Mitarbeiter. Echten Glanz gibt es im Pressesaal nur dann, wenn der Papst etwa gerade zu einer Reise nach Südamerika aufbricht. Dann stöckeln plötzlich lateinamerikanische Fernsehmoderatorinnen im ultrasexy Outfit durch den Pressesaal und lassen sich dabei filmen, wie sie sich angeblich auf die Reise des Papstes in ihr Heimatland vorbereiten.

Der Pressesaal befindet sich in einem Gebäude auf der rechten Seite der Via della Conciliazione, außerhalb des Vatikans, dort, wo die Straße sich zum Halbrund der Piazza Pio XII hin öffnet. Zwei Polizisten stehen neben der überdimensionierten Stahltür, innen befindet sich auf der linken Seite ein Empfangstresen, an dem korrekt gekleidete junge Herren sitzen. Wer zum ersten Mal mit ihnen zu tun hat, mag den Eindruck gewinnen, dass es sich um besonders fromme Männer handelt. In Wirklichkeit sind es ganz normale, nette junge Herren, und wenn man zum ersten Mal ihren eigentlichen, abgeschirmten Arbeitsplatz betritt, wo sie an Fotokopierern tonnenweise päpstliche Erklärungen reproduzieren müssen, sieht man, dass nicht nur Porträts von Päpsten, sondern auch – wie in vielen anderen Büros der Welt – Fotos von schnellen Autos an den Wänden hängen (allerdings keine Pirelli-Kalender!).

Über eine kleine Marmortreppe gelangt man in den

eigentlichen Pressesaal. Darin steht ein wackliger, langer Tisch, auf dem veraltete Computer ihren Lebensabend genießen. In den einzelnen Waben werkeln Journalisten vor sich hin, versuchen zu verstehen, was das *Motu Proprio* eines Papstes ist oder warum es ein neues Problem im Fall der Seligsprechung Papst Pius' XII. gibt. Von der Eingangshalle gelangt man auch in den weitaus prächtigeren Saal für Pressekonferenzen. Wenn es etwas zu sagen gibt, nimmt der Pressesprecher des Papstes unter dem Wappen des Vatikans an einer Rednertribüne Platz. In den Saal gelangt er durch eine Seitentür, die in den Verwaltungstrakt und zu seinem Büro führt.

Was mich am Pressesaal des Heiligen Stuhls stets am meisten irritierte, war seine Stille. Während in den Pressezentren überall auf der Welt normalerweise ein ohrenbetäubender Krach herrscht, kann man im Pressesaal des Vatikans jedes Flüstern hören. Ich glaube, dass es nirgendwo auf der Welt so leise zugeht wie rund um den langen Tisch im Pressesaal des Vatikans, an einem Nachmittag im Juli, wenn draußen die Hitze den Petersplatz schier verglüht und der Papst selber weit weg ist, in seinem Sommersitz in Castel Gandolfo.

Ein Teil der Stille des Pressesaales ist gewöhnlich auch Giovanna Chirri. Sie hat an diesem 11. Februar 2013 auf dem Weg zum Vatikan noch keine Ahnung davon, dass ausgerechnet sie eine Sensation der Kirchengeschichte verkünden wird. Giovanna ist eine reife Frau, eine attraktive Blondine mit schulterlangem Haar, die ihre Kinder liebt und lange ihre Mutter betrauerte, die etwa zur gleichen Zeit starb wie meine – das verband uns. Giovanna ist die Zuverlässigkeit in Person. Sie weiß, dass ihre Bosse bei der italienischen Nachrichtenagentur ANSA lange Zeit nicht allzu viel von ihr hielten. Im Lauf der Jahre bekam sie immer wieder einen neuen männlichen oder weiblichen Vorgesetzten, und dass jahrelang niemand daran dachte, sie zur Chefin der Vatikanredaktion von ANSA zu befördern, hat sie gekränkt.

Es gibt nur eine Situation, in der Giovanna und einige andere Kollegen zu regelrechten Rennpferden werden, zu nervösen, zu einer Nachrichtenschlacht bereiten Konkurrenten: Das ist genau dann der Fall, wenn die ganze Welt auf den Vatikan schaut. Das geschah jahrhundertelang nur aus zwei Anlässen. Dass an diesem Tag ein dritter, sensationeller hinzukommen soll, ahnt noch niemand. Bisher galt: Der Vatikan sorgt weltweit für Interesse mit den Nachrichten:

a) Der Papst ist tot.

b) Der neue Papst ist gewählt.

Nicht vorstellbar ist bis zu diesem Vormittag die Nachricht aus dem Vatikan:

c) Der Papst tritt zurück.

Der Kampf um die Top-News aus dem Vatikan folgt klaren Regeln. Sobald ein Papst erkennbar krank wird, beginnt der Teil des Jobs eines *Vaticanista*, eines Vatikanexperten, der nichts mehr mit Religion oder der weltlichen Macht der Kirche zu tun hat, sondern ausschließlich mit Medizin. Im Grunde geht es nur darum, den Krankheitsverlauf bei einem Papst so präzise zu verfolgen, dass man einzuschätzen in der Lage ist, wann die Nachricht geschrieben werden kann, die die ganze Welt erschüttern wird: Der Papst ist tot.

Legendär war das Pech von Paloma Gómez Borrero, der langjährigen spanischen Vatikankorrespondentin, die für mehrere Radio- und Fernsehsender ihres Heimatlandes arbeitete. Paloma galt in den 90er-Jahren allein deshalb schon als Legende, weil sie als Einzige im Tross des Papstes statt mit einem Computer mit einer Reiseschreibmaschine unterwegs war. Sie ging in die Geschichte des Pressesaals ein, weil sie es 1978 nur haarscharf verpasste, am richtigen Tag am richtigen Ort zu sein. Um nicht noch ein weiteres Wochenende in der Hitze der Stadt verbringen zu müssen, wollte sie damals mit ihrer Familie über das Wochenende des 5. und 6. August der mörderischen Hitze Roms entfliehen und ans Meer fahren. Weil das Gerücht umging, dass es Papst Paul VI. gesundheitlich deutlich schlechter gehe, hatte sie vorher noch den langjährigen Sekretär von Paul VI., Pasquale Macchi, angerufen. Der hatte sie beruhigt, sie möge über das Wochenende ruhig wegfahren, dem Papst ginge es weitaus besser. Leider stimmte das nicht. Papst Paul VI. starb am Sonntag, dem 6. August 1978. Alle Redaktionen schrien plötzlich nach Paloma, die, damals ohne Handy unerreichbar, am falschen Tag ans Meer gefahren war.

Der etwas geheimnisumwitterte Tod von Pauls Nachfolger, des 33-Tage-Papstes Johannes Paul I., und die jahrzehntelangen, vom Autor David Yallop angeheizten Spekulationen darüber, ob er ermordet worden war, sorgten dann dafür, dass das Interesse der Welt noch mehr auf diesen Augenblick des Todes eines Papstes gerichtet war. Viele Jahre bevor Johannes Paul II. ernsthaft an gesundheitlichen Problemen litt, begann daher ein erbitterter Kampf um Sensationsnachrichten aus dem Vatikan. Jahrelange Freundschaften wurden in Kardinäle und Pressesprecher investiert, Fassladungen von Wein und Berge exzellenten Essens konsumiert und bezahlt, um die Informanten für diesen einen entscheidenden Tag gefügig zu machen. Das lohnte sich deshalb, weil die Nachricht vom Tod des Papstes erst innerhalb des Vatikans bekannt werden würde, wenige Stunden oder Minuten bevor dies auch nach außen der Fall wäre. Um diese Zeitspanne ging es, also darum, einen vermutlich nur wenige Minuten dauernden Vorsprung herauszuholen und als Erster die Nachricht herausgeben zu können: Der Papst ist tot. Es gibt nicht viele Nachrichten auf der Welt, mit denen die Nachrichtenagenturen ihre Kompetenzen und Kapazitäten unter Beweis stellen können, weil es gar nicht so viele Nachrichten gibt, die weltweit wirklich von Interesse sind. Der Tod eines Bundeskanzlers interessiert vermutlich nur den Großteil der 80 Millionen Deutschen, der Tod des Papstes jedoch mehr als eine Milliarde Katholiken auf der Welt.

Es ist also kein Wunder, dass die Agenturen auf ihre Korrespondenten in Rom Druck ausüben, um ihnen vor allem eines einzubläuen: Ihre Kontakte, Verbindungen, Bekanntschaften, Freundschaften vor allem dafür zu nutzen, um an diesem Tag des Todes eines Papstes von ihren Informanten ein paar Minuten vor der öffentlichen Verkündung informiert zu werden. Deswegen gibt es auch an dem Tag, an dem der Papst auf dem Totenbett liegt, ein massives Hauen und Stechen um diesen Vorsprung.

An so einem Konkurrenzkampf wäre wohl auch Giovanna Chirri beteiligt gewesen, wenn sich denn auch nur im Mindesten ein solcher abgezeichnet hätte. Aber das Gegenteil ist der Fall. Papst Benedikt XVI. scheint es relativ gut zu gehen. Es gibt keinerlei Anzeichen, um ernsthaft über einen kurz bevorstehenden Tod des Papstes zu spekulieren.

Wenn man zur Arbeit in den Pressesaal kommt, ruft

man »Ciao a tutti« und geht dann meistens erst einmal zum Kaffeeautomaten am hinteren Ende des Raums. Dann schließt man die Glastür zu seiner Miniwabe auf. Ab und zu hört man aus dem Lautsprecher das Schnarren einer der Stimmen der Jungs am Eingang, die dann ankündigen, es gebe ein »Bollettino«, eine Presseerklärung. Meist ist die so uninteressant, dass es um das Papier schade ist, auf dem sie gedruckt steht. Da wird etwa die Ablösung des Erzbischofs der Diözese Südsamoa bekannt gegeben, der in den wohlverdienten Ruhestand geht.

Ansonsten passiert hier nicht viel. Zwei große Flachbildschirme zeigen alle öffentlichen Auftritte des Papstes. Das Vatikanfernsehen CTV filmt den Papst seit 2005, wann immer er sich in der Öffentlichkeit aufhält. Meist sind diese Bilder von keinerlei Interesse, etwa wenn CTV die Generalaudienz überträgt. Statt auf den Schirm zu schauen, kann man auch auf den wenige Meter entfernten Petersplatz gehen und den Papst mit eigenen Augen erblicken. Von ebenfalls beschränktem Interesse sind die Empfänge des Papstes im Vatikan, die zwar öffentlich zelebriert werden, zu denen die Journalisten aber keinen oder nur sehr begrenzten Zugang haben. Dann setzt man sich am besten in den Pressesaal und schaut zu, wie der Papst der Bischofskonferenz aus Angola alles Gute wünscht oder die im Vatikan akkreditierten Diplomaten empfängt, um sie dazu aufzurufen, sich für den weltweiten Frieden einzusetzen.

Alle Vatikanfachleute, einschließlich Giovanna Chirri, rechnen nicht damit, dass es an diesem 11. Februar 2013 eine sensationelle Ankündigung in diesem Pressesaal fern von fast jeglicher Öffentlichkeit geben könnte – und das hat einen einfachen Grund: Johannes Paul II. hatte einst eine aufsehenerregende Neuerung in den Beziehungen eines Papstes zu den Gläubigen eingeführt. Wenn es irgendetwas Außergewöhnliches und Wichtiges zu sagen gab, dann tat Johannes Paul II. das direkt. Er sprach unmittelbar zu den Gläubigen, meistens am Sonntag vor dem Angelus-Gebet von seinem Fenster aus auf dem Petersplatz, wenn er sicher sein konnte, dass die Fernsehkameras ihn für Zuschauer auf der ganzen Welt einfingen. Ich erinnere mich noch gut an den Schock, den Johannes Paul II. damit auslöste, als er das zum ersten Mal tat. Statt sich in gewöhnlichen theologischen Betrachtungen zu ergehen, sagte der Papst an dem weltberühmten Fenster über dem Petersplatz im Oktober 1996 plötzlich etwas ganz Persönliches: »Der Papst muss ins Krankenhaus.« In den darauffolgenden Tagen beschäftigten sich die Medien rund um den Globus damit, wie krank ein Papst eigentlich sein musste, um einen Krankenhausaufenthalt vor den Augen der Weltöffentlichkeit anzukündigen. War das eher ein Abschied als die Vorankündigung einer Operation gewesen?

Die Befürchtungen erwiesen sich als grundlos, der Papst überstand die Blinddarmoperation gut. Doch eines hatte sich verändert: Zum ersten Mal hatte ein Papst eine wichtige Nachricht, die ihn persönlich betraf, offen vor der ganzen Welt und allen Gläubigen am Petersplatz ausgesprochen. Seitdem hatte sich im Kopf aller Vatikanfachleute die Vorstellung festgesetzt, dass, wenn ein Papst etwas zu sagen hätte, etwas, das wirklich wichtig war für die ganze Kirche, etwas, das ihn betraf, er das tun würde wie Karol Wojtyła, in aller Öffentlichkeit auf dem Petersplatz. Dass sein Nachfolger die wichtigste Nachricht seines Pontifikates nicht vor den Gläubigen auf dem Petersplatz, sondern hinter verschlossenen Türen während einer relativ unwichtigen Kardinalsversammlung mitteilen würde, zu der nur die Fernsehkameras des Vatikansenders CTV zugelassen waren, hätte sich niemand auch nur ansatzweise vorstellen können. Aber es gab ja kein Vorbild für eine solche Entscheidung, es war das allererste Mal.

Ungewöhnlich ist an diesem Vormittag im Vatikan nur eines: die Präsenz des Oberhauptes, also des Dekans der Kardinäle und langjährigen Kardinalstaatssekretärs Angelo Sodano (* 1927). Dass der alte Herr zu einer relativ banalen Versammlung kommt, bei der es um Seligsprechungen geht, erscheint von Anfang an bemerkenswert. Sodano hat sich rar gemacht in den zurückliegenden Jahren, aber jetzt steht er da in dem Raum, und unsicher sucht Papst Benedikt XVI. seinen Blick. Später werden sich viele fragen, warum der liebe Gott Joseph Ratzinger diese letzte Schmach, diese letzte Prüfung, nicht erspart hat. Jeder Theologe im Vatikan wäre an diesem Tag, an dem Benedikt XVI. seinen Rücktritt erklärte, persönlich bis ins Mark erschüttert gewesen darüber, dass die Epoche des großen Theologen auf dem Thron Petri jetzt zu Ende ging. Jeder Theologe hätte angesichts der Lebensleistung des Joseph Ratzinger alles getan, um ihm diesen Abschied so leicht wie möglich zu machen und ihm das Gefühl zu geben, einer der ganz großen Denker in der Geschichte der katholischen Kirche gewesen zu sein.

Aber Benedikt XVI. hat keinen Theologen vor sich, sondern einen Politiker, den langjährigen Chef des Staatssekretariats, der wie kein anderer dafür gesorgt hat, dass dieser Papst aus Deutschland als einer der ohnmächtigsten und schwächsten aller Päpste in die Geschichte der Kirche eingehen wird. Benedikt XVI. muss an diesem

Tag seines Rücktritts dem Dekan der Kardinäle mitteilen, dass ab 28. Februar 2013, 20 Uhr, der Thron des Papstes frei sein wird. Und dieser Dekan ist nun einmal Angelo Sodano, der einzige hohe Würdenträger, mit dem Joseph Ratzinger in seiner langen Amtszeit im Vatikan richtig übel aneinandergeraten ist. Dies führte dazu, dass Benedikt XVI. beschloss, ein vollkommen unpolitisches Pontifikat auszuüben, weil ebendieser Kardinal Sodano Ratzinger klargemacht hatte, dass er, Ratzinger, keinerlei Gespür für politische Fragen habe.

Nach der sensationellen Ankündigung des Rücktritts werden alle beteiligten Kardinäle betonen, in welch liebevoller Atmosphäre sich das alles abgespielt habe und mit wie viel Hochachtung und Wertschätzung sie dies aufgenommen hätten. Die Anwesenden wissen genau, dass diese Darstellung Unfug ist und nichts mit der Wahrheit zu tun hat. Der zurückgetretene Pontifex stand in Wirklichkeit vor seinem Scharfrichter, dem Mann, der schon lange der Meinung war, dass Joseph Ratzinger nicht der ideale Mann für den Thron des Papstes sei. Jetzt musste Ratzinger vor ihm und den Kardinälen eingestehen, dass er sie um Vergebung bitten musste für die Fehler, die er begangen hatte. Statt an der Seite eines ihm wohlgesonnenen Mannes diese letzten Schritte im Vatikan zu gehen, bleibt es Benedikt XVI. nicht erspart, dass auch die Ankündigung des Endes seines Pontifikates so schmerzlich ausfällt wie die des Anfangs, als er seine Wahl mit einer Exekution verglich und in der Audienzhalle vor den bayerischen Pilgern über den Moment seiner Wahl sagte: »Als das Fallbeil fiel.« Joseph Ratzinger ist bis zum Schluss anzumerken, dass er kein Papst der Massen ist, dass er die Massen nie geliebt hat und sich ihnen immer ausgeliefert fühlt. Deswegen will er wie ein Soldat die Macht, die er von den Kardinälen bekommen hat, an die Kardinäle zurückgeben. Er ist nicht der Papst »der Herzen«, der sich vom Petersplatz aus, seiner Arena, verabschiedet, an dem Ort, wo Millionen von Gläubigen den schüchternen Mann unbedingt feiern wollten.

Nein, in diesem Saal im Apostolischen Palast will er das Ende ankündigen, und zwar vor dem Dekan der Kardinäle, und dass dieser Dekan, obwohl schon lange kein wahlberechtigter Kardinal mehr, ausgerechnet der ehemalige Kardinalstaatssekretär Angelo Sodano ist, darin liegt die Tragik dieses schrecklichen Momentes. Begonnen hatte dieses Trauerspiel im Juli 2004. Joseph Ratzinger, damals noch Präfekt der Glaubenskongregation, ließ sich zu einem Interview mit der französischen Tageszeitung *Le Figaro* breitschlagen, das im August des Jahres erscheinen sollte. Ich erinnere mich noch gut daran, wie stolz Sophie de Ravinel darauf war, dass sie es geschafft hatte. Die junge Französin hatte lange gebraucht, um Ratzinger zu diesem Interview zu bewegen. Sophie wusste damals schon, dass sie bald nach Frankreich zurückgehen würde, und wollte sich mit diesem Interview zu Hause den Boden bereiten für ihre weitere Karriere, was vollkommen gelang – nach dem Interview war sie in aller Munde.

Es war damals schon nicht einfach, Joseph Ratzinger zu interviewen. Der Mann liebt es nun einmal, über ein Thema zu sprechen, das auf dieser Welt nur eine winzige Minderheit interessiert: die alten Kirchenlehrer wie Bonaventura. Dennoch gelang es Sophie, Joseph Ratzinger ein klares politisches Statement zu entlocken. Er sprach sich eindeutig gegen die Mitgliedschaft der Türkei in der EU aus. Die Türkei, das sei immer das »andere« gewesen. Wenige Stunden nach der Veröffentlichung des Interviews kam es zu einem einzigartigen Affront: Der damalige Kardinalstaatssekretär Sodano nahm sich Ratzinger zur Brust und betonte, Ratzinger habe vorschnell nur seine eigene Meinung ausgedrückt. Auch wenn Ratzinger der Präfekt der Glaubenskongregation sei, so sei seine Meinung nicht die Meinung der Kirche.

Diese Ohrfeige saß und führte später zu einer der großen Niederlagen Benedikts XVI. Als dieser am 28. November 2006 in Ankara landete, wartete der türkische Premier Recep Tayyip Erdoğan auf ihn. Der Papst musste sich entscheiden. Entweder blieb er mutig bei seiner Meinung, dass die Türkei in der EU nichts verloren habe, und wahrte so sein Gesicht, oder aber er knickte vor dem Gastgeber ein und erklärte, er erhoffe eine Aufnahme der Türkei in die EU. Benedikt XVI. entschied sich für das Zweite und stand vor einem politischen Scherbenhaufen.

Angelo Kardinal Sodano hatte recht. Die freie Meinung des Joseph Ratzinger, die Türkei solle aus der EU herausgehalten werden, schadete den realen Interessen der Kirche. Weil Ratzinger als Kardinal mit seiner Meinung danebengelegen hatte, schadete er jetzt dem Amt des Papstes. Ein Papst, der an seiner Meinung nicht festhielt, sondern umfiel, verlor drastisch an Glaubwürdigkeit. Der einzige Versuch Joseph Ratzingers, eine politische Haltung durchzusetzen, war gescheitert. Benedikt XVI. würde sich in den restlichen Jahren seiner Amtszeit aus der Politik des Vatikans so sehr heraushalten, dass man ihn in der Williamson-Affäre nicht einmal mehr über die erste Kritik einer deutschen Regierungschefin an einem Papst seit den Zeiten Bismarcks informieren würde. Er sollte von da ab von der Politik des Vatikans nur noch aus dem Fernsehen erfahren.

Eine Zusammenkunft der Kardinäle, die lediglich dazu dient, über drei Heiligsprechungen zu beraten, war bei Weitem nicht wichtig genug, um Angelo Sodano, den Dekan der Kardinäle, dazuzuholen. Das höchste Fest der Christenheit, das Osterfest, war gerade gut genug, um Sodano letztmals im Jahr 2010 an einer päpstlichen Zeremonie teilnehmen zu lassen. Sodano residiert in einer luxuriösen, großen Wohnung am Äthiopischen Kolleg, dem einzigen Priesterseminar innerhalb des vatikanischen Parks. Schöner kann man in Rom eigentlich nicht wohnen. Als er am 11. Februar 2013 aus dem Sekretariat des Papstes erfährt, dass er an der Zusammenkunft zur Vorbereitung der Heiligsprechung der Märtyrer von Otranto teilnehmen soll, versteht er das zunächst nicht. Doch der Übermittler der Nachricht macht Sodano dann rasch klar, dass es um etwas anderes geht.

Papst Benedikt XVI. wird an diesem 11. Februar die seltsamste Terminplanung in der 2000-jährigen Geschichte der katholischen Kirche vornehmen. Der amtierende Papst wird einen Termin festlegen, den sein Nachfolger wahrnehmen muss, obwohl er selbst dann wohl noch am Leben sein wird. Am 12. Mai sollen vor dem Petersdom feierlich die Märtyrer von Otranto heiliggesprochen werden, vom Nachfolger Papst Benedikts XVI. Als Kardinal Sodano begreift, dass Benedikt XVI. seinen Rücktritt aussprechen will, erkennt er sofort die Dramatik des Geschehens. Als Dekan der Kardinäle wird er die Wahl des Nachfolgers organisieren müssen. Obwohl er das aktive Wahlrecht mit der Vollendung des 80. Lebensjahres längst verloren hat, werden die Kardinäle seiner Meinung, wer der geeignetste

Kandidat sein könnte, viel Gewicht beimessen. Zunächst aber lässt Sodano ein weiteres Mal die Rechtslage prüfen. Wenn Papst Benedikt XVI. diesen Rücktritt erklärt, wird die Welt der Meinung sein, dass auch der Vatikan vor einer völlig neuen Situation stehen wird.

Sodano weiß, dass dem nicht so ist. Schon zweimal haben Päpste den Auftrag gegeben, rechtlich zu prüfen, ob sie zurücktreten können, und die Folgen abzuschätzen. Papst Paul VI. ließ ein rechtliches Gutachten einholen, als sich sein Gesundheitszustand aufgrund einer Herzkrankheit im Frühjahr 1978 zusehends verschlimmerte. Das Ergebnis war eine Überraschung: Zwar erklärten schon damals die damit befassten Kirchenrechtler, dass es keinerlei Hindernis gebe für einen Rücktritt. Aber sie wiesen darauf hin, dass ein Problem bestehe. Ein zurückgetretener Papst, der weiterhin im Vatikan wohnte, würde zweifellos seinen Nachfolger in Verlegenheit – »imbarazzo« im Original – bringen. Papst Paul VI. entschloss sich, nicht abzudanken. Johannes Paul II. schließlich hatte am 22. Februar 1996 die neue Regel zur Papstwahl, die Apostolische Konstitution »Universi Dominici Gregis«, erlassen, in der ausdrücklich noch einmal auf Paragraf 332, Absatz 2 des Kirchenrechtes hingewiesen wird, der erlaubt, dass ein Papst, ohne vor irgendjemandem Rechenschaft ablegen zu müssen, abdanken kann. Karol Wojtyła hatte auch für sich eine solche Abdankung prüfen lassen, war aber dann zu dem Ergebnis gekommen, dass im Vatikan für einen pensionierten Papst kein Platz sei.

Als der Papst gegen 11.45 Uhr zu sprechen beginnt, weiß Kardinal Sodano, dass der Kirche keine ruhige Fastenzeit bevorsteht. Auch in diesem Jahr wird sich die komplette Kurie in der ersten Woche der Fastenzeit zu geistlichen Übungen zurückziehen, dann werden wie immer alle Aktivitäten ruhen. Doch diesmal wird es alles andere als eine beschauliche Meditation werden.

Statt lange um den heißen Brei herumzureden, kommt der Papst gleich auf den Punkt. Er erklärt sofort im ersten Satz, dass es heute nicht nur darum gehen werde, die drei Heiligsprechungen zu erörtern, sondern auch um eine »decisionem magni momenti pro ecclesiae vitae«, eine »besonders wichtige Entscheidung für das Leben der Kirche«. Papst Benedikt XVI. braucht ganze fünf Sätze, um es auszusprechen, »ut a die 28 februarii MMXIII, hora 20, sedes Romae, sedes Sancti Petri vacet [...]« – »dass ab dem 28. Februar 2013, 20 Uhr, der Stuhl des Bischofs von Rom, der Stuhl des heiligen Petrus, leer sein wird«.

In ihrer Wabe im Pressesaal des Heiligen Stuhls hat Giovanna Chirri gerade noch Zeit, diese sensationelle Nachricht aus dem Lateinischen zu übersetzen, sie zu verstehen, in ihr System einzutippen und zu bestätigen, dann bricht sie weinend zusammen in dem Moment, in dem die Welt erfährt, dass der Papst zurückgetreten ist.

# Warum dankt der Papst ab?

In Windeseile jagt die Nachricht um den Globus, und wieder einmal zeigt sich, was den Vatikan so einzigartig macht: die weit zurückreichende Geschichte der ältesten Institution der Welt. Die Historiker haben rasch herausgefunden, dass Gregor XII. (Pontifikat 1406–1415) der letzte Papst war, der zurücktrat. Diese Einschätzung ist aber allein schon deshalb umstritten, weil Gregor XII. nicht wirklich zurücktrat, sondern am 4. Juli 1415 abgesetzt wurde zugunsten seines Nachfolgers Martin V. Den einzigen wirklichen Rücktritt in der langen Geschichte der Päpste erlebte die Kirche am 13. Dezember 1294, damals dankte Coelestin V. ab, der lediglich von Juli bis Dezember 1294 als Papst amtierte. Dieser mittelalterliche Vorgänger des deutschen Papstes gab ebenfalls gesundheitliche Ursachen sowie den Wunsch, wieder als Einsiedler zu leben, als Grund seines Rücktritts an. Auch er schien am Verwaltungsapparat des Heiligen Stuhls gescheitert zu sein, denn er erklärte, dass ihm die Erfahrung fehle, um mit der Kurie in Rom zurechtzukommen.

Ob Joseph Ratzinger Papst Coelestin V. als ein Vorbild sah, wird wohl sein Geheimnis bleiben. Dass er diesen Papst, der den Mut zum Rücktritt fand, besonders verehrte, steht außer Frage. Benedikt XVI. demonstrierte am

28. April 2009 in L'Aquila, wie wichtig ihm dieser später heiliggesprochene Papst ist. Am 6. April des Jahres hatte ein katastrophales Erdbeben verheerende Schäden in der Abruzzenstadt angerichtet und 302 Menschen in den Tod gerissen. Auch die Kathedrale Santa Maria di Collemaggio, in welcher der Glassarg Coelestins V. aufbewahrt wurde, erlitt durch das Erdbeben schwere Zerstörungen. Die tonnenschwere Decke stürzte ein, doch der Sarg blieb wie durch ein Wunder unversehrt und konnte intakt geborgen werden.

Als Benedikt XVI. drei Wochen später L'Aquila und seine geschundenen Einwohner besuchte, betete er auch vor dem Sarg Coelestins V. Er entschloss sich an diesem Tag am Sarg seines zurückgetretenen Vorgängers, den einst der Dichter Dante wegen ihm unterstellter Feigheit an die Pforten der Hölle wünschte, zu einer einzigartigen Geste, die damals niemand wirklich verstand. Er schenkte dem toten Papst sein Pallium. Dieses Band aus Wollstoff dürfen alle Erzbischöfe tragen, die Metropoliten sind (also in ganz besonders wichtigen Städten amtieren). Sie bekommen das Pallium als Zeichen ihrer Verbundenheit mit Rom am Peter-und-Paul-Tag im Petersdom verliehen. Im Chaos der leidenden Stadt L'Aquila konnte sich damals niemand erklären, warum Benedikt XVI. ausgerechnet diesem Vorgänger, der nur wenige Monate als Papst regierte, eine solche Ehre erwies. Die Beobachter glaubten damals, dass es schlicht damit zu tun hat, dass Coelestin heiliggesprochen wurde.

Die Bilder des Glassargs, auf dem das päpstliche Pallium liegt, gehen wenige Augenblicke nach der Nachricht von der Abdankung Benedikts XVI. um die Welt, und die Öffentlichkeit fragt sich, ob er schon damals, im Frühjahr 2009, als er vor dem Glassarg Coelestins V. betete, mit dem Gedanken eines Rücktritts gespielt hat und wann überhaupt die Möglichkeit eines Rücktritts des Papstes zum ersten Mal erwähnt worden ist.

Das war der Augenblick an diesem 11. Februar 2013, als in meinem Leben die Hölle losbrach. Wenige Minuten nachdem die sensationelle Nachricht vom Rücktritt des Papstes um den Globus gejagt worden war, schossen die Kollegen eine weitere Nachricht hinterher. Ein Journalist und Buchautor hatte im April 2012 erst in einem Interview mit n-tv und dann noch einmal während der ZDF-Frühstücksshow *Volle Kanne* den Rücktritt des Papstes vorhergesagt. Er hatte gegenüber der Moderatorin des ZDF geäußert, dass es bei diesem Papst noch eine Sensation geben werde: »Ich bin mir ziemlich sicher, dass dieser Papst, sollte sich sein Gesundheitszustand verschlechtern, als einer der wenigen in der Geschichte zurücktreten wird.«

Woher hatte der Journalist Andreas E. das gewusst? Warum hatte er als Einziger den Rücktritt Papst Benedikts XVI. vorhergesagt?

Das Telefon stand nicht mehr still. Weil meine Bücher in 13 Ländern erschienen sind, hatte ich Journalisten aus der ganzen Welt am Telefon, die alle nur eine einzige schlichte Frage stellten: Woher hast du gewusst, dass der Papst zurücktreten wird? Sie prasselte auf Deutsch, Englisch, Spanisch, Französisch und Holländisch auf mich ein. Ich versuchte, meine Gedanken zu ordnen und mich an den entsetzlichen Tag zu erinnern, als alles angefangen und ich zum ersten Mal über den Rücktritt eines Papstes geschrieben hatte.

Ende der 90er-Jahre bestätigten mir immer mehr zuverlässige Quellen, dass Papst Johannes Paul II. über einen Rücktritt nachdenke. Er wollte wissen, ob er zurücktreten könne, sollte sich die Parkinson-Krankheit so weit verschlimmern, dass er nicht mehr in der Lage sein würde, das Amt des Papstes auszuüben. Nach meinen Informationen hatte Johannes Paul II. Kirchenrechtler mit der Frage beauftragt, was im Falle eines beabsichtigten Rücktritts zu tun sei. Ich schrieb für eine deutsche Tageszeitung Artikel über diesen Vorgang und malte aus, was geschehen würde, wenn der Papst tatsächlich zurückträte und von Paragraf 332, Absatz 2 Gebrauch machte. Mein Chefredakteur hieß damals Udo Röbel, ihm gefiel die Geschichte. Ich wusste, dass der Rücktritt des Papstes ein Tabuthema im Vatikan war, aber ich hatte keine Ahnung, wie sehr es tabu war, so tabu, dass allein die schlichte Vorstellung, dass ein Papst zurücktreten könnte, im Vatikan mit aller Härte bekämpft wurde.

Ich weiß noch, dass ich über die wunderschöne Tiberinsel ging, als auf dem Weg ins Büro mein Handy klingelte. Es war eines der wenigen Male in 25 Jahren Tätigkeit im Vatikan, dass ich zu einem extrem unerfreulichen Gespräch geladen wurde. Einige italienische Tageszeitungen hatten meine Geschichte darüber, was passieren würde, wenn ein Papst zurückträte, übernommen, und das hatte der damalige Sprecher des Papstes, Joaquín Navarro-Valls, gelesen. Er ließ einen seiner Mitarbeiter, Vik van Brantegem, meine Nummer heraussuchen und mich anrufen. Vik erklärte mir, dass Navarro-Valls mit mir persönlich über den Artikel über den vermeintlichen Rücktritt eines Papstes sprechen wolle, und an dem Ton, in dem Vik sprach, konnte ich zweifelsfrei erkennen, dass das kein angenehmes Gespräch werden würde.

Ich bat darum, so rasch wie möglich von Navarro-Valls empfangen zu werden, ich wollte nicht noch schlaflose Nächte durchstehen müssen, bevor mir der Kopf gewaschen werden würde. Ich bekam für den darauffolgenden Vormittag einen Termin.

Joaquín Navarro-Valls wurde später ein wirklich guter Freund von mir, dem ich für vieles dankbar bin, aber damals kannte ich ihn nur als den Chef des Pressesaals. Ich hatte großen Respekt und auch eine gewisse Furcht vor ihm. Er ließ mich in seinem Büro Platz nehmen, und der alte Fuchs eröffnete das Gespräch mit einem glänzenden Schachzug. Statt mich in die Pfanne zu hauen, was ich erwartet hatte, unternahm er etwas ganz anderes: Er entschuldigte sich. Seine Argumentation war entwaffnend. Er erklärte mir, dass er mich offensichtlich nicht ausreichend und nicht zuverlässig genug mit Informationen versorgt habe, sonst wäre ich ja wohl kaum auf die Idee gekommen, über den Rücktritt des Papstes zu spekulieren. Der ausgebildete Arzt Navarro-Valls übermittelte mir in äußerst eleganten Worten eine weniger elegante Botschaft: Offensichtlich ist es mir nicht gelungen, dir klarzumachen, dass ich einen solch absoluten Schwachsinn wie die Geschichte über den möglichen Rücktritt eines Papstes nicht lesen will. Einen Rücktritt des Papstes wird es einfach nicht geben – basta! Entweder wusste Navarro-Valls damals noch nicht, dass Papst Johannes Paul II. die Konditionen für einen Rücktritt bereits prüfen ließ, oder aber er wollte nicht, dass das Thema überhaupt in den Zeitungen besprochen wurde.

Eines war aber ganz klar: Der Vatikan wollte auf keinen Fall, dass über den Rücktritt des Papstes auch nur spekuliert wurde. Ich bedankte mich für die Belehrung, zog den Kopf ein und beschloss, zunächst nicht wieder über den möglichen Rücktritt des Papstes zu schreiben. Wie vollkommen tabu das Thema Papstrücktritt war, erfuhr ich dann im Frühjahr 2005 noch einmal, und zwar äußerst drastisch.

Einen offenen Streit zwischen zwei wichtigen Kardinälen bekommt man im Vatikan so gut wie nie mit. Die Kardinäle wissen, dass öffentlich ausgetragene Konflikte dem Ansehen der Kirche schweren Schaden zufügen. Deswegen war es auch so unfassbar, was anlässlich eines so völlig unbedeutenden Termins wie der Einweihung der Buchhandlung an der Piazza Pio XII im März 2005 geschehen sollte. Der Kardinalstaatssekretär Angelo Sodano war persönlich erschienen. Das war eine enorme Ehre für die Veranstalter. Trotzdem wären unter normalen Umständen nur wenige Kollegen zu einem solchen Termin gekommen. Die Einweihung eines Buchladens haut auf der Welt nun wirklich niemanden um, doch die Zeiten waren damals äußerst angespannt. Papst Johannes Paul II. lag ganz offensichtlich im Sterben. Kaum hatte Sodano die Buchhandlung eingeweiht, fielen die Kollegen, ich im Übrigen auch, über den Kardinal her. Es ging wie schon seit Jahren nur noch um die eine Frage: Wie schlecht stand es um Karol Wojtyła wirklich? Ein Kollege stellte schließlich die fatale Frage, an der ich mir schon einmal die Finger verbrannt hatte: Sollte der Papst angesichts seines schlechten Gesundheitszustandes nicht zurücktreten?

Sodano gab eine äußerst ausgewogene Antwort, die er politisch so korrekt formulierte, dass sie fast schon wieder nichtssagend war: »Wenn Papst Johannes Paul II. zurücktreten will, dann hat er sicher auch die Kraft, das Richtige zu entscheiden.« Ich hätte nie im Leben geglaubt, dass diese diplomatische Antwort zu einem Eklat führen würde. Es geschah, was sonst nie geschieht: Der mächtige Chef der Kongregation für die Bischöfe, der cholerische Kardinal Giovanni Battista Re, fuhr Sodano öffentlich regelrecht über das Maul und erklärte, dass dieser eine unglaubliche Unverschämtheit begangen habe, weil er den Rücktritt des Papstes auch nur in Erwägung gezogen habe.

Dieser öffentlich ausgetragene Streit der Kardinäle zeigte mir ein weiteres Mal, wie vollkommen tabu das Thema eines Papstrücktritts war. Doch dann geschah etwas Seltsames: Am 25. Februar 2005 traf ich Joseph Kardinal Ratzinger zusammen mit Joaqín Navarro-Valls, und zwar im Fahrstuhl des Palazzo Colonna in Rom. Ratzinger sollte das Buch *Erinnerung und Identität* von Karol Wojtyła vorstellen. In dem für die Buchpräsentation angemieteten wunderschönen römischen Palast in der Nähe des Trevi-Brunnens herrschte ein sagenhaftes Gedränge, und ich war nur zufällig von der Menge in den Fahrstuhl geschubst worden, in dem Ratzinger und Navarro-Valls standen. Dieser scherzte, dass er nichts dagegen hätte, wenn ich mit Ratzinger Deutsch spräche, auch wenn er dann kein Wort verstehen würde. Trotz seiner lachenden Augen erkannte ich das Blinzeln darin, das mir bedeutete: Lieber Andreas, frag den Kardinal, was immer du willst, aber untersteh dich, eine einzige Frage zu einem möglichen Rücktritt des Papstes zu stellen.

Ich hielt mich nicht daran und fragte Joseph Ratzinger ganz offen, was er über einen Rücktritt denke. Zu meiner maßlosen Überraschung ging er dem Thema nicht aus dem Weg, obwohl alle anderen Kardinäle es mieden wie der Teufel das Weihwasser, sondern erwiderte ganz offen, dass ein Papst einen klaren Blick für die Probleme der Kirche haben müsse. Er sagte unmissverständlich, dass er den Rücktritt eines Papstes befürworten würde, sollte ein Papst einfach nicht mehr können. Vor allem aber sollte ein Papst dann zurücktreten, wenn die Kirche ihn nicht mehr tragen könne.

Ich weiß noch, dass Kardinal Ratzinger mich anlächelte. Ich hätte damals nie geglaubt, dass ich vor dem künftigen Papst stand – er erschien mir als ein einfacher Kardinal, der sich nach dem Ruhestand sehnte. Er lächelte mich auf diese gleiche Weise an, wie es damals fast alle Kardinäle, Bischöfe und selbst einfache Mitarbeiter des Vatikans taten. Dieses Lächeln bedeutete damals für uns alle das Gleiche: Du weißt doch Bescheid über das, was gespielt wird, und ich wusste es tatsächlich, wir alle wussten es.

Joseph Ratzinger wusste, was an diesem Tag, dem 25. Februar, geschehen würde. Er war gekommen, um ein Buch zu verteidigen, in dem Karol Wojtyła einen großen Blödsinn geschrieben hatte: Er hatte Abtreibungen mit der Shoa verglichen, ein idiotisches Unterfangen. Die Entscheidung einer Frau zu einem legalen Schwangerschaftsabbruch den Verbrechen der nationalsozialistischen Massenmörder gleichzusetzen, die Millionen Juden und andere ermordet oder in den Tod getrieben hatten, war einfach nur Unfug. Ratzinger wusste, was kommen würde: Sobald er über das Buch spräche, würden wir diesen Unsinn unter den Tisch fallen lassen, als gäbe es ihn gar nicht – und so kam es auch. Die Pressekonferenz dauerte über eine Stunde, nicht eine Minute lang ging es um den bescheuerten Vergleich, den wir einfach unterschlugen und über den keiner, der Karol Wojtyła kannte, etwas schrieb. Den Rest der Zeit ging es ausschließlich darum, wie besorgt wir alle um den Papst waren, weil ausnahmslos alle, die ihn in den vergangenen Jahrzehnten erlebt und kämpfen sehen hatten, ihn auf ihre Art und Weise in ihr Herz geschlossen hatten. Es wäre uns damals nie in den Sinn gekommen, den geschwächten Karol Wojtyła in die Pfanne zu hauen – und wenn er noch so großen Humbug schrieb.

Joseph Ratzinger wusste das, er wusste, dass sich eine hohe Mauer gebildet hatte, ein enormer Verteidigungsring, der den geschwächten Papst schützen würde. Denn alle, die im und um den Vatikan mit Karol Wojtyła zu tun hatten, wollten ihn schonen, weil sie das Gefühl hatten, dass der Mann etwas Besonderes war. Wie bitter dagegen muss jetzt der Abschied des Joseph Ratzinger gewesen sein! Als die Stadt Rom kurz vor dem Tod Karol Wojtyłas überall Plakate des »Papa buono«, des guten Papstes, befestigen ließ, klauten die Römer sie massenhaft, um sich das Bild des hoch verehrten Pontifex zu Hause aufzuhängen. Die ganze Stadt war Wojtyłas Festung geworden.

Das Erstaunliche daran war vor allem der Umstand, dass selbst die total unreligiösen, die ungläubigen, die wirklich hartgesottenen Jungs ein Teil dieses Verteidigungsrings um den Papst wurden. Das zeigte sich etwa im September 2003 in Bratislava in der Slowakei. Johannes Paul II. war so schwach, dass er keinen Schritt mehr alleine gehen konnte. Ich weiß noch, wie wir auf einer Landstraße nahe der slowakischen Hauptstadt unterwegs waren und der Papst seinen Wagen anhalten ließ, um eine Gruppe Gläubiger, die am Straßenrand standen, segnen zu können. Er versuchte zunächst vergeblich, die Hände vom Bischofsstab zu lösen, es gelang ihm erst, nachdem ihm sein Sekretär Don Stanisław Dziwisz dreimal auf die Hand geschlagen hatte, wobei der Papst vor Schmerzen aufschrie. Ich werde nie vergessen, wie die Fotografen im Gefolge sich entgeistert ansahen. Die Jungs waren alles gewöhnt, die fotografierten, ohne zu zögern, Formel-1-Rennfahrer in brennenden Autos, mit der einzigen Sorge, dass das Bild unscharf sein könne. Einige von ihnen hatten Kriegseinsätze erlebt und waren dem Tod nahe gewesen. Diese hartgesottenen Burschen wollten nur eines: gute Bilder, weil sie damit viel Geld verdienen konnten. Dieses Bild des Papstes, dessen Sekretär ihm auf die Hände schlägt, wäre ein solches Bild gewesen, das viel Geld gebracht hätte. Es würde das ganze Elend dieses Mannes zeigen. Aber ich werde niemals vergessen, wie die Fotografenkollegen die Objektive sinken ließen und die erniedrigende Szene nicht fotografierten, aus Respekt vor Karol Wojtyła.

Ich habe mich oft gefragt, was eigentlich der Grund für diese Art der Verehrung für diesen Papst war. Das Nachrichtengeschäft ist hart, alle Kollegen hatten, wie auch ich, die Erfahrung gemacht, dass die Kollegen, die rücksichtslos waren, die andere aus dem Job drängten, weiterkamen, Karriere machten, aufstiegen. So waren die Spielregeln. Aber dann war etwas Unglaubliches passiert: Karol Wojtyła war gekommen und vermochte uns zu zeigen, dass letztendlich die selig sind, die barmherzig sind, und nicht die, die nur daran denken, andere fertigzumachen und zu gewinnen. Dass die selig sind, die Frieden stiften, und nicht die, die in den Fabriken, Werkstätten und Büros »Krieg« führen und anderen den Job wegnehmen. Er konnte das auf solche Weise demonstrieren, dass wir es ihm abgekauft haben, und auf einmal haben wir gemerkt, dass stimmte, was er sagte, und wie sehr uns das trösten konnte. Deshalb hätten wir alles für ihn getan, vor allem in der Zeit, als er nicht mehr konnte.

Jeder von uns hatte seine eigene Geschichte, die ihn verändert und die dazu geführt hat, dass wir uns, wenn es nötig war, vor Karol Wojtyła stellten. Meine Geschichte hatte in Afrika gespielt. Papst Johannes Paul II. sollte eine Kirche einweihen, die irgendwo im Nichts in der Steppe gebaut worden war. Als Johannes Paul II. mit dem Bischof, der Delegation, den Tausenden Gläubigen bei der Kirche eintraf, ging er nicht hinein. Neben dem Gotteshaus standen noch die Bretterbuden der Bauarbeiter, sie hatten nicht rasch genug abgebaut werden können. Vor einer dieser Hütten, die aus Bauschutt errichtet worden waren, stand eine leere Obstkiste. Johannes Paul II. nahm sie, drehte sie um, setzte sich darauf und wartete. Alle waren völlig überrascht.

Dann steckte ein Kind seinen Kopf neben einer groben Wolldecke hervor, mit der der Eingang einer Hütte zugehängt war, um zu schauen, wer da saß. Plötzlich tauchten vier oder fünf weitere Kindergesichter auf, die Kleinen liefen aus der Hütte heraus, hängten sich an den Papst, dessen weiße Soutane in Rekordzeit schmutzig wurde. Dann kam ein Mann aus der Hütte, der nicht begriff, was da vorging. Johannes Paul II. hatte einen Mitarbeiter zu seinem Papamobil geschickt und eine Flasche Limonade holen lassen. Wojtyła setzte sich zu dem Bauarbeiter, teilte mit ihm die Limonade und fragte ihn: »Jetzt, da die Kirche fertig ist, was werden Sie da tun?« Der Mann antwortete, dass es sehr schwer werden würde, eine neue Arbeit zu finden, und dass er sich große Sorgen mache, wie er seine Kinder jetzt ernähren solle. Die Kinder kletterten

95

auf dem Papst herum, spielten mit der Soutane Verstecken. Wojtyła trank mit dem Mann die Limonade aus und bedankte sich, als hätte der Arbeiter ihm eine Audienz gewährt.

Ich sah, wie der Papst dann mit dem Bischof zu der Kirche ging, die er einweihen sollte, und wie geladen er war. Er ließ den Bischof vor sich antanzen, deutete dann auf die Hütte des Bauarbeiters, und es war unübersehbar, was er wohl sagte: Kümmern Sie sich nicht um diese Kirche aus Stein, kümmern sie sich um Ihre Leute, sonst bekommen Sie es mit mir zu tun!

Dieser Tag hat mich und auch den damaligen offiziellen Papstfotografen Arturo Mari so beeindruckt, dass ich von da an alles für Karol Wojtyła getan hätte, was in meiner Macht stand.

Eine andere Geschichte spielte am See Genezareth während der Reise ins Heilige Land im Jahr 2000. Ich stand mit ein paar Kollegen herum, auf dem Hügel hatte sich eine gewaltige Menschenmenge versammelt, es war die größte Messe in der Geschichte Israels mit über 100 000 Teilnehmern. Ganz plötzlich kam der Papst – ich weiß nicht mehr, warum er plötzlich nur ein paar Meter von uns entfernt stand – zu uns herüber. »Ach, Reporter«, sagte er lachend, »die braucht kein Mensch.«

Ich weiß noch, dass ich auf Deutsch so etwas Ähnliches zurückrief wie: »Tut uns leid, Heiligkeit, bei uns hat es zu mehr nicht gereicht.«

»Wisst ihr denn auch, warum kein Mensch einen Reporter braucht?«, fragte er.

Wir schüttelten den Kopf. »Weil vor 2000 Jahren genau hier, am Berg der Seligpreisungen, ein Mann stand, der gesagt hat: Selig sind die Barmherzigen, selig sind die,

die Frieden stiften, selig sind die Sanftmütigen, selig sind die, die nach Gerechtigkeit dürsten. Kein Reporter hat damals mitgeschrieben, und dennoch hat die Zeit dieses Wort nicht auslöschen können. Nicht einmal die Diktaturen haben das geschafft, weil es die Botschaft Gottes ist und weil wir das spüren.«

Als er das sagte, dachte ich, er hat recht.

Joseph Ratzinger wusste um diese ungeheure Wertschätzung Wojtyłas. Er hatte das in den Jahren 2003 bis 2005 erlebt, und mehr noch: Er war ein wichtiger Teil dieses Verteidigungsrings rund um Karol Wojtyła gewesen.

Im Winter 2012/2013 wusste Joseph Ratzinger, dass jetzt er an der Reihe war. Jetzt brauchte er einen solchen Verteidigungsring, weil seine Kräfte nicht mehr ausreichten, jetzt mussten ihm andere helfen. Denn ein Papst, dessen Kräfte nachlassen, kann für den Vatikan eine gewaltige Chance sein, das hatte Karol Wojtyła bewiesen. Weil die Menschen ihm damals umso genauer zugehört hatten, je weniger er sprechen konnte. Wenn ein Papst spürt, dass er nicht mehr kann, dann sollte die Stunde kommen, in der der Vatikan diesen Papst behütet, beschützt und verteidigt. Aber wenn der Vatikan das gar nicht will, dann wird nicht nur der Körper eines Papstes schwach, sondern vor allem seine Seele.

Ich habe miterlebt, wie Papst Benedikt XVI. im Vatikan immer stärker ausgegrenzt wurde. Er rebellierte dagegen, schrieb sogar als erster Papst der Geschichte einen persönlichen Brief an die Bischöfe, in dem er sie fragte, wie es zu dem »Beißen und Zerreißen« in der Kirche hatte kommen können, warum sie ihn so heftig attackiert hatten. Ich habe gesehen, dass sich niemand vor den Papst stellte, dass es für ihn die Mauer, die Joseph Ratzinger selber mitgebaut hatte, um Karol Wojtyła zu schützen, nicht gab. Das habe ich bereits an diesem Tag bei der Buchpräsentation mit Kardinal Ratzinger im Jahr 2005 gespürt: dass ein Papst gehen muss, wenn er sich nicht getragen fühlt. Und deswegen hatte ich keinen Zweifel daran, dass dieser Papst zurücktreten würde. Denn es gab niemanden mehr, der ihn trug. Mein wichtigster Informant in der Kurie sagte mir am Tag des Rücktritt des Papstes: »Joseph Ratzinger hatte zwei Möglichkeiten: Die erste war, alle zu feuern, die ihn verraten hatten, aber dazu ist er ein zu eleganter Typ. Die zweite Möglichkeit: alle in ihren Ämtern zu belassen und selber zu gehen.«

In den Stunden nach dem Rücktritt meinte man unisono, leicht erkennen zu können, warum der Papst zurückgetreten sei. Der Papst hatte zwei Gründe genannt, und auf den ersten stürzten sich nun alle Kommentatoren. Auch Bundeskanzlerin Angela Merkel beglückwünschte den Papst zu dem mutigen Schritt, angesichts des Schwindens seiner Kräfte zurückzutreten. Die ganze Welt schien sich auf die Tatsache geeinigt zu haben, dass der 85-jährige Papst zurückgetreten war, weil er sich einfach zu schwach gefühlt habe für sein Amt. Aber das stimmte nur zum Teil. Papst Benedikt XVI. hatte neben der körperlichen Schwäche noch einen zweiten Grund genannt, und der ist weit überraschender als der erste. Im lateinischen Originaltext heißt es, dass »vigor quidam corporis et animae necessarius est«, dass also eine gewisse Kraft des Körpers (»corporis«) notwendig ist für sein schwieriges Amt, aber auch eine gewisse Kraft der Seele (»animae«), die er nicht mehr habe. Das war die Kraft, die dem Papst abhandengekommen war, und sie war ihm abhandengekommen, weil er allein gelassen worden war.

Der Schock über den Rücktritt Papst Benedikts XVI. erfasste den Vatikan mit einer unglaublichen Wucht. Den Kardinälen war sofort klar, dass es eine Entscheidung Joseph Ratzingers war, die nicht nur sein künftiges Leben als zurückgetretener Papst betraf. Dieser Rücktritt bedeutete etwas Epochales, denn seine Worte, dass ab 20 Uhr des 28. Februar der Stuhl Petri frei sein würde, hatten auch das Amt des Papstes verändert. Die Entscheidung Ratzingers zum Rücktritt hätte eine völlig andere Bedeutung gehabt, wenn er der Nachfolger von Johannes Paul I. gewesen wäre, der 1978 plötzlich und unerwartet nach nur 33 Tagen im Amt friedlich verstarb. Bis zum letzten Tag war Papst Johannes Paul I. im Vollbesitz seiner Kräfte gewesen. Aber Benedikt XVI. war der Nachfolger Johannes Pauls II., und das änderte alles. Nie zuvor in der zweitausendjährigen Geschichte der Päpste hatte ein Nachfolger des heiligen Petrus vor der Weltöffentlichkeit so drastisch und radikal aufgezeigt, was es bedeutete, Papst zu sein. Für Karol Wojtyła hieß das, auch unter extremen Bedingungen an dem Amt festzuhalten.

Gemessen am körperlichen Zustand des Karol Wojtyła gegen Ende seines Pontifikates war Benedikt XVI. an seinem letzten Arbeitstag als Papst, am 28. Februar 2013, das blühende Leben. Wojtyła konnte am Ende nicht mehr sprechen, nicht einmal mehr die Worte des Urbi-et-Orbi-Segens am Osterfest 2005, ein Segen den nur ein Papst spenden kann, Ratzinger hingegen wandte sich bei seiner letzten Generalaudienz auf dem Petersplatz mit klarer Stimme an etwa 200 000 Gläubige. Wojtyła konnte keinen einzigen Schritt mehr gehen, ohne Rollstuhl und rollbaren Thron sich seit Jahren nicht mehr bewegen, Ratzinger hingegen stieg ohne fremde Hilfe nach der letzten

Generalaudienz aus seinem Dienst-Jeep aus. Wojtyła litt an einer unheilbaren Krankheit, dem Parkinson-Syndrom, das ihn wie Espenlaub am ganzen Körper zittern ließ, Ratzinger hatte bis auf eine Behinderung an einem Auge keine erkennbaren Krankheiten.

Wieso also war der eine Papst bis zum letzten Atemzug, obwohl in bedauernswertem Gesundheitszustand, in seinem Amt verblieben, während der Nachfolger wegen des schlichten Nachlassens seiner Kräfte ging? Hatte also der Vorgänger einen Fehler gemacht, oder hatte Papst Benedikt XVI. die Auffassung des Amtes missverstanden?

Rein rechtlich war die Geschichte ganz klar: Das Kirchenrecht räumt in Abschnitt 332, Paragraf 2 dem jeweiligen Papst eindeutig das Recht zum Rücktritt ein, ohne irgendwem Rechenschaft ablegen zu müssen. Für einen frommen Mann ist dies aber nur die eine Seite der Medaille. Die zweite ist die des Glaubens. Nach dem Glauben der katholischen Kirche wählen nicht Menschen den Papst, sondern Gott bestimmt ihn. Es gibt ein deutliches Zeichen für diesen mystischen, eigenartigen Glauben: Wenn die Kardinäle ins Konklave ziehen, singen sie den Choral »Veni Creator Spiritus« – »Komm, Schöpfer Geist«, damit ihnen der Heilige Geist den richtigen Namen einhauche.

Wenn also nach Auffassung der römisch-katholischen Kirche der Heilige Geist beim Konklave seine Hand im Spiel hat, dann lässt sich nachvollziehen, dass ein Papst eine solche Wahl außerordentlich ernst nehmen muss, so ernst, dass er seinen Dienst bis zum bitteren Ende versieht. Wenn ein Papst glaubt, dass Gott ihn in dieses Amt bestellt hat, dann wirft man Gott natürlich den Krempel nicht einfach vor die Füße und erklärt ihm: Ich kann nicht mehr, ich will nicht mehr, such dir jetzt einen anderen! Dieser Auffassung war wohl Karol Wojtyła gewesen, als er erklärte, dass, was auch immer geschehen möge, er »vom Kreuz nicht herabsteigen« und seinen Leidensweg zu Ende gehen wolle, wie Christus. Mit dieser Haltung schuf er sich eine Menge Bewunderer, aber auch Feinde im Vatikan. Viele Kardinäle hielten es für vermessen, dass Karol Wojtyła sich mit dieser Erklärung in seinem Leiden ganz offen mit Christus gleichsetzte. Es war zweifellos richtig, dass Christus nicht vom Kreuz herabgestiegen war, denn Christus ist Gottes Sohn, so glaubt das die Kirche. Aber Karol Wojtyła war nur ein Soldatensohn aus dem Kaff Wadowice in Polen.

Karol Wojtyła hatte sich wegen eines ähnlichen Vergleichs mit Christus schon einmal heftigen Ärger eingehandelt, obwohl er daran gar nicht schuld war. Bekannt wurde dieser Christusvergleich erst nach und nach, und zwar immer nur durch Besucher, die es geschafft hatten, bis auf die Dachterrasse der päpstlichen Wohnung im Apostolischen Palast zu gelangen. Auf dieser Dachterrasse war es ein bisschen wie im Schneewittchen-Schloss, die Zeit schien hier stehen geblieben zu sein. Noch im Jahr des Amtsantritts von Papst Benedikt XVI., 2005, stand hier einer der letzten Schwarz-Weiß-Fernseher Roms in einer Art Sommerlaube, in die sich Karol Wojtyła bei großer Hitze bringen ließ. Ein Künstler hatte hier nach dem beinahe tödlichen Attentat auf den Papst im Jahr 1981 einen Kreuzweg geschaffen. An einer der Stationen, an denen Christus unter dem Kreuz stürzt, war nicht das Gesicht des Jesus von Nazareth in Bronze gegossen worden, sondern das des Karol Wojtyła. Diese Bronzeplatte, auf der Wojtyła mit Christus gleichgesetzt wurde, hatte ihm im Vatikan üble Kritik eingebracht – kein Mensch, auch kein Papst dürfe sich so offen mit Jesus auf eine Stufe stellen.

Die Auffassung Karol Wojtyłas, dass man die Wahl, die Gott trifft, wenn er einen Mann zum Papst bestimmt, nicht durch einen vorzeitigen Rücktritt ihrer mystischen Würde berauben kann, hatte auch damit zu tun, dass eine Papstwahl grundsätzlich auf Lebenszeit gilt – ein Höchstalter ist ja nicht vorgesehen. Diese Interpretation der persönlichen Auserwähltheit des Heiligen Vaters durch Gott verschaffte den Päpsten immer eine ganze Reihe von Vorteilen. Zunächst einmal stärkte das ihre Position in den eigenen Reihen. Kardinäle waren häufig nur aufgrund von Traditionen in ihr Amt berufen worden, ohne Besonderes geleistet zu haben. Wer zum Bischof von Köln ernannt wird, erhält den Kardinalshut automatisch, weil das Tradition ist. Ein Papst hingegen konnte immer darauf verweisen, dass nicht eine weltliche, sondern eine göttliche Autorität ihn auserwählt hat. Diese Vorstellung bildet den inneren Kern des Papsttums. So konnten sich Päpste über alle anderen Herrscher des Globus erheben, und der Rücktritt des Joseph Ratzinger hat jetzt diesen inneren Kern verletzt.

Wer in Rom ein wenig Zeit hat, sollte sich eine Art spätmittelalterlichen Comic nicht entgehen lassen, der wie kein zweiter zeigt, wie zentral dieser Punkt in der Geschichte des Papsttums ist. Hierfür muss man in der Nähe des Kolosseums im Kloster der Santissimi Quattro Coronati um den Schlüssel für die Papstkapelle bitten. Gegen eine kleine Spende bekommt man ihn von einer der Klausurnonnen durch die Gitter gereicht. Die Bildgeschichte, die an den Innenwänden der Kapelle erzählt wird, wurde

1246 im Auftrag von Papst Innozenz IV. angefertigt. Sie erzählt eine Begebenheit, die so nie stattgefunden hat, aber das ist nebensächlich, weil es darum geht, wie die Päpste ihren Besuchern im Mittelalter imponieren wollten (damals gab es noch nicht den heutigen Petersdom und die umgebenden Paläste, die Päpste wohnten noch an der Lateranbasilika).

Auf den Bildern erkennt man Kaiser Konstantin den Großen, der übel an den Pocken leidet. Der Kaiser schickt nun nach Papst Silvester I., der wiederum dem Kaiser erklärt, dass er eben nicht nur ein weltlicher Herrscher wie der Kaiser, sondern ein von Gott auserwählter Mann sei und somit über weit mehr Macht verfüge als der profane Kaiser. Deswegen vermöge er auch die Pocken zu heilen, was denn geschieht. Am Ende der Bildergeschichte versteht man, dass Papst Silvester hier dem Kaiser unmissverständlich klarmacht, wie das auf dieser Erde laufen muss. Der Kaiser geht wie ein Diener neben dem Papst zu Fuß, während Silvester hoch über ihm auf einem Ross thront. Schließlich übergibt Konstantin Silvester noch die Tiara, die dreifache Krone.

Der Papst besitzt also nicht nur die kirchliche, sondern auch die absolute weltliche Macht. Die Botschaft der Geschichte ist ganz einfach: Da Gott einen Papst zu seinem Vikar beruft, ist dieser der wichtigste Mann auf Erden, alle anderen haben auf ihn zu hören. Aus seiner Sicht jedoch hatte Joseph Ratzinger nur das umgesetzt, was er jahrelang gelehrt und gepredigt hatte, die Verbindung zwischen Glaube und Vernunft. Gott handelte nicht gegen die Vernunft, er war kein unberechenbarer, herrischer und launischer Gott, dem manchmal dieses gefiel und manchmal jenes. Gott war ein vernünftiger Herr der Welt. Ratzinger glaubte an diese Verbindung zwischen Glaube und Vernunft. Deswegen konnte Gott auch der vernünftigen Entscheidung, dass ein alter Papst zurücktreten wollte, nur zustimmen. Die Auffassungen des Joseph Ratzinger und seines Vorgängers waren in diesem Punkt nun einmal grundverschieden. Ratzinger war der Überzeugung, dass Gott dieses mystische Opfer eines leidenden Papstes, der wie Christus am Kreuz in aller Öffentlichkeit litt, gar nicht haben wolle. Statt dieses Opfer zu verlangen, sei Gott völlig einverstanden damit, dass sich ein alter Mann einfach zur Ruhe setzen wolle, nachdem er nach bestem Wissen und Gewissen einen Job wie viele andere auch gemacht hatte.

Mit dieser Auffassung hatte der Papst das Amt zweifellos entzaubert, geschwächt und ihm seinen gewaltigen Anspruch genommen, nicht den irdischen Regeln zu unterliegen. Es war nur ein Amt, das man so lange ausübte, wie es eben ging, und das man aufgab, wenn man seine Arbeit nicht mehr gut machen konnte.

Karol Wojtyła hingegen hatte sein Leiden der ganzen Welt gezeigt und gesagt: Seht her, Gott will das so. Dass ihr seht, dass ich leide! Das Leid ist ein Teil unseres Lebens, ich laufe nicht vor dem Leid davon. Ich zeige euch, wie viel Kraft Gott denen gibt, die leiden, den alten, den kranken, den schwachen Menschen, Menschen, die so sind wie ich. Wojtyła hatte geglaubt, dass ein Papst kein Recht habe auf einen Lebens- und einen Feierabend. Joseph Ratzinger hingegen hatte das Papstamt so interpretiert, dass es weltlichen Ämtern vergleichbar war. Ein Amt, in dem jetzt auch möglich war, dass Kardinäle einen Papst zum Rücktritt auffordern konnten, sollte er nach ihrer Auffassung nicht mehr in der Lage sein, es ausfüllen zu können.

Obwohl hinter den Mauern des Vatikans unübersehbar war, wie sehr die Kirche der Rücktritt verunsicherte, schienen die Kardinäle im Vatikan zunächst den gleichen Kurs einzuschlagen wie viele Politiker weltweit, die zunächst fast ausnahmslos die mutige Rücktrittsentscheidung des Papstes lobten. Nur eine ganz leise Stimme übte verhalten Kritik. Der Erzbischof von Krakau, der langjährige Sekretär Papst Johannes Pauls II., Stanisław Kardinal Dziwisz, erinnerte daran, dass Karol Wojtyła der Meinung gewesen sei, vom Kreuz steige man nicht herab. Dziwisz versicherte aber sofort, dass er die Entscheidung von Papst Benedikt XVI. selbstverständlich respektiere.

Dass es hinter den Kulissen doch mehr brodelte, als es nach außen den Anschein hatte, dass mehrere Kardinäle diese Revolution des Papstes, das Amt durch einen Rücktritt zu entmystifizieren, nicht guthießen, ließ sich erst am Sonntag, den 24. Februar 2013, erkennen. Es war der Tag des letzten Angelus-Gebets von Papst Benedikt XVI. Auf dem Petersplatz strömte eine Menge von mehr als 100000 Menschen zusammen, um den Papst ein letztes Mal an einem Sonntag zu sehen. An diesem Tag ließ sich das Phänomen Ratzinger noch einmal bestaunen. Verstehen kann man diesen schüchternen und demütigen Mann nur dann, wenn man begreift, dass er es hasst, im Mittelpunkt zu stehen. Auch an diesem Tag, an dem er im Mittelpunkt stand wie vermutlich noch nie zuvor in seinem Leben, las er eine Auslegung der Heiligen Schrift vor, als wäre dies die normalste Sache der Welt, als habe er diese dramatische Entscheidung des Rücktritts nicht erst kurz zuvor gefällt. Alles an Ratzinger strahlte wie immer aus: Es geht nicht um mich.

Doch dann, ganz plötzlich, spürten die Menschen auf

dem Platz die Anspannung des Joseph Ratzinger. Es war leicht zu erkennen, was dem Papst bei dieser Ansprache so wichtig war. Wie er es ein Leben lang als Professor gehalten hatte, hob er auf einmal energisch den Zeigefinger, als wollte er den Menschen dort unten diesen zentralen Punkt seiner Vorlesung ins Gedächtnis einhämmern. Er habe das Amt des Papstes nicht verlassen, erklärte er den Menschen, er sei nicht getürmt vor der Verantwortung. Er werde der Kirche jetzt auf andere Weise dienen, durch das Gebet. Aber dieser Zeigefinger des aufgebrachten alten Mannes ließ eines ganz klar erkennen: Es hatte im Vatikan viel mehr Kritik an dem alten deutschen Papst wegen seines Rücktritts gegeben, als nach außen sichtbar war. Er hatte noch eine wichtige Aufgabe vor sich: die komplette Führung der Kirche von der Richtigkeit seiner Entscheidung zu überzeugen.

Deswegen sah er sich auch am Tag, an dem die Katholiken der Welt ihn letztmals als Papst auf dem Petersplatz zu Gesicht bekamen, während der Generalaudienz am 27. Februar, gezwungen, seine Entscheidung in Anspielung auf das Kreuz-Zitat seines Vorgängers vor seinen Anhängern noch einmal zu verteidigen. Benedikt XVI. sagte: »Ich kehre nicht ins private Leben zurück – in ein Leben mit Reisen, Begegnungen, Empfängen, Vorträgen usw. Ich gehe nicht vom Kreuz weg, sondern bleibe auf eine neue Weise beim gekreuzigten Herrn. Ich trage nicht mehr die amtliche Vollmacht für die Leitung der Kirche, aber im Dienst des Gebetes bleibe ich sozusagen im engeren Bereich des heiligen Petrus.«

Joseph Ratzinger wusste, dass er mit dieser Entscheidung zum Rücktritt in die Geschichte eingehen würde, dass die Geschichte ihn daran messen und darüber urteilen würde, ob diese Entscheidung richtig gewesen war oder nicht. Deswegen hatte er sich auch am 27. Februar auf diesen Punkt konzentriert und gesagt: »In diesen letzten Monaten habe ich gespürt, dass meine Kräfte nachgelassen haben, und ich habe Gott im Gebet angefleht, mich mit seinem Licht zu erleuchten, um mir zu helfen, die Entscheidung zu fällen, welche nicht für mein eigenes Wohl, sondern für das Wohl der Kirche die richtigste ist. Ich habe diesen Schritt im vollen Bewusstsein seines schwerwiegenden Ernstes seiner Neuheit, aber mit einer tiefen Seelenruhe getan.«

An diesem letzten Tag, während seiner 384. Generalaudienz, hatte Benedikt XVI. endlich einmal Glück mit dem Wetter. Wie oft hatte dieser Papst Pech mit dem Wetter gehabt! Von Anfang an war das so gewesen. Es war Benedikt XVI., der den eiskalten, verregneten Weltjugendtag im Jahr 2005 ausrichten musste, der immer schlechtes Wetter mit sich brachte. Doch am 27. Februar strahlte die Sonne, und auch Joseph Ratzinger strahlte an diesem Tag, er bedankte sich dafür, dass ihm ein so schöner Sonnentag zum Abschied geschenkt worden war. Er tat mir leid, dieser Joseph Ratzinger, der vor den Gläubigen bekannte, wie schwer es ihm gefallen war, dieses Amt des Papstes, dass er als Nachfolger Petri seine Privatsphäre vollständig eingebüßt und nur noch für die Kirche da zu sein hatte. Er bedankte sich sichtlich gerührt bei den Römern, den Einwohnern seiner Diözese, und betete für seinen Nachfolger und die Kardinäle, die die schwere Aufgabe hatten, einen neuen Papst zu wählen.

# Das Gefängnis des Joseph Ratzinger

Ich erinnere mich gut an das Gespräch mit meinem Freund Franco, einem erfahrenen Vatikanexperten, der mich anrief, nachdem ich im ZDF im April 2012 vorhergesagt hatte, dass der Papst zurücktreten werde. Er sagte mir: »Bist du verrückt geworden? Was ist, wenn du einfach zu blöd bist, eine Sensation, die sich nur alle 700 Jahre ereignet, vorherzusagen? Ich fürchte, dass es viel wahrscheinlicher ist, dass du unrecht hast, und dann stehst du als Idiot da. Du hättest sagen sollen, dass du nicht sicher bist. Dass zwar ein Rücktritt möglich ist, aber zu sagen: ›Dieser Papst wird ohne jeden Zweifel zurücktreten‹, war einfach viel zu gefährlich. Wieso musstest du dich so festlegen?«

Ich wusste damals, dass er recht hatte: Es war zu gefährlich, und an genau dieses Gespräch musste ich denken, als Papst Benedikt XVI. zurücktrat. Eine Frage bewegte mich mehr als alle anderen. Was hatte mich so sicher gemacht? Waren es seine Erklärungen gewesen, dass ein Papst den Kopf immer »über Wasser halten können« und in der Lage sein müsse, die Kirche selber zu regieren? Oder war es eher diese Vorstellung des Joseph Ratzinger, dass Gott ein vernünftiger Gott war, der sein Bodenpersonal in Ruhe in Rente gehen ließ, wenn das für die Kirche sinnvoll war, statt eine mystische Aufopferung des Papstes zu fordern, wie dies Karol Wojtyła gelebt hatte? Wahrscheinlich war es beides zusammen gewesen, aber dass dieser Papst gehen würde, wusste ich spätestens, seitdem Benedikt XVI. in L'Aquila sein Pallium auf den Sarg von Coelestin V. gelegt hatte, mit Sicherheit. Das war wie erwähnt im Mai 2009 gewesen. Der Papst musste also fast drei Jahre lang seinen Rücktritt erwogen haben.

Was ein solcher Rücktritt für die Kirche bedeutete, wusste Joseph Ratzinger zweifellos. Er wusste, dass er damit eine Revolution auslösen würde. Dass dieser Schritt das Amt des Papstes verändern würde. Aber was den künftigen Papst emeritus erwartete, hatte sich Ratzinger sicher noch nicht eingestanden. Menschen neigen dazu, zu hoffen, dass das Schlimmste nicht eintreffen werde. Kein Paragraf des Kirchenrechts schreibt einem Papst a. D. vor, was er nach seinem Rücktritt zu tun und zu lassen habe. Ich bin mir sicher, dass Benedikt XVI. anfangs noch dachte, dass auch ihm ein menschenwürdiger Lebensabend zustand. Ich habe nicht den geringsten Zweifel daran, dass er zumindest in den ersten Monaten, in denen er seinen Rücktritt plante, noch glaubte, dass sein guter Wille ausreichen würde. Ihm dürfte bewusst gewesen sein, worum es ging. Ein zurückgetretener Papst durfte sich auf keinen Fall in die Amtsgeschäfte seines Nachfolgers einmischen, und das würde er auch auf keinen Fall tun. Er wollte doch nichts weiter, als mit seinem älteren blinden Bruder auf einer Bank im Grünen zu sitzen, ihm aus der Bibel vorzulesen und im Übrigen auf die Stunde zu warten, in der er vor seinen Herrn treten würde.

Ich weiß nicht, wann es Benedikt XVI. dämmerte, dass sein guter Wille nicht ausreichen würde. Irgendwann muss ihm klar geworden sein, dass sein Nachfolger weit mehr erwarten würde als die absolute Loyalität und den Gehorsam des Joseph Ratzinger. Er würde etwas anderes verlangen: absolute Sicherheit, dass von Joseph Ratzinger keinerlei Gefahr ausging. Aber genau das konnte der alte Mann nicht garantieren. Was würde passieren, wenn er in Bayern friedlich im Hause seines Bruders säße und eine Tageszeitung würde ein Interview mit ihm abdrucken, ein erfundenes, in dem er seinen Nachfolger scharf kritisiert? Was würde passieren, wenn dann 100 000 Menschen auf dem Petersplatz stünden und lauthals die Rückkehr von Papst Benedikt XVI. forderten? Er, Ratzinger, hätte dann nicht die geringste persönliche Schuld auf sich geladen, aber dies würde seinem Nachfolger nicht ausreichen. Vielmehr würde dieser erwarten, dass so etwas erst gar nicht passieren kann.

Deshalb gab es nur eine Möglichkeit: Joseph Ratzinger musste sich an den Gedanken gewöhnen, dass sein Albtraum wahr werden würde, dass er den Rest seiner Tage in einem Gefängnis verbringen würde, weil er nur so, mit der Zerstörung all seiner Hoffnungen und mit der Aufgabe aller Träume und mit dem Verzicht auf das letzte bisschen Trost, seinem Nachfolger eine Garantie dafür geben konnte, dass er sich niemals mehr einmischen werde. Er musste ein Gefangener werden.

Ich denke dabei immer an diesen Gottesdienst in Freising vom 14. September 2006, als Benedikt XVI. dort improvisierte. Er sagte: »Ich habe euch eine Predigt mitgebracht, aber ich werde sie jetzt nicht vorlesen, die kann man dann später ja auch gedruckt lesen.« Er schrie damals frei improvisierend förmlich heraus: »Es ist deine Kirche!« Joseph Ratzinger wollte sagen: Ich kann die Probleme der Kirche nicht allein lösen. Das war auch der Tag, an dem er sich mit dem Bären des Korbinian verglich. Wie oft mochte er am Schrein des heiligen Korbinian, der in Freising verehrt wird, gebetet haben? Wie oft mochte er über die eigenartige Geschichte des Bischofs nachgedacht haben, die Geschichte des Bären, der das Wappentier der Bischöfe von Freising ist? Der Bär war so unvorsichtig gewesen, das Pferd des Korbinian zu fressen, der nach Rom hatte reisen wollen. Korbinian wurde sauer und belud jetzt den Bären mit seinen Sachen und trabte mit ihm nach Rom. Ich weiß noch, wie Joseph Ratzinger damals in der Kathedrale in Freising die Worte aussprach: »Der Bär des Korbinian ist in Rom freigelassen worden, ich selber wurde es nicht.«

# Schatten über dem Konklave

Die Wahl von Papst Franziskus, dem 265. Nachfolger des heiligen Petrus, bedeutet den Anfang einer neuen Epoche. Das liegt nicht allein daran, dass Franziskus seit dem Rücktritt von Coelestin V. im Jahr 1294 erst als zweiter Papst überhaupt sein Amt antritt, obwohl sein Vorgänger noch lebt, sondern auch daran, dass zum ersten Mal unter den Kardinälen der Welt öffentlich darüber beraten wird, ob und wann ein Kardinal überhaupt würdig ist, einen Papst zu wählen. So markiert auch der Skandal um den am 25. Februar 2013 zurückgetretenen schottischen Kardinal Keith O'Brien den Beginn eines neuen Zeitalters.

Ob ein Kardinal würdig ist, einen Papst zu wählen, stand bisher nie zur Debatte. Seit dem Jahr 1089 haben die Kardinäle, und nur sie, das Recht inne, den Papst zu wählen. Die modernen Regeln der Papstwahl verfassten Paul VI. und Johannes Paul II. mit den Grundsatzschriften *Romano Pontifici eligendo* und *Universi Dominici Gregis*. Beide pochen ausdrücklich auf das Recht der Kardinäle, den Papst zu wählen. Noch mehr: Sie erlegen den Kardinälen die Pflicht auf, sich rechtzeitig nach Rom zu begeben, um an der Papstwahl teilnehmen zu können. Wenige Tage vor seinem Rücktritt, am 22. Februar 2013, erließ Benedikt XVI. eine Anordnung an die Kurie, ein

*Motu Proprio*, in dem er im Paragraf 35 bekräftigt: »Kein wahlberechtigter Kardinal darf von der aktiven oder passiven Wahl zum Papst ausgeschlossen werden, aus keinem Grund und unter keinem Vorwand.« Bisher hatte es in der Geschichte nur drei Gründe gegeben, die einen Kardinal von der Teilnahme an der Wahl zum Papst abgehalten hatten: 1) Gewalt, 2) Gesundheitsprobleme und 3) Entfernung.

Grund Nummer eins, die Anwendung von Gewalt, um einen Kardinal an der Anreise zu hindern, war bei der Papstwahl immer wieder ein Faktor. Das lange Konklave, das zwischen Dezember 1799 und März 1800 stattfand, musste in Venedig abgehalten werden, unter dem Schutz der Österreicher, weil Napoleon Rom besetzt hatte – zehn Kardinäle konnten nicht anreisen. Zahlreiche Kardinäle wurden in der Geschichte auch Opfer von Giftanschlägen. Einer der berühmtesten war Giovanni Kardinal Michiel, ein Venezianer, der möglicherweise auf Betreiben des Sohnes von Papst Alexander VI., Cesare Borgia, 1503 vergiftet wurde. Papst Julius II. ließ für alle Fälle den Koch des Kardinals hinrichten.

Der zweite Grund, gesundheitliche Probleme, spielt bis heute eine entscheidende Rolle bei der Papstwahl, da die Kardinäle in der Regel nicht mehr die Jüngsten sind. Auch die Wahl von Papst Franziskus wurde dadurch beeinträchtigt. Bereits am 20. Februar 2013 hatte der 78-jährige indonesische Kardinal Julius Riyadi Darmaatmadja erklärt, dass er aus gesundheitlichen Gründen nicht zum Konklave kommen werde. Der dritte Grund – große Entfernung –, der über Jahrhunderte ein ernstes Problem darstellte, entfällt heute weitgehend dank der Verfügbarkeit moderner Verkehrsmittel. Aber noch das erste

Konklave des 20. Jahrhunderts, das am 4. August 1903 Papst Pius X. wählen sollte, kämpfte mit diesem Problem. Patrick Francis Kardinal Moran, Erzbischof von Sydney, kam damals nicht rechtzeitig an, die Entfernung mit dem Schiff war einfach zu weit. Und selbst das Konklave 1939, aus dem am 2. März Pius XII. als neuer Papst hervorgehen sollte, musste den aus den USA anreisenden Kardinälen die längstmögliche Frist von 18 Tagen gewähren, weil sie ansonsten nicht rechtzeitig mit Eisenbahn und Schiff eingetroffen wären.

Jetzt kam erstmals ein vierter Grund für die Nichtteilnahme an einer Papstwahl hinzu. Dieses neue Zeitalter läutete eine Vier-Zeilen-Mitteilung des Pressesaals des Heiligen Stuhls am 25. Februar 2013 ein. Der Vatikan teilte darin lediglich mit, dass Seine Eminenz Keith Michael Patrick Kardinal O'Brien gemäß Paragraf 1 der Bestimmung 401 des Kirchenrechtes von der Leitung der Erzdiözese Saint Andrews and Edinburgh in Schottland zurücktreten werde. Für den am 17. März 1938 geborenen O'Brien stand der 75. Geburtstag, das Höchstalter für einen Bischof, unmittelbar bevor. Wenn Bischöfe in diesem Alter gebrechlich sind, nimmt der Papst deren Rücktritt gewöhnlich an. Aber das war O'Brien nicht, ihm ging es prächtig. In seinem Fall wäre es deshalb normal gewesen, wenn der Papst als Zeichen der Dankbarkeit den Rücktritt abgelehnt hätte und ihm ein weiteres, letztes Jahr im Amt gewährt hätte.

Das tat Benedikt XVI. aber nicht. Denn in Großbritannien war der Brief von vier Männern aufgetaucht, drei Priestern und einem ehemaligen Priester, die dem Kardinal vorwarfen, sie sexuell genötigt zu haben. Der schottische Kardinal, der wichtigste Priester der katholischen

Kirche in Großbritannien, soll in den 80er-Jahren im Saint Andrew's und später im Saint Mary's College sich eindeutig »ungebührlich« verhalten haben. Die Priester beklagten, dass O'Brien ihre Abhängigkeit ausgenutzt habe. Die britische Tageszeitung *The Guardian* hatte die Bombe platzen lassen. Die drei Priester sollen ihre Beschuldigungen des Erzbischofs von Edinburgh direkt an den päpstlichen Nuntius in England, Monsignore Antonio Mennini, geschickt haben. Der vierte Priester soll 2003 aus Enttäuschung darüber, dass Papst Johannes Paul II. trotz der Verdachtsmomente O'Brien zum Kardinal ernannt hatte, die Kirche verlassen haben.

Der Bericht über dieses »unangemessene Verhalten« traf Anfang Februar 2013, eine Woche bevor der Papst seinen Rücktritt ankündigte, in Rom ein. Papstsprecher Federico Lombardi erklärte, dass der Papst über den Vorfall informiert worden sei. Im Vatikan gab es nur wenige Zweifel daran, dass diese Vorwürfe wahr sein könnten. O'Brien schien in die gefährlichste, die klassische Falle für viele Priester getappt zu sein. Bittere Erfahrungen mit den sexuellen Versuchungen in Seminaren hatte die katholische Kirche ausgerechnet in einem der weltweit angesehensten Seminare gemacht, in Sankt Pölten in Österreich. Von dort hatten Priesteramtsanwärter detailliert beschrieben, wie sie von den Seminarleitern, den Regenten, als »Frischfleisch« behandelt und für wilde Sexpartys missbraucht wurden, bei denen die Seminarleiter die Seminaristen nicht nur leidenschaftlich küssten, sondern ihnen auch an die Genitalien fassten. Ortsbischof Kurt Krenn hat das Ganze damals im Jahr 2003 zunächst als »Bubenstreich« abgetan. Als aber auch harte Kinderpornos auf den Computern der Seminaristen entdeckt wurden und die Staatsanwaltschaft eingriff, war Schluss. Im Jahr 2004 trat Kurt Krenn auf Wunsch von Papst Johannes Paul II. zurück.

Dass auch O'Brien in der Zeit als Seminarleiter sich an den jungen Männern vergangen haben könnte, hielt man im Vatikan für wahrscheinlich und die Beschuldigungen für echt. Einige Stunden lang hatte man im Vatikan noch darauf gesetzt, dass es ein Dementi geben könnte. Bisher lagen schließlich nur Zeitungsberichte vor, die den Kardinal belasteten. Es konnte ja sein, dass er zu Unrecht verdächtigt wurde und eine gemeine Intrige gegen einen völlig unbescholtenen Mann inszeniert wurde.

Doch dann sorgte O'Brien für eine Sensation. Er bat um den Segen aller Kardinalskollegen, die mit ihm zusammen den neuen Papst wählen sollten, erklärte jedoch, dass er an dem Konklave nicht teilnehmen werde, weil er den Rummel der Medien fürchtete. Es gab jetzt also einen weiteren Grund, der einen Kardinal von der Wahl eines Papstes abhalten konnte: Scham und Schuld.

# Exkurs: Kirche und Sex

Für die meisten Strafgesetzbücher der Welt ist es völlig gleichgültig, ob ein Priester mit einer Frau oder einem Mann ins Bett geht, sofern die Dame oder der Herr nichts dagegen hat. Aus Sicht der Kirche ist das aber anders: Ob ein katholischer Priester mit einem Mann Sex hat oder mit einer Frau, ist ein immenser Unterschied. Nur in einem sind sich die Staaten und die Kirche einig: Wer sich an Kindern und Jugendlichen vergeht, hat nicht nur auf dieser Welt, sondern auch vor Gott richtig schlechte Karten. Von Anfang an hatte die katholische Kirche eigentlich kein Problem mit dem Sex, solange Frauen und Männer zusammen ins Bett gehen. Das berühmteste Beispiel ist Petrus: Der Mann, auf den sich alle Päpste als dessen Nachfolger beziehen, war nämlich selbstverständlich verheiratet. Daran gibt es nicht den geringsten Zweifel, denn Jesus heilte seine Schwiegermutter. Im Matthäusevangelium 8, 14 heißt es: »Jesus ging in das Haus des Petrus und sah, dass dessen Schwiegermutter im Bett lag und Fieber hatte. Da berührte er ihre Hand, und das Fieber wich von ihr.«

Die ersten Päpste waren sicher auch verheiratet. Das Gelübde der Ehelosigkeit von Priestern wird erst nach etwa 1000 Jahren Christentum verbindlich. Im Jahr 1022 ordnete Papst Benedikt VIII. zusammen mit dem Kaiser an, dass Geistliche nicht mehr heiraten durften. Im Wesentlichen geht es um Materielles: Geld, Sachwerte, Immobilien. Auf dem Sterbebett entscheidet sich immer wieder mancher Gläubige, dass es nicht schaden kann, Gott mit einem konkreten Geschenk an seine Kirche milde zu stimmen, bevor man ins Jenseits gelangt. Also überlässt er Haus und Hof oder auch nur ein Schwein oder einen Acker dem Pfarrer, damit der eifrig für ihn bete. Der Kirchenmann wiederum verteilt seinen Besitz auf seine zahlreiche Kinderschar. Das passt natürlich Mutter Kirche nicht, und die kommt auf eine simple und radikale Idee: Wenn man den Pfarrern den Sex verbietet, dann können sie keine Kinder mehr zeugen, die den Besitz der Kirche verprassen. Sofern das klappt, bleibt der Kirche dann eine Menge Geld und Sachwerte. Das Keuschheitsgelübde zahlt sich also aus – so einfach war das.

Theologisch ließ sich die Ehelosigkeit von Priestern nicht wirklich begründen, und alle Päpste wussten das. Zu eindeutig ist, was Paulus im ersten Brief an die Korinther in 7, 25 schreibt: »Was die Frage der Ehelosigkeit angeht, so habe ich kein Gebot vom Herrn.«

Im Neuen Testament steht also nicht, dass Priester ehelos leben müssen. Sie können es, und für manche wird das auch besser sein, sagt Paulus. Aber ein Keuschheitsgelübde, wie es die katholische Kirche einführte, lässt sich auf Jesus von Nazareth oder Paulus beim allerbesten Willen nicht zurückführen. Ein Papst könnte ohne das geringste Problem sofort den Zölibat aufheben.

Die Tatsache, dass die Kirche prinzipiell keine Einwände gegen Sex zwischen Frauen und Männern hat, führte auch dazu, dass Priester, Mönche und Päpste in den folgenden Jahrhunderten trotz der Einführung des Keuschheitsgelübdes relativ lax mit dem Verbot umgingen, auch wenn bereits 1059, im Jahr der Lateransynode, allen Priestern, die ständig, also nicht nur gelegentlich, mit Frauen zusammen waren, die Feier der heiligen Messe verboten wurde. Ein wichtiger Grund für die relative Toleranz gegenüber heterosexuellem Geschlechtsverkehr hat natürlich mit der berühmten Geschichte von der Ehebrecherin zu tun. In Johannes 8, 3–7 heißt es: »Da brachten die Schriftgelehrten und die Pharisäer eine Frau, die beim Ehebruch ertappt worden war. Sie stellten sie in die Mitte und sagten zu ihm: Meister, diese Frau wurde beim Ehebruch auf frischer Tat ertappt. Mose hat uns im Gesetz vorgeschrieben, solche Frauen zu steinigen. Nun, was sagst du?« Jesus antwortet darauf mit den berühmten Worten: »Wer von euch ohne Sünde ist, werfe als Erster einen Stein auf sie.« Was für eine wundervolle und revolutionäre Geschichte, wie viel besser könnte diese Welt sein, wenn die Menschen manchmal einfach innehielten, um sich genau das zu fragen: Wer ohne Sünde ist, werfe als Erster einen Stein!

Sex mit einer Frau bedeutet für einen Priester vor allem den Bruch eines der drei Gelübde, die er abgelegt hat: Neben Gehorsam und Armut geloben Priester auch Keuschheit. Ein Gelübde zu brechen ist sicher keine feine Sache, aber es ist kein Bruch eines göttlichen Gebots, sondern der eines Versprechens, das ein Mensch abgelegt hat. Und Menschen leiden nun einmal darunter, dass sie schwach sind im Fleische. Deswegen ging die Kirche mit dem heterosexuellen Geschlechtsverkehr, den Priester sich gegönnt hatten, immer relativ verständnisvoll um.

Das ist heute noch so, viele Bischöfe räumen Priestern,

die sich verliebt und auch Sex hatten, eine Bedenkzeit ein, bevor sie sie aus der Kirche werfen. Eines der berühmtesten Beispiele ist der Pfarrer von Introd im Aostatal, wo Papst Benedikt XVI. 2005 seinen Urlaub verbrachte. Der Pfarrer des Orts war Don Paolo Curtaz, mit dem sich der Papst mehrfach getroffen hatte. Doch Don Curtaz hatte das nicht frommer gemacht, er hatte eine hübsche Frau seiner Gemeinde geschwängert. Der Bischof ließ ihm dennoch ein Jahr Zeit, sich zu entscheiden, ob er weiter Pfarrer bleiben oder seinen Pflichten als Vater nachkommen wolle.

Anders sieht es aus, wenn Priester Sex mit einem Mann haben. Denn nach der Meinung von Paulus hat Gott etwas gegen homosexuelle Beziehungen. Von Jesus von Nazareth hingegen ist kein Wort zur Homosexualität bekannt. Wenn er etwas dagegen gehabt hätte, dann hätte er möglicherweise auch etwas dazu gesagt. Er schweigt zu diesem Thema, verteidigt aber auch nicht Homosexuelle, wie er es etwa im Fall der Ehebrecherin getan hat, denn schließlich ist Homosexualität für fromme Juden ebenso wie Ehebruch verboten. Im Buch Levitikus heißt es in 20, 13: »Schläft einer mit einem Mann, wie man mit einer Frau schläft, so haben sie eine Gräueltat begangen; beide werden mit dem Tod bestraft, ihr Blut soll auf sie kommen.« Im Neuen Testament sieht Paulus das genauso, er schreibt im Brief an die Römer in den berühmten Versen 1, 26–27: »Darum lieferte Gott sie entehrenden Leidenschaften aus, ihre Frauen vertauschten den natürlichen Verkehr mit dem widernatürlichen; ebenso gaben die Männer den natürlichen Verkehr mit der Frau auf und entbrannten in Begierde zueinander; Männer trieben mit Männern Unzucht und erhielten den ihnen gebührenden Lohn für ihre Verirrungen.«

Diese Paulus-Stelle sorgt bis heute dafür, dass ein Großteil der Theologen, auch Benedikt XVI., davon ausgehen, dass homosexuelle Beziehungen von Gott als Verirrung angesehen werden und es als »Unzucht« gilt, wenn Männer mit Männern schlafen. Ein Priester, der Sex mit einem Mann hat, verstößt also nicht nur gegen das Keuschheitsgelübde – das tut ein Priester, der es mit einer Frau treibt, auch –, sondern er verstößt auch gegen das göttliche Gebot, das den homosexuellen Verkehr ächtet.

Einig sind sich die Strafgesetzbücher der meisten Länder der Welt wiederum mit der Bibel, wenn es um das Schänden von Kindern geht. Jesus ist in diesem Punkt sehr deutlich. Priester, die ihnen anvertraute Kinder missbrauchen, haben allen Grund, sich Sorgen zu machen, denn es heißt im Markusevangelium 9, 42: »Wer einen von diesen Kleinen, die an mich glauben, zum Bösen verführt, für den wäre es besser, wenn er mit einem Mühlstein um den Hals ins Meer geworfen würde.«

# Wenn Kardinäle den Papst nicht wählen wollen

Papst Franziskus wird nicht umhinkommen, seine eigene reformierte Regel zur Papstwahl zu verfassen. Er muss klären, wann und unter welchen Umständen ein Kardinal an einer Papstwahl teilnehmen muss beziehungsweise das Recht hat, aus schwerwiegenden Gründen nicht daran teilzunehmen. Wie weit soll ein Papst von seinen Kardinälen verlangen können, dass sie nach seinem Tod oder seinem Rücktritt an einer Papstwahl teilnehmen? Soll ein Kardinal einen anderen auffordern können, einer Papstwahl fernzubleiben? All das ist bisher ungeklärt, und die Situation verunsicherte das Konklave, das Papst Franziskus wählen sollte, zutiefst, denn leider war Keith Michael Patrick O'Brien nicht der einzige Kardinal, gegen den die Gläubigen erhebliche Bedenken in Bezug auf seine moralische Integrität vorbringen konnten. Es gab zumindest noch zwei weitere europäische Kardinäle, die sich sogar von Priestern anhören mussten, dass es erheblich besser wäre, wenn sie nicht am Konklave teilnähmen: Das waren ausgerechnet der Belgier Godfried Danneels, ein Ratzinger-Gegner und Symbol einer progressiven Kirche, und der Ire Sean Baptist Brady.

Dass Godfried Kardinal Danneels mit der Wahl des

konservativen Joseph Ratzinger zum Papst 2005 nicht zufrieden gewesen sein soll, hatte zunächst nur die Gerüchteküche des Vatikans behauptet. Doch dass Danneels und Benedikt XVI. keine Freunde mehr werden würden, bewies dann die folgende Episode: Nach seiner Wahl hatte Benedikt XVI. alle Kardinäle zu einem Umtrunk in das Gästehaus des Vatikans, das Domus Sanctae Marthae, eingeladen. Selbstverständlich gingen die Kardinäle hin, um mit dem neuen Papst anzustoßen, bis auf einen: Godfried Danneels. Der dachte offenbar nicht wirklich nach, als man ihn fragte, warum er nicht zu der Feier gegangen war, und sagte, dass er für diesen Abend schon »lange vorher« einem Fernsehsender ein Interview zugesagt habe. Das war aber eine klare Lüge, denn Danneels hatte unmöglich vorhersehen können, dass an diesem Nachmittag Papst Benedikt XVI. bereits gewählt sein würde. Er musste davon ausgehen, dass er noch im Konklave sein würde und demzufolge schweigen müsste. Er hätte also unmöglich für diesen Tag ein Interview mit einem Fernsehsender vereinbart haben können. So kam die offene Feindschaft zwischen Ratzinger und Danneels ans Tageslicht.

Aber auch der progressive Danneels war nicht davor gefeit, einen mutmaßlichen Sexualstraftäter, Bischof Roger Vangheluwe, zu schützen. Die Polizei untersuchte 2010 die Amtsräume des Kardinals und nahm auch seinen Computer mit. Der Sprecher von Danneels, Toon Osaer, bestätigte, dass der Kardinal die Untersuchung von Sexualstraftaten auf den Zeitpunkt nach der Pensionierung von Bischof Vangheluwe hinauszögern wollte. Die Polizei vernahm schließlich Danneels, als ein Priester aussagte, den Kardinal bereits 1996 über den Sexualmissbrauch informiert zu haben. Danneels musste sich öffentlich entschuldigen.

Aber nicht nur Danneels sah sich massiven Vorwürfen ausgesetzt. Schwerste Anklagen muss sich auch Sean Baptist Kardinal Brady gefallen lassen. Er räumte 2012 mehrfach seine Mitschuld am Missbrauch von Kindern ein. Öffentlich bat er um Vergebung und bot seinen Rücktritt an. Es ging dabei um den Fall des Paters Brendan Smyth. Bis zu seiner Verurteilung 1994 verging sich Smyth an Dutzenden von Kindern. Kardinal Brady soll von den Verbrechen Smyths gewusst und ihn gedeckt haben. Im September 2011 war der Konflikt zwischen der irischen Regierung und dem Vatikan eskaliert. Auslöser war ein Brief aus dem Jahr 1997, in dem der Vatikan nach Ansicht des irischen Premiers Enda Kenny den irischen Klerus dazu aufgefordert hatte, Priester, die sich an Kindern und Jugendlichen vergangen hatten, nicht anzuzeigen und keine Informationen an die Polizei weiterzugeben. Kenny erklärte, dass der Vatikan alles getan habe, um die Missbrauchsfälle in seinem Land zu vertuschen. Unmittelbar nach dem Konflikt schloss das katholische Irland im November 2011 seine Botschaft im Vatikan.

Das Konklave, das Papst Franziskus wählen sollte, war also zutiefst von dem Konflikt geprägt, welcher Kardinal eigentlich noch das Recht hatte, den Papst zu wählen. Der schottische Kardinal O'Brien hatte sich bereits selber ausgeschlossen, weil er in einen Missbrauchsskandal verwickelt war – warum sollten dann noch die Kardinäle Danneels und Brady wählen dürfen? Deswegen wird es eine vordringliche Aufgabe von Papst Franziskus sein, diese offenen Fragen in einer neuen Wahlordnung zu klären. Der neue Papst wird darüber nachdenken müssen, wann ein Kardinal von der Papstwahl ausgeschlossen werden soll beziehungsweise sich selber ausschließen darf oder ob es bei der Klausel bleiben soll, dass ein Kardinal unter allen Umständen wahlberechtigt ist. Doch die Fälle O'Brien, Brady und Danneels waren nicht die einzigen Belastungen des Konklaves. Über einem ganzen Kontinent schwebte drohend das Gespenst des Missbrauchs.

# Gespenster im Konklave

Das Konklave vom März 2013 wird allein schon deshalb in die Geschichte eingehen, weil sich die Kardinäle mit einem völlig neuen Phänomen der Papstwahl konfrontiert sahen, das man die »Gespenster der Kontinente« nennen könnte. Gleich mehrere Gespenster schienen sich der Kardinäle auf den diversen Kontinenten bemächtigt zu haben. Die zweitgrößte Gruppe der wahlberechtigten Kardinäle, die elf Purpurträger aus den USA, hatten es nicht geschafft, das Gespenst des sexuellen Missbrauchs zu verbannen. Die Mexikaner mussten sich mit einem Gespenst in Gestalt des Sexmonsters und Ordensgründers Marcial Maciel Degollado herumschlagen, und die afrikanischen Kardinäle hatten mit dem Gespenst des Synkretismus zu kämpfen, für das der populäre Bischof Emmanuel Milingo stand. Alle Gespenster hatten eine ähnliche Wirkung: Die Lauterkeit der Kardinäle ganzer Kontinente wurde in Zweifel gezogen. Im Grunde ging es um eine uralte Frage, die schon die ersten Christen beschäftigte, die einen Nachfolger für den heiligen Petrus wählen mussten: Wie heilig war der Kandidat wirklich?

Für die Kardinäle aus den USA hätte das Timing schlechter nicht sein können. Wenige Tage vor der Ankündigung des Rücktritts von Papst Benedikt XVI. hatte der Erzbischof von Los Angeles eine Lawine losgetreten. Hätte er gewusst, dass Papst Benedikt XVI. kurz vor einem Rückzug stand und ein Konklave einberufen werden musste, hätte er diesen Schritt sicher nicht getan. Aber so entschloss sich Erzbischof José Gómez am 1. Februar 2013 in Los Angeles, der größten Diözese der USA und einer der größten der Welt, zu einem beispiellosen Schritt. Statt sich wie üblich für das Lebenswerk seines Vorgängers Roger Michael Kardinal Mahony (* 1936) zu bedanken, erklärte er, dass er seinen Vorgänger keineswegs verehre, sondern ihn wegen der Vertuschung von Fällen sexuellen Missbrauchs von allen Ämtern ausschließe. Gleichzeitig warf Gómez den Weihbischof Thomas Curry hinaus. Curry hatte zusammen mit Mahony systematisch versucht, die Strafverfolgung von Priestern, die sich an Kindern und Jugendlichen sexuell vergangen hatten, zu vereiteln.

Für den guten Erzbischof José Gómez war das ein mutiger Akt, er wollte endlich einen Schlussstrich ziehen, auch wenn dabei einer der bekanntesten amerikanischen Kardinäle sein Ansehen restlos verlieren würde. In Los Angeles waren 2007 schließlich Entschädigungen an die Opfer in Höhe von über 660 Millionen US-Dollar gezahlt worden, was die Diözese an den Rand des Bankrotts brachte. Gómez konnte ja nicht ahnen, dass er mit dem Versuch, in seiner Diözese aufzuräumen, eine wichtige Vorentscheidung für die Wahl des künftigen Papstes getroffen hatte. Einen der 117 wahlberechtigten Kardinäle, seinen Vorgänger Mahony, hatte Gómez damit endgültig aus der Liste der Männer gekickt, die sich vage Hoffnungen machen konnten, zum nächsten Papst gewählt zu werden. Ein Kardinal, den die eigene Diözese wegen schwerer Verfehlungen im Umgang mit sexuellem Missbrauch feuert, hat den Rest des Vertrauens in seine Integrität verspielt. Zahlreiche Gruppen amerikanischer Katholiken forderten auch prompt, dass Kardinal Mahony freiwillig und von sich aus auf die Teilnahme am Konklave verzichten müsse – was nicht durchsetzbar gewesen wäre, weil alle wahlberechtigten Kardinäle verpflichtet sind, an der Wahl des neuen Papstes teilzunehmen.

Die Verurteilung Mahonys durch seinen Nachfolger hatte aber einen weitaus vernichtenderen Effekt als nur die Zerstörung von dessen Reputation. Es ging auch darum, wie weit man den nordamerikanischen Kardinälen insgesamt trauen konnte. Laut Gómez waren nämlich neue Details über Mahonys Verbrechen zutage gekommen, zusammengefasst in einer neuen, 12 000 Seiten starken Anklageschrift. Das weckte einen verheerenden Verdacht: Lagen gegen mehrere oder gar alle amerikanischen Kardinäle Verdachtsmomente vor? Hatten sie sich alle an Vertuschungen beteiligt, die bisher einfach noch nicht bekannt geworden waren? Für die Papstwahl war das ein gefährlicher Sprengsatz: Was würde passieren, wenn die Kardinäle einen Bischof aus den USA zum neuen Papst wählten und sich dann herausstellen sollte, dass er ebenso wie Kardinal Mahony tief in den US-Missbrauchsskandal verwickelt war? Das wäre für die katholische Kirche ein absolutes Desaster. In einem solchen Fall könnte sich Joseph Ratzingers Entschluss zum Rücktritt als hilfreich erweisen, weil der neue Papst, selbst wenn er erst gerade gewählt worden wäre, dann auch leichter zurücktreten könnte.

Nur zwei der US-Kardinäle waren über jeden Zweifel erhaben, nämlich jene, die gar nicht in den USA gewesen waren in den vergangenen Jahrzehnten. Das waren die Kardinäle James Michael Harvey und William Joseph Levada. Als künftiger Papst kam der 1949 in Milwaukee geborene Harvey jedoch nicht infrage, er war von 1998 bis 2013 Präfekt des päpstlichen Hauses gewesen, eine Art Haus- und Hofmeister, zweifellos ein treuer Diener, dessen Job vor allem darin bestand, zu entscheiden, wann wer zum Papst geführt werden würde. Aber die Kardinäle würden so jemanden kaum zum Papst befördern. Levada, Jahrgang 1936, hatte von 2005 bis 2012 auf hervorragende Weise die Glaubenskongregation geleitet, gegen den 76-Jährigen sprach aber sein relativ fortgeschrittenes Alter.

Für die Kardinäle aus den USA stellte sich damit das Problem, dass ihre Stars, wie der New Yorker Erzbischof Timothy Michael Kardinal Dolan (* 1950), der Kurienkardinal Raymond Leo Burke (* 1948), der Erzbischof von Houston, Daniel Nicholas Kardinal DiNardo (* 1949), der an Nierenkrebs erkrankte Erzbischof von Chicago, Francis Eugene Kardinal George (* 1937), der Erzbischof von Baltimore, Edwin Frederick Kardinal O'Brien (* 1939) und der Erzbischof von Boston, Sean Patrick Kardinal O'Malley (* 1944), sich allesamt mit dem Gespenst des sexuellen Missbrauchs herumschlagen mussten. Besonders schlecht war die Lage für den großen Macher und Superstar Timothy Michael Dolan aus New York. Er hatte sich noch kurz vor dem Einzug ins Konklave in den USA dafür rechtfertigen müssen, dass er in seiner Zeit als Bischof von Milwaukee Priester, die sich an Kindern und Jugendlichen vergangen hatten, nicht anzeigte, sondern ihnen 20 000 Dollar überwies, um sie zum Rücktritt von ihren Ämtern zu bewegen. Trotz aller Unschuldsbeteuerungen fielen die Kandidaten aus den USA für das Amt des Papstes aus. Die US-Kardinäle bildeten zwar eine immerhin elfköpfige Gruppe, die stark genug war, eine Entscheidung bei der Papstwahl herbeizuführen, aber für einen Kandidaten aus den eigenen Reihen schwebte das Gespenst des Missbrauchs zu sichtbar über ihren Köpfen.

Auf der katholischen Landkarte der Welt stieg das mittelamerikanische Land Mexiko seit der Wahl Johannes Pauls II. im Jahr 1978 zu einer Supermacht auf. Mit knapp 100 Millionen Katholiken ist Mexiko immerhin das zweitgrößte katholische Land der Welt, nach Brasilien mit 128 Millionen Katholiken. Wie wichtig Mexiko für die katholische Kirche ist, hatte Johannes Paul II. schon allein dadurch gezeigt, dass er seine erste Auslandsreise nach Mexiko unternahm und viermal in das Land zurückkehrte.

Der steile Aufstieg des Landes innerhalb der katholischen Welt hatte vor allem damit zu tun, dass es in Mexiko einen gewaltigen Überschuss an Priestern gibt. Dazu kommt das meistbesuchte Marienheiligtum der Welt in Guadalupe, zu dem pro Jahr über 20 Millionen Menschen strömen, etwa fünfmal so viele wie in den europäischen Top-Wallfahrtsort Lourdes. Johannes Paul II. beeindruckte diese gewaltige Frömmigkeit vor allem deshalb, weil Mexiko eine der religionsfeindlichsten Verfassungen der Welt hat. Dem Staatsoberhaupt, dem Präsidenten, ist es untersagt, religiöse Führer zu empfangen oder an religiösen Zeremonien wie heiligen Messen teilzunehmen. Die mexikanische Verfassung trennt strikt zwischen Staat und Kirche; auf dem amerikanischen Doppelkontinent gibt es nur drei weitere Länder, die eine so strenge Trennung vornehmen: Uruguay, Ecuador und Kuba.

Gerade diese Tatsache, dass der Staat Religionen mit Argwohn betrachtete, ließ Wojtyła in den 80er-Jahren Parallelen zwischen Mexiko und dem von der kommunistischen Partei unterdrückten Polen sehen. In beiden Ländern schien die Bevölkerung äußerst fromm zu sein, während die staatliche Administration der Religion fast feindselig gegenüberstand. Es schien nur noch eine Frage der Zeit zu sein, dass der erste Papst aus Mexiko kommen würde. Weltweit gibt es kein katholischeres Land. In Brasilien leben zwar mehr Katholiken, aber dort ist der Katholizismus in fast unvorstellbarem Ausmaß auf dem Rückzug. In Mexiko existiert dieses Problem so gut wie nicht, die Menschen dort stehen eisern zum Katholizismus.

Gleich mit drei Spitzenkandidaten für den Thron des Papstes konnte Mexiko aufwarten: Norberto Kardinal Rivera Carrera (* 1942) steht als Erzbischof von Mexiko-Stadt der Diözese mit den weltweit meisten römisch-katholischen Gläubigen (7,5 Millionen) vor. Francisco Kardinal Robles Ortega (* 1949), Erzbischof von Guadalajara, stieg im Oktober 2012 zu einem der drei Präsidenten der Generalversammlung der Bischofssynode auf; damit gehört er zu den angesehensten Bischöfen der Welt. Juan Kardinal Sandoval Íñiguez (* 1933) ist so etwas wie der Patriarch der mexikanischen Kardinäle. Als Nachfolger von Papst Benedikt XVI. schienen weltweit eigentlich keine anderen Kardinäle so geeignet zu sein wie Rivera Carrera oder Robles Ortega – wenn es da nicht das mexikanische Gespenst gegeben hätte: Marcial Maciel Degollado (1920–2008).

Der Enthusiasmus über die überaus erfreuliche Entwicklung in Mexiko hatte im Rom der 80er- und 90er-

Jahre keine Grenzen gekannt, vor allem weil in Mexiko ein sehr frommer und sehr reicher katholischer neuer Orden entstanden war. Der charismatische Priester Marcial Maciel Degollado hatte bereits 1949 den Priesterorden »Legionäre Christi« gegründet. Papst Paul VI. hatte ihn 1965 definitiv anerkannt, Papst Johannes Paul II. förderte die Legionäre, wo er nur konnte. Er stellte den Ordensgründer Maciel Degollado immer wieder als Vorbild heraus und nahm ihn auch auf drei seiner Mexikoreisen mit: 1979, 1990 und 1993. Im Jahr 2004 gratulierte Johannes Paul II. Maciel Degollado noch zu dessen 60-jährigem Priesterjubiläum. Zu dem Zeitpunkt hatte der damalige Chef der Glaubenskongregation, Joseph Ratzinger, schon schwere Bedenken gegen den nach Sex gierenden Mexikaner. Die Versuche Ratzingers, Untersuchungen gegen Maciel Degollado einzuleiten, scheiterten am Widerstand des Papstes.

In Mexiko war damals schon seit Jahrzehnten bekannt, was für ein Sexualverbrecher der angeblich fromme Ordensgründer war. Mehrfach hatten sich von Maciel Degollado missbrauchte Seminaristen an Rom gewandt, um die Verbrechen anzuzeigen, doch man hatte ihnen nicht geglaubt. Die von Benedikt XVI. im Jahr 2005 eingeleiteten Ermittlungen deckten schließlich das Doppelleben von Macial Degollado auf, es übertraf alle Vorstellungen. Er hatte tatsächlich jahrzehntelang Seminaristen missbraucht. Aufgefallen war er schon während seines Studiums in den 40er-Jahren, als er immer wieder aus Priesterseminaren entlassen wurde. Maciel Degollado hatte das stets damit begründet, dass man versucht habe, seine Ordensgründung der »Legionäre Christi« zu verhindern. Die Realität war aber, dass der junge Mann wegen seiner sexuellen Gier und seiner homosexuellen Praktiken aus den Seminaren flog.

Heute weiß man, dass Maciel Degollado später mit vier Frauen fünf Kinder gezeugt hat. Eines davon beschuldigte seinen Vater, es im Alter von sieben Jahren regelmäßig sexuell missbraucht zu haben. Heute will der Orden mit seinem Gründer nichts mehr zu tun haben. Der über Jahrzehnte gepflegte Personenkult um Maciel Degollado wurde abgeschafft. Doch die Verbreitung der »Legionäre Christi« in Mexiko war so groß, das es auch für die mexikanischen Kardinäle unmöglich war, Abstand zu dem Orden und seinem Gründer zu wahren. Maciel Degollado hatte in Mexiko-Stadt nicht nur eine Schule des Glaubens eingerichtet und sich damit das Wohlwollen von Norberto Kardinal Rivera Carrera erkauft, sondern auch die Papstbesuche in Mexiko organisiert.

Mir sind diese Mexikobesuche des Papstes unter der Regie der Legionäre noch gut in Erinnerung, vor allem weil ich nachträglich so ein schlechtes Gewissen habe. Ich wäre niemals auf die Idee gekommen, dass der Orden von einem der schlimmsten Sexualverbrecher in der Geschichte der Kirche gegründet worden sein könnte. Die Legionäre schienen schlicht und einfach die perfekten Katholiken zu sein. Sie kümmerten sich in einer Missionsstation um die Ureinwohner, die Mayas, sie versprühten den Charme des Aufbruchs aus einem Schwellenland. Sie kannten Armut nicht nur aus dem Fernsehen wie viele ihrer europäischen Priesterkollegen. Ich hatte mich für mein lahmes europäisches Katholikendasein immer geschämt, wenn ich mit den Legionären zu tun gehabt hatte. Ihre glühende Bewunderung für ihren angeblich so charismatischen Gründer Marcial Maciel Degollado wirkte ansteckend. Die mexikanischen Legionäre schienen wirklich die Kirche von morgen zu sein und der ideale Rückhalt für den neuen Papst, wenn, ja wenn Maciel Degollado nicht ein solcher Verbrecher gewesen wäre. Und damit waren die Kardinäle Mexikos aus dem Rennen um den Thron des Papstes.

Die Ankündigung des Rücktritts von Joseph Ratzinger hatte im Februar 2013 eine eigenartige Erwartungshaltung entfacht. Weltweit überschlugen sich Tageszeitungen mit der Forderung, die katholische Kirche müsse sich jetzt endlich radikal reformieren. Wie das zu geschehen habe, schien die Öffentlichkeit seit Jahrzehnten zu wissen, denn immer dann, wenn es um eine tiefgreifende Änderung des Kurses der heiligen römischen Kirche geht, kommen stets die folgenden drei Forderungen auf den Tisch: Abschaffung der Ehelosigkeit der Priester, Einführung des Frauenpriestertums und Wahl eines schwarzen Papstes.

Aus irgendeinem Grund scheint man davon überzeugt zu sein, dass die Wahl eines schwarzen Papstes alles verändern würde, dass ein Vikar Christi vom Schwarzen Kontinent die Kirche völlig umkrempeln würde. Die Idee, der Kirche Afrikas ein stärkeres Gewicht zu geben, kam schon Ende der 60er-, Anfang der 70er-Jahre auf. Die Bilder der damaligen entsetzlichen Hungersnot in der Sahelzone und in Äthiopien hatten im Vatikan großen Eindruck hinterlassen. Seit dem Ende des Zweiten Weltkrieges hatte der Vatikan sich nicht mehr so intensiv mit dem Problem Hunger beschäftigt, die Diskussion sollte später zur Gründung der päpstlichen Sahel-Stiftung durch Johannes Paul II. führen. Die massiven Forderungen nach mehr sozialer Gerechtigkeit auf dem Globus, vorangetrieben durch die Studentenrevolte, verfehlten ihre Wirkung auf die Katholiken nicht. Die Basis verlangte von Rom mehr Engagement auf dem Schwarzen Kontinent. Papst Paul VI. nahm das überaus ernst.

Es ging dabei vor allem um das Kernproblem: Bisher hatten weiße Bischöfe und Kardinäle die Kirche in Afrika aufgebaut. Ein eklatantes Beispiel war das Bistum Nairobi in Kenia. Errichtet worden war es 1883. Von 1883 bis 1971 amtierten dort in einem Zeitraum von knapp 100 Jahren fünf Bischöfe, darunter jedoch kein einziger Schwarzer. John Joseph McCarthy, der eine kleine Ewigkeit, von 1946 bis 1971, dem Erzbistum vorstand, war in Irland geboren worden. Sein Nachfolger war dann der erste farbige Bischof Nairobis. Doch Paul VI. war vollkommen klar, dass nur eine afrikanische katholische Kirche mit schwarzen Kardinälen und Bischöfen eine wirklich glaubwürdige afrikanische katholische Kirche sein würde.

Die Katastrophe für die afrikanische katholische Kirche sollte zunächst wie ein Märchen beginnen. Vielleicht hätte man damals schon darauf kommen müssen, dass manche Geschichten einfach zu schön sind, um wahr zu sein. Mitten in Afrika, in Mnukwa in Sambia, wird am 13. Juni 1930 ein einfacher Hirtenjunge geboren, in dem ein Genie verborgen ist. Der Junge verbringt seine Kindheit wie Millionen anderer Gleichaltriger seines Kontinents: Er kümmert sich um die Ziegen seines Vaters, hilft zu Hause, doch er hat einen gewaltigen Wissensdurst. Schon in der Grundschule in Chipata zeichnet er sich aus, schafft den Sprung in das Priesterseminar von Kasina und Kachebere. Mit 28 Jahren wird der brillante junge Mann zum Priester geweiht und bewährt sich. Am 1. August 1969 bekommt die katholische Kirche einen neuen Superstar, der junge schwarze Afrikaner wird mit 39 Jahren zum jüngsten Bischof Afrikas geweiht.

Das Unheil nimmt ab jetzt seinen Lauf, das Gespenst in Gestalt des jungen Bischofs Emmanuel Milingo wird seinen Schatten auf die Kirche Afrikas werfen. Angesichts des Desasters, das Milingo anrichten wird, ist oft in Vergessenheit geraten, warum ihn Papst Johannes Paul II. 1983 überhaupt aus Sambia nach Rom holte. Es war keineswegs sein Misserfolg, der Milingo den Stuhl des Bischofs von Lusaka kostete, sondern sein Erfolg. In Sambia stieg Milingo zum Superstar auf, weil er im Grunde genau das tat, was Paul VI. von ihm verlangt hatte. Der Papst schwärmte von einer authentischen afrikanischen katholischen Kirche. Er glaubte daran, dass eine starke »Inkulturation« – also das langsame Hineinwachsen in die eigene Kultur – der richtige Weg für die afrikanische Kirche sein würde. Das bedeutete, dass die Afrikaner nicht einfach alles übernehmen sollten, was Rom in 2000 Jahren entwickelt hatte, von der Liturgie bis zur Moraltheologie. Afrika sollte nach Paul VI. seinen eigenen Beitrag zur Entwicklung der katholischen Kirche leisten, seine eigene Kultur ein- und seine eigene Ausprägung der afrikanischen katholischen Kirche hervorbringen.

Genau das tat auch Emmanuel Milingo, doch er »enkulturierte« die katholische Kirche so sehr in ihr afrikanisches Umfeld, dass den Päpsten in Rom Hören und Sehen vergehen sollte. Milingo konnte seine Vorstellungen so leicht umsetzen, weil schon Jahrhunderte bevor die katholische Kirche nach Afrika kam, die Heiler und Zauberer der Stämme Afrikas Riten praktizierten, wie sie ähnlich auch die katholische Kirche kennt. Einem Afrikaner, der noch nie in seinem Leben von Jesus von Nazareth gehört hatte, war die Forderung, man möge seinen Nächsten lieben wie sich selbst, sicher fremd, nicht aber die Praxis des Handauflegens für Kranke und der Vertreibung von Dämonen durch Gebete, wie sie christliche Missionare nach Afrika mitbrachten. Auch wenn der Amtskirche das überhaupt nicht passt, wird in zahllosen Kirchen in Schwarzafrika jeden Tag gesundgebetet und exorziert.

Nur wenige Würdenträger im Vatikan haben bis heute begriffen, welch große Chance darin besteht, dass es deutliche Übereinstimmungen zwischen afrikanischen Traditionen und dem Katholizismus gibt. Die meisten Kardinäle fürchten sich davor, dass die afrikanischen Einflüsse die katholische Kirche der Lächerlichkeit aussetzen könnten. Dabei wird ein entscheidender Aspekt vergessen: Die explosionsartige Entwicklung der afrikanischen katholischen Kirche stoppt dort den Vormarsch des Islam. Den Schwarzafrikanern liegt eine eher barocke Religion wie die katholische mit viel Gesang, Musik, prächtigen Gewändern, manchmal auch Tanz, mit einer Tradition, zu der auch Exorzismus und Krankengebete gehören, viel mehr als die asketische Wüstenreligion des Islam. Wer je an einem katholischen Gottesdienst in Angola oder Kenia, Südafrika oder Nigeria teilgenommen hat, weiß, dass die lauten, bunten Feste, in die Afrikaner katholische Gottesdienste verwandeln können, ihnen viel mehr entgegenkommen als der schlichte Ritus des Freitagsgebets im Islam.

Bischof Milingo erkannte das. Er baute ungemein erfolgreich afrikanische Traditionen in katholische Gottesdienste ein. In den 80er-Jahren stieg er zum populärsten katholischen Bischof Afrikas auf. Im Grunde hätte der Vatikan hoch erfreut sein müssen, doch leider schoss Milingo weit über das Ziel hinaus. Seine Massengottesdienste mit Abertausenden Gläubigen, in denen regelmäßig der Teufel ausgetrieben und Kranke gesundgebetet wurden, sorgten für eine ganze Welle von Untersuchungen, die von Rom aus veranlasst wurden. Für Papst Johannes Paul II. bestand die Gefahr, dass die enorme Popularität des schwarzen Bischofs einen katastrophalen Nebeneffekt haben könnte: dass Milingo eine eigene Kirche gründete und sie von der katholischen Kirche abspaltete, eine Art private Milingo-Kirche – wie es dann letztlich geschehen sollte. Das wollte Karol Wojtyła nicht riskieren und entschloss sich daher, Bischof Milingo nach Rom zu holen. Auf dem Papier sah es aus wie eine Beförderung, Emmanuel Milingo wurde Mitglied des Päpstlichen Rates der Seelsorge für Migranten. Viele Jahre später musste Johannes Paul II. erkennen, dass er damit wohl einen Fehler gemacht hatte. Die örtliche Kirche in Afrika hätte einen Bischof Milingo möglicherweise ertragen können, aber zumindest wäre der Schaden von der Weltkirche abgewendet worden.

Im Februar 2013, kurz vor dem Konklave, holte mich die Geschichte des Emmanuel Milingo auf ganz eigene Weise wieder ein. Ich sprach mit mehreren schwarzen Bischöfen und ein, zwei Kardinälen über die afrikanische Kirche und das Gespenst Milingo, und viele von ihnen waren erstaunt darüber, dass ich Milingo ganz gut gekannt hatte, lange vor seinem Rauswurf aus der katholischen Kirche. Die schwarzafrikanischen Würdenträger fragten mich dann immer das Gleiche: Was denken Sie, war Milingo verrückt?

Ich versuchte mich dann zurückzuversetzen in die

Zeiten, als ich immer wieder mit meiner Vespa zu dem Gebäude des Vatikans in der Nähe der Sant'-Anna-Pforte fuhr, wo Milingo gewohnt hatte. Ich war schon oft in Wohnungen hoher Würdenträger in diesem Gebäudekomplex gewesen. Die Wohnungen glichen sich alle in erstaunlichem Ausmaß. Die Marmorböden waren so sauber gewienert, dass ihr reflektierender Glanz schier die Augen schmerzte. Meistens führte eine Verwandte, die als Hausdame bei dem Bischof oder Kardinal arbeitete, den Haushalt und geleitete den Besucher in einen sparsam eingerichteten Raum, in dem der Würdenträger ihn meist neben einer aufgeschlagenen Bibel empfing. In all diesen Wohnungen ging es ungemein leise und freudlos zu.

Völlig anders hingegen die Wohnung von Emmanuel Milingo. Für vatikanische Standards war die Wohnung ein einziges Chaos. Das Ganze wirkte wie eine Afro-Wohngemeinschaft. Am meisten irritierte mich, dass Ordensfrauen und -männer in der Wohnung zusammenlebten. Die Frauen kochten in der riesigen Küche eigenartig duftende afrikanische Spezialitäten, auf den Fluren stapelten sich Pappkartons von Afrikanern, die auf der Durchreise waren und aus irgendeinem Grund bei Milingo abgestiegen waren.

Mein erster Besuch in dieser Wohnung muss zu Beginn der 90er-Jahre stattgefunden haben. Schon damals hatte Emmanuel Milingo die bizarre Angewohnheit, am Telefon, das pausenlos klingelte, den um einen Exorzismus ersuchenden Anrufern Dämonen auszutreiben. Dennoch habe ich ihn keineswegs als einen Verrückten in Erinnerung. Er war ein stolzer Mann, ein Bischof, der vor allem durch eines geprägt war: Er hatte endgültig die Nase voll davon, von der römischen Amtskirche ständig darüber belehrt zu werden, was ein Bischof zu tun und zu lassen hatte. »Sie behandeln einen afrikanischen Bischof hier im Vatikan wie ein kleines Kind, das noch viel lernen muss«, beschwerte er sich damals bei mir. Milingo war felsenfest davon überzeugt, dass die afrikanischen Bischöfe selber wissen müssen, was für die Kirche Afrikas gut ist – und nicht der Papst in Rom. Ich hätte mir nie träumen lassen, dass diese Haltung Milingos einmal zu einer Vorentscheidung des Konklaves führen würde, das den 265. Nachfolger des heiligen Petrus wählen musste.

Der Fall Milingo hatte dem Kardinalskollegium gezeigt, welches Potenzial, aber auch welche Gefahren in den Stars der katholischen Kirche Afrikas stecken konnten. Wie groß war der Einfluss von Stammesglauben und -riten und Zauberei tatsächlich in der afrikanischen Kirche? Waren Kardinäle wie etwa der Ghanaer Peter Kodwo Appiah Turkson (* 1948), die in Afrika in einer katholischen Umgebung aufgewachsen waren, wo aber exorzistische und magische Riten noch an der Tagesordnung sind, schon bereit, die Weltkirche zu leiten?

Vielleicht hätten die Mitglieder des Konklaves, das im März 2013 zusammentrat, die Frage, ob man einem Kardinal aus Afrika die Leitung der römisch-katholischen Kirche anvertrauen darf, nicht so radikal gestellt, wenn der Fall Milingo nicht so katastrophal geendet hätte – und vor allem nicht so drastisch im Rampenlicht der Weltöffentlichkeit. Am 27. Mai 2001 heiratete Emmanuel Milingo bei einem Ritus der Moon-Sekte in New York die Koreanerin Maria Sung. Verschiedene Vermittlungsversuche des Vatikans scheiterten. Als Milingo am 24. September 2006 vier verheiratete Priester zu Bischöfen weihte, war es aus. Im Oktober 2007 zog der Vatikan den Diplomatenpass von Emmanuel Milingo ein, am 17. Dezember 2009 erhielt er die Höchststrafe, die für einen Bischof denkbar ist. Er wurde zurückversetzt in den Laienstatus. Ab diesem Tag hatte der Vatikan nichts mehr mit ihm zu tun. Seine Geschichte, die Geschichte des unendlich begabten Hirtenjungen, der es schaffte, zum jüngsten Bischof Afrikas aufzusteigen, dann aber sein eigenes Ding drehte, wird der römisch-katholischen Kirche Afrikas noch lange zu schaffen machen.

# Das Hotel der Kardinäle

Das Konklave, das Papst Franziskus wählen sollte, war das erste, in dem die Erinnerung an die zum Teil lebensgefährliche Quälerei einer Papstwahl endgültig getilgt wurde. Noch das Konklave, das im April 2005 Benedikt XVI. zum Papst bestimmte, hatte sich geteilt in als »Schwächlinge« belächelte Kardinäle und alte Hasen wie Joseph Ratzinger oder Salvatore Pappalardo aus Palermo, die Ersteren noch aus eigener Erfahrung berichten konnten, was für eine Tortur die Papstwahl war, bevor beim Konklave 2005 erstmals das luxuriöse Gästehaus der heiligen Martha zur Verfügung stand. Die legendäre Hitzeschlacht des Konklaves des Sommers 1978, das Papst Johannes Paul I. wählen sollte, hatte die damals teilnehmenden Kardinäle tief geprägt. Der Kardinal aus Genua, Giuseppe Siri, der viermal gute Chancen gehabt hatte, zum Papst gewählt zu werden – während der Konklaven 1958, 1963 und zweimal 1978 –, beschrieb die Schinderei so. »Zum Schluss waren wir so ausgelaugt, dass wir einen leeren Stuhl zum nächsten Papst gewählt hätten.« Sie waren die letzte Generation von Kardinälen, deren Erfahrungen sie noch mit ihren Vorgängern verband, die anlässlich der Papstwahl unter zweifelhaften Bedingungen im Vatikan gehaust hatten. Mit dem Einzug der Kardinäle in das Kardinalhotel »Domus Sanctae Marthae« im März 2013 war die Geschichte der Kardinal-WGs in den Vatikanischen Museen endgültig zu Ende. Denn unter den wahlberechtigten Kardinälen war jetzt kein Einziger mehr, der die Plackerei der Papstwahl der alten Zeiten noch erlebt hatte.

Dass es zu den desaströsen Konklaven des Jahres 1978 kommen konnte, die zunächst Papst Johannes Paul I. und dann Papst Johannes Paul II. wählten, hatte zwei Gründe. Der erste war die schlichte Platznot im Vatikan seit dem Zusammenbruch des Kirchenstaates im Jahr 1870. Bis zum Angriff der italienischen Truppen konnte das Oberhaupt der katholischen Kirche seine Gäste in weiten Teilen Mittelitaliens, die das Territorium des Kirchenstaats damals umfasste, unterbringen. Doch mit der Zerschlagung des Kirchenstaates war damit Schluss, von nun an musste der Papst mit seinen Untertanen im 0,44 Quadratkilometer kleinen Vatikan eng zusammenrücken.

Der zweite Grund war das starke Anwachsen der Zahl der wahlberechtigten Kardinäle. An den ersten Konklaven des 20. Jahrhunderts hatten jeweils nur zwischen 50 und 60 wahlberechtigte Kardinäle teilgenommen, eine im Vatikan durchaus handhabbare und überschaubare Zahl von Herren, die in der Sixtinischen Kapelle den neuen Papst wählen sollten. Doch schon mit der Wahl von Papst Paul VI. im Jahr 1963 schoss die Zahl der wahlberechtigten Kardinäle auf 80 hoch. Die Konklaven des Jahres 1978 sprengten schließlich alle Kapazitäten des Vatikans, und es kam zur gefürchteten Hitzeschlacht in der Enge der Vatikanischen Museen.

Das erste Konklave nach dem Pontifikat Leos XIII. fand 1903 statt, daraus ging der ehemalige Patriarch von

Venedig, Giuseppe Melchiorre Sarto, als Sieger hervor. Das Konklave zeigte drastisch, wie wichtig die später eingeführte totale Geheimhaltung und Abschottung nach außen für die Versammlung der Kardinäle ist. Denn dieses Konklave war noch durch das vermeintliche Vetorecht geprägt. Verschiedene europäische Königshäuser hatten sich im Lauf der Jahrhunderte immer wieder das Recht einräumen lassen, den Kardinälen vorzuschreiben, wer der nächste Papst werden sollte, und vor allem, wer es nicht werden sollte. Schon 1342 hatte der französische König Philipp IV. seinen Sohn Johann den Guten nach Avignon geschickt, um im päpstlichen Exil klarzustellen, wer Papst zu werden hatte. Der letzte Monarch, der versuchte, Einfluss zu nehmen, war 1903 der österreichische Kaiser Franz Joseph, der ein Veto einlegen konnte mithilfe der Stimme des Erzbischofs von Krakau. Die Kardinäle sollten davon abgehalten werden, Mariano Rampolla del Tindaro zu wählen, einen mächtigen Diplomaten des Vatikans. Das Vorhaben des Kaisers gelang letztendlich.

Schon die 57 Kardinäle des Konklaves des Jahres 1914, das Papst Benedikt XV. wählen sollte, mussten sich mit der Frage der Unterbringung herumschlagen. Damals wurden erstmals die Mikrozellen in den Gebäuden der heutigen Vatikanischen Museen eingerichtet. Das Problem der Kardinäle im Konklave bestand im Grunde darin, dass der Vatikanpalast nicht für eine Gruppe von Menschen gebaut worden war, sondern eigentlich nur für einen Mann, den Papst. Die einzige perfekt eingerichtete, mit allem Komfort ausgestattete Wohnung im Vatikan ist das Appartement des Papstes. Es muss aber während des Konklaves leer bleiben.

Die wählenden Kardinäle mussten also, um sie vor jedem Einfluss von außen abzuschirmen, im Inneren des Vatikans untergebracht werden. Auf den ersten Blick scheint das kein allzu großes Problem zu sein, denn das, was man heute die Vatikanischen Museen nennt, besteht auch aus einer Reihe von Wohnungen, die die Päpste im Lauf der Jahrhunderte dort einbauen ließen. Wo man heute im Museum die Fresken Pinturicchios bewundert, stand das Bett Alexanders VI. (Pontifikat 1492–1503). Auch Pius V. (Pontifikat 1566–1572) hatte sich eine Wohnung im Vatikan ausbauen lassen, die heute Teil der Museen ist. Doch die Vorstellungen von Komfort, die die Päpste des Mittelalters, der Renaissance und des Barocks hatten, weichen erheblich von den Mindestanforderungen älterer Kardinäle im 20. Jahrhundert ab. Das größte Problem bei der Unterbringung der Kardinäle in den Vatikanischen Museen war nicht der Platz an sich, sondern schlicht und einfach ein sanitäres: Es gab keine Badezimmer. Die Kardinäle waren gezwungen, sich in den prächtigen Brunnen in den Vatikanischen Museen zu waschen und den Nachttopf zu benutzen.

Dramatisch wurde die Situation mit dem Konklave des Jahres 1963, weil noch nie so viele Kardinäle an einem solchen teilgenommen hatten und untergebracht werden mussten. Immerhin waren 80 der 82 wahlberechtigten Kardinäle nach Rom gekommen, um schließlich Papst Paul VI. zu wählen. Die Teilnehmer des Konklaves schilderten später die Bedingungen in ihren Verschlägen in den Räumen der Vatikanischen Museen als unmenschlich. Letztendlich unerträglich wurde die Situation dann im August 1978, weil die Rekordzahl von 111 wahlberechtigten Kardinälen irgendwie untergebracht werden musste, was aber eigentlich nicht mehr möglich war. Die Mitarbeiter des Vatikans improvisierten, wo immer sie konnten. In die Säle der Vatikanischen Museen wurde eine endlose Reihe von Betten geräumt, mithilfe von Tüchern und improvisierten Stellwänden versuchten die Angestellten, die einzelnen Zellen der Kardinäle notdürftig voneinander abzutrennen. Man bekam einen winzigen Waschtisch und einen Nachttopf.

Was die Situation letztlich unerträglich machte, war die Hitze. An die Möglichkeit, zu duschen oder zu baden, war nicht zu denken, es gab nicht einmal genug Waschtische, damit sich alle die Zähne putzen konnten. Die Kardinäle erlitten Schwächeanfälle und akute Atemnot, weil die Fenster nicht geöffnet werden durften. Das Verbot war Bestandteil der damals gültigen Regeln zur Papstwahl (*Romano Pontifici eligendo*), die Papst Paul VI. 1975 verfasst hatte. Papst Johannes Paul II. sollte später mehrfach über dieses Konklave klagen. In Gesprächen mit Journalisten erzählte er, dass er befürchtet habe, dass ältere Kardinäle an Herzversagen in der Hitzehölle sterben könnten.

Papst Johannes Paul II. war nach seinem Amtsantritt klar, dass sich die Zahl der Kardinäle in Zukunft nicht verringern würde. Er wollte daher um jeden Preis verhindern, dass sich die chaotischen Zustände, die während der beiden Konklaven im Jahr 1978 herrschten, wiederholen würden. Dafür musste Platz für die Kardinäle geschaffen werden. Im Vatikan gab es nur ein Gebäude, das sich als angemessene Unterkunft für die Kardinäle eignete, das ehemalige Hospiz »Papst Leo XIII.«. Auf dem Gelände links neben dem Peterdom hatten hier vorher mittelalterliche Gebäude gestanden. Nach dem Untergang des Kirchenstaats ließ Leo XIII. (Pontifikat 1878–1903) ab 1884 an deren Stelle ein Krankenhaus errichten. Das Hospital leistete gute Dienste während der Choleraepidemie in Rom 1893. Ab 1991 ließ Papst Johannes Paul II. die ganze Seite des Komplexes am sogenannten Perugino-Eingang im Vatikan umbauen, auch das ehemalige Krankenhaus.

Als Johannes Paul II. die neue Wahlregel *Universi Dominici Gregis* schrieb, die 1996 veröffentlicht wurde, setzte er die Zahl der wahlberechtigten Kardinäle auf 120 fest. Damit war klar, dass er ein großes Gebäude für die Kardinäle brauchen würde. Es musste unbedingt innerhalb der Mauern des Vatikans liegen, um sicherstellen zu können, dass niemand während der Wahl auf die Kardinäle Einfluss ausüben konnte. Johannes Paul II. blieb keine andere Wahl, als das ehemalige Hospiz »Papst Leo XIII.« zu einem regelrechten Hotel umzubauen. Im »Domus Sanctae Marthae« entstanden 105 Suiten und 26 Einzelzimmer.

Seinen Namen erhielt das Hotel von der überfleißigen Martha der Bibel. Im Lukasevangelium 10, 38 heißt es dazu: »Sie zogen weiter, und er [Jesus] kam in ein Dorf. Eine Frau namens Martha nahm ihn freundlich auf. Sie hatte eine Schwester, die Maria hieß. Maria setzte sich dem Herrn zu Füßen und hörte seinen Worten zu. Martha aber war ganz davon in Anspruch genommen, für ihn zu sorgen.«

Der Papst gab für das Gebäude 20 Millionen US-Dollar aus. Er musste es zunächst einmal aufstocken lassen. Das führte zu heftigen Protesten der Anwohner, weil die dadurch den seit Jahrzehnten gewohnten Blick auf die Peterskuppel einbüßten. Die neue Wahlregel schreibt vor, dass die Kardinäle in dieses Haus einziehen müssen. Die

Zeiten, als die Kardinäle noch im Appartement des Borgia-Papstes Alexander VI. schliefen, in dem der Papst das Bett mit seiner attraktiven Geliebten Giulia Farnese teilte und sie sogar in Form der Muttergottes an die Wand malen ließ, sind damit endgültig vorbei.

Ich habe oft Freunde oder Bekannte besucht, die in »Domus Sanctae Marthae« abgestiegen waren. Es dürfte allein schon deswegen das exklusivste Hotel der Welt sein, weil es für einen gewöhnlichen Sterblichen nahezu unmöglich ist, hineinzugelangen. Es gibt gleich zwei Kontrollen. Selbst wem es gelingt, sich an den Schweizergardisten am großen Stahltor an der Audienzhalle »Papst Paul VI.« vorbeizuschmuggeln, für den ist ab der Kontrollstelle der Gendarmen vor dem Campo Santo Teutonico Schluss. Wenn man dann nicht eine Einladung eines Bewohners des »Domus Sanctae Marthae« vorlegen kann, darf man nicht weitergehen.

Wer aber das Privileg hat, spaziert dann in den exklusiven und in der überfüllten Großstadt Rom kaum vorstellbar menschenleeren Teil des Vatikans. Der Weg führt an der sogenannten Mosaikschule des Vatikans vorbei. Nachdem man die Bögen durchquert hat, liegt die imposante Fassade des Kardinalshotels links vor dem Besucher. Auch wenn nicht gerade ein Konklave stattfindet, ist das Haus heiß begehrt. Angestellte der Kurie, die für einen überschaubaren Zeitraum nach Rom kommen oder noch keine feste Bleibe gefunden haben, wohnen hier. Eine automatische Tür öffnet sich gleitend am Haupteingang, und der Besucher steht vor der Büste Johannes Pauls II., die die beiden Treppenaufgänge zu bewachen scheint, die links und rechts nach unten führen zur langen Theke der Rezeption. Dort, wie auch im Rest des Hotels, arbeiten die fleißigen Nonnen des Ordens der »Töchter der Barmherzigkeit des San Vincenzo de Paoli«. Der Orden war 1617 von Vincenzo de Paoli gegründet worden, um Arme und Kranke zu Hause zu versorgen. Heute hat der Orden 2275 Häuser, in denen etwa 20000 Ordensfrauen leben. Das berühmteste ist natürlich das Kardinalshotel »Domus Sanctae Marthae«.

Wahrscheinlich gibt es keinen freudloseren Ort in Rom als das »Domus Sanctae Marthae«. Mir tut es immer leid, wenn ich an die Kardinäle denke, die hier im Kardinalshotel absteigen müssen. Sie denken, dass sie in Rom sind – dabei gibt es keinen Ort, der so absolut unrömisch ist wie das Hotel der Kardinäle. All das, was Rom ausmacht, der Krach, das Chaos, die vorlauten Menschen, die sich gegenseitig ständig übers Ohr hauen, dabei aber irgendwie liebenswert sind, gibt es im »Domus Sanctae Marthae« nicht.

Hier aber herrscht eine geradezu peinliche Stille. Es ist dem Vatikan gelungen, die Stadt Rom und ihre Menschen wirkungsvoll auszusperren. Ich habe noch nie jemanden im »Domus Sanctae Marthae« laut lachen hören. Die Frauen an der Rezeption sind übrigens völlig unschuldig an der lebensfeindlichen Atmosphäre. Ich habe Stunden meines Lebens damit verbracht, an der Rezeption herumzustehen und auf jemanden zu warten. Zunächst legen die jungen Frauen ein unnahbares frommes Gehabe an den Tag. Wenn man sie provoziert und etwas sagt wie: »Muss das frustrierend für eine Frau sein, in einem riesigen Hotel voller Single-Männer zu arbeiten, die aber leider alle irre fromm sind«, so ignorieren sie einen zunächst und schauen pikiert zur Seite. Aber weil sie nun mal Römerinnen sind und deswegen ein sehr spitzes Mundwerk haben, antworten sie irgendwann so etwas wie: »Von wegen fromme Männer, die klauen die Handtücher, und manche nehmen sogar die Bettwäsche mit. Ein paar von ihnen prellen die Zeche, und wenn du sie erwischst, sagen sie halt, dass sie ganz vergessen haben zu zahlen.«

Party ist in dem Hotel allein deswegen schon nicht angesagt, weil um 22 Uhr das Hauptportal abgeschlossen wird. Wer danach noch hineinwill, braucht den sogenannten blauen Schlüssel, der den Gästen die Möglichkeit gibt, das Haus durch einen Nebeneingang zu betreten. Nach Mitternacht schreiben die Schweizergardisten alle, die in den Vatikan zurückkommen oder ihn verlassen, namentlich auf.

Neben der Rezeption des Hotels befindet sich das Fernsehzimmer, das schon zu normalen Zeiten trist aussieht, aber während des Konklaves noch deprimierender wirkt, weil dann das Essentielle fehlt, das den Raum zum Fernsehzimmer macht: der Fernseher. Der wird dann weggeräumt, weil er dazu benutzt werden könnte, Kontakt mit der Außenwelt aufzunehmen.

Die Eingangshalle mit den überdimensionierten Bildern Marias versprüht nicht gerade Charme, schlimmer wird es aber im Speisesaal. Der hat die Anmutung eines exklusiven Leichenschauhauses und verscheucht jedes Gefühl von Behagen. Die Öffnungszeiten sind auch nicht gerade kundenorientiert: Frühstück gibt es von 7.30 bis 8.45 Uhr, Mittagessen von 13 bis 14 Uhr, das Abendessen von 19.30 bis 20.30 Uhr. Ich kann mir nicht vorstellen, dass irgendjemand gern länger in dem Restaurant bleibt als zum Essen unbedingt nötig. Am Ende der Eingangshalle liegt der Internet-Point, der aus Anlass des Konklaves natürlich abgebaut wird. Daneben befindet sich die

Kapelle, und die ist wirklich eine Überraschung. Denn ein kuscheliges Hotel bauen konnte der Architekt ganz sicher nicht, aber von Kapellen verstand er etwas. Die Kapelle soll den Eindruck eines Zeltes vermitteln, das die Juden in der Wüste aufgeschlagen haben, und das Konzept geht tatsächlich auf. Es ist eine der schönsten modernen Kapellen, die ich kenne. Daneben erstreckt sich eine kleine Terrasse, auf der man sich wunderbar an der Sonne wärmen kann, sie ist mein Lieblingsort im Vatikan.

Leise surren die Fahrstühle hinauf zu den vier Etagen, auf denen die Zimmer liegen. Wer eine der 105 Suiten für die Dauer des Konklaves bekam oder mit einem der 26 Einzelzimmer vorliebnehmen musste, wurde ausgelost. Die Flure sind so ungewöhnlich dunkel, dass man schon sehr gute Laune haben muss, um nicht in Schwermut zu verfallen, wenn man sie durchschreitet. Hinter den braunen Nussholztüren der Zimmer ist dann endgültig Schluss mit jeder Form von Behaglichkeit. Das kleine Arbeitszimmer wirkt durch die kalten, dunklen Marmorböden feindselig und düster, die dunklen Möbel und der Schreibtisch lassen den Eindruck entstehen, dass hier der geeignetste Ort ist, um sein Testament zu Papier zu bringen. Das Schlafzimmer – es gibt natürlich nur relativ breite Einzelbetten – sieht so aus, dass jeder Pauschalurlauber den Raum wegen seiner deprimierenden Atmosphäre laut schreiend verlassen würde. Eigentlich kann man es sich nur als das perfekte Sterbezimmer vorstellen, falls man die Form wahrend abtreten möchte. Immerhin ist das Bad modern und funktional eingerichtet. Eine Minibar gibt es aber ebenso wenig wie einen Fernseher, dafür liegen immer Rosenkränze bereit für den Fall, dass man ihn zu Hause vergessen hat, was den Kardinälen während eines Konklaves wohl kaum passieren dürfte.

Dass irgendjemand auch nur einen Tag länger als nötig im Hotel der Kardinäle bleibt, kann ich mir beim besten Willen nicht vorstellen. Zwar bieten einige Zimmer immerhin einen Blick auf den Park, wer aber Pech hat, schaut auf die große Straßenkreuzung an der Porta Cavalleggeri. Ich war jedes Mal zutiefst erleichtert, wenn ich wieder draußen war.

# Stiller Abschied vom Pontifikat

Der 28. Februar, der letzte Arbeitstag von Papst Benedikt XVI., bereicherte die Geschichte der 265 Nachfolger des heiligen Petrus gleich um zwei unerhörte Neuheiten. Benedikt XVI. hatte an seinem letzten Arbeitstag die Kardinäle, die bereits in Rom eingetroffen waren, noch einmal sehen wollen, sie hatten ihm schließlich sein Amt auferlegt. Insgesamt 144 der 206 Kardinäle, die es weltweit gibt, kamen in den alten Thronsaal der Päpste, die Sala Clementina, in der Benedikt XVI. wie seine Vorgänger auf seinem Thron saß. Unter den Kardinälen waren zahlreiche Herren, die bereits das 80. Lebensjahr vollendet und damit nach der Wahlordnung von Paul VI. das aktive Wahlrecht verloren hatten.

Aber es waren noch nicht alle 117 wahlberechtigten Kardinäle anwesend. In seiner Abschiedsrede verglich Papst Benedikt XVI. das Kardinalskollegium mit einem Orchester, in dem trotz aller Unterschiede die einzelnen Musiker versuchen, zu »Einheit und Harmonie« zu gelangen. Dann wurde es spannend. Vor den Kameras des vatikanischen Fernsehsenders CTV vollzog sich ein Schauspiel, das es in dieser Form in der Geschichte der Kirche noch nie gegeben hatte. Ohne jede Ankündigung tat der Papst einen Schwur: »Und unter euch, im Kardinalskollegium, ist auch der zukünftige Papst, dem ich schon heute meine bedingungslose Ehrerbietung und meinen bedingungslosen Gehorsam verspreche.« Das war ein Paukenschlag. Nie zuvor hatte ein lebender Papst seinem Nachfolger Gehorsam geschworen. Es gab kein historisches Vorbild und auch keine Regel, wie die Kirche damit umgehen sollte. Bisher waren die Päpste davon ausgegangen, dass eine solche Regel nicht nötig ist. Ein Papst konnte seinem Nachfolger ja gar nicht Gehorsam schwören, weil er bei Amtsantritt des Nachfolgers bereits tot war. Die meisten Kardinäle haben auf diesen Schwur Papst Benedikts anders reagiert, als er erhofft hatte, nämlich mit offenem Entsetzen. Am Tag darauf sollten viele Kardinäle fordern, dass es einen Fall Ratzinger, den Rücktritt eines Papstes, nicht wieder geben sollte. Der neue Papst sollte klarstellen, dass Päpste in Zukunft ihr Amt wieder lebenslang ausübten.

Dieser Schwur des Gehorsams bedeutete aus Sicht der Kardinäle vor allem eines: Der Papst sah sich dazu veranlasst, Gehorsam zu schwören, also verspürte er wohl die Notwendigkeit dazu. Es stimmte also mitnichten, dass sich die Frage nach dem Einfluss eines zurückgetretenen Papstes gar nicht stellte. In den ersten Stunden des Rücktritts hatte der Vatikan so getan, als ob das Kirchenrecht alle Fragen klären würde, weil es vorschreibt, dass ein zurückgetretener Papst automatisch alle Ämter verliert. Offensichtlich war dem jedoch nicht so. Joseph Ratzinger beabsichtigte, mit seinem Schwur des Gehorsams zu demonstrieren, dass er kein Problem sein wolle, konnte aber nicht ausräumen, dass es ein solches Problem offensichtlich gab.

Nach dem überraschenden Schwur des Papstes kam

es zu dem mit äußerster Spannung erwarteten letzten Treffen der Kardinäle mit Papst Benedikt XVI. Die katholische Welt hielt in diesem Augenblick den Atem an. Deutete Papst Benedikt XVI. gegenüber dem Kardinalskollegium an, wen er sich als Nachfolger wünschte? Würde er ein halb verstecktes Zeichen senden, wen er auserwählt hatte? Eine Vorentscheidung schien er schon durch seine Ansprache getroffen zu haben: Er hatte gesagt, dass unter den Kardinälen, die vor ihm saßen, sein Nachfolger sein werde. Damit schloss Joseph Ratzinger einen Passus der Regularien zur Papstwahl ganz offensichtlich aus. Im Prinzip kann jeder getaufte männliche Katholik zum Papst gewählt werden. Die im März 2013 gültigen Regeln zur Papstwahl hatte Johannes Paul II. am 22. Februar 1996 erlassen in Form der Apostolischen Konstitution »Universi Dominici Gregis«. Sie sieht vor, dass der zum Papst Gewählte, sollte er kein Priester sein, zunächst zum Priester und dann zum Bischof geweiht werden muss. Benedikt XVI. schloss damit eine Überraschung wie im Fall des letzten Papstes, der gewählt wurde, obwohl er kein Kardinal war – Papst Urban VI. (Pontifikat 1378–1389) –, ausdrücklich aus.

Geduldig empfing Papst Benedikt einen Kardinal nach dem anderen. Auf geradezu bittere Weise fiel der Abschied seines langjährigen Weggefährten und einstmals engen Freundes Tarcisio Bertone aus. Irgendetwas musste zwischen diesen beiden Männern während der Skandale der letzten Wochen und Monate zerbrochen sein. Der Papst verabschiedete ihn vollkommen ungerührt, wie einen unter vielen. Sie hatten einen beträchtlichen Teil ihres Lebens zusammen verbracht, immerhin je sieben Jahre in der Glaubenskongregation und Seite an Seite in der

Regierung der Kirche. Alle Kardinäle erwarteten in der Sala Clementina so etwas wie eine letzte enge brüderliche Umarmung. Doch es war nur ein letzter kühler Händedruck, der von der langen Freundschaft blieb.

Dafür fiel eine andere kurze Begegnung unerwartet herzlich aus: Christoph Kardinal Schönborn, der Erzbischof von Wien, ein Schüler Joseph Ratzingers, hatte dem Papst ein Buch mitgebracht. Dieser bedankte sich artig, wie er es so oft getan hatte, aber überraschend für die Beobachter war, dass Schönborn der einzige Kardinal war, den der Papst nicht gleich gehen lassen wollte. Er hielt seine Hand ungewöhnlich lange, als sei er auf eine eigenartige Weise mit ihm verbunden. Viele werteten das damals als ein Vorzeichen.

Spannend wurde es, als einer der Favoriten für die Nachfolge an Benedikt herantrat: Marc Ouellet, Chef der Kongregation für die Bischöfe und ehemaliger Erzbischof von Québec. Er war der Einzige, der beim Abschied die Tränen nicht zurückhalten konnte. Beeindruckend war auch die Begegnung mit dem ehemaligen Sekretär von Papst Johannes Paul II., Stanisław Kardinal Dziwisz. In der prächtigen Sala Clementina fiel sofort auf, wie sehr dem Papst die Entscheidung zum Rücktritt doch nahegegangen war, wie sehr sie ihn in Wirklichkeit doch gequält hatte, obwohl er ständig betonte, er sei »heiteren Gemüts« trotz der Schwere seines Entschlusses. Denn als Dziwisz vor ihm stand, ergriff der Papst sofort das Wort. Alle anderen Kardinäle hatten auf Benedikt XVI. eingeredet, während dieser zugehört und wenig gesprochen hatte. Aber Kardinal Dziwisz wollte er ganz offensichtlich dringend etwas sagen. Kein Wunder, denn es war Dziwisz, der sofort nach der Ankündigung des

Rücktritts daran erinnerte, dass Papst Johannes Paul II. seinen eigenen Rücktritt abgelehnt hatte mit den Worten, vom Kreuz steige man nicht herab. Dziwisz hörte dem Papst zu, nahm ihn dann bei seinen Händen, und es war klar: Diese beiden Männer hatten jegliches Problem, das sie gehabt haben mochten, ausgeräumt und trennten sich jetzt als Brüder.

Doch das Treffen der Kardinäle blieb nicht eine ruhige Zusammenkunft älterer Herren. Vielmehr kam es in der Sala Clementina schon zur ersten Vorentscheidung des Konklaves. Die hohen Herren hielten den Atem an, als US-Kardinal Roger Michael Mahony aufstand und zum Papst ging. Nie zuvor in der Geschichte der Kirche war ein Kardinal öffentlich von Bischöfen aufgefordert worden, wegen seines unmoralischen Verhaltens einem Konklave fernzubleiben. Dies allein war schon unerhört, noch überraschender aber war, dass der Bösewicht, den seine eigene Diözese hochkant hinausgeworfen hatte, den sie aller Ämter, selbst der reinen Ehrenämter, enthoben hatte, trotzdem zur Papstwahl anreiste.

Diese Szene in der Audienzhalle im Vatikan illustrierte ein Dilemma, das Papst Franziskus jetzt wird lösen müssen. Hatte jemand wie Mahony, ehemaliger Erzbischof von Los Angeles, der mit Schimpf und Schande davongejagt worden war, wirklich die Pflicht gehabt, nach Rom zur Papstwahl zu kommen? Aber wie vertrug es sich damit, dass der Kardinal von Schottland, Keith O'Brien, zu Hause blieb, um »dem Interesse der Medien« an seinem Fall zu entgehen. Gemessen an den Anschuldigungen gegen Mahony waren die gegen den Kardinal aus Edinburgh, dem vier Priester »ungebührliches Verhalten nach heftigem Alkoholgenuss« vorwarfen, eher harmlos.

Würde in Zukunft eine Kommission entscheiden müssen, welcher Kardinal aufgrund welchen Vergehens von der Papstwahl ausgeschlossen werden sollte? Konnten die Kardinäle auch in Zukunft die Papstwahl handhaben, wie sie wollten, also nach ihrem Gusto teilnehmen oder fernbleiben?

Papst Benedikt XVI. nahm ganz selbstverständlich die Ehrenbezeigungen entgegen. Er verzog keine Miene, als Kardinal Mahony den Fischerring des Papstes küsste, der nur wenige Stunden später zerstört werden sollte. Eines war mit dem Auftauchen Kardinal Mahonys offensichtlich und würde wie ein Schatten schwer über dem Konklave liegen: Die US-Bischöfe hatten den mutmaßlichen Straftäter jetzt in ihrer Mitte. Er war nicht mehr eine ansteckende Bedrohung in weiter Ferne, sondern ein Mann aus Fleisch und Blut – die Mensch gewordene Warnung davor, einen Papst aus den USA zu wählen! Nachdenklich verließen die Kardinäle die Sala Clementina, sie wussten, jetzt waren sie an der Reihe.

In der Geschichte der Päpste hatten die Gläubigen sich jahrhundertelang während Krankheitsphasen ihres obersten Hirten immer wieder fragen müssen, ob ein öffentlicher Termin eines Papstes dessen letzter war. Am Ostermontag des Jahres 2005 war Papst Johannes Paul II. noch einmal in der Öffentlichkeit erschienen, an seinem Fenster in der päpstlichen Wohnung über dem Petersplatz. Die Gläubigen hatten gehofft, dass der Papst die Kraft haben würde, am folgenden Mittwoch, dem Tag der Generalaudienz, sich noch einmal am Fenster zu zeigen. Obwohl der Vatikan die Audienz absagte, versammelten sich mehrere zehntausend Menschen auf dem Petersplatz, allerdings vergeblich. Karol Wojtyła litt unter hohem

Fieber, verursacht durch die zahlreichen Entzündungen in seinem Körper, vor allem an der Blase. Diese führten schließlich am Samstag, den 2. April, um 21.46 Uhr zu Karol Wojtyłas Tod. Niemand hatte an diesem Ostermontag sicher gewusst, dass es der letzte öffentliche Auftritt von Papst Johannes Paul II. war. So war es über Jahrhunderte gewesen.

Doch der Abend dieses 28. Februar 2013 sollte eine weitere Premiere in der Geschichte der Päpste mit sich bringen. Papst Benedikt XVI. hatte verfügt, dass er am späten Nachmittag den Vatikan mit dem Hubschrauber verließ. Nach seiner Ankunft in Castel Gandolfo wollte er dort seine letzte Ansprache an die vor Ort versammelten Gläubigen richten. Das sollte sein definitiv letzter Auftritt in der Öffentlichkeit als Papst sein.

Dank des Vatikanfernsehens CTV, das den Papst den kompletten letzten Tag lang begleitet, wird der letzte Tag des Papstes im Amt erstmals zu einem öffentlichen Event. Kurz nach 16 Uhr ist es dann so weit. Der Papst verabschiedet sich im Hof des heiligen Damasus, demselben Hof, in den er nach den Generalaudienzen 384-mal zurückgefahren worden war, demselben Hof, in dem acht Jahre lang seine Staatsgäste ankamen. Hier empfängt der Papst noch einmal alle seine Mitarbeiter mit deren Familien. Ein donnernder Applaus für ihn, dann kommt es zum sicherlich berührendsten Moment: Sein Fahrer Pietro Cicchetti verabschiedet sich, kniet vor dem Papst und beginnt hemmungslos zu weinen. Er hat den Papst, der selber keinen Führerschein hat, acht Jahre lang gefahren. Joseph Ratzinger hatte in dem Dienst-Mercedes immer ein wenig die Beine anziehen müssen, denn als Daimler ihm einen Mercedes 600 schenken wollte, bestand er darauf, dass er nicht die Langversion für Staatsoberhäupter bekam.

Als am 28. Februar um 17.06 Uhr der Hubschrauber abhebt, stockt der Stadt Rom der Atem. Zehntausende sehen zu, wie der weiße Helikopter der 31. Fliegerstaffel der italienischen Luftwaffe eine Ehrenrunde um den Vatikan und die Peterskuppel dreht, sodass der Papst noch einmal, ein letztes Mal, seine Diözese, die fantastische Stadt Rom, von oben sehen kann. Nach 30 Minuten landet Benedikt XVI. in Castel Gandolfo neben den Kuhställen der Päpste, damit beginnt das letzte Kapitel des Pontifikates von Joseph Ratzinger. Ich habe nicht den geringsten Zweifel, dass man in Zukunft diese letzten Stunden des Pontifikats für den Schlüssel der gesamten Amtszeit von Benedikt XVI. halten wird, denn ihm gelingt an diesem frühen Abend etwas, was seinen Vorgängern fast nie möglich war: Vor den Augen der Welt führt er für ein paar Minuten lang das Amt des Papstes wieder ganz nahe zu den Ursprüngen von Jesus von Nazareth zurück.

Das Problem eines jeden Papstes besteht ja darin, dass er ein steinreicher Monarch ist, der wie ein Superstar gefeiert wird, in riesigen Palästen wohnt, wie sonst kaum jemand mediale Aufmerksamkeit genießt und wie ein Politheld auf der Weltbühne agiert. Damit hat er mit dem zu seiner Zeit völlig unbedeutenden Mann aus Nazareth eigentlich nichts mehr zu tun. Denn Jesus ging sein Leben lang barfuß, erbettelte sich Essen und Trinken. Während seines ganzen Pontifikates war es Ratzinger darum zu tun, dass es niemals um ihn gehen sollte. Er wollte, dass Jesus im Mittelpunkt steht, dass die Botschaft des Mannes aus Nazareth alle Aufmerksamkeit bekommt und nicht der Bayer Joseph Ratzinger.

Wie er sein Amt auszufüllen gedachte, verkündete Papst Benedikt XVI. bereits zu Beginn seiner Amtszeit am 19. April 2005, als er davon sprach, dass er ein demütiger Arbeiter im Weinberg des Herrn sein wolle. Aber was bedeutete das? Was wollte der demütige Arbeiter im Weinberg des Herrn mit der Weltkirche machen, wie wollte er den Vatikan umbauen, was für Akzente wollte er setzen? Diese Fragen blieben lange Zeit unbeantwortet, und so gab es auch lange Zeit kein klares Bild von diesem Pontifikat. Doch seine letzten Stunden im Amt sagen über den Papst aus Deutschland mehr aus als die ganzen Jahre zuvor. Die Medien der Welt können es schier nicht fassen, dass der Papst seine Amtszeit nicht mit einer Abschiedsbotschaft, einer Art Testament, beendet, sondern mit einem Gruß, der an Schlichtheit nicht zu überbieten ist. Es ist 17.40 Uhr am 28. Februar 2013, als der 264. Nachfolger des heiligen Petrus sich von einer Milliarde Gläubigen verabschiedet – mit dem Gruß »Gute Nacht«! Die letzten zwei Stunden und 20 Minuten in seinem Amt verbringt Papst Benedikt XVI. im Gebet, bevor er sich mit seinem Sekretär Erzbischof Georg Gänswein zum Abendessen setzt.

Das war alles, keine Wehmut, kein Pathos. Keine große Geste, ja nicht einmal der Anschein einer Geste. Joseph Ratzinger ist genau so gegangen, wie er sich gesehen hatte, als ein Theologe, als völliges Nichts, gemessen an der Botschaft, die er zu verkünden hatte. Ein einfacher Mann, der in Castel Gandolfo auf seine Weise zeigte, dass er endlich angekommen war, dass er jetzt »einfach ein Pilger« sei, »der nun die letzte Etappe seines Weges auf dieser Erde antritt«. Das Pontifikat des Joseph Ratzinger ließ sich von seinem Ende her weit besser verstehen als durch seinen Anfang. Da war Papst Benedikt XVI. tatsächlich der Mann, der er wirklich sein wollte, nicht einmal so wichtig wie ein einzelnes Komma in der Botschaft seines Herrn Jesus Christus.

# Castel Gandolfo

Der abgeschiedene Sommersitz der Päpste erfüllt für das Oberhaupt der katholischen Kirche unter anderem den simplen Zweck, der nun auch einem zurückgetretenen Papst zugutekommt: ihm die Kardinäle vom Hals zu halten. Während unten in Rom die letzten noch fehlenden wahlberechtigten Kardinäle eintreffen – nachdem der Dekan der Kardinäle, Angelo Sodano, sie dazu aufgefordert hatte –, beginnt der »Papst emeritus« Joseph Ratzinger seinen ersten Tag in Rente in Castel Gandolfo. Schon während seiner Regierungszeit hatte Ratzinger die Möglichkeit, nach Castel Gandolfo ausweichen zu können, sehr zu schätzen gewusst. Wenn der Papst einmal dort oben, hoch über dem Albaner See, angekommen war, gab es eine äußerst simple Begründung, um selbst hartnäckige Bittsteller, die unbedingt den Papst sehen wollten, abzuwimmeln. Die Antwort auf noch so dringende Gesuche bestand dann schlicht aus dem Satz: Der Papst ist in Castel Gandolfo, da ist eben nichts zu machen.

Ein besonders komfortables Leben bot der Apostolische Palast in Castel Gandolfo nicht. Papst Paul VI. hatte Castel Gandolfo nicht modernisieren lassen, und als Papst Johannes Paul II. dort zum ersten Mal eintraf, war die Hitze des Sommers schier unerträglich, weil es keine

Klimaanlage in dem Palast gab. Eine Waschmaschine übrigens auch nicht, die Schwestern wuschen mit der Hand.

Ursprünglich bestand die Anlage nur aus einem großen Verteidigungsturm. Zwischen dem 13. und dem 16. Jahrhundert wurde der Verteidigungskomplex zu einem Palast ausgebaut. Am 30. Juni 1596 schickte Papst Clemens VIII. seine Soldaten in das Schloss von Castel Gandolfo und ließ es beschlagnahmen, weil die Familie Savelli, die rechtmäßigen Besitzer, ihre Schulden nicht bezahlen konnte. Seitdem war das Dorf Castel Gandolfo eingequetscht zwischen den großen päpstlichen Besitzungen. Außer dem Palast mit den großen Wohngebäuden und der Sternwarte liegen noch Villen und eine weitere Sternwarte auf dem Gelände der Parkanlagen. Besonders schön sind der Palazzo Cybo und vor allem die Villa Barberini, auf deren Territorium sich die Reste des gigantischen Palastes des römischen Kaisers Domitian befinden. Insgesamt ist das Gelände der päpstlichen Villen in Castel Gandolfo erheblich größer als der Vatikan: In Castel Gandolfo können sich die Päpste auf einem Areal von 55 Hektar entspannen, der Vatikan umfasst nur 44 Hektar.

Wer durch den Päpstlichen Palast in Castel Gandolfo spaziert, findet immer wieder auf Bildern Darstellungen eines der größten Fans dieses wundervollen Komplexes: von Papst Clemens XIV. (Pontifikat 1769–1774). Für seine Zeit war Clemens eine Art Formel-1-Papst, denn er liebte wilde Galoppaden mit seinem Schimmel durch die Wälder rund um die Parks. Der Papst hängte dabei mit Vorliebe seine Leibwächter ab und fegte oft allein mit seinem Pferd durch die Wälder, ein Vergnügen, dem er unten in Rom unmöglich hätte nachkommen können. Doch sollte es Schutzengel geben, ritt der Papst schneller, als die fliegen konnten, denn er stürzte 1770 zweimal schwer mit dem Pferd und musste dann auf die schnellen Ausritte verzichten.

In Castel Gandolfo zu recherchieren gehörte zu den Lieblingsbeschäftigungen in meinem bisherigen Leben. Das hat eine ganze Reihe von Gründen. Erstens durfte ich zum Arbeiten meinen Hund Nuvola (»Wolke«) mitnehmen. In den weitläufigen Parks störte sich niemand daran, dass ich dort meine alte Mischlingshündin frei herumlaufen ließ. Zudem herrscht in Castel Gandolfo meist eine sehr entspannte Atmosphäre, wie an einem Urlaubsort eben. Solange der Papst unten im Vatikan ist, schert sich niemand um das Anwesen und seine 21 Angestellten, die auf dem Gelände der päpstlichen Villen wohnen dürfen und dort ein geradezu paradiesisches – wenn auch mit etwa 1200 Euro netto karg entlohntes – Leben rund um die Parks Seiner Heiligkeit führen dürfen. Der Verwaltungschef der päpstlichen Villen von Castel Gandolfo, Saverio Petrillo, ist meist froh über ein bisschen Abwechslung, auch weil er fantastisch zu erzählen weiß aus den knapp 50 Jahren in Diensten von Castel Gandolfo.

Papst Johannes Paul II. gefiel die extreme Schlichtheit der Residenz. Innerhalb der Villa ließ er so gut wie nichts umbauen, für den Park ließ er sich von Exilpolen, die aus den USA zu Besuch gekommen waren, lediglich ein Hallenbad schenken. Eine Klimaanlage wollte er nicht einbauen lassen. Komfort für sich selber lehnte er meist ab. Noch in den letzten Jahren seines Lebens ließ er sich im Rollstuhl in den kühlsten Raum des Schlosses fahren, der direkt über dem See von Albano liegt: die Küche.

Der Aufenthalt in Castel Gandolfo ohne den täglichen Audienzstress verschaffte den Päpsten auch die Möglichkeit, endlich einmal zu schreiben. Johannes Paul II. verfasste in Castel Gandolfo sein Buch *Auf, lasst uns gehen*. Er ließ sich dazu ein kleines Tischchen vor die päpstliche Villa in den Garten stellen. Er bestand übrigens darauf, dass die Kinder der Angestellten trotz seiner Anwesenheit weiter im Garten spielen durften, und sah ihnen manchmal lange zu. Eigenartigerweise nahm niemand im Vatikan Johannes Paul II. übel, dass er Bücher in Castel Gandolfo schrieb; sein Nachfolger musste sich deswegen jedoch heftige Kritik anhören. Ein Papst soll in Castel Gandolfo keine Bücher über Jesus von Nazareth schreiben, sondern die Kirche regieren, hieß es. Dass die Kurie nicht wagte, Karol Wojtyłas Buchprojekte zu kritisieren, seinen Nachfolger für das Gleiche aber verurteilte, zeigt, wie wenig Macht Joseph Ratzinger – ganz im Gegenteil zu Karol Wojtyła – über die Kurie ausübte.

In diesem Komplex erwachte der erste emeritierte Papst seit dem Rücktritt Papst Coelestins V. im Jahr 1294 am Morgen des 1. März 2013. Aber Ausschlafen war nicht einmal am ersten Tag seines Rentnerdaseins nach einem anstrengenden achtjährigen Pontifikat drin. Den Tagesablauf beschloss der Pontifex nicht zu ändern. Er las wie schon im Vatikan um sieben Uhr morgens die heilige Messe, an der seine vier Haushälterinnen, die Memores Domini, die er aus dem Vatikan mitgenommen hatte, sowie sein Privatsekretär Bischof Georg Gänswein teilnahmen. Nach dem Mittag- und dem Abendessen nahm Joseph Ratzinger eine Tradition auf, die in Castel Gandolfo einst auch ein Mann gepflegt hatte, der wie Papst Benedikt XVI. ein Monarch gewesen war. Ratzinger liebt es, nach den Mahlzeiten spazieren zu gehen. Aufgrund der stattlichen Ausmaße des Päpstlichen Palastes kann er hier durch die weitläufigen Zimmerfluchten von seinem Arbeitszimmer bis zum großen Empfangssaal, dem Saal der Schweizer, wandeln.

Das Gleiche tat am gleichen Ort vor knapp 2000 Jahren Kaiser Domitian (51–96 n. Chr.). Wer je die Gelegenheit hat, durch den Garten der Päpste zu spazieren, sollte es auf keinen Fall verpassen, die Wandelhalle Kaiser Domitians zu besichtigen. Der Kaiser hatte einst diese eine halbe römische Meile lange riesige Halle bauen lassen. Eine römische Meile – die Bezeichnung geht auf *mille passus* (»tausend Schritte«) zurück – ist ganze 1,481 Kilometer lang. Nach dem Essen spazierte Domitian, geschützt vor Wind und Wetter und Mordanschlägen, in der Halle einmal auf und einmal ab, vorbei an den Beutestücken seiner Kriege in Germanien und Asien, und legte so täglich eine römische Meile zurück.

Während dieser Spaziergänge kommt der Papst i. R. im Apostolischen Palast auch an der Stelle vorbei, die die Angestellten in Castel Gandolfo seit Jahrzehnten in besonderen Ehren halten. Es ist ein Fenster, das exakt nach Osten ausgerichtet ist. Den Putzkolonnen war aufgefallen, dass dieses Fenster auf unerklärliche Weise, wie durch Geisterhand, morgens beschlagen und von Streifen gezeichnet war – und zwar immer dann, wenn Papst Johannes Paul II. hier eingetroffen war. Lange konnte sich niemand erklären, woher diese Spuren kamen. »Der Papst hat das Rätsel dann einmal selber gelüftet und mir gestanden, dass er es liebte, im Sommer früh aufzustehen und sein Gesicht an die Scheibe zu pressen, um zuzuschauen, wie die Sonne aufging«, sagte mir Saverio Petrillo.

Dort in dieser Abgeschiedenheit lebte jetzt der Papst a. D. Bei seiner Ankunft hatte er in einer Ansprache an die Bevölkerung von Castel Gandolfo gesagt, dass er es genieße, wieder in der Natur zu sein. Joseph Ratzinger hatte den Park und auch den kleinen Bauernhof in Castel Gandolfo immer geschätzt. Trotz seiner Liebe zu dem Park hatte er das alte Privileg der Brautleute von Castel Gandolfo bestehen lassen. Wer aus dem Ort stammt und dort kirchlich heiratet, darf Erinnerungsfotos im Park der Päpste machen. Wenn die Brautleute sehr viel Glück haben, spaziert sogar der Papst vorbei und gratuliert ihnen, wenn er zufällig im Park unterwegs ist.

Mit seinem Vorgänger verband Joseph Ratzinger, dass sie beide in Castel Gandolfo denselben Lieblingsplatz bewunderten: einen flachen Goldfischteich vor einer Statue der Muttergottes. Johannes Paul II. hatte sich hier eine Gebetsbank hinstellen lassen, die Saverio Petrillo auch nach dem Tod Karol Wojtyłas ihm zu Ehren dort stehen ließ. An diesem Fischteich betete jetzt auch der emeritierte Papst Benedikt XVI. und hatte endlich Zeit, zu tun, was Rentner nun mal so tun. Die Angestellten aus Castel Gandolfo stellten ihm immer ein kleines Körbchen mit Brotkrumen an den Teich, weil Joseph Ratzinger es liebte, die Fischlein in aller Ruhe mit ein paar Krumen zu füttern, wenn er zum Gebet hierherkam. Menschen fischen musste er ja nicht mehr, der 264. Nachfolger des Fischers Petrus.

# Im Vorfeld des Konklaves

Die Kardinalsversammlung, die erstmals am 4. März 2013 in Rom zusammentrat, stand bereits im Zeichen einer Vorentscheidung für die Wahl des neuen Papstes, die schon einige Zeit zurücklag. Bereits im Jahr 2005 hatten die Kardinäle Angelo Sodano zum Nachfolger von Joseph Ratzinger als Chef der Kardinäle, als Kardinaldekan, gewählt. Benedikt XVI. hatte die Wahl am 30. April 2005 bestätigt. Der Mann aus Asti in Norditalien sollte die Kardinalsversammlung spalten in eine fortschrittliche Gruppe, die sich eindeutig gegen Angelo Sodano stellte, und in eine ultrakonservative Gruppe, die ihn unterstützte. Dazu kam es, nachdem Sodano am Osterfest 2010 durch ein Statement seine Reputation bei der Mehrheit des Kardinalskollegiums verspielt hatte. Während des Ostergottesdienstes hatte Sodano dem Papst zunächst versichert, dass die 400 000 Priester auf der Welt hinter ihm stünden. Dann platzte die Bombe, als er die Anklagen der Opfer der Missbrauchsskandale als »chiacchiericcio« bezeichnete, was so viel wie »dummes Geschwätz« bedeutet. Viele Kardinäle konnten ihr Entsetzen kaum verbergen, die Worte Sodanos erschienen ihnen als ein vollkommen falsches Signal. Vor allem die US-amerikanischen, aber auch die deutschen Kardinäle protestierten hinter den Mauern des Vatikans heftig.

Es gelang Sodano, eine gewisse Zeit lang jede offene Kritik an seiner Person trotz dieser Maßlosigkeit zu unterbinden. Doch das war nicht von Dauer. Der Protest der Kardinäle gegen Sodano war so groß, dass Monate später, am 28. Juni 2010, der Vatikan eine Erklärung abgeben musste, dass sich die Bezeichnung »dummes Geschwätz« keineswegs auf die Anklagen im Missbrauchsskandal beziehen würde.

Dass der große Kardinaldekan und langjährige Kardinalstaatssekretär nicht hatte verhindern können, dass eine solche Erklärung abgegeben werden musste, sogar noch Monate später, zeigte, dass keineswegs rasch Gras über die Sache gewachsen war und es hinter den Mauern des Vatikans hoch hergegangen sein musste. Seit diesem Fehler galt Sodano bei allen Kardinälen, nach deren Meinung die Kirche mutig und entschlossen gegen die weltweiten Missbrauchsskandale vorgehen sollte, als hoffnungslos kompromittiert. Lediglich die ultrakonservativen Kardinäle sahen in Sodano so etwas wie einen Fürsprecher, der sich von weltlichen Bedrohungen nicht einschüchtern ließ, sondern klarstellte, wie selbstbewusst die katholische Kirche trotz aller Angriffe auf sie war. Den Kardinälen und Bischöfen, laut deren Standpunkt die Kirche sich einigeln und verteidigen sollte, hatte Sodano aus der Seele gesprochen.

Hinzu kommt, dass das Kardinalskollegium keine Versammlung gleichberechtigter älterer Herren ist, sondern vielmehr durch eine klare Hierarchie bestimmt wird. Grundsätzlich lassen sich im Kollegium drei Kardinalklassen unterscheiden, die Orden heißen. Im Grunde geht es darum, eine Rangfolge unter den Kardinälen einzurichten. Das wichtigste Recht, nämlich den Papst zu wählen, haben alle drei Orden. Die ranghöchsten und angesehensten Kardinäle sind die Kardinalbischöfe. An deren Spitze stand im Jahr 2013 Giovanni Battista Kardinal Re, der das Konklave leitete. Auf die Kardinalbischöfe folgen die Kardinalpriester, zu denen etwa der Kölner Erzbischof Joachim Meisner zählt, und schließlich die Kardinaldiakone. Diese dürfen erst nach mindestens zehn Jahren im Stand des Kardinaldiakons den Papst darum bitten, zum Kardinalpriester aufzusteigen. Einer der Kardinaldiakone darf sich anlässlich einer Papstwahl darüber freuen, für einen kurzen Moment weltberühmt zu werden und das Interesse von mehreren Milliarden Menschen zu wecken: Es handelt sich um den rangältesten Kardinaldiakon – zuletzt war das der Franzose Jean-Louis Tauran –, der das Privileg hat, vom Balkon des Petersdoms aus den Namen des neuen Papstes zu verkünden.

Sodano hatte aber noch eine weitere Fraktion gegen sich: die nur gemäßigt konservativen Kardinäle Südamerikas. Die hatten Angelo Sodano den größten Fehler seiner Karriere nicht verziehen. Sodano hatte nach seiner Entsendung 1978 als Nuntius nach Chile das Ausmaß der Grausamkeiten der Diktatur Augusto Pinochets nicht wahrgenommen oder wahrnehmen wollen. Dies wurde offenbar, als er den Papstbesuch von Johannes Paul II. 1987 in Chile organisierte. Johannes Paul II. wollte die Chilenen ermutigen, gegen den Diktator Pinochet und für die Demokratie zu kämpfen, und auf keinen Fall zusammen mit dem Diktator vor der Menge auftreten. Doch Pinochet legte den Papst herein, und Sodano ließ es zu. Bei ihrem Treffen im Regierungspalast von Santiago de Chile führte der Diktator den Papst nicht wie verabredet in das Wohnzimmer, sondern auf den Balkon, vor dem Tausende

Chilenen warteten. Die ganze Welt sah das Bild, das Johannes Paul II. unbedingt hatte vermeiden wollen: der Papst vereint mit dem brutalen Diktator, der Tausende Chilenen hatte foltern und umbringen lassen. Nach dieser Imagekatastrophe, die Millionen Katholiken in Südamerika verstimmte, kam es zu einem heftigen Streit zwischen Johannes Paul II. und Angelo Sodano, der dieses Debakel unbedingt hätte verhindern müssen.

Das Besondere an der Kardinalversammlung von 2013 war aber, dass gleich zwei Top-Personalien umstritten waren: neben der Nummer eins, dem Dekan der Kardinäle Angelo Sodano, auch die Nummer zwei, der Camerlengo (Kardinalkämmerer) Tarcisio Bertone, unter Papst Benedikt XVI. gleichzeitig auch langjähriger Kardinalstaatssekretär.

Der Position des Camerlengo kommt in dem seit über 1000 Jahren herrschenden System der päpstlichen Wahlmonarchie eine besondere Bedeutung zu. Da im Augenblick des Todes eines Papstes alle Würdenträger der Kurie ihre Ämter einbüßen, braucht sich der neue Papst zu Beginn seiner Amtszeit nicht dadurch unbeliebt zu machen, dass er erst einmal alle am Hof, die ihm nicht wohlgesonnen sind, feuern muss. Fast alle Mitarbeiter haben ihren Job ja bereits verloren. Der Vatikan ist nun mal keine Demokratie, mit dem Tod oder eben Rücktritt des Monarchen sind auch alle bisherigen Ämterbesetzungen hinfällig geworden. Der neue Papst kann nun ohne Probleme bei null anfangen, er kann, wenn er will, bewährte Leute in ihre Ämter zurückholen.

Doch am Hof der Päpste hatte es sich bereits vor knapp 1000 Jahren als nachteilhaft erwiesen, wenn ausnahmslos alle Mitarbeiter des Papstes bei dessen Ableben ihr

Amt verloren. Einer zumindest sollte im Amt bleiben, nämlich der, der die Schatztruhen bewachte und darauf achtete, dass sie nicht geplündert wurden, weil nach dem Tod des Papstes sich keiner mehr dafür verantwortlich fühlte.

Schon im 12. Jahrhundert richteten die Päpste schrittweise eine *Camera Thesauraria* ein, eine Schatzkammer, der ein *Camerarius* vorstand. Daraus ging die heutige Apostolische Kammer hervor, die lediglich in der Zeit, in der kein Papst auf dem Thron Petri sitzt, während der Sedisvakanz also, die Vermögen und Besitzungen des Vatikans verwaltet. Papst Paul VI. sollte am 15. August 1967 mit der päpstlichen Konstitution *Regimini Ecclesiae Universae* diesen altehrwürdigen Job des Schatzwächters der Kurie dem *Camerlengo* (Kardinalkämmerer) anvertrauen. Heute geht es nicht mehr darum, dass der Camerlengo dafür sorgt, dass die Kardinäle den Papst nicht bestehlen. Er ist derjenige, der den Tod des Papstes feststellt und sich um Verwaltung und Konklave während der Sedisvakanz kümmert. Er hat also eine Sonderrolle, weil er über den Tod oder Rücktritt des Papstes hinaus im Amt bleibt.

Doch Tarcisio Bertone musste sich mit dem Schicksal abfinden, dass er der unbedeutendste Camerlengo seit Jahrhunderten war. Seine Hauptaufgabe, nämlich den Tod des Papstes festzustellen, konnte er diesmal ja nicht ausüben, weil der Papst schlicht noch am Leben war. Die makaberste Aufgabe des Camerlengo übrigens hatte bereits Johannes Paul II. abgeschafft. Bei dem 1978 verstorbenen Papst Johannes Paul I. wurde letztmals das Ritual vollzogen, dass der Camerlengo dreimal mit einem silbernen, mit Elfenbein verzierten Hämmerchen auf die Stirn des

Verblichenen klopfte und ihn dabei fragte: »Dormisne?«
(»Schläfst du?«) Den Tod Johannes Pauls II. stellten bereits medizinische Geräte fest – eine Langzeitmessung ergab, dass keine Hirnströme mehr vorhanden waren.

Da der Camerlengo Bertone dieses Mal auch keine Beerdigung zu organisieren hatte, konnte er nur das tun, was eigentlich seine unwichtigste Aufgabe ist: das päpstliche Appartement zu versiegeln. Dieser Akt erinnert noch an die Zeit, als der Kämmerer dafür sorgen musste, dass aus der päpstlichen Wohnung nichts geklaut wurde.

Obwohl seine Karriere als Camerlengo also äußerst überschaubar verlaufen war, hatte Bertone, der ja gleichzeitig auch Kardinalstaatssekretär gewesen war, in der Kardinalsversammlung ein enormes Gewicht. Er war schließlich höchstrangiger Würdenträger aus der »Regierungsmannschaft« Papst Benedikts XVI. und deshalb der wichtigste Mann für den Übergang zum neuen Papst.

Das Konklave von 2013 sollte von Beginn an charakterisiert sein durch die Feindschaft der beiden wichtigsten Männer, Sodano und Bertone. Der Grund hierfür lag darin, dass das Staatssekretariat unter der Ägide von Angelo Kardinal Sodano dank des charismatischen Karol Wojtyła auf die wichtigsten politischen Erfolge des Vatikans seit Jahrhunderten zurückblicken konnte.

Während des Ersten und des Zweiten Weltkriegs hatte sich die katholische Kirche durch ihre Unfähigkeit blamiert, sich auf höchster Ebene gegen Kriegsgräuel und organisierten Massenmord auf dem christlichen, europäischen Kontinent zu engagieren. Fast alle Päpste dieser Zeit hatten versagt. Benedikt XV. (Pontifikat 1914–1922) hatte nicht verhindern können, dass sich katholische Franzosen und katholische Deutsche in Verdun massakrierten.

Pius XII. (Pontifikat 1939–1958) hatte es geschafft, noch tiefer zu sinken. Er ließ im November 1939, wohlgemerkt nach dem Überfall der deutschen Wehrmacht auf Polen und nach den ersten Massakern an polnischen Juden, dem Führer Adolf Hitler seine persönlichen Glückwünsche durch den Nuntius Cesare Orsenigo überbringen, weil Hitler dem Bombenattentat Georg Elsners am 8. November 1939 in München entkommen war.

Doch die Lichtgestalt Johannes Paul II. schrieb ein positives Kapitel der Weltpolitik des Vatikans. Selbst Michail Gorbatschow räumte bei seinem Besuch im Vatikan ein, dass der Druck des Karol Wojtyła auf das kommunistische Regime in Polen einen entscheidenden Beitrag zum friedlichen Ende des Sowjetimperiums geleistet hatte.

Tarcisio Bertone wusste, dass er nicht einmal im Ansatz etwas Ähnliches vorzuweisen hatte. Sein Experiment der De-facto-Entmachtung eines Papstes durch den Kardinalstaatssekretär und den Apparat des von ihm geleiteten Staatssekretariats galt als gescheitert. Einen Papst, der sich die Geschäfte durch das Staatssekretariat weitgehend aus der Hand nehmen lässt, sollte es nicht wieder geben. Mit seinen Ränken spaltete Tarcisio Bertone – ebenso wie Angelo Sodano mit seiner Äußerung vom »sinnlosen Geschwätz« – das Kardinalskollegium in zwei Lager: in zu allem entschlossene Anhänger und erbitterte Feinde.

Diese Polarisierung wurde noch verstärkt durch die Affäre um Carlo Maria Viganò, der – nachdem er Korruption und Vetternwirtschaft im Vatikan aufzudecken begonnen hatte – von Chefdiplomat Bertone weit weg in die USA versetzt wurde. Die Anhänger Bertones wollten auf jeden Fall verhindern, dass Viganò noch mehr herausbekam, während seine Gegner sich darüber empörten, dass am Sitz des Vikars von Jesus Christus redliche Aufklärer in die Wüste geschickt werden.

Diese beiden Männer, die Kardinäle Angelo Sodano und Tarcisio Bertone, sahen nun am Vormittag des 4. März zu, wie die Kardinäle, einer nach dem anderen, auf das Evangelium schworen, um von da an Stillschweigen zu bewahren. Ausgerechnet die deutschen Kardinäle hatten sich an diesem ersten Tag der Beratungen der Kardinäle eine heftige Rüge eingefangen. Papstsprecher Federico Lombardi hatte genau aufgepasst. Er verkündete in der Pressekonferenz die Namen der wahlberechtigten Kardinäle, die es trotz des Beginns der Beratungen bisher nicht für nötig gehalten hatten, in Rom aufzutauchen. Darunter waren bis auf den Münchner Kardinal Reinhard Marx alle deutschen Kardinäle, die nicht in Rom wohnten und offenbar den kurzen Weg über die Alpen noch nicht hatten antreten wollen: Karl Lehmann, Joachim Meisner und Rainer Maria Woelki. Die Kardinäle Walter Kasper und Paul Josef Cordes mussten nicht anreisen, sie wohnten ja in Rom.

Die Stimmung am ersten Tag der Beratungen in der Audienzhalle »Papst Paul VI.« war gekennzeichnet durch große Ratlosigkeit. Wo sonst die Pilgerströme einem Papst zujubeln, besprachen die Kardinäle zum ersten Mal persönlich untereinander, wer der nächste Papst sein könnte. In den zahlreichen Interviews, die die Kardinäle vor Beginn der Kongregationen gegeben hatten, ging es stets darum, wie schwer es sein würde, den richtigen Mann zum Papst zu wählen.

Das Hauptproblem schien nahezu unüberwindlich, denn die Kardinäle wussten, dass das letzte Mal ein echter Heiliger vonnöten gewesen war, um die Probleme der Kirche anzugehen. Was immer sie in den kommenden Tagen auch tun würden, es hätte nur mit diesem einzigen Punkt zu tun. Sie mussten also versuchen zu erraten, wer unter ihnen ein Heiliger sein konnte. Es gab eine ganze Reihe von Kardinälen, die vor Beginn der Kardinalskongregation direkt aussprachen, was die große Mehrheit dachte: Es war ihnen völlig egal, woher der künftige Papst kommen, welche Sprache er sprechen oder welche Hautfarbe er haben würde. So betonte das kurz vor dem Konklave noch einmal etwa der spanische Kardinal Carlos Amigo Vallejo. Hauptsache, es würde einer mit dem Nimbus eines Heiligen sein, der sein Amt bravourös erfüllen würde, wie es Karol Wojtyła getan hatte.

Denn dass Wojtyła heiliggesprochen werden würde, daran hatten die Kardinäle nicht den geringsten Zweifel. Das hatte bereits die überwältigende weltweite Reaktion auf seine Seligsprechung vom 1. Mai 2011 gezeigt. Das Kirchenvolk hatte die Forderungen, die bereits am Tag des Todes von Karol Wojtyła Rom geprägt hatten – »santo subito«, was bedeutete, dass er sofort heiliggesprochen werden sollte – nicht vergessen.

Ich erinnere mich noch sehr gut daran, welchen Eindruck, die mehr als 250000 jungen Menschen auf die Kardinäle machten, die sich am 29. März 2005, kurz vor dem Tod von Papst Johannes Paul II., auf dem Petersplatz versammelt hatten und die alten Weltjugendtagsschlager sangen wie »Jesus Christ, you are my life«. Ich weiß noch, wie Kardinäle wie der Erzpriester von Sankt Peter, Angelo Comastri, über den Platz gingen und die jungen Leute fragten: Wer hat euch geschickt? Welche Diözese hat eure Reise organisiert? Wer hat das bezahlt? Wo kommt ihr unter? Kardinäle wie Comastri konnten es nicht fassen, dass diese jungen Menschen aus der ganzen Welt aus eigenem Antrieb gekommen waren. Sie hatten ihre Konten geplündert in den USA, in Deutschland, in Polen, in Argentinien und waren nach Rom gekommen, weil sie dem sterbenden Papst nahe sein wollten. Ich habe gesehen, wie Kardinälen wie Comastri die Tränen in den Augen standen. Die jungen Menschen auf dem Platz glaubten, dass der Papst und die Kirche die Welt zum Besseren verändert hatten, sie waren gekommen, um sich zu bedanken. Nie zuvor habe ich ein so positives Beispiel der Glaubensstärke gesehen.

Acht Jahre später hatten die Kardinäle klar erkannt, dass der Abschied des Joseph Ratzinger nicht einmal im Ansatz eine ähnliche Reaktion der Gläubigen ausgelöst hatte wie der Tod des Karol Wojtyła. Kardinaldekan Angelo Sodano schickte am 5. März 2013 im Namen der Kongregation der Kardinäle ein kaltes, geschäftsmäßiges Telegramm an den zurückgetretenen Papst in Castel Gandolfo. Er spricht von großer Dankbarkeit für das Werk des Papstes und von besonderer Freude. Ich habe in 25 Jahren Hunderte nichtssagende Telegramme aus dem Vatikan gelesen. Immer ging es darum, irgendeinen Bischof oder Kardinal nach einer langen Dienstzeit zu verabschieden. Dieses Telegramm an Joseph Ratzinger war genauso: ohne jegliche Anteilnahme oder Regung. Ausgerechnet die seit Jahrhunderten mit der römisch-katholischen Kirche verfeindete russisch-orthodoxe Kirche, die bisher alle Pläne eines Papstbesuchs in Moskau ablehnte, hatte dem Papst kurz zuvor ebenfalls ein Telegramm geschickt, das voller Wärme und Anerkennung war. Kirill I., der Patriarch der russisch-orthodoxen Kirche, schrieb von einer »brüderlichen Liebe [...] in einem so speziellen Moment« und wünschte dem Papst noch »viele Jahre des

Lebens«. Es wird in die Geschichte der römisch-katholischen Kirche eingehen, dass dieser Papst Benedikt XVI. von einer verfeindeten Kirche mehr Wertschätzung erfuhr als von seinen eigenen Leuten.

In Rom geschah nun etwas, was nach dem Tod von Papst Johannes Paul II. undenkbar gewesen wäre: Mehrere Kardinäle kritisierten offen und ohne ein Blatt vor den Mund zu nehmen die Amtszeit von Papst Benedikt XVI. Für den Vatikan war das ein unerhörtes und noch nie dagewesenes Verhalten. Die Härte der Kritik an dem zurückgetretenen Papst aus Deutschland schien eines auszudrücken: Das Kardinalskollegium war der Überzeugung, dass der Heilige Karol Wojtyła den richtigen Weg gegangen war, um die Kirche zu lenken, und Joseph Ratzinger eben nicht einfach einen anderen Weg, sondern den falschen. Der Kardinal von Sydney, George Pell, hatte dem Sender Seven Network in ungewöhnlich scharfer Form erklärt, dass die Fähigkeit, die Kirche zu regieren, nicht zu der starken Seite von Papst Benedikt XVI. gehört habe. Damit nicht genug, hatte Pell gleich noch einmal nachgelegt und den Rücktritt des Papstes heftig kritisiert, obwohl der Vatikan gerade diesen Schritt als so unendlich weise, mutig und demütig gefeiert hatte. Pell hingegen kritisierte, dass die Abdankung das Amt des Papstes »destabilisiert« habe. Einen Fall Joseph Ratzinger dürfe es nicht wieder geben. Der nächste Papst müsse die Tradition respektieren, was den Glauben betreffe wie auch die moralischen Fragen.

Wie bitte? Nur wenige Stunden nach dem Aufsehen erregenden Rücktritt von Papst Benedikt XVI. wirft ein Kardinal dem Papst vor, die Traditionen der katholischen Kirche missachtet zu haben? Was für ein kolossaler Unterschied zum Ende der Amtszeit von Johannes Paul II.!

Damals hatte die katholische Kirche vor allem eines organisiert: Dankgottesdienste, um ihre Freude darüber auszudrücken, dass Gott der Kirche einen so bedeutenden Papst geschenkt hatte. Nach dem Tod Karol Wojtyłas genoss die katholische Kirche mit angehaltenem Atem den enormen Respekt und die Ehrerbietungen, die weltweit selbst Nichtkatholiken dem Jahrtausendpapst Karol Wojtyła entgegengebracht hatten. Die katholische Kirche war es eher gewöhnt gewesen, dass sich nur Katholiken für das Schicksal eines Papstes interessieren und deshalb auch nur Katholiken das Ende seiner Amtszeit und seinen Tod betrauern. Doch das Phänomen Karol Wojtyła änderte alles. Drei US-Präsidenten – und keiner von ihnen war katholisch – knieten am Sarg von Johannes Paul II.: George Bush senior, George W. Bush und Bill Clinton: Und das, obwohl der Papst zu Lebzeiten alle drei wegen der Kriege der USA und der Art ihrer Machtausübung heftig kritisiert hatte. Die Totenmesse für Karol Wojtyła hält bis heute den Weltrekord für die größte Ansammlung von Staatschefs. Mehr als 200 Staatsoberhäupter oder Regierungschefs und -vertreter kamen nach Rom. Ein Gigant hatte Geschichte geschrieben.

Der heftig umstrittene Rücktritt Papst Benedikts XVI. und vor allem dessen völlig unspektakulärer Abschied erschütterten den Vatikan hingegen auf negative Weise. Die Kardinäle ließen keinen Zweifel daran, dass sie einen Mann suchen mussten, der dem Profil des Karol Wojtyła entsprach, und nicht einen Theologen wie Joseph Ratzinger, der ja gar nicht hatte Papst werden wollen. Zum Abschied des Joseph Ratzinger war kein einziger Staats- und Regierungschef gekommen. Nicht einmal die deutsche Kanzlerin Angela Merkel tauchte auf. Der einzige Politiker von Rang, der nach Rom fand, war Horst Seehofer, der war wenigstens Ministerpräsident von Bayern.

Dass ausgerechnet Kardinal Pell den Papst so heftig kritisiert hatte, mochte auch mit seinem unschönen Streit mit Benedikt XVI. zu tun gehabt haben. Der hatte Pell einen überaus attraktiven Job angeboten, den Chefsessel der Kongregation für die Bischöfe. Dieser Posten war unter den Kardinälen sehr begehrt. Als Chef der Bischöfe wurde man so etwas wie ein Vizepapst, weil man dann zusammen mit dem Papst verantwortlich war für die Besetzung der über 5000 Bischofsämter der Welt. Wer dieser Kongregation vorstand, kontrollierte die Weltkirche, hatte das gesamte Management der Kirche weltweit unter sich. Man konnte Karrieren katapultartig fördern oder sie im Sande verlaufen lassen. Papst Benedikt XVI. hatte Kardinal Pell bereits während des Weltjugendtags 2008 in Sydney den Posten in Aussicht gestellt, aber dann war wohl irgendetwas zwischen den beiden Männern geschehen, und Joseph Ratzinger gab den Superjob einem anderen Kardinal, dem Kanadier Marc Ouellet. Der besaß Joseph Ratzingers absolutes Vertrauen, weil er in der von diesem mitgegründeten Zeitschrift *Communio* mitarbeitete und sich in den konservativen Ansichten des Papstes wiederfand. Die Bevorzugung Ouellets hatte Pell ganz offensichtlich schwer enttäuscht. Mir persönlich hatte das sehr leidgetan, ich hatte Kardinal Pell während des Weltjugendtags in Sydney 2008 kennen- und schätzen gelernt. Ein konservativer, aber sehr gescheiter Mann!

Doch wo jetzt wieder einen Heiligen hernehmen? Gab es überhaupt einen unter den 115 wahlberechtigten Kardinälen, der dafür infrage kam? Manche Kardinäle, zum Beispiel der Südafrikaner Wilfried Fox Napier, der sich bereitwillig vor dem Hotel Kolumbus interviewen ließ, fragten ihrerseits die Reporter, ob es nach ihrer Meinung einen Heiligen unter den Kardinälen gebe. Ich musste die Antwort darauf schuldig bleiben, aber ich dachte spontan an Karol Wojtyła.

Wojtyła hat die Religion nicht erklärt, wie das Joseph Ratzinger tun wollte. Er hat sie einfach nur gelebt, er hat das Unmögliche versucht, mit nichts als seinen leeren Händen und seinem Glauben. Als die Gesellschaft der Meinung war, dass die Jugend sich definitiv von der Kirche abgewandt habe, erfand er die Weltjugendtage. Millionen sollten zu ihnen kommen. Als General Wojciech Jaruzelski die Revolte der Gewerkschaft Solidarność und die Kirche in Polen unterdrückte, stemmte sich Karol Wojtyła, der über keine Divisionen verfügte, gegen die Sowjets und ihre Vasallen und gewann – aber nicht, weil er sich für einen guten Theologen oder Politiker hielt, sondern für ein Werkzeug Gottes. Das war es gewesen, was ich gespürt hatte. Es war die Heiligkeit dieses Mannes.

Eine wichtige Weichenstellung für das Konklave im März 2013 war das Verbot für die Kardinäle, in das Gästehaus »Domus Sanctae Marthae« einzuziehen. Vielmehr wohnten die Kardinäle eines einzelnen Landes in Rom tage- oder gar wochenlang in einem Priesterkolleg oder in einem Haus, das die Bischofskonferenz ihres Herkunftslandes unterhielt, zusammen, teils schon seit der letzten Audienz von Papst Benedikt XVI. am 27. Februar. Die nationalen oder regionalen Gruppen der Kardinäle hatten also sehr viel Zeit gehabt, miteinander unter einem Dach zu beraten. Das führte dazu, dass die Kardinäle eines einzelnen Landes enger denn je zusammenrückten, sie zogen als geschlossene nationale Gruppen in das Konklave ein. Vor allem einer Gruppe kam diese Tatsache zugute: Die Kurienkardinäle wussten, dass sie gute Chancen hatten, aus ihren Reihen den neuen Papst zu stellen, wenn sie sich untereinander einig waren und wenn es vor allem den auswärtigen Kardinälen nicht gelang, eine internationale Allianz zu bilden und über alle Grenzen hinweg einen beliebten Gegenkandidaten aufzubauen. Aber dazu hätten Letztere Zeit gebraucht im »Domus Sanctae Marthae«, und genau die hatten sie nicht, weil die Kurie darauf bestand, dass die Kardinäle nicht sofort nach ihrer Ankunft in den Schmelztiegel des Kardinalhotels durften. Was die Kurienkardinäle maßlos unterschätzten, war der Groll, der sich gegen sie aufgebaut hatte, sodass es gar keiner langen Beratungen im Haus der heiligen Martha bedurfte, weil eines schon feststand: Ein Anti-Kurie-Mann musste her, und diesem Profil entsprach niemand so perfekt wie Jorge Mario Kardinal Bergoglio.

# Kandidaten 1: Die Italiener

Die größte nationale Gruppe stellten natürlich die Italiener. Die Zeiten, da sie auf eine satte Mehrheit im Kardinalskollegium zählen konnten, waren zwar vorbei, aber mit 28 Kardinälen bildeten sie immer noch einen stattlichen Block. Von Anfang an war klar, dass einer von ihnen das Zeug zum Superstar hatte: Angelo Kardinal Scola.

Wenn die Kardinäle im Konklave sich früher die Entscheidung leicht machen wollten, dann hatten sie eine ganz simple Möglichkeit dazu, und die bestand darin, das zu tun, was die Kirche seit Jahrhunderten getan hatte: nämlich den Patriarchen von Venedig oder den Erzbischof von Mailand zum Papst zu befördern. Das hatte immer gut geklappt. Aus Venedig wurde Patriarch Giuseppe Sarto 1903 zu Papst Pius X. gewählt, Patriarch Angelo Roncalli 1958 zu Papst Johannes XXIII. und Patriarch Albino Luciani 1978 zu Papst Johannes Paul I. Auch das Amt des Mailänder Erzbischofs diente seit alters immer wieder als Sprungbrett für das Amt des Papstes. Erzbischof Giovanni Montini bestieg 1963 als Papst Paul VI. den Thron Petri, Erzbischof Giovanni Angelo Medici 1559 als Papst Pius IV. und Umberto Crivelli bereits 1187 als Papst Urban III.

Angelo Scola hatte eine glänzende Karriere hingelegt,

war zunächst Patriarch in Venedig, dann als Erzbischof von Mailand Chef der wichtigsten Diözese Italiens geworden und war von daher gleich doppelt prädestiniert. Angelo Scolas einzige Probleme waren seine Freundschaft zu dem als korrupt geltenden Politiker Roberto Formigoni, dem ehemaligen Präsidenten der Region Lombardei, und sein relativ hohes Alter: Mit 71 Jahren würde der anstrengende Job des Papstes ihn bald viel Kraft kosten. Dass er ein Vertrauter und Schüler von Joseph Ratzinger war, hätte ihm aber nicht geschadet. Es bedeutete, dass er vermutlich ein herzliches und unbelastetes Verhältnis zum Papst a. D. im Vatikan hätte pflegen können.

# Kandidaten 2: Die Amerikaner

Die Kardinäle aus den USA lieferten gleich vom Beginn der Kardinalsversammlungen am 4. März 2013 im Synodensaal der Audienzhalle »Papst Paul VI.« an ein eindrucksvolles Bild der Geschlossenheit: Sie kamen gemeinsam in einem schwarzen Bus an. Die Vertreter der anderen nationalen Gruppen trafen hingegen getrennt ein. Viele Italiener, die als Kurienkardinäle im Vatikan dienten oder dort wohnten, kamen einfach zu Fuß, wie Crescenzio Sepe, der derart von Reportern umringt wurde, dass er fast um Hilfe schrie. Die Deutschen waren auch am zweiten Tag der Kardinalskongregationen, dem 5. März, noch nicht vollständig. Karl Kardinal Lehmann hatte noch einen Vortrag in Deutschland zu halten und sollte erst am dritten Tag der Beratungen zu den Kardinälen hinzustoßen.

Die Geschlossenheit der US-Kardinäle hatte allerdings auch mit der banalen Gegebenheit zu tun, dass sie im Gegensatz zu den Italienern, die auf Dienstwohnungen rund um den Vatikan in ganz Rom verteilt waren, alle zusammen in dem riesigen Komplex des nordamerikanischen Colleges wohnten, das sich in traumhafter Lage auf dem Gianicolo-Hügel in unmittelbarer Nähe zum Vatikan erhebt. Allerdings sollten die US-Kardinäle durch einen eigenartigen Alleingang ihre Amtskollegen vor den Kopf stoßen und dadurch einen Großteil ihrer Glaubwürdigkeit und ihres Einflusses auf das Kardinalskollegium verlieren. Im Jahr 2005 hat es vor dem Konklave während der Kardinalskongregationen eine klare Regel gegeben: keine Interviews. Die Kardinäle hatten sich zum Großteil an diesen selbst verordneten Maulkorb gehalten. Während der Versammlung der Kardinäle in der Woche ab dem 4. März 2013 gab es keine solche klare Abmachung. Die US-Kardinäle befanden sich in einer außergewöhnlichen Situation. Hunderte amerikanische Journalisten und zahlreiche US-Fernsehsender waren nach Rom gekommen. Der Druck der Medien war immens. Grundsätzlich hatten die US-Kardinäle eine andere Haltung zu den Medien als die meisten ihrer Amtskollegen; sie schätzten das Medieninteresse sehr, während sich vor allem die deutschen Kardinäle hinter einer Mauer des Schweigens abschotteten.

Die Hintergründe des so anderen Medienverhaltens der US-Kardinäle hatte ich übrigens einmal in einem Interview mit der Tochter von Martin Luther King, der baptistischen Pastorin Bernice King, in den USA erfahren. Während des Papstbesuchs 2008 in New York war Benedikt XVI. auch mit ihr zusammengetroffen. Als ich mit Bernice King nach dem Treffen darüber sprach, war sie voller Neid angesichts der unglaublichen Präsenz des Papstes in den US-Medien. »Ich kann es einfach nicht fassen, dass der Papst auf allen Fernsehkanälen der USA rund um die Uhr zu sehen ist. Eine andere Kirche müsste Abermillionen Dollar für eine solche Medienpräsenz ausgeben. Was die katholische Kirche da demonstriert, ist höchst eindrucksvoll.«

Den US-Kardinälen war klar, welchen Vorteil das geballte Medieninteresse an der Papstwahl vor allem in ihrem Heimatland bedeutete. Es gab den Kardinälen die Möglichkeit, stundenlang Sendezeit im US-Fernsehen zu bekommen – und das noch völlig gratis. Der gewiefte New Yorker Kardinal Timothy Michael Dolan sprach offen aus, dass er die Anwesenheit von so vielen Journalisten und das große Interesse nutzen wolle. Aus diesem Grund organisierten die US-Kardinäle ein äußerst gut besuchtes Pressebriefing. Sie wollten nach eigenen Angaben »Hintergrundinformationen« liefern und waren bereit, Interviews zu geben.

Dass sie absolutes Stillschweigen geschworen hatten über das, was während der Beratungen der Kardinalskongregationen in der Synodenhalle besprochen wurde, sahen die US-Kardinäle nicht als Hindernis für ein solches Briefing an. Sie wollten über die Haltung der US-Kirche in dieser Situation sprechen, dabei aber das Schweigegelübde respektieren. Das bedeutete, dass es in der Woche der Beratungen der Kardinalskongregationen zwei Pressebriefings gab: ein offizielles des Vatikans, während dessen Papstsprecher Federico Lombardi peinlich genau darauf achtete, kein Wort darüber zu verlieren, was während der Kardinalskongregationen verhandelt worden war. Am Nachmittag fand dann das Briefing der US-amerikanischen Kardinäle statt. Alle anderen Länder hatten auf Pressebriefings verzichtet. Doch der Alleingang der US-Purpurträger stieß auf Verstimmung, denn in den italienischen Tageszeitungen tauchten Einzelheiten darüber auf, was die Kardinäle in den geheimen Beratungen besprochen hatten. Sofort gerieten die US-Kardinäle in Verdacht. Hatten sie, die ein eigenes Briefing anberaumt hatten, auch über den geheimen Teil der Beratungen gequatscht?

Die übrigen Kardinäle hatten das Gefühl, dass ihre US-Kollegen sich als Vertreter einer Supermacht herausnahmen, was ihnen selbst verwehrt war. Deswegen erhöhte der Camerlengo Tarcisio Bertone den Druck auf die US-Kardinäle mit dem Ergebnis, dass sie am 6. März einknickten und das Pressebriefing für den Nachmittag absagten. Die US-Amerikaner gaben zu, dass es »Unstimmigkeiten wegen der Geheimhaltung« gegeben habe. Das bedeutete für die US-Purpurträger eine schallende Ohrfeige: Man traute ihnen nicht. Damit war eine Vorentscheidung für die Papstwahl gefallen: Die US-Kardinäle würden wegen ihres Alleingangs fortan als potenzielle arrogante Besserwisser dastehen, die nicht einmal die Geheimhaltung respektierten und dafür von vielen Kardinälen Verachtung ernteten. Ihre Chancen, einen eigenen Kandidaten durchzubringen, schienen dahin zu sein. Daraufhin änderten die US-Kardinäle ihre Strategie und entschlossen sich, ab jetzt den Ball flach zu halten. Sie wurden gar nicht mehr müde zu betonen, dass sie keinen großen Einfluss auf das Konklave haben wollten. Während der Wahl Jorge Mario Bergoglios sollte sich diese Vorentscheidung als ausschlaggebend erweisen. Die US-Kardinäle versuchten gar nicht erst, einen der Ihren zum Papst zu machen, sondern stärkten von Anfang an Bergoglio.

Die US-Kardinäle bedienten sich als Erste eines neuen Mechanismus, der das Konklave zur Wahl des 266. Papstes prägen sollte, nämlich des Ausschlussverfahrens. Diese Methode war vollkommen neu. Das Konklave, das 2005 Papst Benedikt XVI. gewählt hatte, kannte sie noch nicht. Dass Joseph Ratzinger wieder und wieder betont hatte, dass er auf keinen Fall der nächste Papst werden wollte, hatte keinerlei Konsequenzen gehabt – die Kardinäle wählten ihn ja zum Papst. Doch die Teilnehmer des damaligen Konklaves mussten im Laufe seiner Amtszeit, spätestens aber im Augenblick seines Rücktritts erkennen, dass es keine gute Idee gewesen war, einen Mann zum Papst zu küren, der das Amt auf keinen Fall hatte ausüben wollen. Seine Erklärung vor den Pilgern aus Bayern kurz nach seiner Wahl, in der er diese mit einer Exekution verglich (»als das Fallbeil fiel«), markierte wohl den Beginn eines der schwärzesten Kapitel in der Geschichte der Kirche. Solch ein Experiment, einen Mann zum Papst zu machen, der klipp und klar sagt, dass er dieses Amt nicht wolle, und der sich im besten Fall aus Pflichtgefühl das Joch dieses Amtes auferlegen würde, wie das Benedikt XVI. getan hatte, würden die Kardinäle nicht noch einmal wagen.

Der erste Kardinal, der das verstand und sofort von dem neuen Ausschlussverfahren Gebrauch machte, war Sean O'Malley aus Boston. Er erklärte dass er »terrorisiert« sei von der Vorstellung, er könne zum nächsten Papst gewählt werden. Der Kapuzinerpater O'Malley hatte einen hervorragenden Ruf, weil er in der Diözese Boston aufgeräumt hatte. Er war nicht davor zurückgeschreckt, seinen eigenen Palast, das Bischofshaus, an das Boston College zu verkaufen, um den Bankrott abzuwehren. Sein Vorgänger, Erzbischof Bernard Francis Law, hatte im Jahr 2002 seine Ämter niedergelegt und war regelrecht nach Rom in den Vatikan geflohen, denn in Boston drohte ihm wegen Vertuschung von Fällen sexuellen Missbrauchs die Festnahme. Er ließ sich einen vatikanischen Diplomatenpass geben, der ihn schützte. Die Wiedergutmachungszahlungen hatten die Diözese an den Rand des Ruins getrieben. Doch trotz aller Verdienste:

Mit seiner Erklärung war Sean Patrick O'Malley draußen.

Auch der Star unter den US-Kardinälen, Timothy Dolan aus New York, kokettierte gerne damit, dass er nicht im Traum daran denke, zum Papst gewählt werden zu können. Er verglich seine Chance auf das Amt des Papstes mit der, im Footballteam der New York Yankees eingesetzt zu werden.

Den endgültigen Todesstoß für eine erfolgreiche Kandidatur auch nur eines der US-amerikanischen Kardinäle versetzte der Bischof von Washington, Donald Wuerl, den Purpurträgern seines Landes unmittelbar nach Beginn der Beratungen in der Kardinalskongregation. Er erklärte, dass »ein Papst, der aus der Supermacht USA komme, große Schwierigkeiten haben würde, im Rest der Welt eine spirituelle Botschaft zu überbringen«.

Die Botschaft des Washingtoner Kardinals verstanden seine Kollegen in Rom sofort: Jesus war kein Römer gewesen, kein Mitglied der Supermacht Rom, sondern das Gegenteil: ein Jude, ein »Rabbi« eines Volks, das darniederlag. Jesus hatte keine auch nur irgendwie geartete weltliche Macht innegehabt.

Sosehr die Kardinäle der Kongregation die Position der US-Kardinäle auch schätzten, sosehr konnten viele auch ihre Enttäuschung darüber kaum verbergen, dass die US-Kardinäle sich so offen selber aus dem Rennen warfen, denn einen Vorteil, der in der Kirche eine wichtige Rolle spielt, besaßen sie ohne Zweifel: Geld. Ein US-amerikanischer Papst hätte den unbestreitbaren Vorzug gehabt, in den USA erhebliche Summen auftreiben zu können, die der Weltkirche zugute kämen.

Außer ihrer Finanzkraft gab es noch einen weiteren

Grund, dass die US-Kardinäle den nächsten Papst stellen sollten. Sie schienen der ideale Anknüpfungspunkt an die Erfolgsära der katholischen Kirche in jener Zeit zu sein, als der Vatikan noch eng mit den USA verbunden war. William Joseph Levada, ehemaliger Chef der Glaubenskongregation, hatte mir in einem langen Interview erklärt, wie er sich die Zukunft der Kirche vorstelle: »Es gibt viele Menschen in den USA, die das Gefühl haben, dass wir Nordamerikaner zusammen mit der Kirche das Böse besiegt haben. Die amerikanischen Präsidenten, die in Berlin den Fall der Mauer gefeiert haben, wussten, dass sie den Sieg im Kalten Krieg nicht nur der überlegenen Waffentechnik und Wirtschaftsleistung der USA zu verdanken hatten, sondern auch der Kirche.« Für ihn war es sinnvoll, wieder daran anzuknüpfen, wo die USA und der Vatikan mit Ronald Reagan und Karol Wojtyła an der Spitze das von ihnen »Reich des Bösen« genannte Sowjetimperium erfolgreich bekämpft hatten, und so die Kirchenskandale der vergangenen Jahre vergessen zu machen.

# Kandidaten 3: Die Deutschen

Eine Spitzfindigkeit sorgte dafür, dass die Zahl der wahlberechtigten deutschen Kardinäle bei sechs lag, die Deutschen stellten damit die drittstärkste Gruppe nach Italien und den USA. Walter Kardinal Kasper war am 5. März 2013 80 Jahre alt geworden. Nach der päpstlichen Konstitution *Romano Pontifici eligendo* von Papst Paul VI. aus dem Jahr 1975 sind Kardinäle, die das 80. Lebensjahr vollendet haben, von der Papstwahl ausgeschlossen. Kasper hätte somit nicht mehr in das Konklave einziehen können – so sollte man annehmen. Stichdatum ist jedoch nicht der Tag des Beginns des Konklaves, sondern der Tag des Beginns der Sedisvakanz, also der Augenblick, von dem an der Thron des Papstes leer ist. Nun hatte Papst Benedikt XVI. festgelegt, dass die Sedisvakanz ab 28. Februar, 20 Uhr, eintritt. In jenem Augenblick war Kasper aber erst 79 Jahre alt. Deshalb war er berechtigt, an der Papstwahl teilzunehmen, und würde somit als ältester Kardinal in das Konklave einziehen.

Die sechs deutschen Kardinäle waren in einer historisch einzigartigen Situation. Sie kamen aus dem Land, das den letzten Papst gestellt hatte. Gleichzeitig hatte ein Großteil der Gläubigen dieses Landes diesen Papst ebenso wenig haben wollen wie einige der deutschen Kardinäle, aber das ahnten im Vatikan nur die Wenigsten. Die ganze Welt, wie auch mein Freund, der Vatikanexperte Andrea Tornielli, glaubte, dass die deutschen Kardinäle eine äußerst mächtige Gruppe waren. Schließlich hatten sie einen deutschen Papst im Konklave durchgesetzt. Aber hatten das die deutschen Kardinäle wirklich?

Viele Kardinäle aus der ganzen Welt hatten Joseph Ratzinger zum Papst gewählt, weil er der engste Vertraute des Heldenpapsts Johannes Paul II. gewesen war. Man hatte selbstverständlich vorausgesetzt, dass die deutschen Kardinäle ganz besonders eifrig Ratzingers Kandidatur unterstützen würden. Aber das war völlig falsch. In der Gruppe der deutschen Kardinäle, die am Konklave bei der Wahl Benedikts XVI. teilnahmen, waren zwei ausgewiesene Gegner Ratzingers, auch wenn sie das nicht offen zugegeben hätten: Walter Kasper und Karl Lehmann. Die Wunden, die der Streit zwischen Kasper und Ratzinger 1993 geschlagen hatte, waren nie wirklich verheilt. Damals hatte Ratzinger als Präfekt der Glaubenskongregation Kasper zusammengefaltet, weil der gemeinsam mit Lehmann eine Erklärung zur Situation von Geschiedenen, die wieder heirateten, abgegeben hatte. Beide stellten die Regel der Kirche, diese Menschen zu den Sakramenten, also auch zur Kommunion, nicht mehr zuzulassen, infrage. Ratzinger pfiff sie zurück und zwang sie, ihre von der Kanzel verkündeten Worte zurückzunehmen.

Der Konflikt des Joseph Ratzinger mit Karl Lehmann ging noch weiter. Im Streit um eine Lösung in der Frage der Schwangerschaftskonfliktberatung kam es zu einer direkten Auseinandersetzung zwischen Lehmann und dem damaligen Präfekten der Glaubenskongregation. Dabei ging es darum, ob die Kirche aus dem staatlichen System der Schwangerschaftskonfliktberatung aussteigen sollte oder nicht. Jahrelang hatte die Kirche eine Schwangerschaftskonfliktberatung angeboten. Frauen konnten sich nach der Beratung für Hilfsangebote und für das Kind oder aber für einen legalen Schwangerschaftsabbruch entscheiden, zu dem sie der von der katholischen Kirche ausgestellte Beratungsschein berechtigte. Die Mehrheit der deutschen Bischöfe wollte im Beratungssystem bleiben, für das der Vorsitzende der Deutschen Bischofskonferenz, Karl Lehmann, kämpfte. Ratzinger war dagegen, nach seiner Interpretation wurde die Kirche durch das Ausstellen des Scheins mitschuldig an der Tötung ungeborenen Lebens. 1998 setzte er sich mit seiner Position durch. Lehmann war tief enttäuscht und verletzt.

Die Wahl Ratzingers zum Papst versetzte Kasper und Lehmann einen Schock. Sie würden zwar beide weiterhin als vorbildliche Soldaten des Papstes Benedikt XVI. dienen – Kasper sogar in unmittelbarer Nähe als Chef des Einheitsrates –, aber eine herzliche Freundschaft wurde es nicht mehr. Der deutsche Papst vertrat dann auch während seines Pontifikats nur sehr wenige Anliegen der deutschen Kirche. Benedikt XVI. kam aus dem Mutterland der Reformation und kannte sich in dem komplizierten Geflecht der Beziehungen der katholischen Kirche zu den lutherischen und evangelischen Kirchen besser aus, als dies je ein Papst aus Italien vermocht hätte. Doch ausgerechnet in diesem Kernanliegen der deutschen Kardinäle, der Ökumene, setzte Ratzinger kaum Akzente.

Was die zweite Herzensangelegenheit der deutschen Kardinäle anging, die besondere Beziehung zu den Juden, hatte Benedikt XVI. versagt. So bitter das auch war, es ließ sich kaum wegdiskutieren. Das Desaster der Rehabilitierung des Holocaust-Leugners Bischof Richard Williamson hatte dazu geführt, dass das Parlament in Jerusalem erwog, die diplomatischen Beziehungen zum Heiligen Stuhl abzubrechen, auf dem jetzt ein Deutscher saß. Statt ein historisches Zeichen zu setzen und die tiefe Schuld der deutschen Katholiken gegenüber dem Volk der Juden angesichts der während des Nationalsozialismus begangenen Verbrechen zum Thema zu machen, handelte sich Benedikt XVI. eine deftige Rüge Israels ein.

Auch eine andere Rede hatte vor allem angestellte Mitarbeiter der Kirche in Deutschland gegen den Papst aufgebracht. Dies geschah bei seinem Besuch in Freiburg im September 2011. Der Papst forderte eine »Entweltlichung« der Kirche. Sie dürfe sich nicht an staatliche Privilegien gewöhnen. Wie konnte der Papst nur die deutsche Kirchensteuer einstreichen und ein Heer von Mitarbeitern in den Kirchen akzeptieren, die vom Staat bezahlt wurden – und dann gleichzeitig eine Entweltlichung fordern? Viele staatlich alimentierte Mitarbeiter der Kirche waren vom Papstwort geschockt. Sie fragten sich, wer sie dann bezahlen sollte und wie sie ihre Familien ernähren sollten, denn die katholische Kirche konnte sich ihren großen Verwaltungsapparat ohne die Mitfinanzierung durch den deutschen Staat kaum leisten.

Die deutschen Kardinäle kämpften also bei der Vorbereitung des Konklaves mit dem Umstand, dass zwar ein Papst aus Deutschland die Kirche regiert, dass er aber gar nicht viel Zustimmung aus Deutschland bekommen und deutsche Kircheninteressen nicht wirklich wahrgenommen hatte. Deshalb wollten sie im Konklave einen Kandidaten unterstützen, der die deutschen Anliegen verstand: Christoph Kardinal Schönborn, Erzbischof von Wien.

# Kandidaten 4: Die Afrikaner

Als größter Verlierer der beginnenden Beratungen erwies sich der Chef des Päpstlichen Rats für Gerechtigkeit und Frieden, Peter Kodwo Appiah Kardinal Turkson aus Ghana. Da nutzte es ihm auch nichts, dass er mit dem eigenen Dienstwagen kam, den er in Rom leidenschaftlich gern selber fuhr. Turkson ruinierte seine Chancen, der erste schwarze Papst der Geschichte zu werden, in einem Fernsehinterview mit einem US-Sender. Darin erklärte er, dass die afrikanische Kultur, die traditionell Homosexualität ächte und »jede Affäre zwischen den Gleichgeschlechtlichen« nicht gutheiße, genau deswegen den afrikanischen Kontinent vor Kindesmissbrauch bewahrt habe. Diese Behauptung war wissenschaftlich unhaltbar und blanker Unsinn, weil längst nachgewiesen ist, dass Homosexualität und Kindesmissbrauch zwei völlig verschiedene Dinge sind. Sowohl heterosexuelle als auch homosexuelle Männer können sich von Kindern angezogen fühlen. Dieses Interview sollte Turksons Chance zunichte machen – der Kandidat Afrikas war damit aus dem Rennen.

# Kandidaten 5: Die Lateinamerikaner

Ein großer Teil der italienischen Presse schien vollständig davon überzeugt zu sein, dass es im Konklave nur zwei Möglichkeiten geben würde: Entweder würden sich die mächtigen Kardinäle der Kurie durchsetzen, unterstützt von den 28 italienischen Kardinälen, oder aber es würde ein Kardinal aus Lateinamerika gewählt. Die italienischen *Vaticanisti* schienen sich auch darin einig zu sein, wer das sein sollte: der brasilianische Kardinal Odilo Pedro Scherer.

Der Brasilianer galt aus mehreren Gründen als idealer Kompromisskandidat: Zuerst einmal stammte er aus Lateinamerika, also aus dem Teil der Welt, in dem die meisten Katholiken dieser Erde leben. Bereits Papst Paul VI. hatte Lateinamerika den Kontinent der Hoffnung genannt. Scherer hatte sich in São Paulo um die Armen gekümmert. Aber gleichzeitig war er auch mit der Kurie in Rom nur allzu vertraut. Als Mitglied der Kongregation für die Bischöfe kannte er zahlreiche seiner Amtskollegen rund um die Welt – ein eindeutiger Vorteil für ihn. Was gegen Scherer sprach und ihm das Leben schwermachen konnte, war seine derzeitige Position im Aufsichtsrat der Vatikanbank Istituto per le Opere di Religione (IOR). Die Befragung des Kardinalstaatssekretärs Tarcisio Bertone durch die Kardinäle während der Kongregationen vor dem Konklave hatte eindeutig gezeigt, wie verärgert die angereisten Kardinäle darüber waren, dass die katholische Kirche wegen der illegalen Geldgeschäfte der Bank ihren Ruf ruinierte. Scherer wurde natürlich nicht allein für das Desaster verantwortlich gemacht, er hatte es aber auch nicht verhindert. Dass ausgerechnet Scherer, der offensichtlich zugelassen hatte, dass in der Vatikanbank vieles schieflief, der richtige Papst sein sollte, um aufzuräumen, erschien vielen Kardinälen zweifelhaft.

Und dann gab es noch den zweiten Lateinamerikaner: Jorge Mario Kardinal Bergoglio, den Erzbischof von Buenos Aires. Die italienische Presse räumte ihm keinerlei Chancen ein, aus zwei Gründen: zu alt und zu krank. Bergoglio war 76 Jahre alt. Hatte nicht Joseph Ratzinger seinen Rücktritt damit begründet, dass seine Kräfte nicht mehr ausreichten? Johannes Paul II. hatte das Papstamt drastisch verändert, Päpste mussten seitdem viel mehr arbeiten als früher. Sich ein paar Mal im Jahr auf der Loggia des Petersdoms zu zeigen reichte schon lange nicht mehr aus. Ein 76-Jähriger, dem zudem ein Teil des rechten Lungenflügels entfernt worden war, schien keine Chance zu haben.

Einen Mann wie Bergoglio zu wählen käme zudem einem eindeutigen Affront gegen die römische Kurie gleich. Denn mit der hatte sich Bergoglio bekanntlich immer wieder heftig gestritten. Seine Wahl würde bedeuten, dass er alles umkrempeln würde. Papst Benedikt XVI. hatte ihn besonders herzlich während des letzten Treffens mit den Kardinälen verabschiedet. Bergoglio war der einzige ernsthafte Gegner Ratzingers beim Konklave im Jahr 2005 gewesen. Auf den Jesuiten soll damals gut ein Drittel aller Stimmen, also etwa 40, entfallen sein, bis er plötzlich die Kardinäle bat, ihn nicht mehr zu wählen.

# Hoffen und Bangen in der Kurie

Der Rücktritt Papst Benedikts XVI. und das anstehende Konklave lösten auch innerhalb der Kurie eine gewisse Panik aus. Die Kurienkardinäle trieben jetzt nur noch zwei Fragen um: Wer würde die Reform der Kurie überleben, und wer würde gefeuert werden?

In einem Punkt hatte Joseph Ratzinger seinem Nachfolger einen großen Dienst erwiesen: Die Besetzung des nach dem Papst zweitwichtigsten Amtes im Vatikan, des Postens des Kardinalstaatssekretärs, war dadurch leichter geworden, dass der Amtsinhaber Tarcisio Bertone zur Zeit des Rücktritts von Papst Benedikt XVI. bereits 78 Jahre alt war. Damit hatte er das Höchstalter der Kurienkardinäle um drei Jahre überschritten. Mit Vollendung des 75. Lebensjahres ist normalerweise Schluss im Vatikan. Zwar kann der Papst eine Verlängerung von einem oder zwei Jahren gewähren – was er auch oft tut –, aber ein 78-jähriger Kardinal kann kaum darauf hoffen, dass der Papst ihn in seinem Amt bestätigen wird. Maximal lässt der Neue ihm noch ein paar Monate Zeit, damit der Amtsinhaber sein Büro räumen und den Nachfolger einarbeiten kann.

Die Neubesetzung dieses Amtes sollte für Papst Franziskus kein Problem darstellen. Ganz anders ist es jedoch mit dem nächstwichtigsten Amt, dem des Präfekten der Glaubenskongregation. Papst Benedikt XVI. hatte erst am 2. Juli 2012 einen seiner engsten Vertrauten, Gerhard Ludwig Müller, den ehemaligen Erzbischof von Regensburg, auf diesen Posten berufen. Beim Rücktritt Papst Benedikts XVI. war Müller für Vatikanstandards altersmäßig eine Nachwuchskraft, gerade erst einmal 65 Jahre alt. Hinsichtlich seiner Befähigung zu diesem Amt gab es kaum Zweifel, Müller war bereits am 20. Dezember 2007 zum Mitarbeiter der Glaubenskongregation ernannt worden. Müllers Problem ist ein anderes: seine extreme Nähe zu Joseph Ratzinger.

Bei seiner Bischofsweihe am 24. November 2002 hatte Gerhard Ludwig Müller ausgerechnet den Titel einer der umstrittensten Schriften von Joseph Ratzinger zum Motto seines Bischofsamtes gewählt: »Dominus Iesus«. Joseph Ratzinger hatte sie im Jahr 2000 veröffentlicht und damit einen heftigen Konflikt ausgelöst. Der Präfekt der Glaubenskongregation hatte darin erklärt, dass die evangelischen und lutherischen Kirchen nach katholischem Verständnis gar keine Kirchen, sondern lediglich kirchliche Gemeinschaften seien. Es gebe nur eine Kirche, und das sei die katholische, die sich auf Jesus Christus als ihren Gründer beruft, so Ratzinger. Daraufhin kam es zu einem Eklat: Der Präsident des Lutherischen Weltbundes, Christian Krause, sagte die bereits zugesagte Teilnahme am ökumenischen Abschlussgottesdienst des Heiligen Jahres, der Anfang 2001 im Beisein von Papst Johannes Paul II. in Rom in der Basilika Sankt Paul vor den Mauern stattfand, wieder ab.

In den Jahren zuvor hatte es so ausgesehen, als wäre es zu einem Durchbruch in den Beziehungen zwischen den lutherischen und evangelischen Kirchen einerseits sowie der katholischen Kirche andererseits gekommen. In Augsburg hatten Christian Krause für den Lutherischen Weltbund und Edward Idris Kardinal Cassidy für die katholische Kirche am 31. Oktober 1999 die gemeinsame Erklärung zur Rechtfertigungslehre unterzeichnet. Das war zweifellos ein Meilenstein in den Beziehungen der Konfessionen, aber die Erklärung Joseph Ratzingers, die evangelischen Kirchen seien gar keine Kirchen, empfanden viele Lutheraner als herabwürdigend.

Nach katholischem Kirchenverständnis war das, was Joseph Ratzinger geschrieben hatte, ein alter Hut, aber der Ton macht nun einmal die Musik. War es wirklich notwendig, dass die katholische Kirche nach einer zwischenzeitlichen Aussöhnung den evangelischen und lutherischen Kirchen unter die Nase reiben musste, dass sie angeblich gar keine Kirchen waren?

Ausgerechnet für den Titel dieser Schrift hatte sich Gerhard Ludwig Müller also entschieden. Müller war in seinen verschiedenen Ämtern auch als Chef einer Kommission für die Ökumene in Deutschland verantwortlich. Von katholischer und von evangelischer Seite gab es immer wieder Kritik, dass Müllers konservative Positionen das Aufeinanderzugehen der Kirchen nicht unbedingt erleichtern würden.

Papst Franziskus muss jetzt also entscheiden, ob er einen Mann, der eine so starke Nähe zu Joseph Ratzinger und dessen Ansichten pflegt, als Chef der Glaubenskongregation behalten will. Wie nah dieser dem ehemaligen Papst steht, zeigt auch, dass Müller im Auftrag Ratzingers dessen Gesamtwerk herausgibt. Das Regensburger Institut »Benedikt XVI.« wird diese Gesamtausgabe in 16 Bänden vorbereiten. Es wird Zweifel daran geben, ob Müller die Glaubenskongregation im Sinne des neuen Papstes oder aber doch im Sinne seines hoch verehrten Vorgängers Ratzinger führen wird. Über dem Haupt des Präfekten der Glaubenskongregation schwebt also ein Damoklesschwert.

Der Präfekt übt eine eminent wichtige Funktion aus: Er ist weltweit zuständig für die Aufklärung der Fälle sexuellen Missbrauchs, in die Priester und Ordensleute verwickelt waren. Müller selbst machte unangenehme Erfahrungen in dieser Sache. Als Bischof von Regensburg setzte er einen Kaplan, der wegen sexuellen Missbrauchs eines Messdieners verurteilt worden war, im Jahr 2004 als Pfarradministrator in einer anderen Gemeinde ein, ohne diese über das Vorleben des Geistlichen zu informieren. Dort wurde der Mann erneut straffällig, kam in Untersuchungshaft und wurde schließlich zu drei Jahren Gefängnis verurteilt. Bischof Müller entschuldigte sein Vorgehen damals damit, ihm sei vom Gericht zugesichert worden, dass der Mann auch wieder in der Nähe von Kindern und Jugendlichen eingesetzt werden könne. Unangenehm war der Fall trotzdem. Zumindest musste sich Müller vorwerfen lassen, nicht vorsichtig genug gewesen zu sein.

Einem Bischof vor Ort konnte so etwas passieren, aber wie sehr würde dieser Fall die Arbeit des Präfekten der Glaubenskongregation erschweren? Was sollte er entgegnen, wenn ihm im Fall eines Disputs mit einem Bischof wegen eines Missbrauchsverdachts vorgeworfen würde, selbst in seiner eigenen Diözese einen Sexualstraftäter nicht aus dem Verkehr gezogen zu haben? Erleichtern würde es die Ausübung seines Amtes nicht. Als Präfekt wird Gerhard Ludwig Müller weltweit absolut korrektes Verhalten der Bischöfe einfordern müssen, wenn es zu Vorwürfen gegen Priester wegen sexueller Vergehen kommt. Papst Franziskus wird jetzt entscheiden müssen, ob Müller der richtige Mann für dieses wichtige Amt ist.

Der Rücktritt von Papst Benedikt XVI. kam übrigens so überraschend, dass Gerhard Ludwig Müller vorher nicht einmal zum Kardinal befördert worden war – ein Titel, den die meisten Präfekten der Glaubenskongregation bisher innegehabt haben. Müller war also nicht ins Konklave eingezogen.

Eine andere Schlüsselposition scheint für Papst Franziskus ausgezeichnet besetzt zu sein: das Amt des Chefs der Kongregation für die Bischöfe, das der kanadische Kardinal Marc Ouellet ausübt. Ouellet hatte bisher keine Fehler gemacht bei dem schwierigen Job, auf den frei werdenden Bischofsposten in aller Welt die richtigen Männer einzusetzen. Er hat zudem den Vorteil, dass er mit dem letzten großen Eklat seiner Kongregation nichts zu tun hatte, sondern als Retter in der Not gekommen war. Im Jahr 2006 hatte der Vorgänger von Marc Ouellet, Kurienkardinal Giovanni Battista Re, einen schweren Fehler begangen: Ausgerechnet das angesehene Amt des Erzbischofs von Warschau hatte Papst Benedikt XVI. auf Anraten von Kardinal Re mit dem polnischen Priester Stanisław Wojciech Wielgus besetzt. In Polen war damals schon bekannt, dass Wielgus im Verdacht stand, mit dem Staatssicherheitsdienst des kommunistischen Regimes zusammengearbeitet zu haben. Dennoch wurde Wielgus zum Bischof geweiht – und legte sein Amt nach Bekanntwerden des Skandals zwei Tage später am 7. Januar 2007 schon wieder nieder. Nach einer Schonfrist entließ Benedikt XVI. Kardinal Re, der diesen schwerwiegenden Fauxpas nicht verhindert hatte.

Der Saubermann Ouellet hatte seitdem alle Stolpersteine umgangen. Für Papst Franziskus wird Ouellet allein schon deshalb eine große Rolle spielen, weil er die Fraktion anführen wird, die eine Globalisierung der katholischen Kirche vorantreiben will. In einem Interview mit der Tageszeitung *Avvenire*, die der Italienischen Bischofskonferenz gehört, sagte Ouellet, dass es für seine Kongregation für die Bischöfe nicht gut gewesen sei, dass die drei wichtigsten Chefs der Kurie – Kardinalstaatssekretär, Präfekt der Glaubenskongregation, Präfekt der Kongregation für die Bischöfe – lange Zeit immer Italiener gewesen seien. Eine Internationalisierung bekäme der katholischen Kirche gut.

# Das Konklave beginnt

Dienstag, 12. März, der erste Tag des Konklaves. Der Tag begann mit hektischem Gedränge im Hotel der Kardinäle, dem »Domus Sanctae Marthae«. Den Kardinälen waren die Zimmer zuvor bereits zugelost worden, jetzt mussten sie ihre Behausungen beziehen. Die Kardinäle erfuhren erst jetzt, ob sie zu den Glücklichen gehörten, die eine der 105 Suiten mit separatem Vorzimmer bekommen hatten, oder ob sie sich in einem der 26 kleinen Einzelzimmer einrichten mussten. Papstsprecher Federico Lombardi hatte der Welt mit seiner Erklärung ein Rätsel aufgegeben. Demzufolge seien die Unterkünfte nicht deswegen verlost worden, um Streit über die Zimmerverteilung zu vermeiden, sondern damit die Kardinäle sich nicht ihren Zimmernachbarn aussuchen könnten.

Warum sollten sie sich ihren Zimmernachbarn aussuchen wollen? Ging der Vatikan davon aus, dass sich die Kardinäle nach dem Abendessen, also gegen 21 Uhr, noch aus ihrem Quartier zum Nachbarn schleichen würden, um da ein Fläschchen Wein zu köpfen? Nur ein Zimmer blieb an diesem Morgen leer. Es war die Suite 201, die sich von den anderen Räumlichkeiten lediglich dadurch unterscheidet, dass sie ein etwas pompöseres, aber aus ebenso bedrückend dunklem Holz wie die anderen Möbel gefertigtes Bett aufzuweisen hat und ein relativ hässliches Wohnzimmer. Dazu gibt es hier noch eine Art Vorzimmer, in dem ein Sekretär an einem Telefon Platz nehmen kann. Dort sollte der nächste Papst einziehen und vermutlich etwa eine Woche bleiben, bis das päpstliche Appartement nach seinen Vorstellungen umgebaut sein würde. Papst Benedikt XVI. war seinerzeit erst abends gewählt worden und hatte dann keine Lust mehr gehabt, noch am Abend umzuziehen. Er war in seinem Zimmerchen im Hotel der Kardinäle geblieben, um dort nachts auf Lateinisch seine Antrittsrede zu schreiben. Papst Franziskus sollte schließlich auch nicht gleich in die Suite einziehen, er blieb zunächst in seinem Zimmerchen.

Nachdem an diesem Dienstag, dem 12. März, die Räume bezogen worden waren, eilten die Kardinäle zur *Missa pro eligendo Romano Pontifice,* die zum Auftakt des Konklaves gelesen wird, um Gottes Beistand herbeizurufen. Dieser 12. März 2013 schien zunächst keine große Chancen darauf zu haben, in die Geschichte der Päpste einzugehen, doch dann sollte es anders kommen.

Papstsprecher Pater Federico Lombardi stellte beim Pressebriefing fest, dass nach dem ersten Wahlgang am Dienstag kaum weißer Rauch aufsteigen werde. Der erste Wahlgang an diesem Tag sei nichts weiter als ein Auftakt. Die Kardinäle hatten im Verlauf der Sitzungen der Kongregationen in der zurückliegenden Woche eigentlich Zeit genug gehabt, um ausführlich zu diskutieren. Allerdings gab es satte 161 Wortmeldungen, am letzten Tag vor dem Konklave hatten die Redebeiträge abgekürzt werden müssen. Es war nicht genug Zeit, dass alle sprechen konnten. Der Diskussionsbedarf schien ungeheuer groß zu sein.

Am Montag zuvor sollten aus dem Kardinalskollegium

Informationen durchsickern, die keinen Zweifel mehr daran ließen, dass sich ein Großteil der Kardinäle vor allem über die Skandale empörte, in die die Vatikanbank IOR verwickelt ist. Den meisten Purpurträgern leuchtet überhaupt nicht ein, dass ausgerechnet die Bank des Vikars Jesu nicht den Mindeststandards der Europäischen Union entspricht und zulässt, was auf der ganzen Welt verboten ist: nämlich Gelder zu transferieren, ohne dass man nachvollziehen kann, wer der Absender und wer der Empfänger ist. Nur einige wenige Inselstaaten der Karibik, die im dringenden Verdacht der Tolerierung von Geldwäsche stehen, agieren diesbezüglich ähnlich suspekt wie der Vatikan. Während der letzten, der zehnten Kardinalskongregation am 11. März hatte Kardinalstaatssekretär Tarcisio Bertone einräumen müssen, dass die italienische Staatsanwaltschaft so massive Vorwürfe gegen die Führung der Vatikanbank erhoben hatte, dass es zu spektakulären Konsequenzen kam.

Die Deutsche Bank hatte dem Vatikan für den bargeldlosen Zahlungsverkehr Konten zur Verfügung gestellt, auf denen die Staatsanwaltschaft »irreguläre Bankbewegungen« nachweisen konnte. Das zwang die Deutsche Bank im Januar 2013 dazu, den bargeldlosen Zahlungsverkehr der Vatikanbank komplett einzustellen. Mit EC- oder Kreditkarte ging im Vatikan gar nichts mehr. Das hatte unter anderem zu langen Schlangen an den Schaltern der Vatikanbank geführt, weil die Touristen ihre Eintrittstickets nicht mehr bargeldlos bezahlen konnten. Dass ausgerechnet im Staat des Papstes eine solche Schlamperei herrschte, verärgerte die Kardinäle sehr. Die Kirchenregierung, die Kurie, genoss also keine allzu große Wertschätzung unter den auswärtigen Kardinälen.

1  Papst Franziskus grüßt nach seiner Wahl am 13. März 2013 vom Balkon des Petersdoms. Der 266. Papst ist der erste Lateinamerikaner und der erste Jesuit auf dem Thron Petri.

2  Als Papst Benedikt XVI. – hier mit dem Autor in Castel Gandolfo – am 11. Februar 2013 bekannt gibt, zu Monatsende als Bischof von Rom zurückzutreten, vollzieht sich eine Revolution im Vatikan.

3  Diese zwölf Männer galten vor dem Konklave als »papabile« (jeweils von links nach rechts): Cláudio Hummes (Brasilien), Óscar Rodríguez Maradiaga (Honduras), Jorge Mario Bergoglio (Argentinien), Norberto Rivera Carrera (Mexiko), João Braz de Aviz (Brasilien), Luis Antonio Tagle (Philippinen), Christoph Schönborn (Österreich), Peter Erdö (Ungarn), Angelo Scola (Italien), Marc Ouellet (Kanada), Francis Arinze  und John Onaiyekan (beide Nigeria).

, 5   Im Petersdom unter dem Bernini-Baldachin zelebriert der Dekan der Kardi-
äle, Angelo Sodano, zu Beginn des Konklaves am 12. März die *Missa pro eligendo*
*ontifice Romano* (oben). Am Nachmittag ziehen die 115 wahlberechtigten Kardinäle
ann in die Sixtinische Kapelle ein, um den Papst zu wählen (unten).

**6, 7** Über 200 000 Menschen jubeln auf dem Petersplatz, als der frisch gewählte Papst Franziskus auf den Balkon des Petersdoms tritt (oben). Ordensleute aus aller Welt begrüßen es, dass mit dem 76-jährigen Argentinier die Globalisierung der Kirche weitergeht (unten).

Jorge Mario Bergoglio als junger
Priester im Kreis der Familie zusam-
men mit seinen Eltern und vier
Geschwistern.

**9** Seit 1958 Mitglied des Jesuitenordens,
wird Bergoglio 1969 nach seinem Philo-
sophie- und Theologiestudium zum
Priester geweiht.

Jorge Mario Bergoglio sah sich immer als Priester der Armen. So war es für ihn
selbstverständlich, Privilegien wie einen Fahrdienst abzulehnen und zu seinen Ter-
minen mit öffentlichen Verkehrsmitteln zu fahren – wie hier in der U-Bahn von
Buenos Aires.

**11** 1998 zum Erzbischof von Buenos Aires ernannt, verehrte Bergoglio zeitlebens Johannes Paul II., zu dessen Gedenken er hier die Messe hält.

**12** Papst Benedikt XVI. zeigte sich von dem Bischof der Armen, Kardinal Bergoglio, tief beeindruckt. Er sagte zu seinen Mitarbeitern mehrfach, dass er ihn für einen Heiligen halt

**13** Franz von Assisi – hier auf einem Fresko von Cimabue in der Basilika seiner Heimatstadt – war nie zuvor Namensgeber für einen Papst. Kein Wunder, sahen sich doch die Päpste lange auch als weltliche Herrscher, die mit dem das Ideal der Armut und Solidarität verkündenden Heiligen wenig gemein hatten.

14 Der neoklassizistische Portikus der Catedral Metropolitana, der Mutterkirche von Erzbischof Bergoglio in Buenos Aires.

15 Bergoglio mit dem Vereinswappen seiner Lieblingsfußballmannschaft – seit seiner Jugend ist er Fan von San Lorenzo de Almagro.

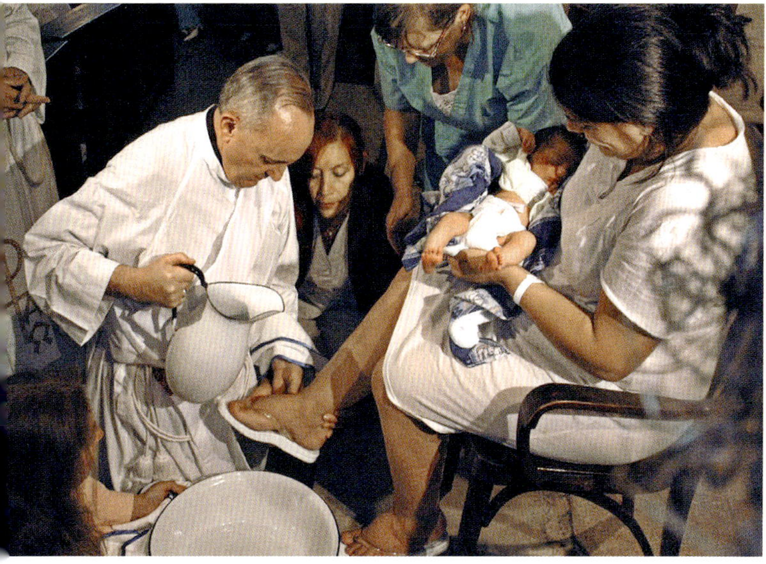

16 Jorge Mario Bergoglio bei einer Fußwaschung, die er am Gründonnerstag in einem Armenviertel von Buenos Aires vornimmt. Sein Einsatz für die unteren Schichten der Gesellschaft handelte ihm immer wieder Ärger mit der römischen Kurie ein.

**17** Schon bei dieser Messe »Für die Kirche« in der Sixtinischen Kapelle zum Abschluss des Konklaves demonstrierte Papst Franziskus, dass eine neue Zeit angebrochen ist. Er ließ den Altar in der Kirche umstellen, um die Messe nicht mit dem Rücken zu den Kardinälen lesen zu müssen.

**18** Am Tag nach seiner Wahl zum neuen Papst betet Franziskus in der Marienkirche Santa Maria Maggiore vor dem Bild der Mutter Gottes.

**19** Der Autor im Gespräch mit einem engen Vertrauten von Papst Franziskus, dem argentinischen Bischof und Chef der Päpstlichen Akademie der Wissenschaften Marcelo Sánch Sorondo.

Die Debatten waren nun an diesem Dienstag endgültig vorbei. Jetzt sollte endlich gewählt werden, die *Missa pro eligendo Romano Pontifice* um 10 Uhr beginnen. Niemand erwartete an diesem Vormittag eine erwähnenswerte Predigt oder eine Überraschung beim Wahlgang am Nachmittag, aber dann sorgte der Dekan der Kardinäle, Angelo Sodano, während der Messfeier für Aufsehen.

Sodano hatte an diesem Vormittag eine letzte Chance, noch einmal Politik zu machen, und er nutzte sie. Der Dekan der Kardinäle kann einem Kardinal durchaus ins Gewissen reden, das muss er sogar, wenn er es für nötig erachtet. Aber einem Papst kann auch er keine Vorschriften machen. Er muss ihm gehorchen. Diese heilige Messe in der Sedisvakanz aber ist für Sodano eine letzte Gelegenheit, dem *künftigen* Papst noch etwas mit auf den Weg zu geben, denn noch ist der nur ein Kardinal und muss dem Dekan zuhören.

Die Überraschung ist gut verpackt. Die Menge hat zunächst den Eindruck, dass der Star, der von den 115 wahlberechtigten Kardinälen und der Menge der Gläubigen bejubelt werden soll, einer ist, der gar nicht in der Peterskirche weilt. Es sieht alles nach einer liebevollen Huldigung an den zurückgetretenen Papst aus. Gleich zu Beginn seiner Predigt erinnert Angelo Sodano an Papst Benedikt XVI. und dankt für das »leuchtende Pontifikat«, »das Leben und Wirken des 265. Nachfolgers Petri, des geliebten und ehrwürdigen Papstes Benedikt XVI.«.

Die Menge klatscht minutenlang Beifall, sowohl in der Basilika als auch draußen auf dem Platz. Dann jedoch wird es eisig: Alle, die an himmlische Vorboten glauben, fragten sich, warum der liebe Gott ausgerechnet jetzt, während dieser feierlichen Messe, einen so kalten Hagelschauer auf den Petersplatz niederregnen ließ, der die mehreren zehntausend Gläubigen auf dem Platz arg frösteln machte. Dann holt Sodano vor der fassungslosen Menge zu etwas aus, was nichts anderes ist als eine schmerzhafte Ohrfeige für den angeblich so hoch verehrten Papst Benedikt XVI.

Zunächst erinnert der Kardinal an die wundervolle Kernbotschaft des Christentums: »Das ist mein Gebot: Liebt einander, so wie ich euch geliebt habe« (Johannes 15, 12). Das sieht anfangs ganz harmlos aus, doch dann legt Sodano los: »Der Text knüpft damit auch an die erste Lesung aus dem Propheten Jesaja über das Handeln des Messias an, um uns daran zu erinnern, dass die grundlegende Haltung der Hirten der Kirche die Liebe ist. Es ist jene Liebe, die uns dazu veranlasst, das eigene Leben für die Brüder und Schwestern hinzugeben. So sagt uns in der Tat Jesus: ›Es gibt keine größere Liebe, als wenn einer sein Leben für seine Freunde hingibt‹ [Johannes 15, 13]. Die grundlegende Haltung jedes guten Hirten ist es also, sein Leben hinzugeben für die Schafe [vgl. Johannes 10, 15]. Dies gilt vor allem für den Nachfolger Petri, den Hirten der universalen Kirche. Denn je höher und universaler sein Amt ist, desto größer muss die Liebe des Hirten sein. […] Liebe Mitbrüder, beten wir, damit der Herr uns einen Papst schenkt, der großherzig diese hohe Sendung erfüllt.«

Man muss nun nicht gerade Theologie studiert haben, um zu verstehen, was Sodano meinte. Der Papst muss sein Leben hingeben, nicht in Rente gehen. Da Päpste seit gut einem Jahrtausend nicht mehr mit dem Schwert in den Krieg ziehen, um ihr Leben für die Schafe hinzugeben, ist nicht schwer zu erraten, welche Möglichkeiten einem

Papst bleiben: Er muss sein Leben aufopfern bis zum Tod. Sodano sagt damit nichts Geringeres, als dass es einen Fall Ratzinger nie wieder geben dürfe. Sein Rücktritt sei ein enormer Fehler gewesen, der künftige Papst dürfe auf keinen Fall in die Fußstapfen des Joseph Ratzinger treten.

Sodano knüpfte damit an die bereits erwähnte Erklärung George Kardinal Pells aus Sydney an, der unmittelbar nach dem Rücktritt Benedikts XVI. behauptet hatte, dass dieser damit dem Amt des Papstes geschadet habe. Das schien wohl auch die Mehrheit der Kardinäle zu denken.

Am Nachmittag zogen die Kardinäle pünktlich um 16.30 Uhr in die Sixtinische Kapelle ein. Dort erwarteten vier lange Tische die Kardinäle, dort lagen die Zettel bereit, die aus der Wahlordnung Papst Johannes Pauls II. den Aufdruck trugen: »Eligo in Summum Pontificem« (»Ich wähle zum Papst«). Die Kardinäle saßen während der Wahl so eng nebeneinander, dass der eine oder andere von ihnen wohl gesehen hat, welchen Namen sein Nachbar auf den Zettel schrieb. Dort stand auch schon der Tisch, an dem die drei Kardinäle sitzen würden, die die Wahl beaufsichtigten, die jedes Mal die Schale über der Wahlurne hoben, wenn ein Kardinal seinen Wahlzettel hineinwarf. Dabei musste er laut den Schwur deklamieren: »Testor Christum Dominum, qui me iudicaturus est, me eum eligere, quem secundum Deum iudico eligi debere.« (»Ich rufe Christus, der mein Richter sein wird, zum Zeugen an, dass ich den gewählt habe, von dem ich glaube, dass er nach Gottes Willen gewählt werden sollte.«)

Der Wortlaut dieses Schwurs verdeutlicht, welch so ganz anderer Geist in so einem Konklave waltet. Normalerweise geht es bei einer richtigen Wahl immer darum, dass der Wähler eine Wahlentscheidung trifft. Doch nicht so in einem Konklave. Die Meinung des einzelnen Kardinals spielt überhaupt keine Rolle, er muss vielmehr den wählen, den Gott erkoren hat. Die Kardinäle geben also streng genommen nicht ihren Wahlzettel ab, sondern handeln im Namen Gottes.

Die Kardinäle wissen, dass ihnen aller Wahrscheinlichkeit nicht mehr als fünf Wahltage bevorstehen, kein Konklave des vergangenen Jahrhunderts hat länger gedauert. Die Wahl Pius' XI. 1922 hatte fünf Tage in Anspruch genommen und 14 Wahlgänge gebraucht. Um 1958 Johannes XXIII. zu wählen, waren elf Wahlgänge in vier Tagen erforderlich. Drei Tage und zehn Wahlgänge benötigten die Kardinäle 1914 für die Wahl Benedikts XV., ebenfalls drei Tage und nur acht Wahlgänge 1978 für die Wahl Johannes Pauls II. Schneller ging es bei Johannes Paul I. 1978: Nach zwei Tagen und vier Wahlgängen hatte er es geschafft. Aber sein Vorgänger Paul VI. hatte ihm bei einem Besuch in Venedig auch seine Stola um den Hals gelegt, was als klares Zeichen gewertet wurde, dass er sich ihn als Nachfolger wünschte. Zügig verlief auch die Wahl von Benedikt XVI. im Jahr 2005: Nach zwei Tagen und vier Wahlgängen stand der Mann aus Bayern als Papst fest. Den Rekord im 20. Jahrhundert hält Pius XII., auf den sich die Kardinäle bereits nach zwei Tagen und drei Wahlgängen einigten. Jetzt waren die 115 Kardinäle des Konklaves an der Reihe, die sich auf den 265. Nachfolger des heiligen Petrus einigen mussten.

Es war eine bunte Schar, die da in die Sixtinische Kapelle zum ersten Wahlgang einzog. Angeführt wurde sie von Giovanni Battista Re, der dem nobelsten der drei Orden der Kardinäle, den Kardinalbischöfen, am längsten angehörte. Kardinal Re übernahm die Rolle des Dekans der Kardinäle, weil sowohl der Dekan selbst, Angelo Kardinal Sodano, als auch dessen Vize, Roger Kardinal Etchegaray, bereits älter als 80 Jahre alt waren und deshalb nicht ins Konklave einziehen durften. Es würde also Giovanni Battista Kardinal Re zufallen, am Ende des Konklaves die berühmteste aller Fragen zu stellen: »Acceptasne electionem de te canonice factam in Summum Pontificem?« (»Akzeptierst du die kanonische Wahl zum Papst?«)

Re wusste um die Macht der 28 italienischen, der elf US-amerikanischen und ebenso der sechs deutschen Kardinäle. Diese drei größten nationalen Gruppen stellten allein 45 Kardinäle bei der Papstwahl. Wenn dieser Block geschlossen votierte, konnte er einen Papst aus dem Rest der Welt verhindern. Denn für die Wahl eines Papstes war eine Zweidrittelmehrheit notwendig, also mindestens 77 Stimmen, die Kardinäle aus den anderen Ländern kamen aber nur auf 70 Stimmen. Aus Spanien stammten fünf wahlberechtigte Kardinäle, jeweils vier aus Polen und Frankreich, zwei aus Portugal, jeweils einer aus Österreich, Belgien, der Schweiz, den Niederlanden, Irland, Tschechien, Bosnien-Herzegowina, der Ukraine, Litauen, Kroatien und Slowenien. Insgesamt stellten die Europäer genau 60 Kardinäle. Wäre der schottische Kardinal nicht aus Scham zu Hause geblieben, wären es 61 gewesen. Brasilien entsandte fünf Kardinäle, Mexiko drei, Argentinien zwei und Kolumbien, Venezuela, Chile, die Dominikanische Republik, Kuba, Honduras, Peru, Bolivien und Ecuador jeweils einen. Hinzu kamen noch drei Kardinäle aus Kanada. Insgesamt war der amerikanische Doppelkontinent, auf dem die Mehrheit der Katholiken der Welt lebt (600 Millionen von 1,1 Milliarden), mit 33 Kardinälen vertreten.

Aus Afrika stammten elf Kardinäle, und zwar jeweils einer aus dem Kongo, aus Guinea, Ägypten, Kenia, dem Senegal, Sudan, Ghana, Südafrika und Tansania sowie zwei aus Nigeria. Aus Asien waren ebenfalls elf Kardinäle zugegen, darunter bildeten die Inder die größte Gruppe mit fünf Kardinälen; die Philippinen, Vietnam, Indonesien, der Libanon, China und Sri Lanka stellten jeweils einen Kardinal. Ausgerechnet auf dem Heimatkontinent von Jesus, in Asien, spielt die katholische Kirche noch immer nur eine marginale Rolle – nicht einmal sechs Prozent der Einwohner Asiens sind Katholiken. Australien/Ozeanien repräsentierte nur ein Kardinal, George Pell. Insgesamt waren es 115 Kardinäle. Als sie in die Sixtinische Kapelle einzogen, wussten sie, dass sie einem von ihnen das Schicksal aufbürden würden, das umzusetzen, was ihnen ein völlig mittelloser Rabbi in Judäa und Galiläa vor 2000 Jahren aufgetragen hatte, ein Mann, der keine Sixtinische Kapelle besaß, nicht einmal Sandalen an den Füßen trug. Ein Mann, der der Welt erklärt hat, dass es kein größeres Gebot gibt, als seinen Nächsten zu lieben wie sich selbst.

Gemessen an den Strapazen früherer Konklaven war der Ablauf des Konklaves 2013 relativ bequem. Morgens ging es zu einer für christliche Verhältnisse relativ zivilen Zeit los: Frühstück gab es ab 6.30 Uhr, aber erst um 7.45 Uhr mussten die Kardinäle im Bus sitzen. Um 8.15 Uhr begann die Frühmesse in der wunderschönen, von Michelangelo ausgemalten Cappella Paolina, um 9.15 Uhr zogen die Kardinäle in die Sixtinische Kapelle ein. Um 12.30 Uhr war vorläufig Schluss, das Mittagessen wartete, das um 13 Uhr serviert wurde. Anschließend stand bis 16 Uhr erst mal nichts auf dem Programm, denn die älteren Herren wollten auf eines nicht verzichten: ihr Mittagsschläfchen. Die Kardinäle hatten dann Zeit und Muße, in ihren Zimmern bequem auszuruhen. Nachmittags ging es erst um 16.45 Uhr mit dem Bus wieder zur Sixtinischen Kapelle. Dem Gesuch einiger Kardinäle, zu Fuß zu gehen, um etwas frische Luft zu schnappen, wurde stattgegeben. Nach den zwei Wahlgängen am Nachmittag beteten die Kardinäle um 19.15 Uhr die Vesper, bevor das Abendmahl um 20 Uhr den Tag beendete. Es sollte nur ein einziges Abendessen der Kardinäle im Konklave ohne Papst geben, denn am zweiten Abend erlebten die Kardinäle eine Revolution.

# Der argentinische Jesuit

Terrasse des Hilton-Hotels in Rom, irgendwann Mitte der 90er-Jahre: Ich sah die Gruppe der Argentinier in ihrem schwarzen Priester-Outfit in das unendlich elegante und ebenso unendlich teure Restaurant des exquisitesten römischen Hotels hoch über der Stadt kommen. Noch war der deutsche Drei-Sterne-Koch Heinz Beck nicht Chef des Restaurants, aber vorzüglich dinieren ließ es sich hier damals schon. Pater Evelio, ein argentinischer Priester, den ich beim Fußballspielen am Circus Maximus kennengelernt hatte, zeigte diskret auf die Gruppe und flüsterte mir ins Ohr:

»Das ist er, siehst du, der große Mann. Kardinal Antonio Quarracino, Erzbischof von Buenos Aires. Er kommt immer hierher ins Hilton-Hotel, wenn er in Rom ist. Er hat in Argentinien einen Mann als Nachfolger aufgebaut, von dem viele sprechen. Er heißt Bergoglio.«

»Wie heißt der?«, fragte ich.

»Ber-go-glio. Jorge Mario Bergoglio.«

Ich war damals keineswegs zum Essen in das Hotel gekommen. Das hätte ich mir gar nicht leisten können, mein Budget reichte für ein paar Bier auf der Hotelterrasse. Aber ich hatte einen Tipp bekommen, dass Kardinal Antonio Quarracino in dem Hotel sein würde, und ich wollte ihn kennenlernen. Der grobe Plan war, dass ich den Kardinal nach dem Abendessen, wenn er angeheitert und guter Stimmung sein würde, ansprächе und ein Interview bekäme. Mich interessierte der Kardinal von Buenos Aires aus einem ganz simplen Grund: Papst Johannes Paul II. schätzte ihn sehr wegen seines großartigen Engagements beim Prozess der Aussöhnung mit den Juden.

Ich gehöre zu der Generation, die in der Schule die Bilder der Bulldozer gesehen hat, welche in den KZs die Leichenberge in die Gräben schoben. Und auch ich war danach nach Hause gegangen, um meine Eltern fassungslos zu fragen: Wie konntet ihr so etwas tun? Ich werde mich mein Leben lang dafür schämen, dass meine Großmutter, die nicht weit weg von Auschwitz lebte, für ein wenig Wasser oder ein Stück Brot wertvolle Decken von jüdischen Gefangenen eintauschte. Diese waren auf Lastwagen zusammengepfercht, die vor ihrer Tür hielten, wenn die SS-Soldaten sich erfrischen wollten. Mich interessierte jeder Aspekt am katholisch-jüdischen Dialog, mir imponierte deswegen dieser Kardinal aus Buenos Aires, der vom Staat Israel für sein Engagement ausgezeichnet worden war, und das in einer Zeit, in der es noch nicht einmal diplomatische Beziehungen zwischen Israel und dem Vatikan gab. Ich hatte Pater Evelio mitgenommen, damit er übersetzen konnte, in der Hoffnung, dass Kardinal Antonio Quarracino mit mir reden wollte.

Pater Evelio gab mir eine Einführung: »Diese beiden Bischöfe, Kardinal Quarracino und Jorge Bergoglio, sind ganz dicke Freunde. Bergoglio hat eine unglaubliche Karriere gemacht, er schien schon völlig erledigt zu sein, und dann wurde er auf einmal Weihbischof von Buenos Aires und zog an den Konkurrenten vorbei, weil Kardinal Quarracino ihn so schätzt. Verstehst du, Bergoglio ist Jesuit!«

»Ja und?«, sagte ich. Der junge schlanke Pater mit dem dichten schwarzen Haar verdrehte die Augen. »Mein Gott, du hast wirklich keine Ahnung von der Kirche. Jesuiten sind nicht dazu da, um Bischöfe zu werden. Es gibt nur sehr, sehr wenige Jesuiten, die Bischöfe sind. Jesuiten sind für etwas anderes da. Sie dienen in besonderen Missionen und sind die einzigen Patres, die ein besonderes Gehorsamsgelübde gegenüber dem Papst ablegen. Sie geloben also nicht wie alle anderen Priester nur Gehorsam, Armut und Keuschheit. Ein Jesuit kann keine Karriere in der Kirche machen. Das Höchste, was ein Jesuit erreichen kann, ist, dass er Chef der Jesuiten oder in seinem Heimatland Provinzial wird. Das war Bergoglio schon, aber dann hat der Orden ihn abgeschoben in irgendein Haus für geistige Exerzitien.«

»Und wieso?«

»Er hat den Orden modernisiert, und das hat vielen nicht gepasst.«

»Und dann?«

»Dann war er eigentlich erledigt, aber aus irgendeinem Grund hat Kardinal Quarracino in ihm irgendetwas gesehen. Verstehst du, er hat die anderen Kandidaten, die nicht Jesuiten waren, also eigentlich deshalb Weihbischöfe hätten werden sollen, abgewiesen und Bergoglio geholt. Wahrscheinlich weil Bergoglio sich so radikal für die Armen einsetzt, das muss Kardinal Quarracino imponiert haben.«

Ich musste ein Lachen unterdrücken. »Sag mal, willst du mich auf den Arm nehmen? Dieser Kardinal da soll diesen Bergoglio schätzen, weil der sich für die Armen einsetzt? Hast du sie noch alle? Weißt du, was das Abendessen, das der Herr Kardinal sich da gerade gönnt, kostet?«

»Sie sind sehr unterschiedliche Typen«, wich Pater Evelio aus. »Quarracino ist jemand, der gerne gut isst, gerne trinkt – na ja, und in Argentinien ist er halt auch dafür bekannt, dass er andauernd Witze über Schwule reißt, üble Witze.«

»Wie bitte?«, fragte ich. Mein strahlendes Bild von Kardinal Quarracino bekam langsam Risse.

Pater Evelio entging das nicht: »Na ja, er ist eben Argentinier, wir tanzen Tango, eine Frau ist eine Frau und ein Mann ein Mann, so sehen das eben viele. Aber sein Einsatz für die Aussöhnung mit den Juden ist wirklich großartig. Du kannst ihn nicht wegen einiger Witze gleich verurteilen.«

Ich kannte einige Homosexuelle in Rom und schätzte sie, und mir gefiel es gar nicht, wenn sie jemand diskriminierte. Aber deswegen war ich nicht hier, ich wollte mit Quarracino über den Vatikan und das Judentum reden.

»Bergoglio ist ganz anders«, fuhr Pater Evelio fort, »er sagt immer, dass er Menschen respektiert, auch homosexuelle Menschen natürlich. Keine Ahnung, wie er es trotzdem geschafft hat, von Kardinal Quarracino ins Herz geschlossen zu werden. Vielleicht hat es damit zu tun, dass er Jesuit ist.«

»Was hat das denn damit zu tun?«

Wieder schnaufte Pater Evelio: »Die Jesuiten haben Lateinamerika gemacht. Sie waren so erfolgreich und so mächtig, dass Papst Clemens XIV. den Orden aufheben ließ.«

Damals auf der Terrasse, während Kardinal Antonio

Quarracino aus Buenos Aires es sich schmecken ließ, bekam ich zum ersten Mal eine Ahnung davon, was es für einen Mann wie Jorge Mario Bergoglio bedeuten musste, Jesuit zu sein. Der baskische Soldat Ignatius von Loyola (1491–1556) hatte den Orden 1539 gegründet, bereits 1540 wurde dieser von Papst Paul III. anerkannt. Ignatius hatte nach einer Kriegsverwundung seine Karriere als Soldat an den Haken hängen müssen und war ein Mann Gottes geworden. Seinen Orden hatte er so aufgebaut, dass die Mitglieder sich als Soldaten des Herrn sahen. Deswegen bekamen sie auch gleich den gefährlichsten Job, den es zu vergeben gab in der Kirche: die verhassten Protestanten zu bekämpfen, die in Deutschland dank eines gewissen Martin Luther für erheblichen Ärger mit dem Papst gesorgt hatten. Dabei ging es im Grunde nur um Geld, um die Unsummen, die der Bau des Peterdoms gekostet hatte.

»In Lateinamerika bauten die Jesuiten so etwas wie eigene Staaten auf«, klärte mich Pater Evelio auf. »Sie legten Farmen an, bohrten Brunnen, brachten den Indios bei, Ackerbau zu treiben. Sie errichteten riesige Manufakturen, produzierten Zucker, Kartoffeln, später Kakao, zum Teil lange bevor die Staaten Lateinamerikas überhaupt entstanden. Du wirst einen Jesuiten wie Bergoglio nie begreifen, wenn du eines nicht verstehst: Die Jesuiten sind in Lateinamerika immer Macher gewesen. Sie waren keine Gelehrten im stillen Kämmerlein. Sie sind losmarschiert und haben angepackt. Sie waren in Lateinamerika nie der Orden, der sich damit begnügte, den Menschen von Christus zu erzählen. Sie haben immer versucht, ihnen dabei zu helfen, ein lebenswertes Leben aufzubauen, seit Jahrhunderten ist das so. Das treibt Jesuiten wie

Bergoglio an.« An diesem Abend erfuhr ich zum ersten Mal von einem der eigenartigsten Staaten der Geschichte: dem Jesuitenstaat, der im heutigen Paraguay zwischen 1610 und 1767 bestand.

»Es waren die Jesuiten, die erkannt haben«, so Pater Evelio, »dass die Indios Menschen sind. So lächerlich das heute klingen mag, aber die Einwanderer bezweifelten das. Die Jesuiten haben befestigte Lager angelegt, sogenannte Reduktionen. Dort konnten die Indios vor den spanischen und portugiesischen Sklavenhändlern Zuflucht suchen. Ein Mann wie Bergoglio war immer stolz darauf, dass die Jesuiten in Lateinamerika den mächtigen Königen von Spanien und Portugal ein Dorn im Auge waren, weil sie versucht haben, die Schwächsten, die Indios, zu schützen, sogar mit Geld und mit Waffen. Sie waren so gut, dass die Spanier und die Portugiesen so lange Druck auf den Papst machten, bis der die Jesuiten auflöste. Jetzt durften die Indios in Lateinamerika wieder straflos wie Tiere gejagt und versklavt werden. Erst im Jahr 1814 wurde der Orden wieder zugelassen. Sie sind Macher, vergiss das nicht!«

Das Abendessen des Kardinals hatte sich dem Ende zugeneigt, er stand jetzt auf der Terrasse, offenbar froh, frische Luft zu schnappen. Ich ging mit Pater Evelio zu ihm, und er akzeptierte ein Gespräch. Am meisten beeindruckte mich an ihm, dass er erklären konnte, wie anders die Kardinäle in Lateinamerika die Juden sahen. Ich hatte ihn meiner Bewunderung für seine Verdienste versichert, doch er winkte ab. Er gab mir zu verstehen, dass in Lateinamerika viele Probleme völlig anders gelagert sind. Ob ein gläubiger Jude, ein überzeugter Protestant oder ein tief religiöser Katholik zu Gott betete, war in Lateinamerika eigentlich egal. Die tiefen Gräben zwischen den Religionen, die zunächst die Glaubenskriege und dann die Vernichtung der Juden im Zweiten Weltkrieg aufgerissen haben, hatte es in Lateinamerika nicht gegeben. Mochte es in Europa vielerlei Gründe für Streit und Kampf zwischen Protestanten, Katholiken und Juden geben, in Lateinamerika war das Zusammenleben zwischen den Religionen viel selbstverständlicher. Ich hätte mir damals auf der Terrasse mit Kardinal Antonio Quarracino niemals träumen lassen, dass es dieses Miteinander der Religionen bis in den Vatikan hinein, in das Herz des Katholizismus, schaffen könnte in Gestalt von Papst Franziskus. Über ihn sagte ein argentinischer Rabbiner kurz vor der Wahl Bergoglios: »Ich gehe öfter zu Bischof Bergoglio, um ihn um Rat zu fragen. Er ist mein Rabbiner für mich, ein Mann, dessen Rat ich gerne befolge.«

Erst am Ende des Gesprächs damals auf der Terrasse wurde Kardinal Antonio Quarracino aber doch noch misstrauisch. Ich fragte ihn nach Bergoglio, und er sah mich mit großem Unbehagen an. Ich konnte in seinem Blick spüren, dass er mir angemerkt hatte, dass ich möglicherweise begriffen hatte, wieso er in Rom war und was er vorhatte. Er wollte Bergoglio als seinen Nachfolger empfehlen, und das war in der katholischen Kirche eigentlich tabu. Ich kannte Dutzende solcher Fälle, in denen Bischöfe mit aller Macht versucht hatten, liebgewonnene und treue Diener zu ihren Nachfolgern zu machen. Das stieß in Rom fast ausnahmslos auf heftige Gegenwehr. Es gab nur zwei ganz geringe Chancen: Entweder musste der Bischof, der seinen Nachfolger einsetzen lassen wollte, einen extrem guten Draht zum Papst haben, oder aber der Kandidat galt tatsächlich als ein Heiliger.

Sollte dann doch ein Wunschnachfolger eingesetzt werden, bemäntelte der Vatikan diese Aktion immer dadurch, dass der Kandidat nicht in der Stadt zum Bischof geweiht wurde, für die er eigentlich vorgesehen war, sondern erst in einer anderen. Wenn dann eine gewisse Schamfrist verstrichen war, wurde er an das gewünschte Ziel versetzt. Das wurde eigentlich immer so gehandhabt. Nur wenn Johannes Paul II. sich absolut sicher war, dass der Kandidat ohne die geringste Einschränkung perfekt war und zusätzlich im Ruf stand, ein Heiliger zu sein, gab er nach und setzte den Nachfolger direkt und ohne Umwege in der Stadt des Bischofs ein, der sich diesen Nachfolger gewünscht hatte. Genau das geschah im Fall des Jorge Mario Bergoglio. Er wurde am 3. Juni 1997 zum Koadjutor-Erzbischof ernannt, was bedeutete, dass er automatisch Kardinal Quarracino nachfolgen würde.

Bergoglio hatte also tatsächlich einen exzellenten Ruf, und Kardinal Quarracino, dem die Juden so am Herz lagen, hatte tatsächlich einen guten Draht zu Karol Wojtyła gehabt. Dieser hatte immer wieder erzählt, zugesehen zu haben, wie seine jüdischen Kindheitsfreunde am Samstag in die Synagoge zogen und wie es ihm das Herz gebrochen hatte, dass so furchtbar viele von ihnen durch das von den Deutschen geschaffene riesige Tor in der Hölle auf Erden verschwanden.

# Bergoglio und die Theologie der Befreiung

»Bergoglio«, flüsterte Pater Marcello in den schmutzigen Jeans und dem ausgeleierten Pullover. Er lehnte mit seinem Stuhl gegen eine Wand in einem illegalen Kloster in Havanna. »Er heißt Jorge Mario Bergoglio.«

»Wie heißt er noch mal?«, flüsterte ich zurück.

Ungeduldig antwortete der Pater: »Ber-go-glio. Jorge Mario Bergoglio. Er ist Argentinier. Mit ihm musst du sprechen.«

»Ich habe seinen Namen schon mal irgendwo gehört«, sagte ich. »Hat ihn nicht Antonio Kardinal Quarracino zu seinem Nachfolger in Buenos Aires gemacht?«

»Genau der«, antwortete der Pater. Es war kalt in jenem Januar 1998 auf Kuba. Kälter, als ich mir Kuba hätte vorstellen können. Ein Mann hatte mich in Rom kontaktiert, und ich hatte wie gefordert ein Riesenpaket mit Schmerzmitteln und Antibiotika in die Papstmaschine geschmuggelt. Papst Johannes Paul II. war auf die Insel gekommen, um Fidel Castro abzutrotzen, dass auf Kuba das Weihnachtsfest wieder gefeiert werden durfte. Angeblich störte es die Zuckerrohrernte. Wenn die Menschen zu Hause des Tages gedachten, an dem eine Frau in einem Stall in Bethlehem ein Kind gebar, das so anders sein sollte als alle anderen Kinder, die es je zuvor gegeben hatte und danach je wieder geben sollte, riskierten sie Gefängnis. Karol Wojtyła wollte dieses Verbot um jeden Preis kippen und besuchte deswegen die Insel.

Ich hatte die Medikamente zwischen Hemden und Hosen in einem separaten Koffer versteckt, bei der obligatorischen Durchsuchung des Gepäcks der Papstmaschine waren die Kisten den Zollbeamten nicht aufgefallen. Ich hatte nach der Ankunft in meinem Hotel in Havanna nur eine Stunde warten müssen, bis ich erfuhr, wohin ich kommen sollte. Ich sollte vorsichtig sein und darauf warten, dass es dunkel würde. Die Polizei ahnte möglicherweise, dass das Haus in Wirklichkeit ein Kloster ist. Wenn sie mich erwischten bei dem Versuch, Medikamente in das Kloster zu bringen, konnte es Ärger geben. Ich sollte mit dem Taxi in einen Außenbezirk von Havanna fahren und den Rest zu Fuß gehen, so hatte es mir Don Pasquale ausrichten lassen. Eine Straßenbeleuchtung gab es in Havannas Außenbezirken nicht. Es war bald stockdunkel, ich stolperte zu dem Haus, in das mich ein misstrauisch dreinblickender Mann hineinließ. Man führte mich in die Krankenstation, und was ich dort sah, war erschütternd. Männer, die Ärger mit dem Regime Kubas hatten und deswegen in staatlichen Krankenhäusern nicht behandelt wurden, bekamen hier medizinische Hilfe. Weil es an allem fehlte, mussten die Ärzte selbst dann die Bäuche aufschneiden, wenn es keine Schmerzmittel gab.

Die Patres bedankten sich, ich bekam in ranzigem Öl gegrillte salzige Bananenscheiben, die furchtbar schmeckten. Für die Patres schien es ein Festessen zu sein, und ich lobte das Bananenzeugs. Wir setzten uns in einer Art Innenhof auf durchgesessene Campingstühle und unterhielten uns. Ich wollte alles wissen über ihre Vorstellungen von der Kirche und vor allem über die Theologie der Befreiung.

Wer die Männer da in ihren zerlumpten Hosen und ausgewaschenen T-Shirts sitzen sah, wäre niemals auf die Idee gekommen, in einem Kloster zu sein. Ich weiß noch, dass wir über Joseph Ratzinger sprachen, den Chef der Glaubenskongregation und seine ablehnende Haltung gegenüber der Theologie der Befreiung. »Kommunismus kann doch nicht die Lösung sein«, sagte ich damals. Die Losung einer Fraktion der Theologie der Befreiung lautete: »Ubi Lenin, ibi Jerusalem« (»Wo Lenin, dort Jerusalem«). Es war eine Aufforderung, dass Kirche und Kommunismus Seite an Seite marschieren sollten. »Das funktioniert nicht«, sagte ich. Pater Marcello schüttelte den Kopf. Er trug ein zerfetztes T-Shirt mit Werbung für den Autohersteller Ford und eine ramponierte Jogginghose. Einen solchen Ordensmann hatte ich noch nie zuvor gesehen. Er hatte ein intelligentes Gesicht, dichte schwarze Haare, einen imposanten Schnurrbart und sah damit aus wie ein gerissener kubanischer Schurke aus einem billigen amerikanischen Film. »Auch wir wollen keinen Kommunismus, aber ihr aus Rom, aus Europa, ihr versteht Lateinamerika überhaupt nicht und auch nicht die Theologie der Befreiung. Ihr versteht gar nichts.«

»Und was verstehen wir nicht?«, fragte ich, mittlerweile leicht genervt.

»Jetzt pass mal auf«, sagte er. »Die Vereinten Nationen sagen seit Jahren, dass es keine andere Gegend auf der Welt gibt, in der Einkommen so ungerecht verteilt sind wie in Lateinamerika. Das gibt es nirgendwo sonst auf der Welt. Merk dir einfach ein paar ganz simple Zahlen. Die Hälfte des kompletten Einkommens in Lateinamerika gehört zehn Prozent der Einwohner. Diese zehn Prozent sind so reich, dass sie nicht wissen, wohin mit dem Geld. Dann kommen 80 Prozent Mittelschicht, die immerhin über 48 Prozent des Einkommens verfügen, und danach die zehn Prozent Lateinamerikaner, die insgesamt nicht einmal zwei Prozent des Gesamteinkommens Lateinamerikas haben. Verstehst du, was das heißt? Das heißt, dass eine vierköpfige Familie, die zu verhungern droht, es vielleicht schafft – alle zusammen, Vater, Mutter und zwei Kinder –, vier Dollar am Tag zu erbetteln. Mami kann dann für Frühstück, Mittag- und Abendessen, Schulbücher, Kleidung, Reparatur der Hütte einen Dollar pro Familienmitglied ausgeben. Selbst wenn die Familie nur altes Brot isst und rohes Gemüse und sich in Lumpen hüllt, reicht das Geld nicht aus, um dem Hunger zu entkommen. Die reiche vierköpfige Familie verfügt am selben Tag nicht über das Doppelte oder das Dreifache, nicht über das Zehnfache, nein, über das 25-Fache dessen, was die arme Familie hat. Die reiche Mami kann mindestens 100 Dollar pro Tag ausgeben, mit denen es sich komfortabel leben lässt. Das heißt im Klartext, dass auf einem Kontinent, der alles hat, Millionen Menschen verhungern müssen.«

Ich wusste, dass er recht hatte.

»Rate mal: Wie viele Menschen in Lateinamerika hungern, sodass sie vom Hungertod oder tödlichen Krankheiten aufgrund von Unterernährung bedroht sind.«

»Ein, zwei Millionen«, antwortete ich.

»Es sind über 70 Millionen. Die UNO nennt sie ›extrem arm‹, was bedeutet, dass sie über weniger als einen Dollar am Tag verfügen. Gleichzeitig leben die reichsten Menschen der Welt in Lateinamerika. Findet du das gerecht?«

»Nein«, sagte ich.

»Es ist eine himmelschreiende Ungerechtigkeit. Das muss man einfach verhindern. Hast du schon einmal ein Kind gesehen, das verhungert ist, eine Frau, die ihren ausgemergelten Körper anbietet, um zu verhindern, dass ihre Kinder den Hungertod sterben? Hast du nicht gesehen, habe ich recht? Das hast du sicher nicht, denn das gibt es in Rom nicht. Wenn du zwei und zwei zusammenzählst, kannst du dir ausrechnen, warum ausgerechnet hier in diesem Teil der Welt die Theologie der Befreiung entstand. Es geht um Gerechtigkeit. Hat der Mann aus Nazareth nicht gesagt, dass die, die nach Gerechtigkeit dürsten, selig sind?«

Ich nickte.

»Es geht nicht um Lenin. Es geht um Thomas von Aquin, einen Theologen aus dem Mittelalter, der in Mittelitalien lebte. Wenn ihr Europäer vom Befreiungskampf in Lateinamerika hört, dann denkt ihr an Moskau, an Marx, an Engels. Aber hier hat der Befreiungskampf mit Christus zu tun und vor allem mit Thomas von Aquin. Der hatte eine prima Idee. Er dachte sich: Wenn eine Gesellschaft, in der sehr viele Sünden begangen werden, eine Veränderung erreichen könnte, sodass viel weniger Sünden begangen werden, dann ist ein Krieg von Gott erlaubt und wahrscheinlich sogar geboten.«

»Das sagte er?«

»Ja, das sagte er. Jetzt wirst du dich nicht wundern, dass es eine ganze Menge Theologen in Lateinamerika gibt, die sagen: Super, Thomas von Aquin ist der größte Theologe aller Zeiten, seine Philosophie, seine Theologie sind ein offizieller Teil der Lehre der katholischen Kirche. Warum setzen wir das nicht einfach um? Eine Gesellschaft zu schaffen, in der es weniger Sünde gibt, lässt sich leicht bewerkstelligen. Es ist kein Problem, wir bewaffnen die Massen, stürmen die Paläste, verteilen den Reichtum in Lateinamerika neu um, und danach wird es garantiert weniger Sünde geben als zuvor. Die Armen werden nicht mehr verhungern und die Reichen nicht mehr verprassen, was sie gar nicht brauchen. Leuchtet doch irgendwie ein, oder?«

»Ja« sagte ich, »das leuchtet ein.«

»Das leuchtet auch den Kirchen in Lateinamerika ein; so fing alles an, so entstand der radikale Arm der Theologie der Befreiung. Sie akzeptierten und wollten Gewalt, auf der Basis der Lehre des wichtigsten katholischen Theologen aller Zeiten.«

»Gewalt ist keine Lösung«, sagte ich.

»Das magst du so sehen, aber viele Theologen hier sahen das anders. Ich kann verstehen, dass Rom damit seine Probleme hatte. Aber es gab auch Männer, die sich radikal für die Armen einsetzten, doch ganz klar gegen den gewaltbereiten Flügel der Theologie der Befreiung waren, wie Jorge Mario Bergoglio. Der hat einen Theologen der Befreiung, Lucio Gera, immer seinen Lehrer genannt. Das ist der gewaltfreie Arm der Theologie der Befreiung, dennoch machte Rom ihm nur Ärger. Es geht nicht um die wenigen Extremisten, es geht nicht darum, die Theologie der Befreiung zu bekämpfen, wie Rom das tut. Es muss darum gehen, die Ungerechtigkeit zu bekämpfen. Verstehst du das denn nicht? Der Papst muss anprangern, wie ungerecht die Verhältnisse in Lateinamerika sind. Die Reichen müssen einfach anfangen zu teilen. Es gab mal einen Mann, der am See Genezareth sagte: Selig sind die Barmherzigen. Das ist der Weg, den Männer wie Bergoglio gehen wollen. Wenn du ihn fragst, wie man diese schreiende Ungerechtigkeit bekämpfen kann, dann würde er sagen: Die Lösung von allem ist Barmherzigkeit.«

»Und warum versteht der Präfekt der Glaubenskongregation, Joseph Ratzinger, die Befreiungstheologie nicht?«, fragte ich. Die Patres schaufelten die Bananenchips in sich hinein und lachten über mich. »Ratzinger hat die Theologie der Befreiung nie verstanden. Das kann er auch gar nicht, weil er noch nie in eine Favela gegangen ist, in der sich gerade verfeindete Banden beschießen. Ich würde wetten, dass er auch noch nie Drogen gesehen hat und die menschlichen Wracks nicht kennt, die übrig bleiben, wenn die Drogen mit ihnen fertig sind. Wenn ihr das verstehen wollt, was es bedeutet, in eines dieser Elendsviertel allein und unbewaffnet und ohne Polizeischutz hineinzumarschieren und lebendig wieder herauszukommen, dann musst du zu diesem Mann gehen, Jorge Mario Bergoglio.«

»Warum sollte ich das tun?«

»Weil er dir dann etwas ganz Wichtiges erklären wird.«

»Was denn?«

»Dass es keinen Sinn macht, einer Frau oder einem Mann den Katechismus zu erklären, ihnen zu sagen, was sie zu glauben und zu tun und zu lassen haben, was sie über Gott zu denken und wie sie zu ihm zu beten haben, dass all das keinen Sinn macht, wenn diese Frau oder dieser Mann so viel Hunger haben, dass sie Erde essen würden.«

Nur ein Jahr später, 1999, sollte ich wieder auf den Namen Bergoglio stoßen – diesmal im Vatikan und in Italien.

# Das Prinzip Bergoglio

»Bergoglio«, sagte sie, und ich musste eine Weile überlegen, wo ich den Namen schon einmal gehört hatte.

»Der Argentinier?«, fragte ich.

»Ja«, sagte sie, »der Argentinier«. Sie war die spannendste Frau, die ich in 25 Jahren Vatikan kennengelernt habe. Ihre Geschichte war so unglaublich, dass ich wochenlang nach ihr suchte, als ich davon hörte. Sie war Ordensoberin, aber nicht irgendeine, sondern sie gehörte zur Weltorganisation der Ordensoberinnen. Sie war mitverantwortlich für das tägliche Leben in den Tausenden Frauenklöstern dieser Erde. Der Sitz der Weltorganisation befindet sich ganz in der Nähe der Engelsburg. Der Vatikan hatte ein Treffen organisiert, um über das Leben der Frauen in den Klöstern zu beraten. Was sollte verändert, was verbessert werden? Es gab eine Sonderkommission, sie bestand aus 50 Mitgliedern. Unter ihnen war nicht eine einzige Frau, die auch nur irgendetwas hätte mitbestimmen können. In einer der Sitzungen, in der sie eigentlich nur hätte zuhören sollen, sagte sie leise und respektvoll einfach ihre Meinung, mehr nicht. Dann fragten sich die Kardinäle untereinander: »Wer ist eigentlich diese schreckliche Nonne?«

Nach diesem Zusammenprall musste sie verschwinden.

Ich fand sie schließlich in einem Karmeliterinnenkloster in einer kleinen, aber wunderschönen, uralten Etruskerstadt im Norden Latiums, in Sutri. Wir sprachen lange miteinander, und sie erzählte mir von ihrer Arbeit in Lateinamerika: »Man muss sich entscheiden als Priester in Lateinamerika«, sagte sie, »entweder man entscheidet sich für den einen, schwierigen Weg wie Bergoglio oder den anderen.«

»Ich verstehe kein Wort«, entgegnete ich.

»Sehen Sie«, sagte sie. »In den weißen, reichen Familien in Lateinamerika, in Chile, Brasilien oder Argentinien arbeiten oft Mischlingsmädchen aus den Slums. Die meisten werden von den Padronas ausgenutzt, geschlagen, niedergemacht. Nachts kommen die Ehemänner in die Zimmer der Mädchen und vergewaltigen sie, als wären sie Vieh. Unter den halbwüchsigen Söhnen der Reichen ist es eine ganz normale Art von Gewalt, den Hausmädchen nachzustellen und sie manchmal zusammen mit dem Vater zu vergewaltigen. Die Ehefrauen nehmen das oft hin, dann gehen ihre Männer immerhin nicht zu den Huren und holen sich keine Krankheiten. Wenn die Mädchen schwanger werden, schmeißen die Padronas sie raus, enthalten ihnen oft den Lohn vor, beschimpfen sie als Huren und schicken sie in die Slums zurück, aus denen sie gekommen sind.«

In den Augen der Ordensfrau flackerte eine maßlose Empörung auf. »Jetzt gibt es zwei Arten von Priestern in Lateinamerika, nur zwei. Die einen bringen in den teuren Eliteschulen Lateinamerikas den Söhnen der Reichen, die nachts die Mischlingsmädchen brutal quälen, Mathematik, Latein und die Lehre der Kirche bei. Sie dienen sich als eine Art privater Beichtvater an, nehmen Platz an den gewaltigen Tafeln der Reichen, fahren mit in die vornehmen Ferienhäuser. Das ist die eine Art von Priestern. Es gibt aber noch eine zweite, die suchen diese schwangeren, wie auf den Müll geworfenen Mischlingsmädchen auf, um ihnen zu helfen, das Kind großzuziehen, trotz der Armut, und nicht in die Falle der Drogen und der Prostitution zu tappen. In Lateinamerika müssen sich die Priester entscheiden: Entweder sie stehen auf der einen Seite oder auf der anderen.«

Ich nickte, ja, das verstand ich.

»Bergoglio weiß ganz genau, wo er steht: auf der Seite von denen, die unten sind, ganz weit unten.«

# Begegnung in Brasilien

»Ich will nicht mit Jorge Bergoglio sprechen«, schrie ich das Mädchen fast schon an. »Ich suche Hummes, Kardinal Cláudio Hummes, nicht Bergoglio, verstehen Sie das denn nicht?«

Sie war ein atemberaubend hübsches Mädchen, saß hinter dem Schalter der Organisation der Lateinamerikanischen Bischofskonferenz CELAM (Consejo Episcopal Latinoamericano) – die 2007 anlässlich des Besuchs von Papst Benedikt XVI. in Brasilien am Marienheiligtum Basílica de Nossa Senhora Aparecida tagte – und ignorierte mich völlig, spielte jedoch weiter an ihrem Handy herum. Sie war so gekleidet, wie fast alle weiblichen Mitarbeiter der Kirche auf dieser Welt gekleidet sind: schwarzer Rock weiße Bluse. Doch sie trug eine wahnsinnig sexy Version einer weißen Bluse und dazu einen kurzen schwarzen Rock, der auf den Index der verbotenen Dinge in der katholischen Kirche gehörte, wenn er da nicht schon stand. Ich versuchte, in ihr von lauter SMS, MMS und E-Mails vernebeltes Hirn vorzudringen.

»Ich suche Cláudio Hummes, Kardinal Hummes, nicht Bergoglio.«

Das Mädchen deutete auf eine Gruppe Bischöfe und sagte: »Da kommt Bergoglio, er ist einer der besten

Freunde von Hummes, fragen Sie ihn, wo der Kardinal ist.«

»Hat Kardinal Hummes nicht ein Büro, wo ich ihn suchen kann?«

Sie tippte irgendeine Nachricht in ihr Handy und sah mich an mit einem Blick, der bedeutete: »Nerv mich nicht!« Dann antwortete sie: »Ich weiß nicht, ob Kardinal Hummes hier ein Büro hat; mein Gott, fragen Sie doch mal eben Bergoglio, der wird Ihnen schon Auskunft geben.« Sie wandte sich ab und widmete nun ihre ungeteilte Aufmerksamkeit ihrem Handy. Ein Fotografenkumpel stand neben mir, deutete auf das Mädchen und flüsterte mir ins Ohr: »Sag mal, wenn sich die ultrakatholischen Mädchen, die für die Bischofskonferenz arbeiten, so anziehen und so aussehen, wie sehen denn dann die nichtkatholischen Mädchen aus?«

»Wir sind eben in Brasilien«, flüsterte ich zurück. Er verschwand, und ich ging auf die Gruppe Männer zu. Bei ihnen stand der Mann, der Jorge Mario Bergoglio sein musste. Ich hoffte damals nur, dass er mir würde sagen können, wo ich Kardinal Hummes finden konnte. Es war nicht so, dass ich Bergoglio nicht kennenlernen wollte, aber ich hatte mir halt in den Kopf gesetzt, mit Hummes zu sprechen. Dass dieser Mann vor mir, Jorge Mario Bergoglio, eines Tages Papst sein würde, hätte ich damals auch nur im Entferntesten nicht für möglich gehalten. Ebenso wenig, dass es ausgerechnet sein Freund Cláudio Hummes sein sollte, der den Anstoß dazu gab, dass sich Bergoglio schließlich Papst Franziskus nennen würde. Beim Treffen mit Journalisten am 16. März 2013 sollte der 266. Papst erzählen, wie er zu dem Namen Franziskus gekommen war: »Bei der Wahl saß neben mir der emeritierte Erzbischof von São Paulo und frühere Präfekt der Kongregation für den Klerus, Cláudio Kardinal Hummes – ein großer Freund. Als die Sache sich etwas zuspitzte, hat er mich bestärkt. Und als die Stimmen zwei Drittel erreichten, erscholl der übliche Applaus, da der Papst gewählt war. Und er umarmte, küsste mich und sagte mir: ›Vergiss die Armen nicht.‹ Und da setzte sich dieses Wort in mir fest: die Armen, die Armen. Dann habe ich sofort in Bezug auf die Armen an Franz von Assisi gedacht. Ich habe an die Kriege gedacht, während die Auszählung voranschritt. Und Franziskus ist der Mann des Friedens. So ist mir der Name ins Herz gedrungen: Franz von Assisi.«

Für mich gab es damals einen simplen Grund, warum ich unbedingt mit Kardinal Hummes sprechen wollte. Er hatte bereits im Oktober 2005 eine höchst ernüchternde Bilanz darüber gezogen, dass sich das größte katholische Land der Welt, Brasilien, in atemberaubendem Tempo von der katholischen Kirche abwandte: »In Brasilien sinkt die Zahl der Katholiken durchschnittlich um ein Prozent pro Jahr. 1991 bekannten sich in Brasilien noch 83 Prozent der Einwohner zur katholischen Kirche, heute sind es nur noch 67 Prozent. Wir fragen uns voller Angst: Wie lange wird Brasilien eigentlich noch ein katholisches Land sein?« Die Befürchtungen Hummes' sollten sich bewahrheiten. Nur zwei Jahre später, im Jahr 2007, als ich Hummes anlässlich der Brasilienreise des Papstes unbedingt in Aparecida treffen wollte, war der Anteil der römisch-katholischen Gläubigen in Brasilien um weitere zwei Prozent auf 65 Prozent gesunken. Das Ausmaß des Desasters hat Papst Benedikt XVI. damals regelrecht geschockt. In absoluten Zahlen bedeutete das, dass die katholische Kirche 1991 auf noch etwa 170 Millionen Katholiken in Brasilien hatte zählen können, 20 Jahre später waren es rund 50 Millionen weniger. In nicht einmal einer Generation hatte die katholische Kirche in Brasilien etwa ein Viertel ihrer Gläubigen verloren.

Es gab aber noch einen weiteren Grund, Kardinal Hummes zu kontaktieren: Er war im Oktober 2006 zum Chef der Kongregation für den Klerus berufen worden. Unmittelbar vor seinem Abflug aus Brasilien nach Rom erklärte er, dass die Ehelosigkeit der Priester nicht unbedingt und für alle Zeiten weiterbestehen müsse. Dann stieg er ins Flugzeug. Was mich regelrecht umhaute, war nicht das, *was* danach geschah, sondern *wie schnell* es geschah. Papst Benedikt XVI. wollte nicht einmal die Spekulation über die Abschaffung des Zölibats dulden. Ich erfuhr nur zufällig davon, weil ich im Gästehaus der Kardinäle, dem »Domus Sanctae Marthae«, auf einen Besucher wartete. Ich stand in der Halle herum, als ich sah, dass ein Bekannter von mir eine wichtige Depesche aus dem Staatssekretariat, und zwar die Weisung, direkt zum Papst zu kommen, für Cláudio Hummes abgab. Ich ging zu meinem Bekannten hin und flüsterte ihm zu: »Sag mal, wieso beruft ihr denn Hummes ein, der ist doch noch in der Luft und gar nicht gelandet.« Er flüsterte zurück: »Der Papst ist so sauer, dass Hummes, ausgerechnet der neue Chef für die Priester, den Zölibat infrage stellt. Er wird nicht einmal Zeit haben, seinen Koffer abzustellen, bevor er sich schon den ersten Rüffel eingefangen hat.«

Deshalb also wollte ich mich unbedingt mit Kardinal Hummes unterhalten. Ich wusste, dass er mir nichts sagen würde, was man veröffentlichen konnte – zumindest damals noch nicht –, aber ich wollte wissen, wie er mit der

Rüge umgehen würde, obwohl er lediglich etwas völlig Vernünftiges gesagt hatte.

Ich ging also auf Jorge Mario Bergoglio zu in der Hoffnung, dass er wusste, wo Hummes war. Er stand im Konferenzsaal zu Füßen des riesigen Marienheiligtums Nossa Senhora Aparecida, und seine Art zu sprechen war so einnehmend, dass ich beschloss, doch meine Neugier auf diesen Mann zu stillen und endlich zu erfahren, wer Bergoglio denn nun wirklich war, und das Projekt Hummes auf später zu verschieben. Ich postierte mich in der Nähe der Bischöfe, die um Bergoglio herumstanden, und nickte ihm zu. Er sah auf meine Kennkarte, die um meinen Hals hing, und realisierte, dass ich mit dem Papst gekommen war. Er nickte zurück und sprach weiter mit den Bischöfen.

Das Erste, was mir auffiel, war ein Detail, über das ich in Rom immer gehört hatte und das definitiv nicht stimmte. Es hieß immer, dass Bergoglio, dessen Familie aus der Gegend um Asti stammte, ein Italiener sei, ein Mann, dessen italienische Wurzeln ihn zu dem gemacht hatten, was er jetzt war. Das war definitiv Unsinn. Der Mann, der da vor mir stand, war kein Exilitaliener, sondern Argentinier durch und durch. Er sprach mit den Bischöfen über ein Thema, über das ich noch nie einen italienischen Bischof hatte reden hören: die wachsende Bedeutung des pazifischen Raums und das daraus resultierende Problem für das Christentum. Das Mittelmeer war in der Antike das Zentrum der Welt gewesen, mit der Entdeckung Amerikas wurde zunehmend der atlantische Raum mit den USA wichtiger, jetzt jedoch spielte die Musik in der Pazifikregion. Dort, zwischen Amerika und Asien, vor allem mit China und Indien, wurden die Geschäfte gemacht, und dort lebten mehr als drei Milliarden Menschen. Aber das bedeutet auch, dass im neuen Zentrum der Welt das Christentum keine Rolle mehr spielt. Nur noch drei Prozent der Bewohner des pazifischen Raums, eine winzige Minderheit, sind Christen. Dem Christentum war es in 2000 Jahren nicht gelungen, in Asien nennenswert Fuß zu fassen. Shiva, Buddha, Mohammed oder Konfuzius waren und sind in Asien die wichtigsten Vermittler zwischen dem Übernatürlichen und den Menschen, kaum jedoch Jesus von Nazareth.

Bergoglio wies darauf hin, welche Bedeutung der pazifische Raum bekommen hatte und dass die Welt heute anders aussähe, wenn man seinen Orden, die Jesuiten, hätte machen lassen. Am Hof der chinesischen Kaiser hatten Jesuiten eine entscheidende Rolle gespielt und großen Einfluss ausgeübt. Sie hätten vermutlich eine Chance gehabt, China zu christianisieren, wenn der Jesuitenorden vom Papst nicht zerschlagen worden wäre. Bergoglio betonte, wie wichtig die Pazifikregion für sein Heimatland Argentinien werde – den größten Teil seiner Exporte von genetisch modifiziertem Soja, Mais und Getreide liefert Argentinien längst nach Asien. Im Vatikan hingegen ging es nur um italienische und europäische Fragen. Dass die Welt viel größer geworden war und sich verändert hatte, dass andere Weltreligionen wie zum Beispiel der Hinduismus nicht eine solche dramatische Krise durchmachten wie das Christentum, besprachen die italienischen Kardinäle in Rom so gut wie nie.

Bergoglio ließ sich Zeit in dem Gespräch, an dem nun auch ich teilnahm. Es war ein großer Vorteil, dass sich damals kein Mensch aus Europa und den USA für diese Konferenz der lateinamerikanischen Bischöfe interessierte. Außer dem Gefolge des Papstes waren nur wenige Medien vertreten. Die meisten Bischöfe und Kardinäle sprachen deswegen gerne mit den Medien, die aus Europa gekommen waren. Bergoglio unterstrich, wie wichtig es gewesen war, dass Papst Benedikt den Bischöfen der CELAM völlig freie Hand gelassen hatte. Es gab für die Bischöfe keine Vorgaben, sie konnten beraten und entscheiden, was sie wollten.

Es ging vor allem um das Hauptproblem – den Schwund der katholischen Kirche. In allen Ländern Lateinamerikas, vor allem in der Karibik, in Mittelamerika und Brasilien, kommt es zur »feindlichen Übernahme« ganzer Teile der Anhängerschaft der katholischen Kirche durch die aus den USA stammenden Freikirchen. Der Grund für den Erfolg der Freikirchen ist schlicht und einfach die bessere Show: In den Gottesdiensten der Freikirchen, in den kleinen Sälen wie in den großen Hallen der Starprediger, geht einfach die Post ab. Da wird gesungen, getanzt, laute Musik gespielt, die Gläubigen leben sich auch schon mal in Trance aus. All das ist eine Weiterentwicklung der relativ starren Regeln der Messfeiern der katholischen Kirche. In den Freikirchen ist alles erlaubt – vom Gesundbeten bis zur Teufelsaustreibung. Viele von ihnen gehen vor allem in armen Ländern sehr aggressiv vor, bezahlen sogar besonders bedürftige Menschen, damit sie Mitglieder der freikirchlichen Gemeinden werden.

Aus Sicht der katholischen Kirche sind die Freikirchen nichts anderes als Sekten, sie können sich nach römischer Doktrin nicht auf Jesus Christus berufen, wie das die katholische Kirche für sich in Anspruch nimmt. Viele Freikirchen, so etwa die Pfingstbewegungen, bieten in Lateinamerika auch Service ganz praktischer Art in Form von Arbeitsbeschaffungsprogrammen an. Ganz gezielt werden wohlhabendere Mitglieder der Gemeinde angesprochen, um den ärmeren und arbeitslosen einen Job zu verschaffen. In weiten Teilen Lateinamerikas klappt das sehr gut. Insgesamt sind die Priester der Freikirchen weit dienstleistungsbezogener als die der katholischen Kirche. Sie sehen die Gläubigen vor allem als Kunden, deren praktische Bedürfnisse ernst genommen werden müssen. Diese pragmatische »Kundenorientierung« ist der Motor des Erfolgs der Freikirchen in weiten Teilen der Welt. Und Lateinamerika wird in den kommenden Jahren der wichtigste Schauplatz dieser Schlacht sein. Es wird darum gehen, dort das Überleben der katholischen Kirche zu sichern. Bergoglio sprach darüber, dass das Problem aus Brasilien in alle anderen Länder des Kontinents überzuschwappen drohte.

# Sohn des peronistischen Argentiniens

Mir fiel an Bergoglio auf, dass dieser Mann so jugend-
lich wirkte in seinem Verhalten, obwohl er damals, 2007,
schon 71 Jahre alt war. Dennoch blitzte in diesem Gespräch immer noch dieser Junge aus dem Stadtteil Flores
in Buenos Aires durch. Er hatte eine glückliche Kindheit
gehabt. In Europa hätte es kein gutes Vorzeichen bedeutet, am 17. Dezember 1936 geboren worden zu sein. Als
Dreijähriger hätte er die Schrecken des Zweiten Weltkriegs erfahren, wäre er wie sein Vorgänger Karol Wojtyła
in Polen geboren worden.

Doch Bergoglio wächst in dem wegen seiner vielen Blumen »Flores« benannten Viertel der Hauptstadt Argentiniens auf. Der Stadtteil ist in den Jahren 1939 bis 1945
ein Paradies, während Europa in Flammen steht. Es fallen keine Bomben, man kann in Ruhe Fußball spielen. Bis
heute ist Bergoglio ein Fan des nicht sonderlich bedeutenden Fußballklubs San Lorenzo. In Buenos Aires geht man
nicht zu den Spielen von San Lorenzo, sondern zu denen
von River Plate oder den Boca Juniors, bei denen einst
auch Diego Armando Maradona kickte. Das Verhältnis
von River Plate und San Lorenzo entspricht in etwa dem
von HSV und Sankt Pauli oder dem von Bayern München und 1860 München. Jorge Mario Bergoglios Jugend

ist unbeschwert. Sein Vater Mario Bergoglio war 1928 vor dem Faschismus in Italien geflohen, um in Buenos Aires ein bescheidenes Leben als Buchhalter bei der Eisenbahn zu führen, zusammen mit seiner Frau Regina Maria, geborene Sivorio. Neben Jorge Mario haben sie noch vier weitere Kinder. In Aparecida lässt Bergoglio im Gespräch keinen Zweifel daran, dass er mit Leib und Seele *Porteño* ist, wie man in Argentinien die Bewohner von Buenos Aires nennt.

Noch etwas beeindruckte mich an ihm. Jorge Mario Bergoglio war ein Mann, ein richtiger Mann. Selbst wenn er seine Priestergewänder anlegte, bewegte er sich wie ein Mann, er sprach wie ein Mann, er schimpfte wie ein Mann. Im Vatikan gibt es eine Unmenge von Kardinälen und Bischöfen, die ihr Geschlecht mit der Entscheidung, Priester zu werden, abzulegen scheinen. Manche mögen homosexuelle Tendenzen haben, andere werden zu etwas Geschlechtslosem, einer Art Wesen, das mit einem Mann nichts mehr zu tun hat. Joseph Ratzinger hatte dieses Problem gehabt. Nach dem Krieger Karol Wojtyła, der ein ganzer Kerl gewesen war, schienen die Zeremonienchefs ein leichtes, wesenloses Engelchen geschaffen zu haben. Ratzingers Zeremonienmeister Guido Marini beriet ihn zweifellos schlecht. Diese ständigen Spitzenumhänge machten den Papst, manchmal ohne dass er es wollte, aber auch ohne dass er es merkte, fast ein wenig lächerlich. Das schlimmste Bild in dieser Hinsicht, an das ich mich erinnere, war die Weihe eines Altares in Washington. In einer Art Spitzenrock rieb Ratzinger den Altar mit geweihtem Öl ein und wirkte dabei wie die nette alte Omi, die den Tisch putzt. Es war peinlich, und selbst den glühendsten Anhängern Ratzingers ging das zu weit.

Bergoglio schien da völlig anders zu sein, er hatte nichts Geschlechtsloses und schon gar nichts Weibisches an sich, auch wenn er die sogenannte Casula, das Gewand der katholischen Priester, trug. Nach seiner Wahl zum Papst hatte sich mir dieser Eindruck von damals noch einmal deutlich bestätigt. Er verzichtete auf allen Schnickschnack, der Joseph Ratzinger umgehängt worden war. Das rote, mit Hermelinfell besetzte Mäntelchen, die Mozzetta, das Ratzinger immer wieder über der weißen Soutane des Papstes getragen hatte, lehnte Bergoglio von Anfang an ab. Selbst die Stola, mit der sich Ratzinger fast immer geschmückt hatte, ließ sich Bergoglio nur dann umlegen, wenn es aus liturgischen Gründen wirklich nötig war, also in dem Augenblick, in dem er den Segen erteilte.

Dass dieser Mann, Jorge Mario Bergoglio, eine Freundin gehabt hatte in der Zeit, als er noch als Chemiker gearbeitet hatte, glaubte ich sofort. Auch dass er in seiner Jugend Tango getanzt hatte und noch heute gerne Tangomusik hört.

Noch etwas fiel mir an ihm auf, was ich als außerordentlich beruhigend und sehr positiv empfand: Er neigte nicht zu dieser im Vatikan so weit verbreiteten Priesterglorifizierung. Im Vatikan gilt unter fast allen Kardinälen als ausgemacht, dass Priester nun mal die besseren Menschen sind. Es herrscht dieses Denken vor, dass Mitglieder einer einfachen Familie, die ihrer Arbeit nachgehen, auch gute Christen sein mögen, dass aber Priester, die eine radikalere Entscheidung für Christus und Gott getroffen haben, einfach die besseren Christen waren. Ich glaube, dass dieses Bewusstsein sich nicht einmal Bosheit oder Ignoranz verdankt, es scheint einfach normal zu sein, dass Priester untereinander eine verschworene Gemeinschaft bilden und einen Unterschied machen zwischen »uns« Priestern hier drinnen im Vatikan und den »anderen« da draußen jenseits der Mauern des Vatikans. Typisch für diese Glorifizierung alles Priesterlichen war auch Joseph Ratzinger gewesen. Sein ganzes Leben lang, seit seiner Kindheit, hatte Ratzinger Priester werden wollen. Er verehrte alles Priesterliche, das feierliche Jubiläum einer Priesterweihe war für ihn eine sehr wichtige Sache.

Bergoglio machte damals in Aparecida einen völlig anderen Eindruck auf mich. Er strahlte nicht die Spur dieser Haltung aus, dass er als Priester etwas Besseres sei. Es hatte offensichtlich sein Leben geprägt, dass er zunächst einen ganz normalen Beruf ausgeübt hatte, als Chemietechniker. Er war kein Professor für Chemie gewesen, er hatte das Diplom in Chemie erworben. Kein großer Theoretiker, ein Arbeiter eben. Man spürte bei ihm diese Achtung vor den Menschen, vor allen Menschen, auch vor denen, die nicht die Entscheidung getroffen hatten, Priester zu werden.

Jorge Mario Bergoglio hatte immer wieder darüber gesprochen, wie sehr er einfache Arbeit achte. Er hatte seine Familie unterstützt, indem er schon als Jugendlicher in Fabriken geputzt hatte. In seinen Gesprächen über die Aufgaben der CELAM konnte man aber ohne jeden Zweifel heraushören, dass in ihm immer noch sehr viel vom Gerechtigkeitsdurst des jungen Sozialisten Jorge Mario Bergoglio steckte. Er hatte sich als junger Mann in die Partei des Juan Domingo Perón eingeschrieben, und noch immer waren für ihn die zentralen Anliegen des Peronismus, soziale Gerechtigkeit und Hilfe für die Armen, essenziell. Perón, der Argentinien in seinen Regierungszeiten 1946 bis 1955 und dann noch einmal nach 18 Jahren Exil von 1973 bis 1974 so sehr prägte, beeindruckte und beeinflusste Bergoglio zutiefst.

In dem Gespräch damals wurde mir klar, dass es für einen Europäer schwieriger als angenommen ist, einen Lateinamerikaner zu verstehen. Das betrifft vor allem das Militärische. Bergoglio sollte sich entscheiden, zu den Jesuiten zu gehen, dem einzigen Orden der katholischen Kirche, der von einem Soldaten für die Soldaten Christi gegründet worden war. Zu den Jesuiten zu gehen und sich wie ein Soldat zu fühlen bedeutet aber nicht gleichzeitig, sich für die Armen zu engagieren. In Europa waren Militär und soziales Engagement über Jahrhunderte ein Widerspruch gewesen. In Argentinien war die Geschichte aber anders verlaufen. Perón war ein Major der argentinischen Armee gewesen, er hatte sich am Militärputsch des Jahres 1943 gegen die Regierung von Ramón Castillo beteiligt. Dennoch stieg Perón zum Chef der Arbeiterpartei auf und begann nach seiner Wahl zum Präsidenten am 4. Juni 1946, Argentinien in ein neues Zeitalter zu führen. Es gelang ihm, einen argentinischen Weg zu etablieren und die Konfrontationen des Kalten Krieges zwischen sowjetisch dominiertem Kommunismus und US-amerikanisch geprägtem Kapitalismus zu vermeiden.

Der Knabe Jorge Mario Bergoglio ist zehn Jahre alt, als Perón seine erste Amtszeit antritt. Hunderte Krankenhäuser entstehen, die Bevölkerung erhält Zugang zu medizinischer Versorgung, ein Großteil der Argentinier bekommt eine Krankenversicherung. Die Löhne steigen drastisch an, um 22 Prozent während der ersten Amtszeit Peróns, auch die Arbeitsbedingungen verbessern sich. Perón wirft die Engländer aus Argentinien, holt sich die ebenfalls von Engländern beherrschte Staatsbank zurück und lässt die Eisenbahn verstaatlichen. Jorge Mario Bergoglios Vater, der Eisenbahner Mario Bergoglio, wird sicher mit Begeisterung von Perón gesprochen haben. Dass sich der junge Bergoglio mehr für deutsche Literatur, für Italien und Spanien, aber weniger für Großbritannien und die USA interessiert, hat natürlich damit zu tun, dass das Argentinien seiner Jugend eine eindeutige Abneigung gegenüber allem Englischen hat.

Dass Perón ein Major der Armee war, ist für Bergoglio kein Makel. Die Armee hat in Argentinien eine völlig andere Rolle als in Europa. Wenn der junge Jorge Mario Bergoglio an einen Oberbefehlshaber denkt, hat er eine Figur wie George Washington vor Augen. So wie es den USA gelang, mithilfe des Militärs die Unabhängigkeit von Großbritannien zu erreichen, war dies 1816 auch Argentinien gegenüber Spanien gelungen. Seine Beziehung zum Militär sollte jahrzehntelang für Bergoglio prägend sein. Dass der Priester Bergoglio und später der Kardinal Bergoglio ein ganz anderes Verhältnis zum Militär haben als viele seiner europäischen Kollegen, wird man in der Alten Welt wohl nie verstehen. Deshalb lehnte Bergoglio auch den Militärputsch gegen Perón 1955 nicht ab. Später wird man ihm eine zu große Nähe zur 1976 bis 1983 diktatorisch regierenden Militärjunta vorwerfen und verkennen, wie es dazu kam.

Die erste große Enttäuschung im Leben des Jorge Mario Bergoglio ist die Wandlung des verehrten Juan Domingo Perón. Der Präsident, der sich so wirkungsvoll für soziale Verbesserungen in Argentinien eingesetzt hat, wendet sich immer mehr gegen die Kirche. Bergoglio ist 19 Jahre alt und an der Universität in Buenos Aires eingeschrieben, um Chemie zu studieren, als es zum Staatsstreich gegen Perón kommt. Während dieser am 16. Juni 1955 vor Tausenden von Anhängern spricht, greifen Kampfjets an und werfen Bomben ab. 364 Menschen werden im Stadtzentrum von Buenos Aires auf der Plaza de Mayo getötet. Der Student Bergoglio, der in einer katholischen Familie aufgewachsen ist und Mitglied der Partei Peróns wurde, muss erleben, dass Peróns Anhänger elf Kirchen in Buenos Aires, darunter die Kathedrale, plündern und in Brand stecken. Schon einen Tag vorher hatte Papst Pius XII. Perón exkommuniziert. Erst 1963 wird die Exkommunizierung aufgehoben.

Diese Jahre prägen Bergoglio. In Buenos Aires herrscht das Chaos. 1955 übernimmt das Militär die Kontrolle in Argentinien. Die Partei Peróns wird verboten, der abgesetzte Präsident flieht aus dem Land. Er wird Asyl finden beim spanischen Diktator Franco.

# Berufung zum Dienst an Gott

Für Jorge Mario Bergoglio ist die Enttäuschung über Juan Domingo Perón ein Einschnitt. Als dieser auf Konfliktkurs mit der Kirche geht, wendet sich Bergoglio von ihm ab. Bergoglio sucht jetzt nach einem anderen Weg für das gleiche Ziel, das Perón erreichen wollte: soziale Gerechtigkeit. Bergoglio glaubt, dass dies der Weg Gottes sein kann. Wo in seinem Herzen die Hoffnung auf eine gerechtere Welt lodert, zieht jetzt Gott ein. War es nicht ein Mann aus Nazareth, der sagte, dass die selig sind, die nach Gerechtigkeit dürsten?

Die Entscheidung, Priester zu werden, wird 1957 auch durch einen persönlichen Schicksalsschlag beeinflusst: Jorge Mario Bergoglio erleidet eine schwere Lungenentzündung. Die Ärzte entschließen sich damals zu einem aus heutiger Sicht völlig überflüssigen Schritt und entfernen einen Teil der entzündeten rechten Lunge. Heute hätten ein paar Antibiotika das Problem gelöst. Ein Priester wird gerufen, der Eingriff ist lebensgefährlich. Er erklärt dem 21-Jährigen, dass es um Leben und Tod geht. Später wird Jorge Mario Bergoglio darüber sagen: »Ich hatte hohes Fieber und nahm meine Mutter in den Arm und fragte sie: ›Was passiert mit mir?‹ Sie wusste es nicht. Später kam Schwester Dolores zu mir, die mich auf die Erstkommunion vorbereitet hatte. Sie sagte: ›Du erlebst etwas wie Christus.‹ Da verstand ich die Bedeutung des Schmerzes.« Wenn die Weisheit stimmt, dass Not beten lehrt, mag das für den jungen Chemiker zugetroffen haben. Die Operation gelingt, und Bergoglio ändert sein Leben. Seiner Mutter wird er erklären, dass er Medizin studieren will. Beim Aufräumen seines Zimmers findet sie lauter theologische Bücher und stellt Jorge zur Rede. Er erklärt ihr, dass er tatsächlich Arzt werden wolle, aber Arzt für die Seelen.

An den Tag, an dem er die Entscheidung traf, Priester zu werden, erinnert sich Bergoglio genau. Es war der 21. September 1957: Er hatte sich mit Freunden treffen wollen, er hatte mit dem Gedanken gespielt, an diesem Tag seine Freundin zu bitten, seine Verlobte zu werden. Doch statt zu seinen Freunden zu fahren, hält er an der Pfarrkirche in seinem Stadtteil Flores an und empfindet das Bedürfnis, in die Kirche zu gehen, er weiß nicht, warum. In der Kirche zieht ihn aus »unerklärlichen Gründen« ein Priester an, den er in der Kirche dort noch nie gesehen hatte. Er bittet ihn, ihm die Beichte abzunehmen. Dieser Priester teilt das Schicksal Bergoglios, auch er kennt die Erfahrung schwerer Krankheit, er leidet an Leukämie. Ein Jahr später wird er sterben, aber dieses Zusammentreffen wird Jorge Mario Bergoglio endgültig davon überzeugen, Priester zu werden. Er glaubt von da an, dass Gott immer schneller ist als er selbst: Sein Wahlspruch wird: Wenn du Gott suchst, ist es Gott, der dich als Erster findet. Am 11. März 1958 tritt er ein in das Priesterseminar Villa Devoto der Gesellschaft Jesu, er will Jesuit werden. Jetzt folgen die strengen Jahre des Studiums der Theologie und der Philosophie in Argentinien und Chile.

Mit seinem Eintritt in das Priesterseminar der Gesellschaft Jesu hat Bergoglio eine Vorentscheidung für sein Leben getroffen. Er weiß jetzt sicher, dass er innerhalb der Kirche niemals Karriere machen kann. Aus seiner Sicht stellt sich seine Zukunft so dar, dass ihm der Weg zum Bischof, Kardinal oder gar Papst verstellt ist. Dass ausgerechnet dieser Mann, der ganz bewusst die Entscheidung trifft, nicht in der Hierarchie aufsteigen zu wollen, es bis ganz nach oben schafft und der 265. Nachfolger des heiligen Petrus wird, erscheint unglaublich.

Die Jesuiten sehen sich bekanntlich seit ihrer Gründung als die Männer, die vom Papst besondere Aufgaben übertragen bekommen. Jesuiten gehen in die Mission oder in die Medien – so werden etwa Radio Vatikan und das Vatikanfernsehen CTV seit Jahrzehnten von Jesuiten geleitet. Es gab nur sehr, sehr wenige Bischöfe und noch nie einen Papst aus diesem Orden.

Wegen ihres langen Studiums haben die Jesuiten den Ruf, die intellektuelle Speerspitze der Kirche zu sein. Sie gelten als schlau, aber auch verschlagen. Exemplarisch demonstriert das der berühmteste Jesuitenwitz, der Zigarrenwitz:

Ein einfacher Franziskanerpater sieht, wie ein Jesuit eine dicke, teure Zigarre raucht und dabei im Brevier liest und betet.

»Hören Sie mal«, sagt der Franziskaner, »man darf doch beim Beten nicht rauchen.«

Der Jesuit sieht ihn freundlich an und sagt: »Lieber Pater, Sie haben völlig recht, es ist sicher nicht gut, beim Beten zu rauchen, und das würde ich auch niemals tun. Aber sehen Sie, es ist absolut nichts dagegen einzuwenden, beim Rauchen auch zu beten.«

Doch Jorge Mario Bergoglio ist nicht der in diesem Witz illustrierte Typ des verschlagenen Jesuiten. Vielmehr sollte der Jesuit Bergoglio später als Papst Franziskus im Angesicht der ganzen Welt einen für das Papstamt völlig neuen Stil an den Tag legen. Er verbindet die Fürsorge der Franziskanermönche für die Armen mit der Gelehrsamkeit der Jesuiten. Das hielt man bisher für unvereinbar.

Doch zunächst studiert Bergoglio in Chile Geisteswissenschaften, kehrt nach Buenos Aires zurück und erlangt dort am Colegio Maximo San José seinen Hochschulabschluss in Philosophie. Bergoglio ist auf dem amerikanischen Kontinent geboren, was ihn fasziniert, sind die Ideen, die bei der Herausbildung der Länder dieses Kontinents Pate standen und die auf der Freiheit des Einzelnen beruhen. Anders als in Europa entstanden die Staaten des amerikanischen Kontinents vor allem durch die Befreiung von ihren einstigen Kolonialherren. Freiheit ist in Amerika, im Norden wie im Süden, ein zentraler Begriff. Bergoglio ist fasziniert vom deutschen Philosophen Georg Wilhelm Friedrich Hegel. Nach Hegel war Jesus Christus der Erste, der den Menschen klarmachte, dass sie frei sind. Die Griechen wussten nicht, dass der Mensch frei geboren wurde, er hatte sich dem Stadtstaat zu unterwerfen. Frei war auch ein Römer nicht, nicht mal dann, wenn er das römische Bürgerrecht besaß, denn als römischer Staatsbürger war er dem Kaiser untertan. Und alle nichtrömischen Bürger konnten von Freiheit ohnehin nur träumen. Aber Christus lässt die Menschen wissen, dass sie frei sind, so frei, dass sie sich sogar gegen Gott entscheiden können.

In den folgenden Jahren studiert Jorge Mario Bergoglio intensiv Theologie. Er widmet sich ganze zehn Jahre diesem Studium und wird es erst 1970 abschließen. Bergoglio entwickelt dabei eine klare theologische Position. Sie ist das Gegenteil der Schule des Hans Urs von Balthasar, dessen Werke sich der vom Papstamt zurückgetretene Joseph Ratzinger für seinen Lebensabend mitgenommen hat – so Papstsprecher Federico Lombardi am 28. Februar 2013. Im weit entfernten Argentinien hatten den Theologen Bergoglio die Vorstellungen von Ratzingers Lieblingstheologen Hans Urs von Balthasar hingegen weniger interessiert. Dem Schweizer Kirchenlehrer geht es ähnlich wie Ratzinger ausschließlich um den Glauben; was die Menschen auf der Erde tun, um ein Abendessen auf den Tisch zu bekommen, ist beiden weitgehend gleichgültig. Bergoglio schlägt den gegenteiligen Weg des Joseph Ratzinger ein. Statt Hans Urs von Balthasar steht für Bergoglio die christliche Soziallehre im Vordergrund. Es geht ihm um die Menschen im Diesseits, vor allem um die Menschen, die zu hungrig sind, um über den Glauben an Gott nachdenken zu können. Was Bergoglio prägt, ist das Wort seines Ordensgründers Ignatius von Loyola: »Wir müssen alles tun, was wir können, aber am Ende steht das Vertrauen auf Gott.«

Das fasziniert Bergoglio an der Theologie: Machen, die Welt verändern, eingreifen, alles geben, was man geben kann. Ein reines Leben im Gebet und der Betrachtung der Vollkommenheit des Glaubens ist ihm nicht genug. Bergoglio will mehr. In diesem Punkt ist er dem Supermacher Karol Wojtyła sehr ähnlich. Auch der wollte nicht nur über Gott und die Welt nachdenken, sondern sie auch verändern, was den kommunistischen Regimen in Polen und den anderen Warschauer-Pakt-Staaten gar nicht gut bekam.

Während Bergoglio studiert, erlebt Argentinien einen Albtraum. Das Land und vor allem die katholische Kirche in Argentinien mit ihren Beziehungen zum Vatikan stehen am Pranger. Am 11. Mai 1960 wird in San Fernando, einem Stadtteil von Buenos Aires, Adolf Eichmann von Mossad-Agenten geschnappt. Der ehemalige Chef des Judenreferats im Reichssicherheitshauptamt war hauptverantwortlich für die Deportation und Ermordung von Millionen Juden in den Konzentrations- und Vernichtungslagern.

Die Verhaftung Eichmanns bestätigt endgültig die seit Langem kursierende Mutmaßung, dass Perón, der während des Zweiten Weltkriegs als Militärattaché in Nazi-Deutschland und Mussolini-Italien tätig war und dabei auch zahlreiche Frontabschnitte besuchte, ganz gezielt Nazi-Militärs in sein Land holte, und zwar mithilfe der katholischen Kirche. Die Drehscheibe für die Flucht von Nazi-Verbrechern befand sich mitten im Vatikan. Der österreichische Bischof Alois Hudal, ein Rassist, der dunkelhäutige Menschen mit Affen gleichsetzte und offen Hitler bewunderte, hatte in Rom die »Rattenlinie« organisiert. Hudal, das katholische Oberhaupt der deutschsprachigen Gemeinde von Rom, besorgte falsche Pässe, die es Nazi-Größen, darunter Adolf Eichmann, ermöglichten, nach Argentinien zu fliehen. Neben Eichmann soll es nach Schätzungen des argentinischen Journalisten Uki Goñi rund 300 Nazi-Verbrechern gelungen sein, nach Argentinien zu entkommen. Darunter waren Klaus Barbie, Josef Mengele, Erich Priebke, Eduard Roschmann und vor allem zahlreiche Mitglieder der faschistischen Ustascha-Bewegung aus Kroatien, die für ihre ungeheuren Gräueltaten in KZs berüchtigt waren. Die radikale

Linke in Argentinien hatte jetzt klare Beweise dafür, in welchem Ausmaß das Land mithilfe der Kirche von Nazis unterwandert worden war. Kein gutes Terrain für einen jungen Geistlichen wie Jorge Mario Bergoglio, der am 13. Dezember 1969 zum Priester geweiht wurde.

# Exkurs: Die Probleme Deutschland und Israel

Es gibt nur ein Land auf der Welt, in dem die Rolle der katholischen Kirche bei der Organisation der Flucht von Nazi-Schlächtern nach Argentinien ein Topthema ist: Deutschland. Nirgendwo sonst wird Papst Franziskus auf dieses dunkle Kapitel der Geschichte seines Heimatlandes Argentinien so sehr eingehen müssen. Eines dürfte dem Mann aus Buenos Aires schon in den ersten Wochen seines Pontifikats klar geworden sein: Ein Besuch in Deutschland wird sehr, sehr schwierig werden. Es ist nur eine Frage der Zeit, bis die Reiseorganisatoren des Vatikans Franziskus fragen werden: Wann wird die Papst-Dienstmaschine der Alitalia erstmals auf den Flughäfen von München und Berlin landen?

Die Deutschlandreise von Papst Franziskus wird eine der schwierigsten Bewährungsproben seiner Amtszeit sein, denn für den Vatikan ist dies eine neue Situation. Seit dem Besuch Papst Pauls VI. im September 1972 in Venedig ist es Tradition, dass ein Papst in die Diözese seines Vorgängers reist. Das war für Paul VI. ebenso wenig ein Problem wie für Johannes Paul II., beide mussten nur nach Venedig reisen, denn ihre Vorgänger Johannes XXIII. und Johannes Paul I. waren Patriarchen der

Lagunenstadt gewesen. Auch Benedikt XVI. akzeptierte, dass es Anstand und Tradition geboten, zunächst in das Heimatland seines Vorgängers zu reisen. So hatte seine erste Reise, die er selbst planen konnte, das Ziel Polen. Die allererste Reise, die er unternehmen musste, führte ihn zum Weltjugendtag nach Köln, aber die hatte bereits sein Vorgänger verabredet. Die zweite Reise ließ Benedikt XVI. so organisieren, dass er alle Städte besuchen konnte, die Karol Wojtyła wichtig gewesen waren und wo man den neuen Papst erwartete. Auf dem Programm standen zunächst die Hauptstadt Warschau, anschließend das Zentrum der Heimatdiözese Johannes Pauls II., Krakau, dann dessen Geburtsort Wadowice und schließlich die für Johannes Paul II. wichtigste polnische Wallfahrtsstätte Jasna Góra bei Częstochowa.

Die Reise in das Land seines Vorgängers war für Benedikt XVI. von allerhöchster Priorität, eine solche Reise scheint also auch für Franziskus unausweichlich. Anderenfalls würden dies die zahlreichen Anhänger Benedikts XVI. in der Kurie als grobe Unhöflichkeit ansehen. Falls Papst Franziskus entsprechend handelt, müsste er zunächst nach Berlin reisen, von dort nach München, in die Stadt, in der Joseph Ratzinger Erzbischof gewesen war, anschließend in dessen Geburtsort Marktl am Inn und schließlich nach Altötting, den Lieblingswallfahrtsort des Joseph Ratzinger. Doch diese Reise hat auch eine gewisse Brisanz, vor allem im Hinblick darauf, wie Franziskus mit der Verwicklung der Kirche in die Flucht der Nazi-Größen und wie er mit seinem Vorgänger umgehen soll.

Jeder neue Papst muss ja betonen, wie sehr er seinen Vorgänger verehrt. Ist dieser tot, ist das unproblematisch.

Im Fall eines emeritierten Papstes stellt sich die konkrete Frage, wie der Nachfolger der Verehrung für seinen Vorgänger Ausdruck verleihen soll: Soll er sich mit ihm treffen, ihn zurate ziehen, ihn in seinen Beraterstab holen? Damit würde sich der neue Papst aber unweigerlich den Vorwurf einhandeln, dass er den alten Papst hineinreden, vielleicht sogar hineinregieren ließe. Soll er also das Gegenteil tun, den alten Papst meiden, wo er kann, ihn allein erst in Castel Gandolfo und dann in seinem Kloster sitzen lassen? Das wäre vermutlich korrekter, aber zweifellos würde das sehr unhöflich wirken. Was die Experten damals Papst Paul VI. prophezeit hatten, ist jetzt eingetreten – eben dadurch, dass Joseph Ratzinger noch unter den Lebenden weilt und quasi als »Schattenpapst« fungiert, an dem der neue Papst ständig gemessen wird.

Päpste reisten bisher in die Diözese ihres verstorbenen Vorgängers, um seiner zu gedenken und ihn zu ehren – vor dessen Landsleuten. Aber Joseph Ratzinger ist nicht tot. Wenn Papst Franziskus den Wunsch verspürt, Joseph Ratzinger zu ehren, dann braucht er nur die kurze Fahrt nach Castel Gandolfo zu unternehmen, um ihm dort seinen Dank abzustatten. Eine Deutschlandreise zu verschieben, bis Ratzinger eines Tages verstorben sein würde, würden dessen Freunde in der Kurie ablehnen, weil das pietätlos erscheinen könnte. Papst Franziskus kann sich unmöglich dem Vorwurf aussetzen, er warte geduldig auf den Tod des Joseph Ratzinger, um den Weg frei zu haben für eine unproblematische Deutschlandreise.

Papst Franziskus muss sich also die Frage stellen, wie das Kunststück einer erfolgreichen Deutschlandreise vor dem Hintergrund eines noch am Leben befindlichen deutschen »Papstes emeritus« im Vatikan über die Bühne gehen sollte. Der Papst würde auf einer Reise nach Deutschland wohl mit Geschenken, Glückwünschen, Botschaften für seinen Vorgänger überschüttet werden. Was sollte er dann tun? Sollte er sagen, dass er sich ohnehin häufig mit Papst Benedikt XVI. treffen, dass er ihm die Geschenke selber bringen, dass er ein enges Verhältnis zu ihm pflegen wolle? Das würde den Kern des Problems treffen: Eine absolute Monarchie ist eine absolute Monarchie – für einen zweiten Herrscher ist da kein Platz. Wenn ein regierender Papst den Eindruck erweckt, dass er dem noch lebenden Vorgänger sehr verbunden ist, dann würde es sofort in der Weltkirche zu Missstimmungen kommen, weil nicht klar ist, wer die Kirche denn eigentlich regiert.

Papst Franziskus weiß aber auch, dass es peinlich und unhöflich sein würde, wenn er während einer Deutschlandreise nicht eine gewisse Nähe zu seinem Vorgänger demonstriert. Er müsste sich ständig Fragen nach Joseph Ratzinger gefallen lassen: Wie es ihm gehe. Was er, Benedikt XVI. emeritus den Deutschen zu sagen habe. Was sollte Papst Franziskus dann antworten? Dass Ratzinger gar nichts mehr zu sagen hat, dass er stillhalten muss, weil jetzt nur noch der neue Papst zu den Deutschen spricht? Das ginge natürlich nicht. Und ein Grußwort von Ratzinger würden viele Gläubige als ein Grußwort des Papstes ansehen. Jedes Wort des neuen Papstes würde an den Worten des alten Papstes gemessen, und so würde Franziskus ganz im Banne des Joseph Ratzinger stehen.

Anstatt sich den komplizierten Problemen eines Deutschlandbesuchs zu stellen, könnte Papst Franziskus die Reise einfach auf einen späteren Zeitpunkt verschieben, aber dann wäre bereits genau das eingetreten, was im Vatikan auf gar keinen Fall geschehen sollte: dass Benedikt XVI. die Entscheidungen seines Nachfolgers allein durch seine Existenz als eine Art Schattenpapst bestimmt. Wie immer Papst Franziskus sich im Hinblick auf eine Deutschlandreise auch entscheidet, welchen Termin er auch wählen mag, es wird in jedem Fall eine hochsensible Angelegenheit.

Die Problematik eines Deutschlandbesuchs ist aufgrund der deutschen Geschichte auch eng mit einer weiteren delikaten Mission verbunden: einer Reise ins Heilige Land, nach Israel. Schon unmittelbar nach dem Rücktritt Benedikts XVI. forderte der Kustos des Heiligen Landes, Pater Pierbattista Pizzaballa, dass der neue Papst so bald wie möglich die Region besuchen solle.

Nach der Vertreibung der Kreuzritter waren die Franziskanerpater die einzigen Vertreter der katholischen Kirche, die in Palästina blieben. Papst Clemens VI. beauftragte sie mit der Bewachung der heiligen Stätten. Als das lateinische Patriarchat 1847 in Jerusalem wieder errichtet wurde, waren die Franziskaner die einzigen römisch-katholischen Priester im Heiligen Land. Noch heute werden die Wächter Kustoden genannt. Um eine Reise ins Heilige Land kommt Papst Franziskus nicht herum, weil die Pflege der Beziehungen zu Israel seit der historischen Reise Papst Pauls VI. nach Jerusalem im Januar 1964 zu den Kernpunkten der Außenpolitik eines jeden Papstes zählt.

Für Franziskus wird diese Reise zur komplizierten Nagelprobe. Denn es gibt wahrscheinlich keine andere Geheimdienstaktion des Mossad, die in Israel so präsent ist wie die Entführung des Adolf Eichmann aus Argentinien. Argentinien hatte damals kein Auslieferungsabkommen mit Israel, die israelische Regierung wollte aber nicht zusehen, wie der des Massenmords schuldige Eichmann in Freiheit seinen Lebensabend in Buenos Aires genoss. Franziskus wird sich von der israelischen Öffentlichkeit vorwerfen lassen müssen, dass er der Partei beitrat, deren Chef Juan Domingo Perón es den Nazi-Verbrechern ermöglichte, nach Argentinien zu fliehen und dort unbehelligt zu leben.

Die Reise wird aber auch deshalb nicht einfach sein, weil viele Israelis ihre Enttäuschung über das Verhältnis Benedikts XVI. zum Judentum nicht verbergen können. Schon während seiner Polenreise im Mai 2006 hatte der Papst für schwere Verstimmungen mit Israel gesorgt wegen seiner Erklärungen im Konzentrationslager Auschwitz. Als der Papst die Pforten der Hölle auf Erden durchschritten hatte, sprach er als Deutscher, der die Nationalsozialisten noch als Jugendlicher erlebt hatte, darüber, wie es zum industriellen Massenmord in Auschwitz hatte kommen können. Er sagte, dass er gekommen sei als »Sohn des deutschen Volkes, über das eine Schar von Verbrechern mit lügnerischen Versprechungen, mit der Verheißung der Größe, des Wiedererstehens der Ehre der Nation und ihrer Bedeutung, mit der Verheißung des Wohlergehens und auch mit Terror und Einschüchterung Macht gewonnen hatte, sodass unser Volk zum Instrument ihrer Wut des Zerstörens und des Herrschens gebraucht und missbraucht werden konnte«.

Ich konnte damals die Empörung der Israelis über die Rede gut verstehen und tue es noch heute. An diesem Tag hätte der große Theologe Joseph Ratzinger eine große Rede halten müssen. Er sagte es ja selber, dass er als Sohn des deutschen Volkes die Verantwortung spürte, aber er hielt eine schlechte Rede. Denn was Benedikt XVI.

in Auschwitz sagte, stimmt nicht, es ist historisch einfach nicht wahr. Es ist nicht wahr, dass »eine Schar von Verbrechern« Schuld an dem trug, was zu Auschwitz führte. Es ist auch nicht wahr, dass das deutsche Volk »zum Instrument der Wut des Zerstörens« dieser Schar von Verbrechern missbraucht wurde. Es waren gute Katholiken, die Juden verraten und ins Gas geschickt haben. Die katholische Kirche hat im Nationalsozialismus den Tod von Millionen Mitbürgern hingenommen – das ist wahr! An dem, was in Auschwitz geschehen ist, trägt auch die jahrhundertelange antisemitische Tradition der Kirche eine gehörige Mitschuld. Wenn es je einen Papst gab, der die Pflicht gehabt hätte, das in Auschwitz auszusprechen, dann war das der Papst aus Deutschland. Aber alles einer »Schar von Verbrechern« in die Schuhe zu schieben, das reicht einfach nicht. Papst Franziskus wird in den Beziehungen zu Israel neu anfangen müssen, nicht nur wegen dieser Rede in Auschwitz, sondern auch weil sie nur der Auftakt einer ganzen Reihe von Pannen war.

Der politische Tiefpunkt Papst Benedikts XVI. ist im Januar 2009 der Tag, an dem Israel mit dem Abbruch der diplomatischen Beziehungen zum Vatikan drohte, nachdem er einen Holocaust-Leugner rehabilitiert und dessen Exkommunikation aufgehoben hatte. Israel nahm dem Papst aus Deutschland einfach nicht ab, dass er nicht wusste, dass Bischof Richard Williams im Visier der kanadischen Justiz stand, weil er kategorisch den Holocaust in öffentlichen Ansprachen geleugnet hatte. Einem Papst aus Deutschland durfte das nicht passieren. Auch die Reise nach Israel im Mai 2009, vor allem Benedikts Rede in der Holocaust-Gedenkstätte Yad Vashem, sollte als Enttäuschung gewertet werden. In Gestalt von Papst Franziskus wird der Vatikan jetzt neu damit beginnen müssen, eine Brücke zu dem Land zu bauen, auf dessen Territorium der Jude Jesus von Nazareth gelebt und gewirkt hat.

Doch eines nach dem anderen: Noch ist Jorge Mario Bergoglio ein einfacher Pfarrer in Buenos Aires.

# Das Kreuz des Franziskus –
## irgendwas bleibt immer hängen

Jorge Mario Bergoglio lehrt in den 70er-Jahren als Professor für Philosophie und Theologie an der Universität San Miguel. Er hat keine Ahnung, dass einer seiner Studenten Leonardo Sandri ist. Der 1943 in Buenos Aires geborene Theologe Sandri hatte den Weg zur Priesterweihe weitaus schneller absolviert als Bergoglio, er wurde bereits 1967 zum Priester geweiht. Nach einer glänzenden Karriere im Staatssekretariat wurde Sandri am 24. November 2007 von Papst Benedikt XVI. in das Kardinalskollegium aufgenommen. Sie haben völlig unterschiedliche Karrieren hinter sich: Sandri ist ein profunder Kenner der Kurie und des Staatssekretariats, Bergoglio kennt beides kaum. Sandri wollte sich in Rom im Herzen der Weltkirche bewähren, Bergoglio zog es immer vor, in Argentinien zu bleiben. Und dann stand plötzlich in der Sixtinischen Kapelle in Rom der Außenseiter Bergoglio als Papst seinem Landsmann Sandri gegenüber, der von nun an seinen Weisungen zu folgen hat.

Im Jahr 1973 macht Jorge Bergoglio in bescheidenem Ausmaß Karriere, er steigt zum Provinzial der Jesuiten in Argentinien auf. Er wird den Orden bis zum Jahr 1979 so gründlich reformieren, dass ihn die Jesuiten danach abservieren. Zwischen 1980 und 1986 ist Bergoglio Rektor der Theologischen Fakultät in San Miguel, damit scheint seine Karriere mit dem beschaulichen Leben eines Theologie- professors in der argentinischen Provinz zu enden. Doch in den späten 80er-Jahren entdeckt ihn Antonio Kardinal Quarracino und lässt ihn am 20. Mai 1992 zum Weihbi- schof von Buenos Aires erheben. Jetzt kann der 56-Jäh- rige noch einmal so richtig loslegen. Während sein Chef, Kardinal Quarracino, das opulente Essen in den vor- nehmen Restaurants Buenos Aires genießt, trinkt Weih- bischof Bergoglio Mateaufguss mit den Ärmsten in den Slums, als müsste er sich für seinen Chef entschuldigen.

Ein weiteres Mal wird Juan Domingo Perón dem Jorge Mario Bergoglio eine schwere Enttäuschung bereiten und ihn in extreme Schwierigkeiten bringen. Perón bleibt im Exil in Spanien nicht untätig, er will zurück an die Macht in Argentinien. Er hat seine Hände im Spiel beim Aufbau einer Terrororganisation, der sogenannten Montoneros (Movimiento Peronista Montonero), die sich innerhalb der peronistischen Bewegung als linke Stadtguerilla ver- standen und den argentinischen Staat mit Terror und Ge- walt – Entführung von Wirtschaftsbossen und Politikern, Erpressung, Banküberfälle, Attentate und Anschläge ge- gen militärische Einrichtungen – herausforderten. Perón wollte mithilfe der Montoneros den argentinischen Staat destabilisieren, um dann als Retter gerufen zu werden. Sein Plan war von Anfang an perfide, weil er schon bei der Bildung der Montoneros 1970 vorhatte, sie bei einer eventuellen Rückkehr gewaltsam wieder zu zerschlagen. Tatsächlich gelang es Perón 1973, in Argentinien erneut an die Macht zu kommen. Er tat genau das, was er ge- plant hatte, und versuchte die Geister, die er selber gerufen hatte, zurückzupfeifen. Er führte einen regelrechten Krieg gegen die Montoneros, doch die extremistischen Gruppen ließen sich nicht mehr unter Kontrolle bringen – nicht zuletzt weil sie durch Lösegelderpressungen sehr reich geworden waren.

Doch die Stabilisierung Argentiniens durch Peróns Rückkehr ist nur von kurzer Dauer. Nach seinem Tod 1974 wird seine damalige Frau, Isabel Perón, Präsidentin Argentiniens. Isabel Perón war lange Zeit enorm populär, die Geschichte schien sich zu wiederholen. Juan Peróns zweite Frau Eva (»Evita«) war während seiner ersten Regierungszeit Ende der 40er-Jahre in Argentinien geradezu abgöttisch verehrt worden – Andrew Lloyd Webber setzte der 1952 im Alter von 33 Jahren früh verstorbenen legendären Präsidentengattin mit dem Musical *Evita* und dem Song »Don't cry for me, Argentina« gar ein musikalisches Denkmal.

Doch der Stern der Isabel Perón sinkt: Am 24. März 1976 wird sie ihres Amtes enthoben – Inflation, Wirtschaftskrise, Generalstreiks, links- und rechtsterroristische Anschläge haben das Militär dazu gebracht, erneut zuzuschlagen, um angeblich die Montoneros zu bekämpfen und die Staatskrise zu beenden. General Jorge Videla übernimmt das Amt des Staatspräsidenten und steht an der Spitze einer Militärjunta. Jetzt wird Argentinien im verharmlosend so genannten »Prozess der Nationalen Reorganisation« mit einer Welle maßlosen Staatsterrors überzogen. Diese Vorgehensweise des argentinischen Militärs kommt im General Luciano Menendez zugeschriebenen Zitat zum Ausdruck: »Wir werden 50 000 Menschen töten, 25 000 Subversive, 20 000 Sympathisanten, und wir werden 5000 Fehler machen.«

Der Staatsterror soll vor allem die Montoneros treffen, die ihre Basen auch in den Armenvierteln in Buenos Aires haben. Die heißen dort »Villa« – was in Deutschland eine Bezeichnung für eine luxuriöse Behausung ist, beschreibt in Buenos Aires die Wohnviertel der Ärmsten der Armen. Die Montoneros unterhalten Waffenlager in den Villas, rekrutieren dort Nachwuchs, verteilen aber auch Lebensmittel. Jorge Mario Bergoglio gerät in diesen schmutzigen Krieg zwischen Staatsterror und Montoneros. Er ist zu dieser Zeit Provinzial des Jesuitenordens in Argentinien und auch verantwortlich für die Jesuitenpatres Franz Jalics und Orlando Yorio. Die beiden leben mitten in einer solchen Villa Miseria in Buenos Aires und haben auch Kontakt zu einer Katechetin, die später Mitglied der Guerilla wurde (was die Patres nicht wussten). Die Militärs verdächtigen die Patres, dass sie mit der Theologie der Befreiung sympathisieren und Kontakte zu den Terroristen unterhalten. Im Mai 1976 werden die beiden entführt, verschleppt und fünf Monate lang inhaftiert und gefoltert.

Die Militärs eröffnen den zwei Patres, dass sie verraten worden seien, dass ihr Chef, Jorge Mario Bergoglio, sie persönlich ans Messer geliefert habe. Er habe die Militärs gebeten, die Patres zu verschleppen, um sie loszuwerden. Diese Lüge soll die Patres zermürben und dazu veranlassen, mit dem Orden zu brechen und zu verraten, wo es gar nichts zu verraten gibt. Sie wissen nichts über die Montoneros. Dass Pater Franz Jalics aus Ungarn stammt, macht ihn noch zusätzlich verdächtig: Die Militärs halten ihn für einen Spion des sowjetischen Geheimdienstes KGB.

Nach ihrer Freilassung verbreiten die Patres natürlich, was sie gehört haben: Bergoglio habe sie denunziert. Sie wissen nicht, dass es eine Lüge ist und eine Lüge bleiben wird. Die juristischen Untersuchungen ergeben keine Anhaltspunkte für diesen Vorwurf. Eine der großen moralischen Autoritäten Argentiniens, der Bürgerrechtler und Friedensnobelpreisträger und Künstler Adolfo Pérez Esquivel, sagte über Bergoglio: »Es hat Bischöfe gegeben, die mit der Militärjunta unter einer Decke steckten. Jorge Mario Bergoglio war nicht darunter.« Der Bildhauer und Architekt Pérez Esquivel ist kein Katholik, er war 1977 selbst inhaftiert und 14 Monate lang gefoltert worden. Auch die Menschenrechtsaktivistin Graciela Fernández Meijide, Mitglied der Menschenrechtsorganisation APDH (Asamblea Permanente por los Derechos Humanos), die in der Zeit der Militärdiktatur Hunderte von Anzeigen gegen Verräter und Unterstützer der Militärjunta erhalten hat, erklärte: »Der Name Jorge Mario Bergoglio war nie dabei.«

Es gibt heute juristisch und historisch keinen Zweifel daran, dass Bergoglio unschuldig ist. Am 20. März 2013 wird Pater Franz Jalics in einer öffentlichen Erklärung bekräftigen, dass er nunmehr sicher wisse, dass Bergoglio mit seiner Verhaftung nicht das Geringste zu tun gehabt hat. Im Gegenteil: Bergoglio habe versucht, ihn und Yorio frei zu bekommen.

In seiner Zeit als Provinzial der Jesuiten hat sich Bergoglio immer vor seine Priester gestellt und sie stets in den Slums unterstützt. Dennoch: In der Politik, aber auch in der Kirche kommt es vor, dass Menschen mit Dreck beworfen werden, in der Hoffnung, dass irgendetwas hängen bleibt, und seien die Anschuldigungen auch noch so aus der Luft gegriffen. Immer wieder wird Bergoglio des Verrats an den beiden Priestern beschuldigt, immer wieder betont die Justiz, dass er unschuldig ist. Es gibt nicht den geringsten Beweis für seine Schuld.

Doch dieser Verdacht ist auch Ursache des größten Schmerzes im Leben des Jorge Mario Bergoglio. Obwohl ihn selbst seine Gegner in Argentinien verteidigen, gab es in Rom einen Mann, der Bergoglio nicht restlos glaubte, einen sehr wichtigen Mann, der fast selbst Papst geworden wäre: Die Rede ist von Carlo Maria Kardinal Martini, langjähriger Erzbischof von Mailand, der 2012 starb. Martini war Jesuit, ebenso wie Bergoglio, und er schätzte diesen ohne jeden Zweifel sehr. Der Mailänder Kardinal legte in seinen Schriften den Fokus immer wieder auf das Thema der sozialen Gerechtigkeit und lobte Bergoglio für seinen für Jesuiten so typischen Einsatz in Argentinien.

Vor dem Konklave 2005 galt Martini als Kandidat für den Thron des Papstes, doch er winkte ab, er litt unter der Parkinson-Krankheit. Er konnte und er wollte nicht mehr und schlug Bergoglio für das Amt des Papstes vor. Doch in diesem Vorschlag war auch ein furchtbarer Stachel verborgen. Kardinal Martini sagte, dass Bergoglios Rolle während der Zeit der Militärdiktatur »zweideutig« gewesen sei. Jetzt war es also wieder so weit. Der alte Vorwurf gegen Bergoglio, an dem definitiv nichts dran war und ist, traf ihn sehr. Aber dieses Mal aus dem Mund eines Mannes, den Bergoglio für einen engen Freund hielt. Während des Konklaves im Jahr 2005 bat Bergoglio die Kardinäle, von deren Stimmen er knapp 40 auf sich vereinen konnte, ihn nicht mehr zu wählen.

Doch im Konklave des März 2013 sitzt kein Carlo Maria Martini mehr, der Weg für Jorge Mario Bergoglio ist frei. Der Vorwurf wird aber auch den Amtsantritt von Papst Franziskus trüben. Wieder tauchen aus Argenti-

nien angeblich neue Unterlagen zu den alten, längst ent-
kräfteten Vorwürfen auf. Wenn die Ankläger wirklich
etwas in der Hand hätten, würden sie vor Gericht ziehen,
doch das tun sie nicht. Es ist einfach, zu erfahren, woher
diese Anschuldigungen kommen, denn die Papstwahlen
1978 und 2013 gleichen sich in einem Punkt: Damals ist
die Wahl Wojtyłas für den kommunistischen Machthaber
Polens, Edward Gierek, eine Katastrophe, und heute ist
es die Wahl Bergoglios für die argentinische Präsidentin
Cristina Fernández de Kirchner.

# Die letzte große Schlacht:
# Bergoglio gegen Kirchner

Die Wahl von Carlos Menem am 14. Mai 1989 zum argentinischen Präsidenten änderte alles im Leben des Jorge Mario Bergoglio. Er wird eine völlig neue Erfahrung machen. Die Beziehungen zwischen Staat und Kirche waren seit seiner Jugend gespannt. Zunächst hatten Juan Domingo Peróns Krieg gegen die Kirche und später die instabilen Regierungen immer wieder zu Konflikten zwischen Kirche und Politik geführt. Jetzt bricht zu Beginn der 90er-Jahre ein Jahrzehnt der engen Zusammenarbeit zwischen Kirche und Staat an, das Argentinien stabilisieren sollte. Menem versteht sich als Peronist, ihn hat der radikale soziale Aufschwung, den Perón in den 40er- und 50er-Jahren ermöglicht hat, genauso geprägt wie Bergoglio. Menem wird ein enger Freund des Bergoglio-Beschützers Antonio Quarracino, der im Jahr nach dem Wahlsieg Menems zum Erzbischof von Buenos Aires ernannt wird. Menems Hauptproblem war es, nicht nur die Wirtschaft wieder aufzubauen, sondern auch den Prozess der Aussöhnung in Argentinien voranzutreiben.

Menem ist ebenso wie Bergoglio begeistert von der Figur des Nelson Mandela in Südafrika. Dieses Land muss sich mit einem ähnlichen Problem herumschlagen wie

Argentinien. Beide Länder sind innerlich zerrissen, die Weißen in Südafrika wissen, dass das Apartheidsystem der staatlich verordneten Rassendiskriminierung so nicht weiter bestehen kann. Der Druck von außen durch die Embargopolitik der UNO und vieler Staaten ist ebenso groß wie der von innen. Präsident Pieter Willem Botha geht es darum, einen drohenden Bürgerkrieg abzuwenden. Er nimmt mit dem seit fast drei Jahrzehnten inhaftierten Chef des Afrikanischen Nationalkongresses ANC, Nelson Mandela, im selben Jahr geheime Verhandlungen auf, in dem auch Antonio Quarracino als neuer Erzbischof von Buenos Aires erste Vermittlungsgespräche zwischen den Opfern und den Tätern der argentinischen Militärdiktatur zu organisieren beginnt.

Carlos Menems Ziel ist die Aussöhnung der nach dem schmutzigen Krieg der Militärdiktatur zutiefst gespaltenen Gesellschaft. Erzbischof Quarracino und sein Mitarbeiter Bergoglio sind von der Idee fasziniert und wollen diesen Prozess vorantreiben. Ein Resultat davon ist die Amnestierung der Junta-Generäle, die zu Gefängnisstrafen verurteilt worden waren (was später unter Nestor Kirchner wieder aufgehoben werden sollte). Gleichzeitig bauen Kirche und Staat das lange gegeneinander gehegte Misstrauen ab.

Die katastrophale Wirtschaftskrise der 80er-Jahre mit ihrer Hyperinflation zwingt Menem dazu, die argentinische Währung an den Dollar zu koppeln, was die Wirtschaft Argentiniens zwar stabiler macht, aber die Preise für die Produktion hochtreibt. Das Leben auf dem Land hatte sich in Argentinien seit Jahrhunderten durch eine gewisse Stabilität ausgezeichnet. Die Bauern Argentiniens züchten Vieh, bauen Getreide an und Gemüse. Diese Art der Produktion war nicht so personalintensiv wie die auf den riesigen Plantagen für Kakao, Zucker und Kaffee in Brasilien. Anders als dort, wo vor allem Nachfahren der aus Afrika verschleppten Sklaven den größten Teil der Bewohner der Favelas bilden, sind es in Argentinien die Nachfahren der europäischen Einwanderer, die nun ihr Leben auf dem Land aufgeben müssen. Ihr Hauptvorteil, zu günstigen Preisen für den Weltmarkt produzieren zu können, fällt durch die Koppelung des Pesos an den Dollar weg. Immer rascher strömen immer mehr Menschen aus der Provinz in die Städte, vor allem nach Buenos Aires, in der Hoffnung auf ein besseres Leben. Zudem betreibt Menem eine radikale Deregulierung und Liberalisierung der argentinischen Volkswirtschaft, viele Staatsbetriebe werden privatisiert. All das hat zur Folge, dass die Arbeitslosigkeit drastisch ansteigt und Millionen Familien in die Armut getrieben werden.

Auch diese Jahre der Verelendung großer Teile der Bevölkerung Argentiniens werden Jorge Mario Bergoglio prägen, vor allem weil er die Erfahrung macht, dass ein Großteil des sozialen Elends unverschuldet über die Opfer hereingebrochen ist. Die fleißigen ehemaligen Landarbeiter, die nun in den Elendsvierteln von Buenos Aires dahinvegetieren, können nichts dafür, dass ihre Produkte aufgrund finanzpolitischer Entscheidungen auf dem Weltmarkt unverkäuflich waren.

Mit der Ernennung Quarracinos 1991 zum Kardinal wird das Verhältnis der Kirche zu Präsident Menem noch enger. Menem weiß, dass die katholische Kirche versucht, den Preis zu zahlen, den die Regierung nicht zahlen kann. Die drastischen Wirtschaftsreformen treiben immer mehr Menschen ins Elend, und der Staat ist zu bankrott, um das Leben der Armen erträglicher zu gestalten.

In diesen Jahren der Ära Menem, von 1989 bis 1999, gehen Politik und Kirche in Argentinien, also maßgeblich Menem und das Duo Quarracino/Bergoglio, ein enges Bündnis ein. Beide Seiten haben ein Interesse an einer Aussöhnung der argentinischen Gesellschaft nach der Katastrophe der Militärdiktatur. Beide haben auch ein Interesse daran, das Schicksal der Ärmsten zu verbessern. Prinzipiell sehen sich Menem und Bergoglio in der Tradition Juan Domingo Peróns, des Begründers des argentinischen Sozialstaats.

Am 28. Februar 1998 stirbt Antonio Kardinal Quarracino, Jorge Mario Bergoglio wird sein Nachfolger. Für Bergoglio ist der Tod Quarracinos ein schmerzlicher Verlust, der auch das Ende einer Epoche einleitet. 1999 wird Menem abgewählt, und damit ist auch diese weitgehend harmonische, positive Phase der Kooperation von Staat und Kirche Geschichte. Menem wurde im Nachhinein der Korruption bezichtigt – nach allem, was man heute weiß, war er keineswegs so sauber, wie er sich verkaufte. Als Bilanz bleibt, dass er die Wirtschaft stabilisierte und zusammen mit dem Duo Quarracino/Bergoglio die nationale Aussöhnung voranbrachte und Versuche unternahm, die schlimmsten Formen sozialen Elends zu lindern.

Zwischen den Jahren 1999 und 2003 wechseln sich in wirtschaftlich chaotischen Zeiten verschiedene Regierungen ab, bis ein Newcomer die Szene betritt: Nestor Kirchner, ein Politiker aus der Provinz. Im Jahr 2003 tritt Carlos Menem bei der Stichwahl gegen Kirchner gar nicht erst an, er weiß, dass er verlieren würde. Am 25. Mai 2003 legt Kirchner seinen Amtseid als Präsident ab. Auch Kirchner sieht sich als Peronist den sozialen Visionen Peróns verpflichtet. Es gelingt ihm, die Wirtschaft Argentiniens anzukurbeln, sie wächst so schnell wie diejenige Chinas, teilweise bis zu zehn Prozent pro Jahr. Doch das Geld verschwindet wie immer in den Taschen der Reichen. In Argentinien lebt noch immer etwa ein Drittel der Bevölkerung unter der Armutsgrenze und ist auf die Hilfe der Kirche angewiesen. Auf der Lateinamerika-Konferenz der Bischöfe 2007 in Aparecida wird Bergoglio sagen: »Wir leben in dem Teil der Welt, in dem es am meisten soziale Ungerechtigkeit und Ungleichheit gibt, in dem die Armut weiter gewachsen ist. Sie hat eine Situation der sozialen Sünde geschaffen, die zum Himmel schreit und die es so vielen unserer Brüder unmöglich macht, ein erfülltes Leben zu leben.« Im Jahr 2002 hatte Bergoglio die Politiker heftig angegriffen und gesagt: »Wir dürfen nicht das traurige Schauspiel derer anschauen, die nicht mehr wissen, was sie noch alles vorlügen sollen, und die sich dadurch unterscheiden, dass sie vor allem ihre Privilegien behalten wollen, ihren Geiz und ihren durch Unehrlichkeit erworbenen Reichtum.«

Bergoglio erkennt durchaus an, dass es Nestor Kirchner gelingt, die Wirtschaft Argentiniens zu stabilisieren, aber er registriert auch, dass die Armen vom Aufschwung in Argentinien nicht viel haben. Am 10. Dezember 2007 tritt Cristina Fernández de Kirchner das Amt des Präsidenten an, ihr Mann hat zugunsten von ihr auf eine erneute Kandidatur verzichtet. Das Paar Kirchner verlässt sich mit Erfolg auf die eigenartige Vorliebe der Argentinier für die Gattinnen des Präsidenten. Aus irgendeinem Grund gibt es hier ein starkes Bedürfnis, die Frau des Präsidenten zu verehren oder an der Macht zu sehen. Hegen die Argentinier eine verborgene Sehnsucht nach einer Königin? Eva Perón hatte ihren Mann Juan Domingo ungeheuer populär gemacht, dessen dritte Frau Isabel Perón war 1974 bis 1976 die erste Präsidentin Argentiniens.

Jetzt ist Cristina Fernández de Kirchner an der Reihe. Auch sie versteht sich als Nachfolgerin in der Tradition der sozialistischen Ideen Juan Domingo Peróns, aber sie betrachtet die Kirche nicht als wichtigen Partner und Verbündeten, wie Carlos Menem dies tat. Sie will ein anderes Argentinien. Sie träumt von einer Modernisierung des Landes und einem Wirtschaftsmodell, das dem erfolgreichen chinesischen nicht ganz unähnlich ist. Sie will eine Wirtschaft aufbauen, die in Teilen vom Staat kontrolliert wird.

Von ihrem Amtssitz in der Casa Rosada in Buenos Aires aus kann sie den Sitz des Erzbischofs sehen, den Bergoglio inzwischen geräumt hat, um sich eine kleine Wohnung zu nehmen. Eine Ordensfrau als Haushälterin lehnt er ab, ab und zu kommt eine Putzfrau, die er gut bezahlt. Den Rest der Hausarbeit – kochen, waschen, putzen – übernimmt Jorge Mario Bergoglio zum großen Teil selber – und das selbst als Kardinal, zu dem er drei Jahre nach seiner Ernennung zum Erzbischof am 21. Februar 2001 von Johannes Paul II. erhoben wurde.

Bergoglio bittet 14-mal um eine Audienz bei Cristina Kirchner, sie lehnt immer wieder ab. Dann kommt es zum Schlagabtausch zwischen Bischof und Präsidentin. Sie will einen Gesetzesentwurf durch das Parlament bringen, der die sogenannte Homo-Ehe, also die Eheschließung unter Gleichgeschlechtlichen, erlaubt. Jorge Mario Bergoglio ist nicht Antonio Quarracino, der für seine fiesen Witze über Homosexuelle landesweit bekannt war. Er betont immer wieder, dass er Menschen, die homosexuell sind, achtet und respektiert. Doch die Homo-Ehe sieht er als einen Angriff gegen den Willen Gottes, das geht zu weit. Er schreibt einen später berühmt gewordenen Brief an die Karmeliterinnen von Buenos Aires: »Das argentinische Volk wird in den kommenden Wochen eine Herausforderung annehmen müssen, die die Familie schwer treffen kann. Es geht um die Identität und das Überleben der Familie: Vater, Mutter und Kinder. Es geht um das Leben von Kindern, die Nachteile erleiden könnten, weil man ihnen die Möglichkeit nimmt, aufzuwachsen, wie Gott es gewollt hat, mit einem Vater und einer Mutter. Es geht um die Zurückweisung eines Gesetzes Gottes, das in unsere Herzen eingeschrieben worden ist. Wir sollten nicht leichtgläubig sein, es handelt sich nicht um einen politischen Kampf, sondern um eine Handlung des Vaters der Sünde (des Teufels), der so versucht, die Kinder Gottes zu verwirren und hinters Licht zu führen.«

Kardinal Bergoglio wird diesen Kampf trotz aller Entschlossenheit verlieren. Im Juli 2010 wird Argentinien als erstes Land Lateinamerikas nach einer Abstimmung im Senat die Homo-Ehe einführen. Es ist eine schwere Niederlage des Jorge Mario Bergoglio.

# Begegnung zweier Päpste

Das Datum dieses für römische Verhältnisse kühlen und wolkenverhangenen Samstags – 23. März 2013 – werden künftig alle, die die Geschichte der katholischen Kirche studieren, nicht mehr vergessen. Denn an diesem Tag geschieht etwas, was eigentlich gar nicht mehr geschehen sollte. In einer fast 2000 Jahre alten Institution wie der römisch-katholischen Kirche sollte es eigentlich nichts mehr geben, was es nicht schon einmal gegeben hat. Päpste haben Kriege geführt und Frieden geschlossen, sie haben Familien gegründet und ein asketisches Leben geführt. Alles, was Menschen zu tun imstande sind, haben auch Päpste in den vergangenen zwei Jahrtausenden irgendwann einmal getan, doch was sich an diesem Tag zuträgt, geschieht tatsächlich zum ersten Mal: Ein zurückgetretener Papst empfängt einen regierenden Papst.

Der einzige Papst der Geschichte, der wirklich abgedankt hat und nicht aus dem Amt gedrängt worden ist, war Papst Coelestin V. Als er das am 13. Dezember 1294 tat, hoffte er auf eine freundschaftliche Behandlung durch seinen Nachfolger. Der dachte aber nicht daran, ihm diesen Gefallen zu tun. Als am 24. Dezember 1294 Coelestins V. Nachfolger Bonifatius VIII. gewählt wurde, hatte der nichts Eiligeres zu tun, als seines Vorgängers habhaft zu werden. Der versuchte zu fliehen, was ihm aber nicht gelang. Die Schergen Bonifatius' VIII. erwischten ihn. Pietro di Morrone – so der eigentliche Name Coelestins V. – musste bis zu seinem Tod im Jahr 1296 in einer Zelle sitzen. Empört über Bonifatius VIII., weigerten sich die Franziskaner damals, ihn anzuerkennen. Also von wegen nettes Mittagessen zwischen Coelestin und Bonifatius, ein freundschaftliches Treffen zwischen zwei Päpsten kannte die Geschichte bisher nicht.

Als der Helikopter von Papst Franziskus an diesem 23. März 2013 um 12.05 Uhr den Vatikan verlässt, um nach Castel Gandolfo zu fliegen, warten schon mehrere tausend Pilger vor der Residenz des emeritierten Papstes. Der Pilot des Hubschraubers der italienischen Luftwaffe tut der Menge den Gefallen und lässt sein Fluggerät mit Papst Franziskus an Bord zweimal über den Platz kreisen, dann landet er hinter den Mauern des Bauernhofs der Päpste neben dem Schloss von Castel Gandolfo. »Papst emeritus« Joseph Ratzinger wartet sichtlich abgemagert am Landeplatz. Kaum ist Franziskus ausgestiegen, kommt es zu einer herzlichen Umarmung. Ein solches Bild zweier sich umarmender Päpste in Weiß hat es noch nie gegeben. Ihre Roben unterscheiden sich nur minimal: Papst Franziskus trägt den den Päpsten vorbehaltenen weißen Schulterkragen, die Mozzetta, und die Schärpe mit dem aufgestickten Wappen. An seiner Hand trägt er etwas Revolutionäres: den ersten Fischerring eines Papstes, den schon ein Vor-Vorgänger benutzt hat. Es ist der leicht geweitete Fischerring Papst Pauls VI. Papst Franziskus hatte ihn sich während der Amtseinführungsmesse am 19. März anstecken lassen. Nicht einmal das Zeichen seiner Würde als Erzbischof von Rom, das Pallium, eine

Art Stola aus Schafswolle, ist neu: Er nahm einfach eines von denen, die schon Benedikt XVI. angelegt hatte. Der hatte sich bei seinem Amtsantritt neue, an die Päpste des Mittelalters erinnernde, besonders lange Pallien machen lassen.

An der Brust von Papst Franziskus hängt das schlichte Eisenkreuz, das er schon als Erzbischof trug. Ratzingers Kreuz hingegen ist weitaus prächtiger. Franziskus verzichtet auf die roten Schuhe der Päpste und trägt seine alten schwarzen Schuhe, die er aus Buenos Aires mitgebracht hat. Beide tragen weißen Talar und den Pileolus, ein Käppchen, als Zeichen eines geweihten Bischofs. Statt sich an den gedeckten Mittagstisch zu setzen, lassen sich die beiden Päpste in die Kapelle des Päpstlichen Palastes von Castel Gandolfo bringen, um zu beten. Dort will Joseph Ratzinger seine Demut vor dem Nachfolger demonstrieren: Er hat eine Gebetsbank vor dem Altar für den Papst aufbauen lassen und eine weitere für sich selber weiter hinten.

Sobald die beiden älteren Herren die Kapelle betreten, gibt Joseph Ratzinger seinem Nachfolger ein Zeichen. Dort vorn solle er niederknien, dort, wo die eigens für ihn aufgestellte Gebetsbank steht. Aber Franziskus will nicht, er geht auf Ratzinger zu. Der »Papst emeritus« ist überrascht, noch einmal bedeutet er seinem Nachfolger, nach vorn zu gehen. Doch Franziskus winkt ab. »Ich komme zu Ihnen nach hinten«, sagt er und kniet sich neben Ratzinger auf dieselbe Bank. Später wird er sagen: »Wir sind doch Brüder.«

Ganz offensichtlich hatte der ehemalige Papst Benedikt XVI. die Bilder aus dem Hotel der Kardinäle nicht gesehen: Papst Franziskus hatte sich schon in der Kapelle des Hotels während der Gebete immer ganz nach hinten gesetzt. Auch beim Abendessen im Speisesaal des Hauses der heiligen Martha hatte er sich geweigert, sich einen Ehrenplatz geben zu lassen, und sich dort niedergelassen, wo gerade etwas frei war.

Nach dem Gebet in der Kapelle treffen sich die beiden Päpste zu einem 45-minütigen Vier-Augen-Gespräch. Es geht um die Übergabe der Regierungsgeschäfte. Der »Papst emeritus« hat alle Unterlagen, die noch in seinem Besitz sind, zusammenstellen und für den neuen Papst vorbereiten lassen. Es ist der letzte Akt von Joseph Ratzinger, der noch mit Regierungsgeschäften zu tun hat. Als Papst Franziskus um 14.42 Uhr zurück in den Vatikan fliegt, weiß er, dass er jetzt allein an der Reihe ist.

# Ostern 2013: Neue Töne im Vatikan

Wie Papst Franziskus in der Osternacht den Mittelgang des Petersdoms hinunter zur Vorhalle vor das Holzkohlebecken schreitet, um dort die Osterfeierlichkeiten zu begehen, ist ein weiteres Zeichen der Revolution, die dieser Papst auslösen sollte: Franziskus trägt bei diesem Anlass lediglich sein einfaches, weißes Messgewand, das er aus Argentinien mitgebracht hatte. Unfassbar! Eine niederschmetternde Botschaft für die Kurie: Jorge Mario Bergoglio lässt sich durch den Vatikan nicht verbiegen. Seinen Vorgänger Papst Benedikt XVI. hatten die Zeremonienchefs bereits an weit weniger hohen Kirchenfesten in unendlich prachtvolle Gewänder gesteckt, die seit über 100 Jahren in der Sakristei der Päpste im Vatikan geschlummert hatten. Die Umhänge waren genäht worden, als die Päpste noch Territorialfürsten waren und es noch einen Kirchenstaat gab. Sie waren mit so vielen Goldfäden durchwirkt und so schweren Smaragden geschmückt, dass Benedikt XVI. es nach einer Kniebeuge am Altar häufig nicht einmal schaffte, aus eigener Kraft aufzustehen. Jetzt kam ausgerechnet in der Osternacht ein Papst im prächtigen Petersdom daher, der gekleidet war wie ein Dorfpfarrer. Die schlimmsten Befürchtungen der Kurienkardinäle hatten sich bewahrheitet: Jorge Mario Bergoglio scheint ernst zu machen, er will tatsächlich eine andere Kirche als die, die bisher einen Skandal nach dem anderen produzierte und sich dabei auch noch unbekümmert und mit allem Pomp und Prunk feierte.

Nach der Wahl hatten viele Kardinäle die Hoffnung gehegt, dass Bergoglio schon noch zur Vernunft kommen würde, wenn er nach den ersten Wochen in Rom massiven Widerstand verspürte. Er würde einsehen, dass der Sitz des Thrones Petri in Rom etwas ganz anderes ist als seine hinterwäldlerische Pfarrei in Buenos Aires, die in einem Kontinent liegt, von dem die Päpste noch nicht einmal Kunde hatten, als ihr Amt bereits knapp 1500 Jahre existierte. Bergoglio müsste sich doch verbiegen lassen – aber dass er das tatsächlich nicht zulassen würde, zeigt nun der Auftakt der Osterfeierlichkeiten.

Schon der Gründonnerstag war eine Katastrophe für die Kurie. Der Gottesdienst am späten Nachmittag zur Erinnerung an das letzte Abendmahl gehört zu den feierlichsten Messen im Kirchenjahr. Es ist der Tag, an dem der jeweilige Papst bisher immer demonstrierte, wie wichtig ihm seine Priester waren. Denn es sind die Priester der Diözese Rom, zwölf an der Zahl, denen der Heilige Vater am Gründonnerstag die Füße wäscht, wie dies einst Jesus bei seinen Aposteln getan hatte.

Doch Papst Franziskus hatte mit dieser Tradition gebrochen und durchgesetzt, dass er in dem Jugendgefängnis Casal del Marmo die Füße von Häftlingen wusch. Für die konservativen Kreise ein Skandal, der viele im Vatikan vor Zorn beben lässt: Der Papst wusch nicht ehrwürdigen Priestern die Füße, sondern jungen Dieben, Betrügern, Drogenhändlern. Aber es kam noch schlimmer: Der Papst schreckte nicht einmal davor zurück, zwei Mädchen – und noch dazu zwei muslimischen –, die in dem Jugendknast einsitzen, die Füße zu waschen. Manche in der Kurie fragen empört: Ist der Heilige Vater verrückt geworden? Jesus wusch die Füße doch den Aposteln, und die waren allesamt Männer! Am letzten Abendmahl hat keine Frau teilgenommen, deshalb sind doch wohl alle Priester in der katholischen Kirche Männer – und jetzt das! Was soll denn jetzt als Nächstes kommen? Das Frauenpriestertum?

Am schlimmsten wiegt die Rechtfertigung der Verteidiger des Papstes: Bergoglio habe in Argentinien am Gründonnerstag schon öfters Frauen die Füße gewaschen. Das ist er, der springende Punkt: Wen kümmerte es denn, was Bergoglio in Buenos Aires getan hatte? Jetzt aber ist er in Rom, hat sich an die hiesigen Regeln zu halten und muss es sich abschminken, den prunkvollen Vatikan daran erinnern zu wollen, dass alles mit dem völlig mittellosen Jesus von Nazareth angefangen hat. Doch Papst Franziskus denkt nicht daran, sich einschüchtern zu lassen. Er mahnt den Vatikan in seiner Osterpredigt, dass die Kirche sich auf die Seite der Armen und Kranken stellen muss, und nutzt den Segen »Urbi et Orbi« – wenn ein Großteil der Welt am Ostersonntag auf den Vatikan schaut –, um zu demonstrieren, dass ein neuer Wind weht. Er bricht mit der vor Jahrzehnten eingeführten Tradition, in über 60 Sprachen der ganzen Welt frohe Ostern zu wünschen. Was er zu sagen hatte, hat er gesagt. Seiner Diözese Rom hat er auf Italienisch frohe Ostern gewünscht. Er respektiert, dass die Menschen auf der Welt, die nicht an einen christlichen Gott glauben, nicht einen Papst brauchen, der ihnen frohe Ostern wünscht. Die muslimischen Großmuftis wünschen ja schließlich auch nicht in allen möglichen Sprachen ein frohes Ende des Ramadan.

Die Welt schaut an diesem Ostertag fasziniert auf den Vatikan und den neuen Papst. Es ist ganz einfach, zu verstehen, was diesen Zauber ausmacht, der plötzlich über das Reich der Päpste gekommen ist. Denn es hat einst einen Mann gegeben, der gepredigt hat: Selig sind die, die Frieden stiften, selig sind die Barmherzigen, selig sind die, die nach Gerechtigkeit dürsten. Und dann hat er noch ein Gebot erlassen: Liebt einander, wie ich euch geliebt habe. Und jetzt ist ein Mann gekommen vom »Ende der Welt«, der will das tatsächlich umsetzen. Jahrhundertelang haben die Päpste diese Botschaft gekannt und nicht im Traum daran gedacht, sie umzusetzen. Der Vatikan hat so viele Päpste erlebt, die niemals auf die Idee gekommen wären, barmherzig zu sein. Man denke etwa an Leo X., den Medici-Papst, der so viel Geld verprasste, dass er Ablassbriefe verkaufen musste. Oder an Alexander VI., der es für verrückt gehalten hätte, Frieden zu stiften, und stattdessen die Kriege seines unehelichen Sohnes Cesare Borgia finanzierte. Oder an Nikolaus V., der Gerechtigkeit zu üben für irre gehalten hätte, weil er für gutes Geld den Portugiesen auch die geistliche Legitimation zur Versklavung der Afrikaner erteilte.

So lange hatten die Päpste die Botschaft des Jesus von Nazareth missachtet und mit Füßen getreten, dass die Welt sich daran gewöhnt hatte. Die Katholiken und auch die Nichtkatholiken hatten sich längst daran gewöhnt, dass es zwei Seiten der Kirche gab: die des Zimmermannssohnes aus Nazareth, der sich weigerte, selbst auch nur Sandalen zu tragen, und sein Essen erbettelte, und die der Päpste, die sich sogar eine eigene Bank zugelegt hatten, die noch im 21. Jahrhundert illegale Geldgeschäfte betrieb, und die sich in Limousinen chauffieren ließen, die weit über 100 000 Euro kosteten. Die Welt hatte sich so daran gewöhnt, dass es diesen Widerspruch gab. Niemand hatte sich die Sensation ausmalen können, dass eines Tages ein Mann kommen könnte, der es ernst meinte. Der sagen würde: Wenn wir predigen: »Selig sind die Barmherzigen«, dann müssen wir auch barmherzig sein. Und wenn wir predigen: »Selig sind die, die Frieden stiften«, dann müssen wir auch Frieden stiften. Und wenn wir predigen: »Selig sind die, die nach Gerechtigkeit dürsten«, dann müssen wir auch gerecht sein.

Ein neues Zeitalter ist angebrochen im Vatikan, ein radikaler Schnitt ist vollzogen. Der erste Papst, der nicht aus Europa, sondern vom amerikanischen Kontinent kommt, der erste Papst, der aus dem Orden der Jesuiten stammt, der erste Papst, der auf alle Zeichen der Macht verzichtet. Noch 1978 hatte sich Johannes Paul I. auf der Sedia Gestatoria, dem Thron der Päpste, durch den Petersdom tragen lassen. Benedikt XVI. hatte noch die alten Zeichen der Macht, den Hermelinmantel und die mit Hermelin besetzte Camauro-Mütze, benutzt. Papst Franziskus hat das alles abgelehnt. Als erster Papst der Geschichte ist er nach seiner Wahl in das Priesterheim an der Via della Scrofa gefahren, um dort seine Rechnung zu bezahlen und seinen Koffer zu holen.

Dieser Ostersonntag war ein historischer Tag für Rom und den Vatikan. Die Epoche der mit Prunk protzenden Päpste und vor allem die Epoche der Päpste, die sich nicht um die Botschaft des Jesus von Nazareth scherten, ist zunächst einmal vorbei. In seiner Osterbotschaft erklärte der Papst, wohin die Kirche gehöre: »Welch eine große Freude für mich, euch diese Botschaft zu verkünden: Christus ist auferstanden. Ich möchte, dass sie in

jedes Haus, in jede Familie gelange und besonders dorthin, wo mehr Leid herrscht, in die Krankenhäuser, in
die Gefängnisse.« An die Seite der Gefangenen und Leidenden gehört seine Kirche. Der Gott des Jorge Mario
Bergoglio ist einer, der ganz anders ist als der des Joseph
Ratzinger: »Gesiegt hat die Liebe, gesiegt hat die Barmherzigkeit. Immer siegt die Barmherzigkeit Gottes.« Der
Gott von Papst Franziskus ist vor allem ein barmherziger
Gott, nicht nur ein gerechter. Wie hatte es im Gegensatz
dazu im Oktober 2005 die Menschen auf dem Petersplatz
bei der Seligsprechung des Bischofs von Münster, Clemens August Graf von Galen, erschüttert, als Papst Benedikt XVI. über seinen Gott sprach. Er sagte, dass Graf
von Galen »Gott mehr fürchtete als die Menschen«, und
deshalb sei er so mutig gegenüber den Nationalsozialisten aufgetreten. Mussten die Menschen so viel Furcht vor
einem Gott haben, weil er noch Furchtbareres androhte
als die Nationalsozialisten? Der Gott des Jorge Mario
Bergoglio war ein ganz anderer Gott, ein Gott der Liebe.

Bisher schien es unvermeidbar gewesen zu sein, dass
ein Papst sich wie ein weltlicher König gebärdete, jetzt
aber hat ein Mann aus Argentinien gezeigt, dass es auch
ganz anders geht, nämlich so, wie es in der Botschaft
Jesu steht. Von jetzt an würde sich jeder Papst an diesem
Mann messen lassen müssen, der als erster Heiliger Vater
den Namen Franziskus trägt und damit allen bisherigen
Amtsinhabern seit dem Hochmittelalter zu sagen scheint:
Warum hat denn kein Papst seit dem Tod des Franz von
Assisi vor rund 800 Jahren diesen Namen gewählt und
das getan, was Jesus wollte: nämlich als einfacher, demütiger Mann zu leben, arm und bescheiden, Frieden zu stiften, wo es ging, und nicht an sich und die eigene Rolle

zu denken, sondern daran, wie man den Armen helfen kann?

Papst Franziskus steht an der Seite der Schwachen und der Armen. Er sucht das Bad in der Menge, er will bei seinen Leuten sein. Als er an diesem Ostersonntag nach der Messe über den Petersplatz durch die Menge gefahren wird, machen wohl einige Topmanager von Daimler in Stuttgart große Augen. Über die Vermittlung des ehemaligen Papstsekretärs Georg Gänswein hatte der Automobilhersteller Mercedes Benz Papst Benedikt XVI. nur wenige Tage vor dessen Rücktritt ein nagelneues Papamobil geschenkt, inklusive eines absolut kugelsicheren Glaskastens, der perfekt klimatisiert ist. Das Auto ist ein Wunderwerk der Technik, auch wenn das Papamobil auf den ersten Blick schlicht wirkt. Wegen des tonnenschweren Panzerglasaufbaus ist an dem Fahrzeug alles eine Sonderanfertigung: Spezialreifen, abgestimmtes Automatikgetriebe, individuell konfigurierter Motor. Doch Papst Franziskus sitzt nicht in dem schicken brandneuen Modell. Er hat die Vor-Vor-Vorgänger-Version des Papamobils ausgesucht. Das stand jahrelang ungenutzt in der Garage des Papstes, weil es über keine Sicherheitsverglasung verfügt. Statt den Menschen wie in einem Aquarium durch Glas getrennt zu begegnen, steht Papst Franziskus auf diesem alten Papamobil völlig ungeschützt an ein schlichtes, weißes Stahlrohr gelehnt hinter dem Fahrer. Es ist ein Albtraum für die Sicherheitsleute. Ein Attentäter wie Mehmed Ali Ağca hätte auch 32 Jahre nach dem Anschlag auf Johannes Paul II. wohl kein Problem, einen sich so arglos und ungeschützt präsentierenden Papst niederzuschießen. Doch es geht Franziskus nicht darum, sein Leben zu schützen, es geht ihm darum, die Menschen auf dem Petersplatz zu grüßen, mit ihnen zu sprechen, Kinder zu segnen, auch wenn das lebensgefährlich ist.

Die Kirche Jorge Mario Bergoglios ist aber nicht nur eine Kirche, die an die Seite der Armen, der Häftlinge, der Ausgeschlossenen zurückkehrt, sondern auch an die Seite der Arbeiter. Karol Wojtyła hatte die katholische Kirche ganz nah an die Arbeiter herangeführt und den Kampf der streikenden Werftarbeiter der Solidarność in Polen unterstützt. Papst Franziskus prangerte schon 1992 vor der Lateinamerikanischen Bischofskonferenz in Santo Domingo an: »Es sind die ungerechten ökonomischen Strukturen, die Ungleichheit und eine extreme Armut schaffen.« Die Priester der Theologie der Befreiung haben das genauso gesehen. Vor Streikenden forderte Bergoglio im Jahr 2001 Gerechtigkeit ein für die »Armen, die auch noch verfolgt werden, weil sie ihr Recht auf Arbeit einklagen«.

Mit den ultrakonservativen Gruppen der Kirche hat Bergoglio nichts zu tun. Er kennt zwar die Bewegung der »Brüderschaft Pius X.«, die Anhänger von Marcel Lefebvre, auch den Holocaust-Leugner Bischof Richard Williamson, der in Argentinien ein Seminar leitete und dessen Rehabilitierung durch Papst Benedikt XVI. einer der größten Skandale des Pontifikates des Deutschen war. Aber Bergoglio stellte immer klar, dass er mit den Pius-Brüdern nichts zu tun haben wollte. Der Versuch des Joseph Ratzinger, die Lefebvrianer wieder in die Kirche zurückzuholen, dürfte mit der Wahl Bergoglios gescheitert sein. Auch eine andere Gruppe Ultrakonservativer hat Bergoglio bekämpft: Priester, die sich weigern, Kinder unverheirateter Mütter zu taufen. Er rief sie zur Ordnung und gemahnte sie daran, dass alle Kinder von Gott geliebt würden.

Unter Papst Franziskus scheint auch eine revolutionäre Wende der Situation von Geschiedenen möglich, die wieder heiraten wollen: Bisher sind sie von den Sakramenten ausgeschlossen. Papst Benedikt XVI. hat noch kurz vor seinem Rücktritt klargestellt, dass das auch für die Beichte gelte. Damit behandelt die katholische Kirche einen Menschen, der sich von seinem Ehepartner trennt und wieder heiratet, schlechter als einen Mörder. Ein Mörder kann von einem Priester die Absolution, die Vergebung der Sünden, erlangen und danach wieder an den Sakramenten wie der Kommunion teilnehmen. Eine Frau, die sich freundschaftlich von ihrem Mann trennt und dann wieder heiratet, kann das nicht. Viele der rund 5000 Bischöfe auf der Welt empfinden das als einen Skandal. Papst Franziskus könnte hier ein Zeichen der Hoffnung setzen.

Die revolutionäre Botschaft, die Franziskus in den Vatikan getragen hat, lautet, dass es keiner hohen Theologie bedarf, um zu zeigen, was Gott den Menschen sagen will: Seid barmherzig, schützt die Schwachen, die Kinder, die Kranken, liebt die Menschen so, wie Gott die Menschen liebt, stiftet Frieden, und hört nie auf, euch nach Gerechtigkeit zu sehnen.

Doch bevor ihr Gott um Hilfe bittet: Krempelt eure eigenen Ärmel hoch und macht die Welt besser!

# Der Papst packt an

Dass Päpste für ihre Gläubigen die Ärmel hochkrempeln, kommt in der Geschichte der katholischen Kirche nur äußerst selten vor. Päpste nahmen zwar erhebliche Anstrengungen auf sich, um sich und ihren Staat zu bereichern oder ihre Macht zu vergrößern, aber für den ganz normalen Katholiken einfach mal anzupacken gehörte über Jahrhunderte nicht zu ihrem Stil, galt als äußerst unfein. Päpste unterschieden sich darin in nichts von den weltlichen Herrschern der spanischen, französischen oder englischen Königshäuser. Es galt die Regel, dass ein Papst nichts selbst tut, was auch ein anderer tun könnte.

Eines der eindrucksvollsten Beispiele hierfür ist das erste Papamobil, ein Citroën Lictoria 6. Erstaunlich an der Staatskarosse war unter anderem, dass sie noch 1900 Jahre, nachdem Gaius Julius Caesar in Rom die Herrschaft an sich gerissen hatte, auf die gleiche Weise beheizt wurde, wie dies bereits die Römer mit ihren Wohnungen taten: mit glühenden Kohlen. Weil die Autoheizung eben noch nicht erfunden war, ließen die Päpste ein Gefäß mit glühenden Kohlen im Boden des Automobils in einen speziellen Mini-Kamin versenken, um es im Wagen gemütlich warm zu haben. Damit der Papst nichts, aber auch gar nichts tun musste, besaß der Wagen ein System von Schaltern. Damit teilte der Papst dem Fahrer mit, ob er nach links oder rechts fahren, anhalten oder in den Vatikan zurückkehren sollte. Der Papst sollte der unangenehmen Anstrengung, mit seinem Fahrer sprechen zu müssen, enthoben sein.

Einer der Päpste, die mit frappierender Untätigkeit gegenüber den Gläubigen in die Geschichte eingingen, war der im Jahr 2000 durch Papst Johannes Paul II. sogar seliggesprochene Papst Pius IX. (Pontifikat 1846–1878). Nachdem italienische Truppen die Hauptstadt des päpstlichen Staates, Rom, im Jahr 1870 eingenommen hatten, obwohl der Papst seine Truppen mit dem päpstlichen Segen versehen in den Kampf geschickt hatte, zog sich Pius IX. schmollend in den Vatikan zurück. Von da an warteten die Gläubigen bis zu seinem Tod vergeblich darauf, dass der Papst noch einmal Aktivität zeigen und ihnen zur Seite stehen könnte – er blieb einfach eingeschlossen im Apostolischen Palast und ärgerte sich. Pius IX. verweigerte den Gläubigen sogar das Mindeste, was sie von einem Papst erwarten konnten: den Segen »Urbi et orbi« zu Ostern und zu Weihnachten zu spenden. Das Gleiche galt auch noch für seine Nachfolger Leo XIII., Pius X. und Benedikt XV. – sie alle hielten es nicht für nötig, den Gläubigen zumindest einmal im Jahr geistlich unter die Arme zu greifen.

Doch dann krempelt ein Papst auf einmal die Ärmel hoch, und am 29. Mai 2013 geschieht etwas Eigenartiges in Rom: Zum ersten Mal seit vielen Jahren werden innerhalb weniger Stunden die Ereignisse einer Mittwochsaudienz des Papstes zum Stadtgespräch. Die Audienzen Papst Benedikts XVI. hatten durchaus ihre Bewunderer gefunden, das waren aber nahezu ausschließlich Theologen gewesen. Benedikt XVI. hatte einen Großteil seiner Audienzen den Schriftstücken der frühen Kirchenlehrer gewidmet, die vor mehr als 1500 Jahren gelebt hatten. Für einen Durchschnittsrömer, aber auch für viele Pilger waren diese päpstlichen Vorträge während der Generalaudienzen einfach zu abgehoben. Dass Papst Benedikt XVI. nicht unbedingt Wert darauf legte, besonders verständliche Vorträge zu halten, hatte besonders drastisch der Weltjugendtag in Sydney 2008 gezeigt. An dessen Ende, nach dem Abschiedsgottesdienst, gab Papstsprecher Federico Lombardi zu, die päpstliche Ansprache auch nicht sofort verstanden zu haben, er wolle sie nachlesen. Aber wenn schon der ausgebildete Theologe und Jesuitenpater Lombardi seine Probleme mit der Rede hatte, wie sollte es dann ein ganz normaler Jugendlicher begreifen? Kein Wunder also, dass es auf den Straßen Roms nicht gerade Tagesgespräch war, ob der Papst am Mittwoch nun über Augustinus oder Bonaventura gepredigt hatte.

Umso erstaunlicher dieser letzte Mittwoch im Mai. Auf den Märkten Roms und in den »Wohnzimmern der Stadt« – am Pantheon, an der Piazza Navona, am Campo de' Fiori – erzählten sich die Römer, was sich am Petersplatz während der Generalaudienz zugetragen hatte. Dabei gehen Römer so gut wie nie zu einer Mittwochsaudienz, das Ereignis ist den Pilgern und Touristen vorbehalten. Doch an diesem Tag ist alles anders, die Stadt entdeckt etwas Ungeheuerliches: Es gibt wieder einen Kämpfer auf dem Petersplatz, einen Mann, der das Spektakel der Zehntausende auf dem Platz nicht erleidet, sondern es beherrscht.

Die Römer werden Zeugen eines Novums: Der Papst ist klitschnass geworden, seine Soutane könnte man schier auswringen – weil er es so wollte. Als an diesem Vormittag der Jeep des Papstes auf den Petersplatz fährt, auf dem weit über 50000 Menschen versammelt sind, darunter viele fahnenschwenkende Brasilianer, schieben sich dunkle Regenwolken über Rom. Zunächst bleibt es trocken. Keiner der Begleiter des Papstes hat einen Regenschirm dabei in dem offenen Jeep. Langsam rollt der Wagen durch die Korridore auf dem Petersplatz, die Menge feiert den Mann aus Argentinien frenetisch. Mit unglaublicher Geduld lässt er sich immer wieder kleine Kinder in den Jeep reichen, küsst und segnet sie. Dann öffnet der Himmel seine Schleusen. Ein heftiger Regen fegt über den Petersplatz, die Menschen drängen sich unter den Regenschirmen zusammen, doch ein Mann auf dem Platz ist dem Wasser vom Himmel schutzlos ausgesetzt: Papst Franziskus.

Was die Römer und später, als die Bilder dieses Tages bekannt werden, die Menschen in weiten Teilen der Welt so bewegt, ist der Umstand, dass der Papst nicht umkehren, die Fahrt durch die Menge nicht abbrechen lässt. Stattdessen weist er den Fahrer des Jeeps an, langsam durch den herabprasselnden Regen, vorbei an den jubelnden Gläubigen zu fahren. Die verdutzten Sicherheitsbeamten schlagen dem Papst vor, ihn zu dem schützenden Baldachin vor der Peterskirche zu chauffieren, doch Jorge Mario Bergoglio will das nicht. Er macht einfach weiter – trotz strömenden Regens segnet er Kranke, umarmt Behinderte, grüßt die Menschen, die immer wieder seinen Namen rufen.

An diesem Morgen hat mich auf diesem Platz inmitten des Regenschauers eine kleine Szene besonders berührt: Eine Mutter versucht, ihre kleine, vielleicht zweijährige

Tochter in Richtung des vorbeifahrenden Papstes zu reichen. Sie will, dass der Papst auch ihre Tochter segnet und küsst. Doch das Mädchen weint und schreit vor Angst. Sie fürchtet sich vor dem Mann in Weiß.

Ich habe drei Päpste in dieser Situation erlebt, Johannes Paul II., Benedikt XVI. und jetzt Papst Franziskus, und ich weiß, dass so eine Situation schwer zu bewältigen ist. Der Papst will der Mutter natürlich den Gefallen tun und das Kind segnen. Er weiß, dass sie später stolz erzählen wird, dass ihre Tochter vom Papst persönlich gesegnet wurde. Für die katholische Kirche und für viele Gläubige ist so ein Segen des Nachfolgers des heiligen Petrus ein hohes Gut. Ich wurde oft Zeuge, wie Papst Johannes Paul II. in solchen Momenten unschlüssig war und sich manchmal dazu überreden ließ, sich Kinder für den päpstlichen Segen in die Arme drücken zu lassen, die sich verzweifelt dagegen wehrten. Papst Franziskus macht an diesem Mittwoch alles richtig. Er zeigt der Mutter mit einer Geste: Schau doch nur, wie deine Tochter weint, lass sie bei dir, sie möchte nicht zu mir, es ist gut so. Der Augenblick war so eindrucksvoll, weil der Papst trotz des Regens, trotz des Chaos auf dem Platz, trotz des Stress, dem er vor Zehntausenden Menschen ausgesetzt war, in dieser Situation die Ruhe bewahrte, an das Wohl dieses Mädchens dachte und es einfach in Ruhe ließ, statt es zu segnen, nur um der Mutter einen Gefallen zu tun.

Knapp eine halbe Stunde lang dauert diese Regenschlacht des Papstes auf dem Platz vor der Generalaudienz an diesem Morgen. Als der Pontifex endlich unter dem Baldachin ankommt, hört man die Prälaten und Zeremonienchefs um ihn herum besorgt fragen: »Heiligkeit, wollen Sie sich umziehen?« Doch Papst Franziskus lässt sich lediglich ein Tuch geben, trocknet sich das nasse Gesicht und geht dann zum Mikrofon. Der Mann aus Argentinien entschließt sich dann zu einer Geste, die den ganzen Platz, Zehntausende Gläubige, blitzartig für ihn einnehmen wird. Statt mit einem üblichen »Sia lodato Gesù Cristo« (Gelobt sei Jesus Christus) die Audienz zu beginnen, wie das viele Päpste vor ihm taten, sagt er schlicht: »Buongiorno« – Guten Tag.

Dann zeigt er Größe und erobert die Sympathien der Massen mit einem ganz einfachen Satz. Statt darauf anzuspielen, dass er, der Pontifex maximus, es auf sich genommen hatte, zur Begrüßung der Gläubigen durch den strömenden Regen zu fahren, macht er darum kein weiteres Aufheben, sondern spricht wie der Diener der Menschen, die auf dem Platz im Regen stehen: »Dass ihr trotz des Regens da ausharrt, ist ganz schön mutig.« Die Menge klatscht begeistert Applaus.

Vielleicht hätte die Audienz für die Römer nicht so eine Bedeutung gehabt, wenn der Papst, ausgerechnet an diesem Tag, nicht an eine Stelle angeknüpft hätte, an der Karol Wojtyła, Papst Johannes Paul II., im Jahr 2005 geendet hatte. Er spricht über die Barmherzigkeit Gottes, darüber, dass auch er, der Papst, »Sünden begangen hat, viele Sünden«. Aber da Gott »immer barmherzig ist und immer verzeiht«, brauche auch ein Papst sich keine Sorgen zu machen. Papst Johannes Paul II. war am 2. April ausgerechnet am Vorabend jenes Feiertages verstorben, den er im Festkalender der Kirche verankert hatte: des Sonntags der göttlichen Barmherzigkeit.

Rom entdeckte an diesem Tag, dass im Vatikan, ein Mann regiert, der sich nass regnen lässt, um seine Leute zu grüßen, und der die Massen mit der tröstlichen Botschaft der sicheren Vergebung durch Gott um sich schart. Seit diesem Vormittag wissen die Römer, dass wieder ein Kämpfer im Vatikan regiert; vielen scheint es, dass der große Karol Wojtyła einen würdigen Nachfolger gefunden hat, als sei der Bezwinger der Diktaturen in Polen und im Ostblock nie weg gewesen. Ein Gefühl macht sich seit diesem Tag breit in Rom: das Gefühl, dass das zweite Machtzentrum der Stadt auf einmal wieder da ist, als habe sich Rom über Nacht verändert und im Morgengrauen eine neue Kommandozentrale gegen das Böse in der Welt wiederentdeckt.

So war das während der Amtszeit Karol Wojtyłas gewesen: Damals erschien die eigentliche weltliche Machtzentrale Roms, der Regierungssitz der Republik Italien, gemessen am Vatikan als provinziell und weltpolitisch vollkommen unbedeutend. Michail Gorbatschow kam nach dem Zusammenbruch des Ostblocks nicht in das italienische Parlament , sondern in den Vatikan. Ähnlich hielten es auch Fidel Castro und eine Reihe weiterer bedeutender Politiker. Der Vatikan war damals ein weltpolitisches Machtzentrum geworden. Papst Benedikt XVI. hatte das nicht gewollt, während seiner Amtszeit hatte der Vatikan keinerlei Interesse an weltpolitischem Einfluss gezeigt. Dem deutschen Papst war es ausschließlich um den Glauben an Gott gegangen. Jetzt war ein Kämpfer zurück, und die Stadt Rom spürte das zuallererst.

Erfolgreich niedergerungen hat Papst Franziskus in den ersten 100 Tagen seiner Amtszeit bereits eine Hürde, an der mehr als tausend Jahre lang Päpste immer wieder scheiterten: ihre Isolation. Die römische Kurie, die bereits während der Wahl in der Sixtinischen Kapelle wusste, dass mit der Wahl Jorge Mario Bergoglios ihr Albtraum wahr wurde, sieht sich in ihren schlimmsten Befürchtungen bestätigt. Der Papst entzieht sich als erster Papst seit Langem wirkungsvoll ihrem Einfluss.

Die Geschichte hat gezeigt, dass eines für die Kurie unabdingbar ist, um einen Papst in den Griff zu bekommen: seine Abschottung. Es ist für die Kurie deshalb von fundamentaler Bedeutung, dass der Papst keinen direkten Kontakt mit den Mitarbeitern des Vatikans aufnimmt, sie also übergeht. Die Kurie sorgt seit Jahrhunderten dafür, dass sie wie ein Filter zwischen dem Papst und dem Rest der Kirche agiert und dadurch vor allem für eines sorgt: dass der Papst bestimmte Dinge nie erfährt.

Zu den katastrophalsten Beispiele in der jüngeren Geschichte des Vatikans dafür, was passieren kann, wenn ein Papst bestimmte Dinge nicht erfahren soll, gehört die Reihe fundamentaler päpstlicher Fehlentscheidungen in Bezug auf den Gründer der Bewegung der Legionäre Jesu Christi, Marcial Maciel Degollado. Der Mexikaner hatte sich an Seminaristen vergangen, mit mehreren Frauen zusammengelebt, mit ihnen Kinder gezeugt und sich auch noch an diesen vergangen. Gegenüber dem Vatikan hingegen spielte er jahrzehntelang den frommen Priester. Dies war deshalb möglich, weil eine sehr mächtige Gruppierung innerhalb der Kurie dafür gesorgt hatte, dass Papst Johannes Paul II. nie die Wahrheit über Maciel Degollado erfuhr.

Ein weiteres drastisches Beispiel für die Isolierung eines Papstes lieferte Benedikt XVI., ausgerechnet in einem einzigartigen historischen Moment. Angela Merkel hatte als erste deutsche Kanzlerin seit über 100 Jahren offene Kritik an einem Papst geübt. Sie kritisierte Benedikt XVI. ungewöhnlich scharf dafür, dass er den Holocaust-Leugner Bischof Richard Williamson rehabilitiert hatte. Die Kurie sorgte dafür, dass der Papst nichts von dieser offenen Schelte einer Bundeskanzlerin erfuhr. Damit nicht genug, verfasste die Kurie eine Antwort an die Adresse der Bundeskanzlerin, ohne den Papst miteinzubeziehen. In den Medien wurde seinerzeit heftig darüber diskutiert, ob Frau Merkels Rüge angemessen oder ob sie zu weit gegangen war. Der Papst selbst wusste von nichts, keiner seiner Mitarbeiter hatte ihn informiert; erst zufällig, als er abends den Fernseher eingeschaltet hatte, erfuhr er von dem Sturm, der über ihn hinweggefegt war.

Ein weiteres drastisches Beispiel war die sogenannte Regensburger Rede von Papst Benedikt XVI. vom 12. September 2006. Bereits am Morgen jenes Tages war die Rede, die der Papst am Nachmittag halten sollte, veröffentlicht worden. Viele Eingeweihte hatten davor gewarnt, dass der Papst den Stifter einer anderen Religion, wenn auch in einem Zitat, herabsetzte. Doch Benedikt XVI. war so isoliert, dass niemand ihn warnte; Stunden verstrichen ungenutzt. Die Theologen, die es besser wussten und die öffentlichen Reaktionen in muslimischen Ländern auf dort lebende christliche Minderheiten im Blick hatten, hatten keinen Zugang zu Benedikt, er war zu abgeschottet. Nicht einmal sein eigener Sprecher, Federico Lombardi, der wusste, wie heikel die Rede war, konnte ihn warnen. Benedikt XVI. tappte allein gelassen in die Falle, im Glauben, als Hochschullehrer und nicht als Oberhaupt einer Weltreligion zu sprechen. Wenige Tage später erschossen Extremisten unter Bezugnahme auf diese angebliche Herabsetzung Mohammeds zwei Ordensfrauen in Somalia.

# Wenn der Papst die Tür zuschlägt

Papst Franziskus löste dieses jahrhundertealte Problem auf denkbar einfache, aber unkonventionelle Weise. Er weigerte sich einfach hartnäckig, in seinen Palast einzuziehen. Zunächst hatten die Kurienkardinäle dies für einen vorübergehenden Spleen des Argentiniers gehalten. Doch dann kam der 15. Mai 2013. Franziskus schrieb in einem Brief an den befreundeten argentinischen Priester Enrique Martínez, dass er nicht daran denke, in das päpstliche Appartement umzuziehen, um nicht »isoliert zu sein«. Auch künftig wolle er dieses nur dazu benutzen, um dort in der Bibliothek Staatsgäste zu empfangen, und anschließend wieder in das Gästehaus der heiligen Martha zurückkehren. Für die Kurie bedeutet das eine Katastrophe. Denn die Abschottung eines Papstes in seinem Appartement im Apostolischen Palast sorgte dafür, dass nur sehr wenige Männer regelmäßig direkten Zugang zum Papst hatten – und wenn, dann nur Männer der Kurie. Wer mit dem Papst sprechen durfte, war klar geregelt. Regelmässigen Zutritt hatten nur wenige Kurienkardinäle, der Kardinalstaatssekretär, der Präfekt der Glaubenskongregation, die Chefs der Kongregationen für den Klerus und der Chef der Kongregation für die Bischöfe.

Papst Franziskus teilte der Kurie unumwunden mit, dass er nicht daran denke, sein Zimmerchen im Gästehaus der Kardinäle zu verlassen, in dem er nur ein paar Tage nach seiner Wahl hätte bleiben sollen. Hinzu kam noch, dass der Papst beschlossen hatte, die Frühmesse im Gästehaus zu lesen und dort – noch schwerwiegender – am Tisch der Mensa zu essen. So konnte nun jeder im Vatikan, der das wollte, einfach in die Frühmesse des Papstes gehen, um ihn danach zu sprechen. Jahrhundertelang hatten die Päpste nur zusammen mit handverlesenen Gästen die Frühmesse in einer Privatkapelle im Apostolischen Palast gefeiert. Zum Mittagessen exklusiv in das päpstliche Appartement eingeladen zu werden war schon immer ein Privileg, das nur denen zustand, die es entweder geschafft oder aber gewaltigen Ärger mit dem Papst hatten. Bei solchen Gelegenheiten war man immer komplett abgeschottet von den normalen Mitarbeitern des Vatikans. Doch jetzt hatte eine neue Zeit begonnen: Jetzt suchte sich Papst Franziskus immer wieder einen neuen Platz in dem wenig einladenden Speisesaal des Gästehauses der heiligen Martha und plauderte mal mit diesem Mitarbeiter, mal mit jenem.

Bereits innerhalb der ersten 100 Tage seines Pontifikates zeichnete sich ab, dass Franziskus vor nichts weniger als einer totalen Revolution des Amtes stand. Dabei ging es aber nicht nur um die Bekämpfung der Isolation des Papstes, sondern auch darum, die Macht der Cliquen, die die Kirche seit Jahrhunderten beherrschten, zu brechen. Es ist ein harter Kampf, und es kann nur einen Gewinner geben: Entweder lässt sich der Papst verbiegen, oder aber es gelingt ihm, die Macht der Kurie zu brechen.

In den vergangenen tausend Jahren hatten die Päpste

den Vatikan und die Kirche immer auf die gleiche Weise regiert: Sie hatten mächtige Gruppen um sich geschart, eine Clique, die sich aus einem Großteil der Kurie sowie den Familien, denen die Päpste entstammten, zusammensetzte. Diese Familien übernahmen dann in der Renaissance oft die Kontrolle über die Kurie. Die Päpste wiederum hatten häufig enge Verwandte zu Kardinälen und engen Mitarbeitern ernannt. Das beste Beispiel für diese Cliquenwirtschaft ist der Petersdom selbst: Die Front der Riesenkirche wurde nicht etwa Jesus von Nazareth geweiht, sondern einer römischen Familie, derjenigen der Borghese. Bis heute prangen über dem Hauptportal der Name von Papst Paul V. und sein Familienname Burghesius.

Nach der Wahl eines Papstes wissen die Mitglieder der Kirchenregierung, dass der neue Pontifex die vielen Stellen in der Kurie neu besetzen wird, und zwar mit Männern, die heute zwar nicht mehr seine engen Verwandten sind, die aber sein Vertrauen genießen. Dieser Umbau vollzog sich immer nach den gleichen Regeln – und zwar so: Sobald ein Papst spürte, dass ihm nicht mehr viel Zeit blieb, beließ er einfach viele Mitglieder der Kurie immer weiter in ihren Ämtern, auch wenn sie aus Altersgründen eigentlich längst hätten in Pension gehen müssen. Das hatte in der Regel den immer gleichen Effekt, dass ein alter Papst meist mit einer total überalterten Kurie regierte. Die seit Papst Paul VI. geltende Regel, dass mit Erreichen des 75. Lebensjahres Schluss ist im Vatikan, setzten die Päpste einfach außer Kraft. Erreicht werden sollte damit, dass der neue Papst freie Hand hatte. Er musste sich nach seiner Wahl nicht mit einem Apparat der Kurie herumschlagen, den sein Vorgänger eingesetzt hatte, sondern konnte einfach einen großen Teil der Kurie in den Ruhestand schicken und eigene Leute installieren, die wiederum eine neue Clique bildeten und den Papst vom Rest der Kirche abschotteten.

Legendär im Vatikan galt der als »polnische Übernahme« verspottete Umbau der Kurie durch Papst Johannes Paul II. Er vergab zahlreiche Ämter der Kurie an polnische Freunde und sorgte somit dafür, dass viele polnische Bischöfe, die sein Vertrauen besaßen, auch im Vatikan einen wichtigen Posten bekamen. Auch enge persönliche Freunde wurden damit bedacht: So machte Wojtyła Zenon Grocholewski zum Chef des Päpstlichen Rates für die Erziehung und Andrzej Maria Deskur, der fast täglich zum Mittagessen kam, zum Chef der Päpstlichen Akademie der Unbefleckten Empfängnis. Marian Jaworski wurde Kardinal und Stanisław Ryłko Chef des mächtigen Päpstlichen Rates für die Laien.

Auch Papst Benedikt XVI. baute die Kurie mithilfe persönlicher Freunde um: Sein alter Freund, Bewunderer und Mitarbeiter aus der Glaubenskongregation, Tarcisio Kardinal Bertone, bekam das Amt des Kardinalstaatssekretärs, Gerhard Ludwig Müller wurde von Ratzinger nach Rom und zum Chef der Glaubenskongregation berufen, Paul Josef Cordes zum Kardinal ernannt und sein langjähriger Sekretär Josef Clemens zum Funktionär im Laienrat befördert.

Der Kurie war nur allzu klar, was unmittelbar nach der Wahl von Papst Franziskus geschehen würde. Während Karol Wojtyła den Einfluss der Polen ausgebaut und Papst Benedikt XVI. deutsche Würdenträger gestärkt hatte, erwartete die Kurie jetzt einen Ansturm aus Argentinien auf die Kurie. In den ersten Monaten nach der Wahl von Papst Franziskus wartete alles gespannt auf die Ankunft ganzer Heerscharen argentinischer Freunde Jorge Mario Bergoglios. Doch es geschah Unvorstellbares: Es kam niemand. Franziskus hatte nicht nur die Isolierung des Papstes aufgehoben, sondern auch mit der Tradition gebrochen, sich nach der Wahl umgehend mit einer handverlesenen Clique zu umgeben, die über die Kirche herrschen sollte.

Stattdessen traf er eine Entscheidung, die in der Kirchengeschichte einzigartig ist. Die Kurie ist im Grunde dazu da, den Papst zu beraten, aber ganz offenbar traute der Papst ihr nicht. Deswegen berief er ein neues Beraterteam und ernannte im April eine Art Kurie Nummer zwei, einen Beraterstab aus acht Kardinälen, dem unter anderem der Münchner Kardinal Reinhard Marx angehört. Sie sollten die Kurie, die von Reform nichts wissen wollte, umbauen.

Der revolutionärste Schritt in den ersten Monaten des Pontifikats von Franziskus war aber ein anderer: nämlich der Verzicht, sofort einen eigenen Sekretär zu benennen – ein bis dahin unvorstellbarer Vorgang. Das Amt des Papstsekretärs ist seit vielen Jahrhunderten eine Schlüsselposition, wenn es darum geht, Zugang zum päpstlichen Machtapparat zur haben. Zudem gibt es eine Unmenge Menschen, die der Meinung sind, unbedingt den Papst sprechen zu müssen. Und eigentlich soll er ja alle Menschen zu sich kommen lassen, so wie Jesus Christus im Evangelium alle einlädt zu kommen, die »ihr mühselig und beladen seid«. Aber allein die 5000 Bischöfe dieser Welt persönlich zu empfangen ist schon schwierig genug. Ganz abgesehen von der Unzahl von Politikern, die den Papst treffen wollen. Daher ist es seit Jahrhunderten der

Job des Sekretärs, den Buhmann zu spielen und die Bittsteller abzuwimmeln. Maßgeblich entscheidet er darüber, wer Zugang zum Papst hat und wer nicht. Da der Sekretär die einzige Person ist, die nahezu immer, sowohl im Vatikan als auch auf Reisen, mit dem Papst zusammen ist, besteht zwangsläufig eine enge persönliche Bindung, die oft an ein Vater-Sohn-Verhältnis erinnert.

Die meisten Päpste bringen einfach die Sekretäre mit, die ihnen schon während ihrer Zeit als Bischof gedient haben. So war es auch zwischen Papst Johannes Paul II. und seinem Sekretär Don Stanisław Dziwisz. Weil dieser eine ausgesprochene Vorliebe für die Bewegung der Legionäre Jesu Christi hatte, konnten die Mitglieder dieser Gruppe, darunter auch der Sexualverbrecher Maciel Degollado, beim Papst ein und aus gehen. Der Sekretär Papst Benedikts XVI., Georg Gänswein, hatte ebenfalls ein enges Verhältnis zum Papst gepflegt und als dessen Bürochef eine zentrale Rolle gespielt. Papst Franziskus bat lediglich zwei argentinische Prälaten, die bereits in der römischen Kurie waren, ihm unter die Arme zu greifen, aber sie wohnten nicht mit dem Papst zusammen und konnten nicht im Geringsten mit den mächtigen Sekretären der Päpste in der Geschichte verglichen werden.

Der Sekretär des Papstes, die Cliquenwirtschaft in der Kurie, der goldene Käfig in Gestalt des Apostolischen Palastes mit dem päpstlichen Appartement – das sind die wichtigsten Bestandteile eines großen Apparates, der den Papst vom Rest der Kirche und der Welt isoliert. Für den Papst bringt dies einen riesigen Vorteil mit sich: Je isolierter er ist, desto weniger muss er arbeiten.

Wenn ein Papst aber auf diesen komplexen Apparat verzichtet, dann muss er in den sauren Apfel beißen und stundenlang Hände schütteln, Sorgen anhören und gute Ratschläge über sich ergehen lassen.

Ich erinnere mich an einen der eindrucksvollsten Marathons dieser Art, einen Empfang der Mitglieder der in Rom ansässigen Welternährungsorganisation FAO bei Papst Johannes Paul II. Er stürzte kurz vor dem Empfang über einen Teppich, fiel übel auf den Boden, kam aber wieder hoch. Er weigerte sich aber, die Audienz abzubrechen, und schüttelte mit schmerzverzerrtem Gesicht Hunderten Mitgliedern der Delegation die Hand. Erst dann ließ er sich ins Krankenhaus bringen, wo ein gebrochener Arm diagnostiziert wurde. Dazu musste man ein Kämpfer sein, und jetzt war ein Kämpfer in den Vatikan zurückgekehrt.

Zusammenfassend lässt sich also konstatieren, dass Jorge Mario Bergoglio das Amt des Papstes in den ersten Monaten seines Pontifikates durch drei Entscheidungen revolutioniert hat:

- die Weigerung, sich im päpstlichen Appartement isolieren zu lassen,
- die Weigerung, sich durch Cliquenwirtschaft, möglichst argentinischen Ursprungs, vom Rest der Kirche abschotten zu lassen, und
- die Weigerung, einen mächtigen Privatsekretär zu installieren.

Papst Franziskus will nicht einen elitären Zirkel aufbauen, um die Kurie und die Kirche in den Griff zu bekommen, sondern er setzt sich einfach an den Tisch der Mensa und fordert alle dazu auf, eine bessere Kirche und eine bessere Welt entstehen zu lassen. Er will mitten in einer absolutistischen Monarchie erste Ansätze einer Demokratie etablieren. Er will sich nicht vornehm zurückziehen, sondern die Ärmel hochkrempeln.

# Der Sturm in der Bank Gottes

Der große Paukenschlag erfolgte am 1. Juli 2013. Seit dem Tag der Wahl von Papst Franziskus haben die Kurienkardinäle gefürchtet, dass dieser Tag kommen würde: die erste spektakuläre Festnahme eines Kurienmitarbeiters wegen illegaler Bankgeschäfte im Vatikan. Die Kardinalsversammlung, die vor der Wahl Bergoglios in der Audienzhalle »Papst Paul VI.« tagte, hat eines klargestellt: Der künftige Papst musste auf jeden Fall dafür sorgen, dass endlich Schluss sein würde mit den nicht abreißenden Skandalen rund um die Vatikanbank IOR. Diese Forderung hätte jeder Papst erfüllen müssen, mit der Wahl von Franziskus wurde dies noch unterstrichen. Nirgendwo auf der Welt gab es einen Bischof, der sich so radikal gegen Geldverschwendung und Korruption gewendet hatte wie Jorge Mario Bergoglio. Er war der einzige der 5000 Bischöfe weltweit, der eine eigene Abteilung für die Armen eingerichtet hatte. Wenn es überhaupt jemanden in der katholischen Kirche gab, der nicht das geringste Verständnis für Verschwendung von Geld und für illegale Bankgeschäfte hatte, dann war das Jorge Mario Bergoglio.

Düster sind die Gesichter auf den Fluren des Staatssekretariats an diesem Tag, die Festnahme von Monsignor Nunzio Scarano, des Kirchenmanagers und zentralen

Rechnungsprüfers der Vatikan-Verwaltung, erschüttert den Staat des Papstes. Den Kurienkardinälen ist schnell bewusst, dass es sich um mehr handelt, als dass nur einer von ihnen bei äußerst kriminellen Geschäften erwischt wurde. Papst Franziskus will eine Epoche beenden, die Epoche einer im Vatikan seit über einem Jahrtausend äußerst lieb gewordenen Regel, die besagt: Wir Kirchenfürsten sind etwas Besseres und stehen über dem Gesetz. Papst Franziskus sieht das genau anders herum. Für ihn müssen sich Kirchenmänner im Gegenteil noch korrekter verhalten, als sie es von den Gläubigen fordern.

Die Kurienkardinäle müssen sich mit der unangenehmen Vorstellung anfreunden, dass der Papst verlangt, dass sie sich an die eigene Nase fassen. Bisher hatte der Vatikan als ein Staat gegolten, der sich der Strafverfolgung seiner Bürger durch andere Länder entzieht. Das Recht, dem sich gewöhnliche Sterbliche auf der anderen Seite der Mauern des Staates des Papstes unterwerfen müssen, galt bisher nicht im Vatikan. Eine Unzahl von Vorfällen allein in den letzten Jahrzehnten haben gezeigt: Der Vatikan hat sich über geltendes Recht einfach immer hinweggesetzt. Gewöhnliche Menschen müssen sich für ihre Fehler vor Gericht verantworten. Wenn jedoch ein hoher Kirchenmann einen schweren Gesetzesbruch beging, floh er einfach in den Vatikan. Zur Rechenschaft gezogen wurde er nicht.

So suchte die italienische Polizei den in kriminelle Bankgeschäfte verwickelten Chef der Vatikanbank, Paul Casimir Marcinkus (1922–2006) 1987 per Haftbefehl. Der Vatikan lieferte Marcinkus nicht aus, der Banker Gottes konnte den Vatikan aber auch nicht verlassen, auf der anderen Straßenseite wäre er verhaftet worden. 1998 wurden der Kommandant der Schweizergarde, Alois Estermann, seine Ehefrau Gladys und der Unteroffizier Cederic Tornay tot in der Wohnung Estermanns im Vatikan aufgefunden. Tornay soll die beiden anderen erschossen und sich dann selbst gerichtet haben. Der Vatikan musste zugeben, weder über eine geeignete Spurensicherung zu verfügen noch über Ballistiker oder andere Kriminaltechniker oder Mittel für eine kriminaltechnisch nötige Autopsie der Leichen. Der italienische Staat bot Hilfe an, schließlich ist dreifacher Mord ein Kapitalverbrechen. Doch der Vatikan lehnte jede Unterstützung ab, die Fachleute der italienischen Polizei durften den Tatort nicht betreten. Im Dezember 2002 floh der Erzbischof von Boston, Bernard Francis Law, in den Vatikan – die Staatsanwaltschaft verdächtigte ihn, den Missbrauchs von Kindern und Jugendlichen durch katholische Priester in seiner Diözese vertuscht zu haben. Der Vatikan-Pass schützt Law vor weiterer Strafverfolgung durch die USA.

Wenn der Vatikan einfach so weitergemacht hätte, dann hätte der Nachfolger von Papst Benedikt einfach den Bankenskandal des IOR verschleiert. Dazu hätte er nichts weiter zu tun brauchen, als der ermittelnden Justiz den Zugang zum Vatikan zu verweigern. Selbst beim spektakulärsten Verbrechen im Vatikan überhaupt, dem Attentat auf Papst Johannes Paul II., bemängelte der Ermittlungschef Rosario Priore gegenüber dem Autor dieses Buches, dass die Aufklärung des Attentats nie wirklich vorankam, »weil der Vatikan die Mitarbeit in der Strafverfolgung verweigerte«.

Doch der Nachfolger von Papst Benedikt will eine Revolution im Vatikan, und deswegen stellte er gegenüber Italiens neuem Premierminister Gianni Letta in einem

Vieraugengespräch am 5. Juli 2013 fest, dass er vor allem Kooperation wolle. Damit ist das Zeitalter zu Ende, in dem den Kirchenfürsten im Vatikan voller rechtlicher Schutz garantiert wurde, selbst dann, wenn sie für die Justiz des Rests der Welt Verbrecher waren.

Für Nunzio Scarano , einen sehr reichen Finanzjongleur aus Salerno in Süditalien, der als Spätberufener zum Manager der Kirchenverwaltung APSA (Adminstrazione del Patrimonio della Sede Apostolica) aufstieg, bedeutet das Knast. Die Staatsanwaltschaft glaubt, dass Monsignor Scarano mehrfach Schwarzgeld über Konten der Vatikanbank IOR laufen ließ. Die Ermittlungen, die ihn schließlich ins Gefängnis bringen, stützen sich auf den Verdacht, dass er Barvermögen von über 20 Millionen Euro, das einer befreundeten neapolitanischen Reederfamilie gehört haben soll, mit einem Privatjet schwarz über die Grenze nach Italien und in den Vatikan bringen wollte. Die Staatsanwaltschaft geht dabei einem für den Vatikan fatalen Verdacht nach, dass jahrzehntelang viele reiche Italiener die Vatikanbank IOR systematisch dazu benutzten, Gelder zu waschen, Steuern zu hinterziehen und andere illegale Bankgeschäfte zu tätigen, dies alles unter dem Deckmantel der katholischen Kirche. Die Staatsanwaltschaft glaubt ferner, dass die Vatikanbank IOR nicht aus Naivität und frommer Unkenntnis, sondern systematisch die Auflagen der europäischen Bankenaufsicht umging, in der Gewissheit, dass der Papst eventuell erwischte Täter vor der Strafverfolgung bewahren würde.

Doch genau das gedenkt Papst Franziskus nicht zu tun. Wer im Juli 2013 an den Geldautomaten im Vatikan versucht, Geld abzuheben, bekommt den neuen Wind unmittelbar zu spüren. Dort steht auf den Startseiten, dass angesichts des Verdachts der Geldwäsche und der Auflagen der Bankenaufsicht alle Geldkarten im Vatikan gesperrt sind. Der Papst klärt die frommen Männer im Vatikan in dramatischen Reden darüber auf, dass eine neue Epoche angebrochen ist. Am 3. Juni 2013 sagt der Papst den Kirchenmänner, wo es langgeht. Demnach gebe es drei Kategorien von Menschen in der Kirche: die Sünder, die »Korrupten« und die Heiligen. Er selber sei, wie alle Menschen, ein Sünder. Alle Sünder könnten sich der ewigen Barmherzigkeit und Vergebung Gottes sicher sein. Doch keinen Platz in der Kirche hätten die »Korrupten«. Er meint damit nicht nur diejenigen Frauen und Männer, die Bestechungsgelder annehmen, es geht ihm um mehr. Es geht ihm um die Menschen, die sich ihre eigenen Regeln machen, die sich »im Weinberg des Herrn bedienen«, die sich »den Weinberg aneignen wollen«, ohne daran zu denken, dass »Gott der Herr über den Weinberg ist«.

Konkret meint Papst Franziskus eine Ungerechtigkeit, die ihn bereits als Priester in Buenos Aires auf die Palme brachte. Einem Dieb zu vergeben, der einen Fehler begangen hat, ist selbstverständlich. Für Bergoglio ist aber eine Gesellschaft unverzeihlich »korrupt«, die gar nicht mehr darüber nachdenkt, ob sie ihren Reichtum teilen muss, die es für selbstverständlich hält, dass es Hunderte Millionen armer Menschen gibt, und die nicht einmal mehr daran denkt, deren Not auch nur zu lindern. Für Bergoglio ist es unverzeihlich »korrupt«, sich das Leben so einzurichten, als hätten die Menschen in den reichen Ländern einen Anspruch darauf, besser zu leben als andere, alles für sich zu behalten und nichts abgeben zu müssen.

# Der Nervenkrieg der beiden Päpste

Die Legende der ersten beiden Päpste der Geschichte, die friedlich und ohne jegliche Reibung zusammen im Vatikan leben, endet am Freitag, dem 6. Juli 2013. An diesem Tag wird die ganze Welt erstmals Zeuge davon, wie schwierig in Wirklichkeit diese in der Geschichte einzigartige Konstellation ist und wie viel Druck der alte Papst auf den neuen ausübt. An diesem Tag wird Papst Franziskus zulassen, dass sein Vorgänger energisch in sein Pontifikat eingreift und er eine Enzyklika veröffentlichen muss, die seine Arbeit absurd erscheinen lassen wird. Ausgerechnet der Papst, der von Anfang an den Vatikan radikal veränderte, muss die Enzyklika seines Vorgängers herausgeben, in dem es vor allem darum geht, dass alles beim Alten bleiben soll. An diesem Tag wird offensichtlich, was der Vatikan immer kategorisch abgestritten hat: dass Joseph Ratzinger nämlich keineswegs vollkommen zurückgezogen und ohne Einfluss zu nehmen im Kloster Mater Ecclesiae im Vatikan lebt, sondern sich im Gegenteil nachhaltig in die Geschäfte des Nachfolgers einmischt. Nach diesem Tag lässt sich nicht mehr ganz ausschließen, dass Papst Benedikt XVI. seinen Nachfolger möglicherweise erheblich belastet und ihn aller Wahrscheinlichkeit auf manche Probe stellen wird.

Der Rücktritt von Papst Benedikt XVI. am 28. Februar 2013 und die Wahl von Papst Franziskus am 13. März 2013 hatten die Frage aufgeworfen: Wer regiert den Vatikan? Nach dem Kirchenrecht schien die Sache eindeutig zu sein – mit seinem Rücktritt verlor Papst Benedikt alle Ämter. Der Rücktritt des deutschen Papstes bedeutete, dass er nichts weiter war als ein frommer Privatmann. Zumindest dem Papier nach. Der Staat des Papstes ist eine absolutistische Wahlmonarchie, in der es nur einen Chef geben kann. Von Anfang an war klar, dass sich der zurückgetretene Papst in einer heiklen Situation befand. Joseph Ratzinger beteuerte immer wieder, dass er von nun an, abgeschieden von der Welt, den »letzten Teil des Weges seiner irdischen Pilgerschaft gehen« werde, wie er es am Tag seines Rücktritts in Castel Gandolfo gesagt hatte. Doch es gab ein großes Problem: die letzte, nicht vollendete Enzyklika von Papst Benedikt XVI. Diese Schrift gehört zu einem der größten Geheimnisse des Vatikans in dem ereignisreichen Jahr 2013, allerdings nicht wegen ihres Inhalts, sondern wegen der schlichten Tatsache, dass sie überhaupt existierte.

Dieses Enzyklika-Fragment gab ein großes Rätsel auf. Entweder war die Schrift dem ehemaligen Papst egal, dann wäre er zurückgetreten in der Absicht, sie einfach verschwinden zu lassen, möglicherweise weil er sie für misslungen oder überflüssig hielt – oder aber diese Arbeit bedeutete ihm sehr viel. Aber warum war er dann Knall auf Fall zurückgetreten, ohne sich wenigstens die Zeit zu nehmen, die Enzyklika zu Ende zu schreiben und zu veröffentlichen, was kaum mehr als ein paar Wochen gedauert hätte? Die Enzyklika galt als der Beweis dafür, dass der Druck auf Papst Benedikt, zurückzutreten, so groß gewesen sein muss, dass er sogar in Kauf nahm, dass seine Arbeit an der geplanten Enzyklika vergeblich gewesen war.

Doch in den Monaten nach seinem Rücktritt muss Joseph Ratzinger immer wieder bedauert haben, dass dieses unfertige Manuskript in seinem Schreibtisch lag. Zu diesem Zeitpunkt entschied sich der emeritierte Papst zu einem Schritt, den der Vatikan und auch er selbst immer kategorisch ausgeschlossen hatten: Druck und Einfluss auf seinen Nachfolger auszuüben. Joseph Ratzinger begann damit, Zettel, die kurze handschriftliche Nachrichten enthielten, an seinen Nachfolger zu senden, der im Zimmer 201 des Hauses der heiligen Martha im Vatikan wohnte. In diesen Botschaften ging es vor allem um ein Thema: Was passiert mit meiner Enzyklika, meinem vorerst letzten Werk über den Glauben?

Im Vatikan machte sich das Gerücht breit, Joseph Ratzinger könnte Papst Franziskus dazu drängen, dass dieser unter seinem Namen die Enzyklika seines Vorgängers herausbringt. Mehr Einflussnahme wäre kaum vorstellbar: ein Hirtenschreiben eines zurückgetretenen Papstes, herausgegeben unter der Regentschaft eines neuen Papstes, der völlig andere Ideen hat! Wenn es so kommen sollte, müsste der Vatikan sich vorwerfen lassen, Augenwischerei betrieben zu haben, indem er behauptete, der emeritierte Papst werde nicht wie ein Schattenpapst regieren und keinerlei Einfluss auf das Amt von Papst Franziskus nehmen. Das Gegenteil wäre dann der Fall: Der Vatikan würde zugeben müssen, dass der emeritierte Papst Benedikt XVI. noch jede Menge Macht hat.

Ein aufrechter Mann im Vatikan, Papstsprecher Federico Lombardi, hatte für den Vatikan wieder und wieder versichert, dass der einzige jetzt regierende Pontifex Papst Franziskus sei und dass Joseph Ratzinger nichts weiter wolle, als in totaler Abgeschiedenheit und Ruhe seinen Lebensabend zu verbringen und sich nicht im geringsten in das Pontifikat von Franziskus einzumischen. Im Gegensatz dazu verbreitete das Internetportal der Diözese Molfetta die Nachricht, dass es einen ganz massiven Eingriff von Ratzinger in die Geschäfte seines Nachfolger geben und Franziskus förmlich gezwungen werde, die Enzyklika seines Vorgängers unter seinem Namen zu veröffentlichen. Lombardi dementierte dies kraft seines Amtes als Papstsprecher. Wenn Papst Franziskus eine Enzyklika schreiben wolle, dann werde das ausschließlich seine Enzyklika sein – und nicht eine, die von zwei Päpsten geschrieben wurde.

Wie sich zeigen sollte, war das ein Fehler, aber im Grunde hatte Lombardi mit seinem Dementi nichts weiter getan, als die bisherige Linie des Vatikans zu verteidigen – und die war und ist eindeutig: Papst Franziskus allein entscheidet, was die Kirche zu tun und zu glauben hat. Lombardi muss mit der Niederlage leben, dass Papst Franziskus selber seinem Sprecher widerspricht. Der Papst will nicht den Eindruck erwecken, dass diese Enzyklika über den Glauben seiner Initiative entspringt und von ihm allein geschrieben wurde. Ihm liegt im Gegenteil daran, die Gläubigen wissen zu lassen, dass dieses Lehrschreiben, das als erste Enzyklika des ersten lateinamerikanischen Papstes in die Geschichte eingehen wird und allein seine Unterschrift trägt, nicht auf seinen Wunsch hin entstand. Er sagt nach dem Angelus-Gebet am Sonntag, dem 7. Juli: »Papst Benedikt hatte diese Enzyklika begonnen, die derjenigen über die Caritas und die

Hoffnung folgt. Ich habe mich dieser schönen Arbeit angenommen und sie zu Ende gebracht.«

So war das also: Joseph Ratzinger sah die Enzyklika über den Glauben als einen noch fehlenden Teil seines Werks der Enzykliken. Für ihn stand dieses Lehrschreiben in enger Verbindung mit den übrigen über die Caritas und den Glauben. Das war der Grund, weshalb der emeritierte Papst solchen Druck machte: Ohne den noch fehlenden Baustein dieser Enzyklika über den Glauben würde das Gesamtwerk unvollendet bleiben. Papst Franziskus hatte somit nur zwei Möglichkeiten: Entweder er ignorierte die Bitten des Vorgängers, dessen Enzyklika zu veröffentlichen, was gegenüber dem greisen Joseph Ratzinger nicht sehr nett gewesen wäre, oder aber er biss in den sauren Apfel und brachte als erste Enzyklika seiner Amtszeit das Ideenwerk eines andern heraus. Dass er Joseph Ratzinger den Gefallen tat und sich nicht scheute, als erster Papst der Geschichte die Enzyklika seines Vorgängers zu veröffentlichen, zeigt vor allem die Stärke des Argentiniers. Es lag nahe, dass ein Papst der Meinung sein würde: Meine erste Enzyklika, eine Art Richtungserklärung meiner Amtszeit als Papst, muss ohne Abstriche aus meinem Inneren kommen. Ich muss schließlich die Gläubigen wissen lassen, was sie von mir zu erwarten haben, allein schon deswegen kann ich nicht die Enzyklika eines anderen als mein erstes Lehrschreiben veröffentlichen.

Doch Papst Franziskus hat keinerlei Bedenken, dass die Veröffentlichung der Enzyklika seines Vorgängers seine eigene Identität verwischen könne. Was Papst Franziskus will und wofür er steht, ist nach Meinung des Mannes aus Argentinien klar. Er verliert keinen Gedanken daran, dass die Gläubigen die Ideen des Joseph Ratzinger, in denen es vor allem darum geht, dass der Glaube alles ist und alles im Licht des Glaubens erst Sinn ergibt, mit seinen eigenen verwechseln. Bergoglio ist es um mehr als den Glauben zu tun, es geht um die Tat, die Hilfe für die notleidendenden Brüder. Bergoglio ist sich seiner Sache so sicher, dass er Joseph Ratzinger den Gefallen tun kann, dessen Glaubensenzyklika zu veröffentlichen.

Wie wenig er sich selber dieses Thema zu eigen macht, zeigt der Zeitpunkt der Veröffentlichung. Der Papst ist knapp 120 Tage im Amt, und das in einer überaus schwierigen Zeit, als die Enzyklika schon fertig ist. Kein Papst der Moderne hat je so schnell eine Enzyklika veröffentlicht. Wenn Jorge Mario Bergoglio sich wirklich auf dieses Thema Glauben aus der Sicht seines Vorgängers hätte einlassen wollen, dann wäre eine kritische und konstruktive Auseinandersetzung mit dem Autor Joseph Ratzinger unvermeidbar gewesen. Wer jemals einen Text mit einem Co-Autor verfasst hat, weiß, wie viel zeitraubender dies ist, als wenn man einen Text alleine schreibt. Dass der Text trotzdem so schnell veröffentlicht werden konnte, legt nahe, dass Papst Franziskus nur eine redaktionelle Bearbeitung dieser Enzyklika vorgenommen hat, um das theologische Werk eines Papstes zu ergänzen, der Benedikt XVI. und nicht Franziskus heißt.

Als an jenem 5. Juli 2013 die päpstliche Enzyklika »Lumen Fidei« (Licht des Glaubens) veröffentlich wurde, offenbarte sich ein weiteres Mal, was seit der Wahl von Papst Franziskus viele am liebsten unter den Teppich gekehrt hätten: wie fundamental unterschiedlich die beiden Päpste waren. Von der ersten Begegnung der beiden Päpste an, am 23. März 2013 in Castel Gandolfo, wurde der Vatikan nicht müde, Eintracht und Konsens von Ex-

und neuem Papst hervorzuheben. Dass die beiden Kirchenmänner in nahezu allem das totale Gegenteil voneinander repräsentierten, wollte der Vatikan natürlich nicht preisgeben.

Dabei hatte sich schon während des ersten legendären Treffens der Päpste herausgestellt, dass ein Abgrund die beiden Päpste trennte. Joseph Ratzinger wollte diesen Tag so inszenieren, wie er selber das Amt des Papstes ausgeübt hatte: der Papst als absoluter Herrscher der Kirche. Deswegen sollte nun der neue Pontifex ganz vorne am Altar in der Kapelle von Castel Gandolfo knien, allein. Er selbst, Joseph Ratzinger, wollte weiter hinten in der Kapelle Platz nehmen. Wer gelegentlich die Papstmessen im Petersdom im Fernsehen gesehen hatte, wusste, dass der Papst niemals auf gleicher Höhe mit den Kardinälen in den Petersdom einzog, als seien es seine Brüder. Papst Benedikt ging immer in unggewöhnlich großem Abstand hinter den Kardinälen, um zu unterstreichen, wie unendlich viel wichtiger der als letzter in die Peterskirche Einziehende ist. Papst Franziskus hingegen weigerte sich in Castel Gandolfo, sich vorne allein auf die Kirchenbank zu knien, wie Joseph Ratzinger das geplant hatte, sondern ließ sich neben Joseph Ratzinger nieder, weil sie »schließlich Brüder seien«, so Franziskus. Aber das war nicht ausschließlich eine freundliche Geste. Papst Franziskus macht damit auch klar: Die Ära Ratzinger ist zu Ende. Einen Papst, der sich wie ein Fürst gebärdet, der über allem zu stehen scheint, der wie ein König in den Petersdom einzieht, wird es nicht mehr geben.

Die Geste von Papst Franziskus hatte einen bitteren Beigeschmack für den Papst emeritus: Ein neues Zeitalter hat angefangen, Männer wie Benedikt XVI. sind schlicht und einfach überholt. Den Pomp des Fürstenhofs des Papstes wirft Franziskus mit einer energischen Geste auf den Müllhaufen der Geschichte. Johannes Paul II. hatte das Amt des Papstes zwar revolutioniert und näher an die Gläubigen herangerückt, aber an dessen aristokratischer Ausrichtung festgehalten. Karol Wojtyła hatte sein Leben lang aus seiner Hochachtung für die Königshäuser in Polen und vor allem in Österreich-Ungarn, in deren Armee sein Vater gekämpft hatte, keinen Hehl gemacht. Joseph Ratzinger hatte schon in seiner Zeit in Deutschland ein enges Verhältnis zu mehreren Fürstenfamilien, vor allem zu den Thurn und Taxis in Regensburg und der Adelsfamilie Borghese in Rom, gepflegt.

Doch der Lateinamerikaner Bergoglio bricht mit dieser über tausend Jahre alten Tradition der Päpste, die sich als Könige und Oberhäupter der Kirchenfürsten aufführten. Bergoglio kennt Argentinier, die italienischer Abstammung sind wie er selbst, er kennt in seinem Heimatland aber auch viele, die polnischer, russischer, französischer oder auch ganz anderer Herkunft sind. Sie alle haben aber eines gemeinsam: Sie sind Argentinier, freie Menschen, die auf einem Kontinent leben, der sich der Freiheit, Gleichheit und Brüderlichkeit verschrieben hat, einem Kontinent, der mit den alten europäischen Gepflogenheiten des Adels nichts anzufangen weiß. Ein Papst, der sich wie ein König gebärdet, will Bergoglio nicht sein. Die pompöse Kleidung, die sich Papst Benedikt XVI. umhängen ließ, lehnt er kategorisch ab.

Bis Anfang Juli 2013 hatte Jorge Mario Bergoglio den Vatikan bereits durch Gesten drastisch verändert, jetzt erwarteten die Gläubigen auch drastische Worte, und dann kam das: Ausgerechnet der Papst, der durch sein Verhalten das Papsttum innerhalb kürzester Zeit radikaler verändert hat als seine 265 Vorgänger, veröffentlicht eine Enzyklika, die nichts Neues enthält. Weil er seinem Vorgänger einen Gefallen tun muss.

# Das Geheimnis von Papst Franziskus

Sein innerstes Geheimnis verrät Jorge Mario Bergoglio nicht so ohne Weiteres. Und all seine wirklich engen Freunde haben immer auf die gleiche Weise von diesem Glaubensgeheimnis erfahren. Erst wenn der Mann aus Buenos Aires zu einem Menschen besonderes Zutrauen gefasst hat, erst wenn er einen Priester gut kennengelernt hat, wenn er ihm vertraut, verrät ihm Jorge Mario Bergoglio, was den Kern seines Glaubens an Gott ausmacht. Gott findet man nicht in den Büchern, dort, wo Joseph Ratzinger sein Leben lang nach Gott suchte und ihn auch zu finden glaubte. Jorge Mario Bergoglio hat keinen Zweifel daran, dass diese Suche nicht zum Erfolg führen kann. Gott finde man vielmehr in den »Wunden des mystischen Körpers von Christus«, wie er das ausdrückt. Er meint damit, dass Gott dort sei, wo auch die Kranken, die Eingesperrten, die Hungernden, die Verlierer, die Ausgegrenzten, die Verzweifelten sind. Den Kern der christlichen Botschaft stellt für Bergoglio die Stelle im Matthäus-Evangelium, Kapitel 25, Verse 38 bis 40, dar: »Und wann haben wir dich fremd und obdachlos gesehen und aufgenommen, oder nackt und dir Kleidung gegeben? Und wann haben wir dich krank oder im Gefängnis gesehen und sind zu dir gekommen? Darauf wird der König ihnen antworten: Amen, ich sage euch: Was ihr für einen meiner geringsten Brüder getan habt, dass habt ihr mir getan.«

Das ist das also das Geheimnis des Jorge Mario Bergoglio: Gott findet man nicht in der Bibliothek. Die Theologen, die Bergoglio als Tea-Time-Geistliche verspottet, die im Salon beim Teetrinken über Gott diskutieren, werden ihn nie finden. Man muss nicht nur denken, lesen, schreiben und auch nicht nur glauben, wie das die Anhänger des Urs von Balthasar sehen, man muss *etwas tun,* um zu helfen, und sei es auch nur dem geringsten der Brüder Gottes. So einfach ist das.

Eine der Anordnungen von Papst Franziskus an die »Superhirne« der Kirche zeigt besonders deutlich, wie er seine Linie umzusetzen gedenkt. Im Vatikan gibt es die hochehrwürdige Akademie der Wissenschaften, die Päpstliche Akademie. Als ihr Chef Marcelo Sánchez Sorondo den Papst fragte, was die Akademie denn tun könne, um die Arbeit des Papstes zu unterstützen, bekommt er eine überraschende Antwort: Statt die Kirchengeschichte genauer zu erforschen oder der Entstehungsgeschichte der Evangelien weiter auf den Grund zu gehen, soll sich die Akademie auf Wunsch des Papstes detaillierter mit den Zusammenhängen des modernen Sklavenhandels beschäftigen. Er will wissen, wie Schlepperbanden menschliche Ware um den Globus schicken, die in der Hoffnung auf ein besseres Leben oft in Seelenverkäufern den Tod statt das gelobte Land finden.

Um auf den Wegen Gottes zu wandeln, muss man eben nicht in die Studierstube des Joseph Ratzinger gehen, sondern ins Gefängnis, ins Krankenhaus, ins Sterbehospiz oder – wie es der Papst am 8. Juli 2013 bei seiner ersten Reise als Papst überhaupt tat – zu den illegalen Einwanderern auf der Insel Lampedusa südlich von Sizilien. Papst Franziskus hat nicht vor, zu den Gräbern der großen Kirchenväter zu pilgern und wie Papst Benedikt etwa in Bagnoregio, der Stadt des Kirchenlehrers Bonaventura, zu beten. Nein, er geht zu den Geschundenen, nicht weil er sie belehren, sondern weil er um Entschuldigung bitten will.

Der Abstecher in die wolkenlose Hitze von Lampedusa ist ein bitterer Tag für die alte Riege im Vatikan, weil der Papst aus Argentinien während des Gottesdienstes um Vergebung bittet dafür, dass die Kirche nicht viel früher gekommen ist und geholfen hat. Für Tausende ist der Kanal von Sizilien ein Massengrab geworden, nur weil sie versucht haben, den südlichsten Zipfel Europas zu erreichen. Jorge Mario Bergoglio wählt deutliche Worte: »Die Wohlstandskultur, die uns dazu bringt, an uns selbst zu denken, macht uns unempfindlich gegen die Schreie der anderen.« Später sagte er: » Wir sind eine Gesellschaft, die die Erfahrung des Weinens, des Mitleidens vergessen hat. Die Globalisierung der Gleichgültigkeit hat uns die Fähigkeit des Weinens genommen.« Der Papst bittet an diesem Tag um Vergebung für alle, auch für eine Kirche, die seiner Ansicht nach viel zu träge und viel zu sehr mit der Frage nach dem Glauben an Gott beschäftigt ist.

Papst Franziskus hat ein großes Herz, so groß, dass er dem alten Joseph Ratzinger nicht abschlagen kann, eine weitere Glaubensenzyklika zu veröffentlichen, als wäre im Vatikan nichts geschehen. Aber es ist etwas geschehen: Mit Bergoglio ist ein Papst im Vatikan eingezogen, der Gott nicht die Arbeit auf dieser Welt überlässt, um über ihn nachzudenken, sondern der die Ärmel hochkrempeln will. Es ist ein Papst, der will, dass alle Christen anpacken und diese Welt in eine bessere verwandeln, weil eben die selig sind, die Frieden stiften und nicht über den Frieden philosophieren, die barmherzig sind und es nicht nur predigen. Dass die Menschen kein Paradies auf Erden schaffen können, weiß Bergoglio auch, aber das erlaubt es den Christen nicht, die Hände in den Schoß zu legen. Jorge Mario Bergoglio hat keinen Zweifel daran, dass, wer »die Wunden des mystischen Körpers Christi sucht«, also die Leidenden, Kranken und Armen, nicht nur Gott finden wird, sondern sich auch sicher sein kann, Gottes Hilfe zu erfahren.

Für den Papst selbst fängt diese Hilfe übrigens nach dem Aufstehen an: Die Ordensfrauen im Gästehaus der Kardinäle können sich gar nicht genug wundern darüber, dass ihre Arbeit schon getan ist, wenn sie in das päpstliche Hotelzimmer kommen: Der Papst macht sein Bett stets selbst. Dass Ordensleute nicht Ordensleute werden, um Betten zu machen, sondern um Gottes Wort zu verkünden, und dass sie das auch tun sollten, meint Jorge Mario Bergoglio vollkommen ernst.

# Der Weltjugendtag in Rio de Janeiro 2013

Als Papst Franziskus am Morgen des 22. Juli 2013 kurz nach acht Uhr den Vatikan verließ, um seine erste Auslandsreise, zum Weltjugendtag nach Rio de Janeiro, anzutreten, ließ eine Kleinigkeit seine Feinde im Vatikan Böses ahnen. Jorge Mario Bergoglio trug als erster Papst der Geschichte seine abgetragene schwarze Ledertasche selber, wie ein Klempner auf dem Weg zur Arbeit, als er die Treppe zu seiner Dienstmaschine hinaufstieg. Das war ein deutliches Zeichen: Der Papst hatte sich nicht verbiegen lassen, die Kurie hatte ihn nicht bändigen können. Franziskus hatte sich nicht – wie alle anderen Päpste vor ihm – mit einer Entourage umgeben, er hatte nicht einmal einen Sekretär, der ihm alles abnahm. Das Bild des Heiligen Vaters mit der schwarzen Tasche in der Hand zeigte, dass der Papst es nicht dabei belassen wollte, die Kirche in Rom auf den Kopf zu stellen. Er hatte sich den Rest der kirchlichen Welt auch noch vorgenommen, und in Lateinamerika wollte er anfangen. Dass die Zahl seiner Gegner im Laufe des Sommers so stark angewachsen war, lag in der Natur der Sache. Der Vatikan ist eine Organisation, die fast ausnahmslos aus alten Männern besteht, und die mögen nun einmal keine drastischen Änderungen. Ein Papst wie Franziskus, der an einem gesellschaftlichen Ereignis wie dem Konzert zu seinen Ehren, das am 22. Juni 2013 in der Audienzhalle »Papst Paul VI.« stattfand, nicht teilnimmt, weil er meint, dass Priester auf die Straße zu den Armen gehören und nicht in elegante Konzertsäle, braucht sich nicht zu wundern, wenn er nur wenige Freunde im Vatikan findet. Zumal zu dem besagten Konzert fast die gesamte Kurie kam, die es offenbar völlig normal fand, dass Priester sich von renommierten Orchestern unterhalten lassen. Dass sie vergeblich auf den Papst warten mussten, war ein Affront. Dass in Lateinamerika ein weiterer Affront für die Kurie folgen sollte, fürchteten die Kardinäle, wie sich zeigen sollte, völlig zu Recht.

Als ich hörte, dass der Papst nach Rio de Janeiro fliegen würde, wusste ich, dass sich mir eine große Chance bot. Mir fiel sofort das Gespräch wieder ein, das ich in der Nacht nach der Wahl von Franziskus geführt hatte. Die Stimme hatte gehetzt geklungen. »Rio de Janeiro«, sagte der Monsignore, »weißt du noch, da hat er es vorhergesagt.«

»Was?«, hatte ich verwundert gefragt. »Was hat er vorhergesagt?«

Der Monsignore, der mich angerufen hatte, war ein alter Freund und alles andere als ein Wichtigtuer. Dass er von einer Vorhersage sprach, war seltsam.

»Karol Wojtyła hat die Wahl von Franziskus vorhergesagt. Er hat gewusst, dass zu den Armen nach Rio de Janeiro ein Papst kommen wird, der den Bewohnern der Slums auf dieser Welt helfen will. Er hat sogar gesagt, wie dieser Mann heißen wird.«

»Ich verstehe kein Wort«, sagte ich.

»Die Kapelle«, sagte er, »seine Lieblingskapelle in Rio. Sag nicht, du hast das vergessen?«

»Was für eine Kapelle meinst du?«

»Auch du hast es vergessen«, sagte er enttäuscht. »Scheinbar haben es alle vergessen. Dann geh wenigstens hin, wenn du in Rio bist.«

Jetzt begriff ich plötzlich, welche Kapelle er meinte, aber ich hatte keine Ahnung, was das mit Papst Franziskus zu tun haben sollte.

»Ich habe keine Ahnung, ob ich die Kapelle wiederfinden werde. Vielleicht gibt es sie gar nicht mehr.«

»Geh hin«, sagte er, »dann verstehst du, was ich meine.« Damit legte er auf.

Ich hatte nur eine sehr ungenaue Vorstellung davon, wo ich suchen musste, und ich wusste auch, dass es nicht sonderlich klug sein würde, dort allein hinzugehen, zumindest war das lange Zeit so gewesen. Meine brasilianischen Bekannten hatten nicht den geringsten Zweifel daran gelassen, dass ein Besuch auf eigene Faust in einer der sogenannten nicht gesicherten Favelas lebensgefährlich sein konnte. In eine solche Favela kommt jeder unbeschadet hinein und hinaus, wenn er Drogen kaufen will, vor allem das mörderische Crack. Brasilien ist der weltweit größte Markt für diese Droge. Aber wenn ein Mann kommt, um dort herumzuschnüffeln, weil er angeblich eine Kapelle in einer Baracke sucht, ist er nicht willkommen.

# Ein unerwarteter Abstecher

Schon der erste Tag in Rio de Janeiro machte deutlich, wie anders der neue Papst ist. In den ersten Stunden nach der Landung, wenn ein Papst auf dem Weg zu einem Weltjugendtag in ein von Rom weit entferntes Land ist, war noch nie etwas Ungewöhnliches passiert. Zu diesem Zeitpunkt kann der Papstsprecher weder enttäuschende Besucherzahlen verkünden noch in Erklärungsnot kommen, weil Jugendliche den Heiligen Vater vielleicht ausgebuht haben. Denn der Papst hat nach einem sehr langen Flug am ersten Tag gar keinen Kontakt zu den Jugendlichen. Er besucht den Staatspräsidenten, schüttelt ein paar Hände und zieht sich zurück, um sich von den Strapazen der Reise auszuruhen. Doch Franziskus stellte selbst diesen gewohnten Ablauf auf den Kopf. Er hatte sich entschieden, in einem winzigen Kleinwagen mit offenen Fenstern und ohne Polizeieskorte durch Rio de Janeiro zu fahren. Was in der Folge passierte, war eigentlich nicht verwunderlich. Die Menschen warfen sich regelrecht auf das Auto, um ihn berühren zu können. Ich habe selten zuvor gesehen, dass eine Menge so über einen Papst hergefallen ist wie in Rio de Janeiro. Ihm schien es überhaupt nichts auszumachen, dass die Menschen ihn immer wieder anfassen und umarmen wollten und ihn heftig bedrängten. Erst als die brasilianischen Regierungsbeamten begriffen, dass es für einen möglichen Attentäter äußerst leicht wäre, bis zum Papst vorzudringen, ordnete die Armee eine schärfere Bewachung an.

Papst Franziskus hatte persönlich auf einem Abstecher während des Weltjugendtags bestanden, und zwar zum Marienheiligtum Aparecida (»Die Erschienene«) im Innern des Landes. Er riskierte mit dieser Entscheidung zweifellos, den Auftakt seiner Reise zu verpatzen. Denn wenn sich überhaupt irgendwo die Frage stellte, ob die Brasilianer einem Papst, der aus dem mehr oder weniger verhassten Argentinien stammte, zujubeln würden, dann in Aparecida. Das Besondere dieses Heiligtums liegt darin, dass die drei Fischer, die im Jahr 1717 ein winziges, angeblich wundertätiges Madonnenbild aus einem Fluss bei Aparecida holten, nicht irgendein Madonnenbild fanden, sondern das Bild einer pechschwarzen Madonna. Wie kaum anders zu erwarten, verehrten vor allem die farbigen Sklaven die Muttergottes von Aparecida. Schließlich wurde die Sklaverei in Brasilien erst im Jahr 1888 abgeschafft.

Die Könige Portugals bereicherten sich jahrhundertelang am größten Sklavenhandel der Geschichte, dem zwischen Afrika und Brasilien. In kein anderes Land wurden über längere Zeit mehr Sklaven verschleppt. Der langjährige Chef des Einheitsrates, Kardinal Walter Kasper, ist an der Frage, warum ausgerechnet die Christen die Sklaven weit schlechter behandelten als die »Heiden«, nahezu verzweifelt. Selbst in der Antike ging man nicht gerade milde mit Kriegsgefangenen um, im Regelfall wurden sie versklavt. Aber auch die hartgesottenen Römer entließen Sklaven nach einer gewissen Zeit in die Freiheit. Freigelassene Sklaven waren in der römischen Welt alles andere als selten, Sklaven konnten sich auch selbst freikaufen. Die Christen, die doch ihren Nächsten lieben sollen, verhielten sich gegenüber den Sklaven viel brutaler. Die christlichen Sklavenhalter dachten nicht daran, einen Sklaven jemals freizulassen oder ihm Bürgerrechte zu gewähren. Natürlich hatte diese Barbarei schlichte Gründe: In Brasilien gab es gigantische Plantagen, auf denen Kaffee, Kakao und Zuckerrohr angebaut wurde. Für diese Art der Landwirtschaft brauchten die Farmen Unmengen Arbeiter. In Argentinien dagegen züchteten die Farmer vor allem Tiere, zogen riesige Rinderherden heran. Sklaven brauchten sie nicht, deswegen ist Argentinien noch heute ein völlig anderes Land als Brasilien. In Brasilien lebt eine Bevölkerung, in der alle Hautfarben von tiefstem Schwarz bis Weiß vertreten sind. In Argentinien leben dagegen überwiegend Menschen mit weißer Hautfarbe.

Was wollte also der »weiße« Argentinier Bergoglio im Heiligtum der »schwarzen« Brasilianer? Musste das nicht Unmut heraufbeschwören oder zumindest für einen kühlen Empfang sorgen? Jorge Mario Bergoglio kam mit einer versöhnlichen Botschaft in das Heiligtum von Aparecida: Die Madonna sei das Heiligtum aller Lateinamerikaner, die Mutter, die alle beschütze. Seine Botschaft war einfach, aber sie ging den Menschen in der gigantischen Kirche – nach dem Petersdom eines der größten katholischen Kirchengebäude der Welt – unter die Haut. »Würde eine Mutter jemals ihre Kinder vergessen?«, fragte Bergoglio die Menge, und die antwortete mit ihrem Applaus, nein, das würde eine Mutter niemals, und deswegen gebe es Hoffnung, dass diese Mutter vor allem den armen Brasilianern aus ihrem Elend helfen werde.

Jorge Mario Bergoglio ging in Aparecida ein Risiko ein – und gewann. Die Menge feierte ihn frenetisch. Jetzt stand seinem Triumphzug in Rio de Janeiro nichts mehr im Weg.

# Ein Papst für die Armen

Die Baracke der Amara Oliveira liegt in der Nähe der Straße, die in Rio de Janeiro den Spitznamen »Gazastreifen« trägt. Die Einwohner von Rio nennen den Ort so, weil bei den zahllosen Schießereien zwischen den verfeindeten Gruppen der Favela Varginha eine Unzahl von Menschen ums Leben gekommen war – wie in einem Kriegsgebiet. Die 82 Jahre alte Amara hatte die Schüsse in den langen Nächten gehört, wenn die Narcos Jagd machten auf ihre Todfeinde, die sie einfach »die Deutschen« nennen, was Erzfeind bedeutet. Amara Oliveira hatte mit der Tatsache zu leben gelernt, dass es sie sehr wahrscheinlich das Leben kosten würde, wenn sie in den nur ein paar hundert Meter entfernten verfeindeten Teil der Favela gehen würde. Ihr immer noch wundervolles Gesicht konnte sehr hart werden, denn sie hatte zu viele Kinder gesehen, die an Heroin und an Crack zugrunde gegangen waren, und sie hatte irgendwann verstanden, dass man ihnen schon am ersten Schultag eine Lüge aufgetischt hatte. Man hatte ihnen erzählt, dass sie, wenn sie nur brav waren und lernten, eine Chance bekommen würden, den Slum zu verlassen.

Amara Oliveira hatte sich sogar an die seltenen Busse der Touristen gewöhnt, die rasch und in großer Entfernung an ihrer Favela vorbeifuhren. Mit wohligem Schauer und einer Mischung aus Neugier und Abscheu hörten die Urlauber den Fremdenführern zu, die von den Gemetzeln der Narcos in den Favelas berichteten und von ihrer Macht, die so weit ging, dass sie vor wenigen Monaten sogar einen Hubschrauber der Polizei abgeschossen hatten. Was die Urlauber nicht wussten, war, dass der Mann, der ihnen die Koffer zu ihrem Zimmer getragen hatte, sehr wahrscheinlich in einer solchen Favela wohnte, weil er mit den umgerechnet knapp dreihundert Euro Einkommen im Monat in Rio keine andere Wahl hatte, als in eine Favela zu ziehen. Die Urlauber erfuhren auch nicht, dass in Rio eine anständige Schule für zwei Kinder den Monatslohn eines solchen Kofferträgers oder eines Kochs oder Busfahrers kostete und dass sich genau deswegen selbst die intelligentesten, fleißigsten, bravsten Kinder, bereits wenn sie laufen lernten, mit der Gewissheit anfreunden mussten, dass sie niemals eine Chance bekämen, aus dem Slum herauszukommen. Das war der Grund dafür, dass sie an billigen gepanschten Drogen, an Schussverletzungen aus den Bandenkriegen oder durch Schikanen der Polizei starben. Resigniert sprach Amara Oliveira mit mir darüber in ihrer Baracke, in der ich ihr auf einem wackligen Stuhl zuhörte.

Amara hatte Hunger gelitten und sich daran gewöhnt, kein Essen kaufen zu können. Sie war krank gewesen und konnte sich auch keine Medizin leisten. Sie war immer arm gewesen und hatte sich damit abgefunden, dass eine arme Frau in ihrem Leben keine große Spur hinterlassen würde – bis sie erfuhr, dass der erste Papst Lateinamerikas ausgerechnet zu ihr und ihrer Tochter zum Kaffeetrinken kommen wolle, in ihre Baracke in der Favela Varginha.

Dort in dem kahlen Zimmerchen mit den unverputzten Wänden begriff ich, dass ich bis nach Brasilien hatte fliegen müssen, um zu verstehen, woran Jorge Mario Bergoglio wirklich glaubte.

Der Papst würde einen guten Weltjugendtag absolvieren, ein guter Gastgeber sein, die vielen großartigen Inszenierungen an der Copacabana über sich ergehen lassen. Er würde engagierte Ansprachen und Predigten halten, sich aber bei den reichen Jugendlichen nicht zu Hause fühlen, die es sich hatten leisten können, aus Europa und Nordamerika nach Rio de Janeiro zu fliegen. Er tat für sie, was er konnte, brachte ihnen sein Anliegen nahe, betete für sie, tat, was ein Papst während eines Weltjugendtags tun muss. Er freute sich aufrichtig über die mehr als zwei Millionen Jugendlichen, die gekommen waren, und arbeitete unermüdlich dafür, dass der Weltjugendtag ein Erfolg werden würde, aber der Tag in der Favela Varginha war etwas ganz anderes. Denn es schien nicht so, als wäre er am Rande des Weltjugendtags auch einmal in ein Armenviertel gefahren, um dort ein paar Stunden zu verbringen. Nein, er kam an diesem Tag nach Hause. So sah es aus: als wenn er endlich bei denen sein konnte, zu denen er wirklich gereist war, den Menschen in den Favelas. Nie habe ich die Augen von Papst Franziskus so leuchten sehen wie an diesem Tag, als er dort die Menschen umarmte. Menschen wie Amara Oliveira waren seine Leute. Hier, zwischen den aus Abfall errichteten Baracken, fühlte er sich wohl.

Das Tragische an der ersten Auslandsreise des Papstes bestand also vor allem darin, dass unübersehbar war, wie glücklich es ihn machte, bei den Ärmsten in den Favelas zu sein. Und noch etwas war nicht zu verkennen: Genau dort gehörte er auch hin. So couragiert sein Kampf im Vatikan gegen Korruption, Faulheit und Selbstgefälligkeit auch ist, so sehr diese Leistung Anerkennung verdient, glücklich machen wird das diesen Mann nie, selbst dann nicht, wenn er gegen die alte Kurie siegen sollte. Das wurde mir an diesem Tag klar. Glücklich war er im Nieselregen von Rio de Janeiro inmitten derer, die diese Riesenstadt ausgespuckt zu haben schien, die sich als Abfall fühlten. Und er war gekommen, um ihnen zu sagen, dass sie genau das nicht seien, dass sie Menschen seien und dass eine Gesellschaft, die Menschen an den Rand schiebt, niemals Frieden finden würde. Bergoglio hatte nie das Oberhaupt eines Staates, des Vatikans, sein wollen und auch nicht ein Philosoph oder ein theologischer Denker. Was er wollte und weshalb er nach Rio gekommen war, sagte er ganz unmissverständlich:

»Ich hätte gern an jede Tür geklopft, ›Guten Tag‹ gesagt, um ein Glas frisches Wasser gebeten, einen *cafezinho* getrunken – nicht ein Glas Schnaps –, wie mit vertrauten Freunden gesprochen, dem Herzen eines jeden, den Eltern, den Großeltern zugehört… Aber Brasilien ist zu groß! Und es ist nicht möglich, an alle Türen zu klopfen! Da habe ich die Wahl getroffen, hierherzukommen, eure Siedlung zu besuchen. Diese Siedlung, die heute alle Stadtviertel Brasiliens vertritt.«

Die Menschen der Favelas spürten, dass er einer von ihnen war, dass er auf ihrer Seite stand. Die Menschen der Armenviertel bestürmten ihn, vor allem die Jugendlichen und die Kinder, sie drängten sich um ihn, beschmutzten seine weiße Soutane, und er wollte das genau so. Er wollte, dass die Menschen ihn wie einen alten Pfarrer sahen, der nach einem langen Ausflug endlich nach Hause gekommen war. Als er Amara in den Arm nahm, fragte er sie nach ihren Enkeln und wie alt sie seien, und Amara glaubte, ihr Herz bleibe stehen. »Ich musste nachher tatsächlich zu einem Arzt, zu einem, der mit dem Papst gekommen war. Ich dachte, ich überstehe die Aufregung nicht«, sagte Amara mir, als ich zwei Tage später in ihrer Baracke saß. »Dabei machte es mir der Papst so leicht. Er war ganz normal. Ich dachte, da kommt ein alter Freund nach Hause.«

Bei diesen Leuten hatte er die letzten Jahrzehnte verbracht, ihren einfachen Tee und ihre kargen Mahlzeiten geteilt. Im fernen Rom hatte die Kurie gegrollt, dass Bergoglio ein Extremist sei, zu weit gehe, dass er immer nur in den Slums und nicht in den Salons der Universitäten verkehre. Vor dem Haus der Amara Oliveira wurde mir klar: Eine ganz schlichte Tatsache gibt diesem Jorge Mario Bergoglio die Kraft, die Kirche zu revolutionieren. Es ist die Tatsache, dass der langjährige Erzbischof von Buenos Aires, der zum Papst gewählt und zum Bischof von Rom gekürt worden war, in seinem Innersten einfach kein Bischof ist. Er kann die Kirche revolutionieren, weil Jorge Mario Bergoglio eigentlich immer ein ganz einfacher Straßenpfarrer geblieben ist. Er machte nicht einmal einen Hehl daraus, dass der mächtige Bischof von Rom sich nicht als Bischof, sondern als kleiner Pfarrer fühlte. »Die Bischöfe mögen mir verzeihen, aber die Kirche muss auf die Straße«, sagte er in Rio. Wie bitte? Ihm sollten die Bischöfe verzeihen? War er nicht selbst einer? Auf dem Rückflug nach Rom sagte er es noch einmal: »Ich bin ein Priester der Straße.« So empfand er sich, als Priester, nicht als Bischof, und schon gar nicht als der wichtigste von allen.

Ganz still, sodass es fast niemand merkte, trug Jorge Mario Bergoglio auch die Last des Papstamtes während dieses Weltjugendtags. Aus Sicherheitsgründen war der Teil der Favela Varginha, den er besuchte, ausgewählt worden. Die Welt würde einen Papst in einer der sogenannten gesicherten Favelas sehen. Jorge Mario Bergoglio war einer der wenigen im Tross des Vatikans, der wusste, dass es 530 Favelas in Rio de Janeiro gibt und dass fast alle, immerhin 96 Prozent von ihnen, eben nicht »gesichert« sind, sondern Kriegsschauplätze von Drogendealern und anderen Gangstern, und dass Frauen, Kinder und Jugendliche unter diesem Krieg in den Stadtvierteln, in die sich nicht einmal die Polizei ohne Unterstützung der Armee traut, am meisten leiden. Diese Jugendlichen suchte Papst Franziskus in Rio, und er wusste auch, wo er sie finden würde: im Krankenhaus des heiligen Franz von Rio de Janeiro. Das war der einzige andere Ort während dieses Weltjugendtags, an dem ich den Papst am Abend vor dem Besuch in der Favela völlig glücklich gesehen habe, weil er an einen Ort gekommen war, an dem er wirklich gebraucht wurde.

»Der Papst hat mir gesagt, dass man doch keinen Weltjugendtag ausrichten könne, ohne die Jugendlichen zu besuchen, die viel mehr als alle anderen litten, weil sie in den Albtraum der Abhängigkeit von Drogen gerutscht waren. Es gibt schließlich kaum eine andere Stadt auf der Welt, in der so viele Jugendliche von Crack abhängig sind wie in Rio de Janeiro«, sagte mir Pater Franziskus aus São Paulo, der Verwaltungschef des Krankenhauses, das Papst Franziskus in Rio besuchte. Ein Ereignis während dieses Besuchs ließ mir regelrecht das Blut in den Adern gefrieren. Der Papst sprach auch mit einigen der an den schweren

Folgen der Drogensucht leidenden Jugendlichen, die fast alle die gleiche Hölle hinter sich hatten: Abhängigkeit von Crack, Abgleiten in die Kriminalität, ein Leben auf der Straße, erste Festnahmen, Knast, wieder auf der Straße, wieder Überfälle, wieder Knast, schwere Infektionen, Schädigungen des Gehirns, eine Unzahl von Verletzungen durch das Leben als Krimineller, wieder Crack, Kollaps mehrerer Organe. Am Ende blieben nur noch Wracks übrig, menschliche Zombies. Einer dieser jungen Männer, mit denen der Papst gesprochen hatte, sagte etwas Unglaubliches. Er sprach ganz leise: »Als der Papst kam, hat er gar nichts gesagt, sondern mich erst einmal gesegnet.« Den Blick des jungen Mannes werde ich nie wieder vergessen, denn dieser Blick sagte: Mich, eine Null, einen Menschen, der sich selbst in ein Stück menschlichen Abfall verwandelt hat, mich, einen notorischen Dieb und Gewaltverbrecher, ein durch Drogen ständig vollgedröhntes Monster, mich hat der Papst gesegnet, als wäre ich etwas wert.

Deswegen war der Papst nach Rio des Janeiro gekommen, und das sprach er auch ganz offen an: Er wollte diesen jungen Menschen ihre Würde zurückgeben und ihnen sagen, dass eine Gesellschaft, die Menschen zu Abfall macht, eine ungerechte Gesellschaft ist. Der Papst war gekommen, um ihnen zu sagen: Für mich seid ihr kostbar.

# Gott in der Brandung

Wer jemals auf die Idee kommen sollte, nach einem Beweis für die Existenz Gottes zu suchen, der sollte sich ernsthaft die Einzelheiten des Ablaufs des Weltjugendtags anschauen, denn diese Details konnten selbst den hartnäckigsten Atheisten an seinem Unglauben zweifeln lassen. Das lag daran, dass die Organisatoren auch in Rio de Janeiro – wie während fast aller Weltjugendtage, die ich miterlebt hatte – alles getan hatten, um den jungen Menschen den Weltjugendtag gründlich zu verderben. 2005 in Köln waren Tausende schlicht wegen Hunger bereits vor dem Abschlussgottesdienst des Weltjugendtags wieder abgereist, weil die Organisation der Verpflegung zusammengebrochen war, für die die Jugendlichen schon bezahlt hatten.

Auch in Rio gab es eine gute Chance, den Weltjugendtag komplett in den Sand zu setzen, weil die Organisatoren die wundervolle Idee hatten, die Veranstaltung vierzig Kilometer vom Stadtzentrum entfernt in Guaratiba auf einem so abgelegenen Feld stattfinden zu lassen, dass die Jugendlichen immerhin satte dreizehn Kilometer mit schweren Rucksäcken zu Fuß hätten gehen müssen, um vom nächstgelegenen Bahnhof zu dem Platz, an dem die Gottesdienste abgehalten werden sollten, zu gelangen. Es gab in der Nähe des Geländes weder Bars noch Restaurants, wo die Teilnehmer sich hätten versorgen können, sie wären auf ihre Rationen aus dem Rucksack angewiesen gewesen.

Mir sei gestattet, hier einfach mal anzunehmen, dass es Gott tatsächlich gibt und dass er für die jungen Menschen tatsächlich wie ein Vater empfindet. Was würde also ein Vater jungen Menschen, die er aufrichtig liebt, an einem Festtag in Rio de Janeiro wünschen: dass man sie in Ruhe am Strand des warmen Ozeans Sandburgen bauen ließe. Und genau so traf es ein.

Entweder der Zufall oder der liebe Gott hatte es ungewöhnlicherweise so heftig regnen lassen, dass das Areal von Guaratiba, auf dem der Weltjugendtag stattfinden sollte, sich in ein Schlammfeld verwandelt hatte. Diese Situation zwang die Organisatoren – obwohl sie sich hartnäckig dagegen sträubten –, etwas Vernünftiges zu tun und den Weltjugendtag an den Strand der Copacabana zu verlegen. Es kam eben nicht alles so, wie es in Rio de Janeiro geplant war, und vielleicht passte auch deswegen der erste Weltjugendtag von Papst Franziskus so gut hierher. Die Stadt trägt den Namen Rio de Janeiro, was »Januarfluss« heißt. Die Gruppe um den Italiener Amerigo Vespucci aus Florenz, der dem Kontinent Amerika seinen Namen gab, benannte den Ort nach einem vermeintlichen  Fluss und dem Monat seiner Entdeckung, als sie im Jahr 1502 auf die Bucht von Guanabara, an der das heutige Rio liegt, stieß. Sie glaubte, dass die Bucht die Mündung eines Flusses sei, aber einen solchen Fluss gibt es gar nicht.

Ich muss ganz ehrlich sagen, dass ich nicht anders konnte, als zutiefst Mitleid zu empfinden für die Millionen Jugendlicher, die auf den Weltjugendtagen in Madrid und Köln gefroren, in Rom geschwitzt und in Paris und Sydney auf unbequemem Gelände hatten ausharren müssen. In Rio habe ich eine Seite der katholischen Kirche erlebt, die mir in den langen 25 Jahren im Vatikan noch nie begegnet war. Die katholische Kirche kann spirituelle Ereignisse organisieren, zu denen zweifellos auch Weltjugendtage zählen, der Vatikan kann besinnliche Zusammenkünfte voll innerer Freude auf die Beine stellen, das habe ich alles schon erlebt. Aber ich habe noch nie erlebt, dass der Vatikan für einen grenzenlosen, vor Lebensfreude überschäumenden Spaß halb nackter und klitschnasser junger Menschen sorgt. Aber genau so verliefen der Samstag und der Sonntag am 27. und 28. Juli 2013. Mehr als zwei Millionen junger Menschen bauten auf vier Kilometern Strand riesige Sandburgen, die sie zum Schlafen unter dem Sternenhimmel nutzen wollten. Eine Art traumhafter Luxus, gemessen an den Nachtlagern der Teilnehmer bei den vorausgegangenen Weltjugendtagen. Nonnen, Patres, Priester und Hunderttausende begeisterter junger Menschen schwammen, spielten, tauchten immer wieder im Ozean, während sie sich auf das Treffen mit dem Papst vorbereiteten.

Rio 2013 war das schönste katholische Treffen, das ich miterlebt habe. An diesem paradiesischen Strand, den Gott erschaffen hat, ließ er die jungen Menschen, die einen solchen Gott suchten, einfach ihren Spaß im herrlichen Meer und am weißen Strand haben. Ich wusste, als ich die überschwängliche Lebensfreude sah, dass es ein guter, ja ein sehr guter Weltjugendtag für Papst Franziskus sein würde. Es war gelungen, die jungen Menschen von der katholischen Kirche auf eine ganze andere Art zu überzeugen, als es geplant worden war. Sie hatten alle zusammen ein paar Stunden lang pures Glück erlebt. Ich habe inmitten der über zwei Millionen Menschen während des Abschlussgottesdienstes, als der Papst um eine Minute stillen Gebetes bat, niemanden auch nur flüstern gehört. Diese jungen Menschen haben voller Freude zu einem Gott gebetet, und sie fühlten sich dem neuen Papst wirklich nahe, vor allem, weil er ihnen wie ein Vater glücklich lächelnd zusah und sich freute, dass die Jugendlichen nicht in Kirchenbänken kniend auf ihn warteten, als er am Samstagabend zur Vigil-Feier, dem Abendgottesdienst, kam.

An diesem Abend schien der Papst diese glückliche Menge Jugendlicher geradezu in die Welt schicken zu wollen. Seine Worte hatten ein immenses Gewicht. »Durch euch tritt die Zukunft in die Welt ein. Ich bitte euch, die Hauptdarsteller dieser Veränderung zu sein. Arbeitet weiter daran, die Apathie zu überwinden und eine christliche Antwort auf die sozialen und politischen Unruhen zu geben, die sich in mehreren Teilen der Welt zeigen. Ich bitte euch, Baumeister der Welt zu sein und euch an die Arbeit für eine bessere Welt zu machen. Liebe junge Freunde, schaut euch das Leben nicht vom Balkon aus an. Begebt euch in die Welt. Jesus ist nicht auf dem Balkon geblieben. Er hat sich mitten hineingestürzt. Betrachtet das Leben nicht vom Balkon aus. Taucht ein in das Leben, wie Jesus es gemacht hat.«

Wenige Stunden später in der Predigt am Sonntag ging er noch einen Schritt weiter und sagte, dass nicht ein alter Papst, sondern andere geeigneter seien, den Glauben an Gott zu verbreiten: »Wisst ihr, welches das beste Mittel ist, um Jugendliche zu evangelisieren? Ein anderer Jugendlicher. Das ist der Weg, den jeder und jede von euch gehen muss.« Und er fuhr fort: »Geht ohne Furcht, um zu dienen.« Papst Franziskus machte keinen Hehl daraus, dass er die jungen Menschen braucht: »Die Kirche rechnet mit euch.«

# 33 Jahre zuvor

Als Franziskus am Ende des Weltjugendtags bekannt gab, dass der nächste Weltjugendtag in Krakau, der Stadt Karol Wojtyłas, stattfinden würde, war der große Mann aus Polen auf einmal wieder da. Papst Franziskus hatte in Rio de Janeiro einen Triumph gefeiert, aber das war letztlich nur möglich, weil Karol Wojtyła den Weltjugendtag erfunden hatte. Papst Franziskus würde seinen Vorgänger heiligsprechen und dann nach Krakau reisen, um ihn noch einmal zu feiern, den Jahrtausendpapst. War das alles ein Zufall? Der Papst selbst hielt diese Reise keineswegs dafür. Franziskus hatte mehrfach öffentlich für die göttliche Vorsehung gedankt, dass die erste Auslandsreise seinen Vorgänger Papst Benedikt XVI. auch auf einen Weltjugendtag geführt hatte, der in seinem Heimatland stattfand. Jetzt hatte es Gottes Vorsehung erneut so eingerichtet, dass ein Papst auf seiner ersten Auslandsreise zu einem Weltjugendtag fahren musste, und der fand wiederum in der Heimat des Papstes statt, zwar nicht in seinem Heimatland, aber doch auf seinem Heimatkontinent. Der erste lateinamerikanische Papst der Geschichte musste ausgerechnet in Lateinamerika zum ersten Mal auf die ganz große Bühne der Weltöffentlichkeit treten, vor Millionen Menschen, die zu seinem ersten Weltjugendtag strömten. Und noch ein Zufall: Ausgerechnet der Erfinder des Weltjugendtags soll in dem Jahr heiliggesprochen werden, in dem der Weltjugendtag in seiner Heimat stattfinden wird.

Ich musste den zauberhaften Strand an der Copacabana verlassen und mich endlich auf die Suche begeben. Genau erinnern konnte ich mich nur an eines: Die Kapelle befand sich in einer Favela, die ganz in der Nähe eines großen Hotels und nicht weit entfernt von der Küste lag. Aber große Hotels am Strand gibt es in Rio de Janeiro zu Dutzenden, Favelas zu Hunderten, das Ganze schien mir eine einigermaßen aussichtslose Suche. Das letzte Mal, dass ich Rio de Janeiro besucht hatte, war im Jahr 1997 gewesen, während des Weltfamilientags mit Papst Johannes Paul II., aber das war immerhin sechzehn Jahre her.

Ich befragte zunächst einmal die einschlägigen Agenturen, die Touristen durch die Stadt führen und in den Eingangshallen der großen Hotels ihre Dienste anbieten. Kein Mensch hatte je von der Kapelle gehört. Auch die Befragung von Priestern aus Rio, die mir zufällig im Getümmel des Weltjugendtags über den Weg liefen, ergab nichts. Sonderlich verwundert war ich darüber nicht. Dieser unglaubliche Tag, als Karol Wojtyła zum ersten Mal eine Favela in Rio betrat, die ihm später eine Kapelle weihte, lag sehr lange zurück. Es war 1980 gewesen, also vor 33 Jahren. Aber das größte Problem in Rio war nicht die Suche selbst, sondern dass wegen des Weltjugendtags der Großraum rund um die Copacabana abgesperrt war. Ein Taxi zu finden, um nach einer Favela in der Nähe der viele Kilometer langen Strände zu suchen, schien völlig aussichtslos. Ich hatte nur einen einzigen Vorteil: Die wichtigste brasilianische Wochenzeitschrift *Epoca* hatte ein mehrseitiges Interview mit mir veröffentlicht und mein Foto ganzseitig abgedruckt. Zahlreiche Menschen erkannten mich und zeigten sich ausgesprochen hilfsbereit.

Einer dieser freundlichen Brasilianer gab mir einen wirklich guten Tipp: Um in Rio de Janeiro, das wegen zwei Millionen Weltjugendtagsbesuchern im Ausnahmezustand war, Favelas zu durchsuchen, brauchte ich kein normales Taxi, sondern ein Motorrad-Taxi: Junge Männer fahren ihre Kunden in waghalsigen Manövern auf Motorrädern durch die Stadt. Ich trieb ein Motorrad-Taxi auf, und der junge Fahrer klapperte mit mir bereitwillig eine ganze Reihe von Favelas ab. Er brauste mit mir kreuz und quer durch Rio, aber ich erkannte nichts wieder. Nach ein paar Stunden gab ich auf. Irgendwie hatte ich den Fahrer aber in seiner Ehre gekränkt. Er hatte mir versichert, dass wir die Favela finden würden, er war unermüdlich durch die Stadt gefahren, hatte mir Strandhotel um Strandhotel gezeigt und war jetzt genauso enttäuscht wie ich. Um mir zu zeigen, wie leid es ihm tat, dass ich ihm schließlich einen ziemlich hohen Preis für eine völlig ergebnislose Fahrt zahlen musste, lud er mich in seinen Stadtteil in seine Lieblingsbar ein.

Der Stand für die meisten Motorrad-Taxis in Rio liegt an der Rua João Goulart. Um dorthin zu kommen, fährt man von der Copacabana immer an der Küstenlinie entlang nach Süden, und während wir mit dem Motorrad über die Küstenstraße kurvten, fand ich zufällig das Hotel, nach dem ich suchte: das Sheraton. Es liegt direkt am Strand, und seltsamerweise haben die Architekten es in unmittelbarer Nähe der Favela von Vidigal erbaut. Ich war mir absolut sicher, dass die Kapelle hier sein musste, obwohl der Motorradfahrer mich verständnislos ansah. Er sagte, dass er in der Nähe der Favela Vidigal aufgewachsen sei, aber noch nie von einer solchen Kapelle gehört habe. Ich hatte aber keinen Zweifel mehr.

Als wir im Zentrum der Favela waren, stellte er das Motorrad am Straßenrand ab. »Wenn Sie hier suchen wollen, müssen wir zu Fuß gehen«, sagte er. »Die Gassen sind für das Motorrad zu eng.«

Ich sah den Gesichtern der Favela-Bewohner ihre Skepsis an, als er wieder und wieder nach der Kapelle des Papstes fragte. Sie schauten ihn mit einem Blick an, der besagte: Was wollen diese beiden Männer wirklich, die angeblich eine Kapelle suchen? Wir irrten durch das Gewirr aus Baracken und irgendwie aus Bauschutt zusammengezimmerten Hütten. Eine offensichtlich verwirrte ältere Frau in Lumpen lief plötzlich stumm und ohne erkennbaren Sinn hinter uns her. Vorhänge wurden zur Seite geschoben, misstrauisch folgten uns dunkle Augenpaare. Ein paar Straßenhunde und zwei Kinder hatten wir jetzt auch noch im Schlepptau. Irgendwann fragten wir erneut nach der Kapelle, und zum ersten Mal ernteten wir keinen verständnislosen Blick. Ein alter Mann bedeutete uns, ihm zu folgen. Erstaunlich flink lief er die steilen, total verdreckten Stufen zwischen Unmengen von Abfall hinauf. Ich weiß nicht, wie lange wir schon unterwegs waren, als der Mann vor einem Haus stehen blieb, das in einer engen Gasse lag. Oben lehnte eine alte Frau aus einem Fenster und sah uns misstrauisch an. »Der Schlüssel«, sagte der alte Mann.

»Was für ein Schlüssel?«, fragte ich.

»Diese Familie hier hat den Schlüssel für die Kapelle.«

348

Ein etwa zwölfjähriger Junge kam mit einem Schlüssel in der Hand aus dem Haus. Er ging wortlos vor uns her. Als wir um eine Ecke bogen, erkannte ich sie wieder: Von allen Kapellen dieser Welt dürfte sie eine der armseligsten sein. Ich war 1997 hier gewesen, weil ich die Kapelle sehen wollte, von der Karol Wojtyła sagte, dass sie seine liebste sei. Sie ist von einer blau gestrichenen Mauer umgeben und sieht aus wie die verlassene Ruine einer Fabrikhalle. Schlecht isolierte Kabel hängen an dem ebenfalls blauen Gebäude wie vergammelte Lianen herunter. Der Junge schloss ein kleines Tor auf, wir gingen ein paar Treppenstufen hoch, dann standen wir vor der Eingangstür.

Genau hier fand eine der erstaunlichsten Episoden in der langen Geschichte der Päpste statt. Der 263. Nachfolger des heiligen Petrus, Karol Wojtyła, hatte das Ausmaß an Armut nicht ertragen können. Der Mann aus Polen, der das Elend und den Hunger der Zwangsarbeiter, die für die Deutschen schufteten, kennengelernt hatte, weil er selbst einer von ihnen gewesen war, konnte diese jeder Menschenwürde spottende Armut der Favela in Rio de Janeiro nicht fassen. Sein Herz muss sich zusammengekrampft haben, die von Hunger, Krankheiten und Verletzungen des täglichen Überlebenskampfes gezeichneten Gesichter der Menschen müssen ihn wie ein Keulenschlag getroffen haben, denn nur in diesem Moment, dieses eine Mal in 26 Jahren Pontifikat, zögerte er nicht, eine der ältesten und ehrwürdigsten Regeln der Päpste zu brechen. Nie zuvor hatte das ein Papst getan, und der Ärger, den Karol Wojtyła im Vatikan bekommen sollte, war gewaltig, aber trotzdem musste er es tun. In Rio de Janeiro erschütterte die Not der Menschen diesen Papst so sehr, dass er zum Entsetzen seiner Begleiter seinen Ring vom Finger zog, den Fischerring, und ihn den Armen schenkte. Der Fischerring ist der Siegelring des Papstes, das Zeichen seiner Würde und seines Amtes, den die Gläubigen der Welt unbedingt küssen wollen, wenn sie dem Papst nahe kommen, und der nach dem Tod eines Papstes zerstört werden muss. Es ist der berühmteste Ring der Welt.

»Wo ist er?«, fragte ich den Jungen, der lustlos neben mir in der Kapelle stand, die eher einer der trostlosen Baracken glich.

»Wer?«

»Der Ring«, sagte ich. »Der Ring des Papstes.«

Er schlenderte langsam zu der Wand neben dem Altar. Es gab dort eine in die Mauer eingelassene und mit Glas überdeckte Aussparung, eine Art gläsernen Minitresor.

»Darin hat er gelegen, aber die Diözese hat keine Ruhe gegeben, sie haben den Leuten der Favela den Ring weggenommen. Weiß der Himmel, wo er jetzt ist. Er soll in irgendeinem Tresor in der Kathedrale liegen.«

Ich setzte mich auf eine der Kirchenbänke. Sie hatten tatsächlich den armen Leuten den Ring weggenommen, sie hatten ihnen den Gegenwert gezahlt, den Wert für 21 Gramm Gold. Sie hatten das grenzenlose Mitleid eines von der Armut schockierten Papstes verraten.

»Es gibt nichts weiter zu sehen«, sagte der junge Mann. Er wartete offensichtlich darauf, dass wir endlich gingen. Ihm schien überhaupt nicht klar zu sein, was wir hier eigentlich wollten. Der Ring war nicht mehr da. Es gab nur noch diese leere, armselige Kapelle als Erinnerung an den Tag, als ein Papst angesichts der Armut das einzige Wertvolle verschenkte, das er bei sich hatte. Ich sah mich noch einmal ganz genau um. Warum hatte mich der Mon-

signore in die Kapelle geschickt, und warum hatte er geglaubt, dass sie etwas mit Jorge Mario Bergoglio zu tun
hatte? Eine Gipsstatue von Karol Wojtyła stand auf einem
Seitentischchen, als wäre sie dort vor langer Zeit vergessen worden. Ein verstaubtes Messbuch lag auf dem Altar.
Wenn es hier etwas gab, das ich hätte finden sollen, dann
erkannte ich es nicht. Ich stand auf, gab dem Jungen ein
Trinkgeld, und wir gingen die enge Gasse durch die Ab-
fallberge zurück.

»Meine Großmutter sagt, dass jetzt wieder viele kommen, um die Kapelle zu besuchen, das ist gut für uns«,
sagte der Junge auf einmal.

»Und wieso kommen sie?«, fragte ich.

Er sah mich überrascht an: »Ist doch klar«, sagte er,
»weil es eingetroffen ist.«

»Was?«, fragte ich. »Was ist eingetroffen?«

»Na ja, die Leute sagen, dass Papst Johannes Paul II.
verkündet hat, dass ein Mann nach Rio kommen wird, der
nichts anderes vorhat, als den Armen zu helfen. Und damals schon, 1980, als er die ganze Armut sah, hat er schon
dessen Namen verraten. Das sagen die Leute.«

»Wie bitte?«, fragte ich.

Der Junge lachte mich an. »Haben Sie denn nicht die
Plakette vor der Kirche in der Mauer gesehen? Johannes
Paul II. wollte, dass die Kapelle einen ganz bestimmten
Namen trägt, den von Franziskus.«

# »Homosexuelle sind Brüder«

Der Weltjugendtag in Rio de Janeiro endete mit einem Paukenschlag: Kaum war ich aus der Maschine gestiegen, die mich aus Rio de Janeiro nach Rom zurückgebracht hatte, überschlugen sich in TV-Live-Sendungen zum Thema die Meldungen. Etwas Unglaubliches war passiert: Der Papst verteidigte jetzt Homosexuelle. Auf eine Frage nach der vermeintlichen Lobby Homosexueller im Vatikan hatte Papst Franziskus eine völlig überraschende Antwort gegeben. »Wenn jemand homosexuell ist und Gott sucht – wer bin ich, über ihn zu richten? Man darf diese Personen weder diskriminieren noch ausgrenzen. Das sind Brüder.«

Diese Erklärung war eine Sensation – aber aus einem völlig anderen Grund, als die Medien glaubten. In der Berichterstattung der folgenden Tage war immer von einer vorsichtigen Öffnung des Papstes gegenüber Homosexuellen die Rede. In den meisten Ländern der reichen Ersten Welt blieben die Kommentare verhalten. Der Mehrheit der Bevölkerung gingen diese Sätze des Papstes nicht weit genug.

Im Vatikan löste die Erklärung hingegen einen theologischen Tsunami aus. Der Papst hatte mit diesem Satz die Kirchenmänner im Vatikan endgültig in zwei Lager gespalten: jene, die für ihn, und jene, die gegen ihn waren. Eine ganze Reihe ungewöhnlicher Entscheidungen – den Namen Franziskus zu wählen, sich auf das Engagement für die Armen zu konzentrieren, bei der Vatikanbank IOR aufzuräumen, seine Weigerung, in das päpstliche Appartement einzuziehen – hatte die Angehörigen der Kurie entweder für ihn oder gegen ihn eingenommen. Dennoch empfanden die Kardinäle Franziskus zunächst als »ihren« Papst. Mit dem Satz über die Homosexualität war das vorbei. Denn er zog drei schwerwiegende Konsequenzen nach sich, von denen die Öffentlichkeit kaum etwas mitbekam.

Punkt 1 war »geostrategischer« Natur: Die Regierungszeit von Papst Franziskus würde aller Wahrscheinlichkeit nach kein »Dritte-Welt-Pontifikat« werden. Mit der Bemerkung über Homosexualität hatte der Papst sich blitzartig von der Option verabschiedet, einen starken Block der Kirche in den Entwicklungsländern hinter sich zu bringen. Das Pontifikat des Franziskus würde damit nicht mehr vor allem von den Kardinälen der ärmsten Länder der Welt getragen und gestützt werden.

Punkt 2 war hierarchischer Natur: Die Sprengkraft dieses Statements bestand aus Sicht vieler Kirchenmänner nicht darin, dass der Papst überhaupt etwas über Homosexuelle gesagt hatte, sondern erwuchs aus der rhetorischen Frage: »Wer bin ich, über ihn zu richten?« Unabhängig davon, ob der Papst über Homosexuelle oder Ehen ohne Trauschein oder die Abtreibung gesprochen hätte – das Lehramt des Papstes legt fest, dass für die Katholiken bindend ist, was er sagt. Der Papst hat, gestützt durch das Dogma der Unfehlbarkeit, zu urteilen; er kann nicht einfach fragen: »Wer bin ich, über ihn zu richten?« Genau das nämlich ist sein Job: in kirchlichen Fragen zu richten.

Punkt 3 war kirchenpolitischer Natur. Mit diesem Satz über Homosexuelle war der Bruch mit dem Pontifikat Papst Benedikts XVI. nicht mehr zu übersehen. Von nun an gab es nicht mehr den geringsten Zweifel daran, dass Franziskus auch in grundsätzlichen Fragen einen neuen Kurs einschlug. Alle Beteuerungen, wie einig sich Franziskus und Benedikt XVI. seien, wurden mit diesem einen Satz zunichtegemacht. Es gab nun Gewissheit: Auch in inhaltlichen Dingen war Jorge Mario Bergoglio ein ganz anderer Papst als sein Vorgänger Joseph Ratzinger.

Im Frühjahr 2013 schien die christliche Welt – und nicht nur die katholische – von der Wahl von Papst Franziskus so überrascht gewesen zu sein, dass sie darüber vergaß, dass nun ein uralter Traum erstmals wahr werden könnte: der vom ersten Mann aus der »Dritten Welt«, der Papst wurde. Ich konnte mich nicht genug wundern, dass keines der einschlägigen Medien ausgerechnet in dem Moment, in dem dieser Traum sich zu erfüllen schien, auch nur erwähnte, dass genau das eingetreten war. Die Medien übertrafen sich zwar nach der Wahl des Argentiniers gegenseitig mit der Intensität der Berichterstattung über Jorge Mario Bergoglio, aber in der Hektik schienen alle das Naheliegende zu übersehen: Papst Franziskus kommt aus einem Schwellenland, das offiziell zu den Entwicklungsländern zählt. Fortschrittliche Kreise der Kirche hatten seit dem Pontifikat Pauls VI. in den 70er- und 80er-Jahren immer wieder gefordert, dass der nächste Papst aus der »Dritten Welt« kommen solle, wie man die wenig entwickelten Länder damals noch nannte. Vor der Wahl von Papst Johannes Paul I. und Papst Johannes Paul II. spekulierten die Medien über die Wahl des später einflussreichen Kurienkardinals Bernardin Gantin aus Benin, und vor der Wahl Papst Benedikts XVI. stand Kardinal Francis Arinze aus Nigeria hoch im Kurs. Der Wunsch, dass ein Schwarzer auf dem Thron Petri sitzen sollte, hatte in Wirklichkeit allerdings wenig mit der Hautfarbe zu tun. Der »farbige Papst« stand vielmehr für das Verlangen, einen Geistlichen aus einem Entwicklungsland an der Spitze der Kirche zu sehen.

Die Wahl von Papst Franziskus hatte diesen Wunsch teilweise Wirklichkeit werden lassen. Argentinien ist zwar kein klassisches Entwicklungsland. Die schweren Wirtschaftskrisen der 80er- und 90er-Jahre hatten das Land jedoch in weiten Teilen verarmen lassen. Noch in den 50er-Jahren hatte Argentinien zu den reichsten Ländern der Welt gehört. Doch eine maßlose Schuldenpolitik sowie diverse politische und strukturelle Krisen hatten in den 60er-Jahren einen Zyklus katastrophaler Wirtschaftskrisen eingeleitet, die das Land bis zu Beginn des dritten Jahrtausends verarmen ließen. Auch wenn Papst Franziskus nun nicht aus einem der elendsten Länder der Welt kommt, so hat ihn doch die Erfahrung der Armut und der Verarmung der Argentinier deutlich geprägt. In gewisser Weise gleicht er von daher auch Papst Johannes Paul II. Beide hatten ein großes Anliegen während ihres Pontifikates. Karol Wojtyła war zutiefst durch seine Erfahrungen im Sowjetimperium geprägt; nichts hatte sein Pontifikat so sehr gekennzeichnet wie der Kampf für die Freiheit, die Auseinandersetzungen mit den Diktaturen des damaligen Ostblocks. Jorge Mario Bergoglio gab sich den Namen Franziskus, weil er durch seine Erfahrungen mit den Armen in den Favelas Lateinamerikas für die himmelschreiende soziale Ungerechtigkeit, die extremen Unterschiede zwischen Arm und Reich, sensibilisiert worden war. Das ist sein großes Thema.

Im Vatikan erhofften oder befürchteten die Kardinäle je nach Standpunkt, dass jetzt die Vision der fortschrittlichen Katholiken wahr werden könnte: nämlich der Schulterschluss der armen Kirchen der Welt unter einem Papst der Armen. Es stellte sich die Frage, ob unter einem argentinischen Papst das gemeinsame Interesse an der Bekämpfung von Armut, Hunger und Krankheiten die katholischen Kirchen Asiens, Afrikas und Lateinamerikas zusammenschweißen könnte.

Jedoch sind die Ausgangslagen in den außereuropäischen Kontinenten unterschiedlich. Für die Bischöfe Lateinamerikas stellt in der Konkurrenz der Religionen der Siegeszug der sogenannten Freikirchen, die man in der katholischen Kirche abwertend einfach »Sekten« nennt, ein schwerwiegendes Problem dar. Die Katholiken laufen scharenweise zu den Freikirchen über, auch weil diese mit Gesundbeten, lauter Musik und Gesang einiges für die Sinne zu bieten haben.

Afrikanische und asiatische Bischöfe wiederum sind mit dem Problem der religiösen Konkurrenz auf ganz andere Weise als ihre südamerikanischen Amtsbrüder konfrontiert. Sie müssen sich mit einem expandierenden und aggressiven Islam auseinandersetzen, den der Papst aus Lateinamerika überhaupt nicht kennt. Von Al-Qaida gesteuerte muslimische Gruppen nehmen der katholischen Kirche auch in Afrika die Gläubigen weg – immer öfter leider auch durch Gewalt. In Extremfällen werden einzelne Katholiken sogar erschossen oder in Kirchen hingerichtet. Aus Sicht afrikanischer und asiatischer Christen ist das

Problem der Freikirchen in Lateinamerika deshalb nur ein marginales.

Andererseits standen die Unterstützung und Parteinahme des Papstes für die Armen so sehr im Vordergrund, dass eine Allianz der Bischöfe und Kardinäle der ärmsten Länder unter dem Pontifikat von Papst Franziskus naheliegend schien. Doch dann kam jener 28. Juli 2013 mit dem päpstlichen Statement über Homosexuelle in der Kirche, und alles wurde anders.

Vor allem fortschrittliche Katholiken weigern sich seit Jahren, zur Kenntnis zu nehmen, dass in vielen Ländern Afrikas innerhalb der Kirchen eine weitverbreitete Homophobie, also eine Aversion gegen Lesben und Schwule, vorherrscht. Ich habe viele Gespräche mit aufgeschlossenen Bischöfen geführt, die der Ansicht waren, dass diese Homophobie nur ein Phänomen der unteren Ebene der Dorfpfarrer in Afrika ist. Leider ist dem nicht so. Eine Aversion gegen Lesben und Schwule durchzieht alle Bereiche der Kirche Afrikas, bis hinauf in die Spitze. Selbst die ganz große Hoffnung der katholischen Kirche Afrikas, Kardinal Peter Turkson aus Ghana, verstieg sich, wie bereits erwähnt, unmittelbar vor der Papstwahl zu der Erklärung, dass es in afrikanischen Kulturen traditionell keine Homosexualität gebe und die afrikanische Kirche deshalb auch von Missbrauchsskandalen wie in den USA und Europa verschont geblieben sei. Aus wissenschaftlicher Sicht war die Erklärung totaler Unsinn; Kindesmissbrauch und Homosexualität kann man auf keinen Fall in einen Topf werfen. Turkson hatte bereits durch ein gewisses Verständnis für die Einführung der Todesstrafe für Homosexuelle den Zorn von UN-Generalsekretär Ban Ki-moon heraufbeschworen. Wenn schon ein gelehrter

Mann wie Peter Turkson so Abwegiges über Homosexualität behauptete, was mögen dann erst die weit weniger gebildeten einfachen Dorfpfarrer denken?

Schon zur Amtszeit Papst Johannes Pauls II. hatten interne Berichte über die katholische Kirche in Afrika gezeigt, dass nahezu die Hälfte aller schwarzafrikanischen Pfarrer mit einer Frau zusammenlebt, mehr oder weniger heimlich. Das taten sie auch, um sich in afrikanischen Dörfern nicht dem Vorwurf der Homosexualität auszusetzen. Der langjährige Sprecher Papst Johannes Pauls II., Joaquín Navarro Valls, hatte auch die in Afrika geläufige Praxis eingeräumt, dass katholische Priester Sex mit Ordensfrauen haben, die es nicht wagen, sich den Zudringlichkeiten zu verweigern.

Das Hauptproblem der katholischen Kirche in Afrika im Umgang mit Homosexualität ist die Tradition: Homosexualität ist seit Jahrhunderten in vielen afrikanische Kulturen geächtet. Diese traditionelle Homophobie beeinflusste sowohl die hiesige katholische Kirche als auch die direkte Konkurrenz, den Islam. Und dies, obwohl es im Koran keine Belege für Homophobie gibt. Die beiden Religionsstifter, Mohammed und Jesus von Nazareth, haben sich überhaupt nicht zur Homosexualität geäußert, also können sie sich auch nicht gegen sie ausgesprochen haben. Vielmehr scheint Homosexualität für sie kein ernst zu nehmendes Thema gewesen zu sein, sonst hätten sie kaum dazu geschwiegen. Dennoch droht heute in zahlreichen muslimischen Staaten die Todesstrafe für homosexuelle Handlungen. Dazu zählen etwa Iran, Nigeria, Mauretanien, Sudan, Jemen, Saudi-Arabien und die Vereinigten Arabischen Emirate. Unter Strafe steht Homosexualität in fast allen muslimischen Ländern. Nur in ganz wenigen

muslimisch geprägten Staaten ist Homosexualität straf-
frei, etwa in Jordanien, Mali, im Tschad und in der Türkei.
Eine Homo-Ehe gibt es in keinem muslimischen Staat.

Das hat zur Folge, dass es vermutlich kein anderes
Thema in der katholischen Kirche gibt, das so tabu ist
wie dieses. Die lesben- und schwulenfeindliche Haltung
der katholischen Kirche in Afrika und Asien ist für zahlreiche Priester vor Ort ein willkommenes Hilfsmittel in
der Auseinandersetzung mit dem Islam. Die muslimische Konkurrenz etwa in Afrika wirft den Katholiken
alles Mögliche vor – dass sie Gottes Blut trinken würden
(bei der Wandlung), dass sie sich »unrein« ernährten und
vieles mehr –, aber dass sie homosexuelles Verhalten to-
lerieren würden, war bisher nicht Bestandteil der ideo-
logischen Schlacht gegen die Katholiken. Bisher hatte es
als Gewissheit gegolten, dass die katholische Kirche die
Homosexualität ebenso ablehne wie der Islam und sie
als »widernatürlich« verurteile – bis zu dieser Rede von
Papst Franziskus auf dem Rückweg von Brasilien nach
Rom.

Katholische Priester, die in muslimischen Ländern an
vorderster Front stehen, sahen sich plötzlich mit einer
völlig neuen Situation konfrontiert. »Seit der Rede fallen
alle über uns her. Wir machen uns einfach lächerlich, vor
allem bei den vielen katholischen Frauen, ganz zu schweigen von dem, was wir von den Muslimen einstecken müssen. Man kann auf dem Land in Afrika einfach nicht offen sagen, dass der Papst von den Pfarrern erwartet, dass
sie homosexuelle Männer als Mitbrüder annehmen. Das
geht nicht, so bedauernswert das auch ist. Die Muslime
haben sofort mitbekommen, was der Papst gesagt hat.
Die katholischen Gläubigen werden jetzt wohl alle als

potenzielle Schwule hingestellt. Das kränkt deren Ehre in einem enormen Ausmaß. Wir werden durch diese Worte des Papstes Gläubige verlieren, so bitter das auch ist und so recht der Papst auch hat«, mailte mir ein Missionar, der in Kamerun arbeitet und seinen Namen nicht genannt haben will. Hätte der Papst über andere brisante Themen gesprochen – wie Abtreibung, Verhütungsmittel, Armut oder auch Politik –, es wäre in Ordnung gewesen. Nichts von alledem hätte die Basis in Afrika so aufgebracht wie dieses Thema: die Öffnung der katholischen Kirche gegenüber Homosexuellen.

Eines war damit klar: Eine große, weltumspannende Allianz der armen Kirchen, zusammengeführt und -gehalten von Franziskus, würde es nicht geben. Diese Kursänderung des Papstes aus Argentinien wird es selbst dem ergebensten Kardinal in Afrika oder Asien unmöglich machen, dem neuen Kurs bedingungslos zu folgen. Der Traum des Dritte-Welt-Papstes, der die armen Diözesen der Welt geschlossen hinter sich bringen kann, wird nicht Wirklichkeit werden. Viele Priester und Ordensleute in Afrika und Asien werden dem Oberhirten nicht mehr wie einem strahlenden Helden folgen wollen.

Entscheidend war dabei vor allem eines: dass Papst Franziskus einen Kurswechsel einleitete. Wäre er schlicht und einfach bei der Haltung der katholischen Kirche in dieser Frage geblieben wie seine Vorgänger, es wäre gar nichts passiert. Papst Benedikt XVI. hatte immer wieder darauf beharrt, dass die katholische Kirche gelebte Homosexualität als Verfehlung ansehe, die gegen die von Gott eingerichtete Ordnung verstoße. Bereits 2008 hatte er gesagt: »Es ist keine überkommene Metaphysik, wenn die Kirche von der Natur des Menschen als Mann und

Frau spricht und fordert, dass diese Ordnung auch respektiert wird. Die lebenslange Verbindung von Mann und Frau ist ein Sakrament der Schöpfung, Homosexuelle leben gegen die Wahrheit und gegen den Geist des Herrn. Nicht der Mensch entscheidet, nur Gott entscheidet, wer Mann und wer Frau ist.«

Für Papst Franziskus dagegen war die Tatsache, dass Homosexuelle »Brüder« sind, die nicht ausgegrenzt werden dürfen, wichtiger, als auf dem Grundsatz der göttlichen Ordnung zu beharren. Tausende Opfer von homophob motivierten Anschlägen wiegen für Franziskus schwerer als »geostrategische« Interessen und Vorteile. Er weiß nur zu gut, wie viele Feinde er sich geschaffen hat mit seiner Bemerkung zur Homosexualität. Sein engster Freund und entscheidender Förderer, Antonio Kardinal Quarracino, ohne den der Aufstieg des Jesuitenpaters zum Erzbischof von Buenos Aires nicht möglich gewesen wäre, war für seine äußerst aggressive Gangweise gegenüber Homosexuellen berüchtigt. Er hatte 1994 vorgeschlagen, Lesben und Schwule in »Ghettos« einzusperren, denn Homosexualität sei angeblich eine Bestialität. Die Staatsanwaltschaft erwog deshalb sogar eine Strafverfolgung, allerdings wurden damals Homosexuelle in Argentinien noch nicht vom Gesetz vor Diskriminierungen geschützt. Jorge Mario Bergoglio machte also über ein Jahrzehnt lang die Erfahrung, dass ein hoch angesehener, sehr intelligenter Kirchenmann, sein persönlicher Förderer mit Auszeichnungen überschüttet wurde, aber nie ein Problem damit bekam, dass er jahrzehntelang konsequent Homosexuelle öffentlich herabsetzte und zu kriminalisieren versuchte.

Obwohl der Papst also zweifellos wusste, wie weit verbreitet, selbst in der Schicht der Oberhirten der katholischen Kirche, die feindliche Haltung gegenüber Homosexuellen ist, lag ihm deren Schutz mehr am Herzen als die Hoffnung, eine weltweite Allianz einer Dritte-Welt-Kirche unter seiner Führung aufzubauen.

# Bergoglio gegen Ratzinger

Dieser Satz vom Juli 2013 offenbart auch einen prinzipiellen Unterschied zwischen Papst Franziskus und Papst Benedikt XVI. Ersterer sprach vom einzelnen Menschen, dem einzelnen Homosexuellen, den er nicht verurteilen möchte, wenn dieser Gott sucht. Letzterer hingegen sprach immer vom Prinzip. Kirchenmänner, die so gut wie nie mit leibhaftigen Gläubigen in einer einfachen Pfarrei gearbeitet haben, neigen eher dazu, kompromisslos theologische Verbote und Gebote zu fordern. Der konkrete Mensch, der von einem kirchlichen Verbot betroffen ist, begegnet ihnen so gut wie nie. Kirchenmänner hingegen, die ein Priesterleben lang pastoral tätig sind, haben oft mit Menschen zu tun, die nicht rein nach der Lehre leben können. Solche Priester beharren nicht so sehr auf der rigiden Umsetzung kirchlich-theologischer Prinzipien.

Eines der eindrucksvollsten Beispiele war für mich immer die Haltung von Papst Benedikt XVI. nicht nur zur Homosexualität, sondern auch zur Beichte. Wenn ein Christ in einen Beichtstuhl geht und den Beichtvater ehrlich und korrekt darüber informiert, dass er gern beichten möchte, das aber nicht darf, gerät jeder Priester in einen Zwiespalt. Jeder Gläubige, der sich scheiden lässt und dann wieder heiratet, ist von allen Sakramenten ausgeschlossen, auch von der Beichte. Papst Benedikt XVI. hat immer wieder erklärt, dass in einer solchen Situation der Beichtvater den Gläubigen bitten muss, den Beichtstuhl zu verlassen, ganz egal, was dieser auf dem Gewissen hat. Ausnahmslos alle Kardinäle, Bischöfe und Priester, mit denen ich über eine solche Situation sprach, sagten mir – sofern sie es je mit Gläubigen zu tun hatten – immer das Gleiche: »Ich würde es auf keinen Fall über mich bringen, einen solchen Gläubigen wegzuschicken. Auch Menschen, die sich haben scheiden lassen und wieder heiraten, begehen doch ganz normale Sünden wie alle anderen auch. Ihnen eine Absolution zu verweigern ist grausam.«

Menschen dürfen nie dem Prinzip geopfert werden, die persönliche Barmherzigkeit geht immer vor. Das ist die grundsätzliche Haltung des Jorge Mario Bergoglio. Für ihn stellt der einzelne Mensch, der zu ihm kommt, das Maß aller Dinge dar. Der Mensch, nicht das Prinzip! Joseph Ratzinger hingegen hatte sein ganzes Leben der Lehre und der Theologie, also den Prinzipien, gewidmet, und er drängt in jedem Einzelfall auf deren Einhaltung. Der Unterschied zwischen diesen beiden Päpsten könnte größer nicht sein.

Vermutlich gibt es keinen anderen Satz von Papst Franziskus aus dem Jahr 2013, der so missverständlich aufgenommen wurde wie jenes Statement über Homosexuelle. Der Großteil der katholischen Welt glaubte, dass er damit die Hardliner im Vatikan verärgert habe, weil sie einen härteren Kurs in der Frage der Homosexualität erwarteten. Aber darum ging es gar nicht. Es bestand kein Zweifel daran, dass der Papst mit diesem Satz das ultrakonservative Lager aufgebracht hatte, aber nicht deswegen, weil er etwas Versöhnliches über Homosexualität gesagt hatte.

Es ging vielmehr um seine einleitende Bemerkung: »Wer bin ich ... ?«

Aus hierarchischer Sicht war diese rhetorische Frage ein extremer Affront gegen die konservativen Kreise innerhalb der katholischen Kirche. Denn dieser Satz ließ anklingen, dass es in der Amtszeit von Papst Franziskus um viel mehr gehen würde, nämlich um das Amt des Papstes selbst. Jorge Mario Bergoglio schien es radikal umgestalten zu wollen. Seine Gegner warfen ihm nun vor, das Papstamt abschaffen zu wollen. Bislang hatten alle Gesten, wie die Weigerung, in das päpstliche Appartement einzuziehen, vor allem den bescheidenen Lebensstil des Argentiniers herausgestellt – obwohl seine Gegner schon befürchtet hatten, dass mehr dahinterstecken könnte, nicht nur eine Kritik am pompösen Lebensstil der Päpste, sondern eine Kritik am Kern des Papsttums selbst. Und genau diese Befürchtung hatte sich jetzt bewahrheitet.

Was war geschehen? In ihrem innersten Kern unterscheidet sich die katholische Kirche von den anderen großen christlichen Kirchen, den orthodoxen Kirchen mit ihren etwa 300 Millionen Mitgliedern oder den evangelisch-lutherischen Kirchen mit ihren rund 80 Millionen Mitgliedern, vor allem in einem entscheidenden Punkt: dem Lehramt des Papstes. In der katholischen Kirche trifft schließlich der Papst mit absoluter Autorität die Entscheidungen, sei es über Inhalte der Lehre, sei es über Kirchenpolitik. Wenn der Papst seine Lehrmeinungen und Entscheidungen *ex cathedra* verkündet, als Lehrer aller Christen, ist er unfehlbar – so will es das Unfehlbarkeitsdogma aus dem Jahr 1870.

Für die evangelisch-lutherischen Kirchen hingegen kann nur Lehrmeinung des Christentums sein, was Christus gesagt und getan hat und was in der Bibel aufgezeichnet wurde. Einen Stellvertreter Gottes auf Erden, der Christi Botschaft ergänzt, wollen die Lutheraner nicht. Auch die orthodoxen Kirchen, die in fast allen Punkten der katholischen Kirche sehr nahe sind, lehnen diesen Grundsatz der katholischen Kirchenlehre ab. Zum Entsetzen der Hardliner im Vatikan hatte Papst Johannes Paul II. schon im Jahr 1995 eine Enzyklika geschrieben (»Ut unum sint«), in der er anbot, das Primat des Papstes zu verändern, wenn es ein Hindernis für die Einheit darstelle. Im Vatikan war daraufhin die Hölle los. Wollte der Papst sich tatsächlich selbst abschaffen?

In Wirklichkeit hatte Karol Wojtyła nur einen uralten Zweifel aufgegriffen, ob der liebe Gott – sofern es ihn gibt – in der Tat dieses Lehramt des Papstes wollte. Schon die Ursprünge des Papstamtes sprechen eigentlich gegen dessen Lehramtsfunktion. Die Päpste verstehen sich als die Nachfolger des heiligen Petrus. Der war aber nachweislich in der Zeit nach dem Tod Christi keineswegs jemand, der in theologischen Streitfragen allein kraft eines Lehramtes entschied. Es lässt sich nicht bestreiten, dass Petrus weitaus weniger Befugnisse gegenüber den Gläubigen hatte als ein heutiger Papst, denn er durfte nie allein entscheiden, sondern musste sich abstimmen, vor allem mit dem Bruder Christi, Jakobus. Die Apostelgeschichte berichtet in Kapitel 15, dass der gemeinsame Rat der Apostel während des ersten sogenannten Apostelkonzils, das vermutlich in den Jahren 44 bis 49 stattfand, gemeinsame Entscheidungen traf. Im Galaterbrief (2, 9) schreibt Paulus, wer das Sagen hatte. Es war nicht Petrus allein, sondern es waren drei: »Jakobus, Kephas (Petrus) und Johannes, die als Säulen gelten«; sie trafen zusammen die wichtigsten Entscheidungen. Als großer Theologe tat sich Petrus auch nicht hervor, die theologischen Grundlagen des Christentums legte Paulus nach dem Tod des Jesus von Nazareth.

Nicht das Evangelium, sondern die Etablierung des Bischofsamtes und des Bischofssitzes von Rom ließ die Vorstellung entstehen, dass der Papst den Titel »Vikar Jesu Christi« tragen – was er bis heute tut – und sich somit »Gottes Stellvertreter auf Erden« nennen lassen darf. In dieser Funktion hätte er dann den Katholiken der Erde verbindlich zu sagen, was sie zu glauben haben oder nicht. Dieser Punkt unterscheidet die katholische Kirche maßgeblich von allen anderen Kirchen. Wer daran rüttelt, bringt zwangsläufig das ganze Gebäude ins Wanken – und genau das tat Papst Franziskus mit seiner Bemerkung über die Homosexualität.

Sie erschütterte die konservative Welt bis ins Mark, denn sie ließ eine Ungeheuerlichkeit erahnen: die Demokratisierung der katholischen Kirche, eine Änderung der katholischen in eine eher evangelisch-lutherisch geprägte Kirche, in der Gemeinschaft eine zentrale Rolle spielt. Die Hardliner sahen in der Erklärung des Papstes so etwas wie die Absicht, die *Una Sancta* evangelisch machen zu wollen.

Den Kern der Kritik Martin Luthers am Papsttum formulierte Papst Franziskus knapp 500 Jahre nach Luthers revolutionärem Eingreifen: »Wer bin ich ...?« Genau das hatte Luther sagen wollen: Wer war denn der Papst, in Luthers Fall vor allem der Medici-Sprössling Leo X., dass er sich trotz offenkundiger Unzulänglichkeiten anmaßte, in Gottes Namen zu sprechen? Luther stellte genau diese Frage: Wer war denn der Papst, der Unsummen im Petersdom verbaute, Ämter verkaufte und Krieg führte? Wie konnten Leo X. oder andere Päpste von sich behaupten, sie allein sprächen für alle in Gottes Namen?

Dass ein halbes Jahrtausend später ein Papst kommen würde, der genau diese Frage stellte – Wer bin ich? –, sorgte im Vatikan für blankes Entsetzen.

# Mit dem Rücken zur Wand

In den Wochen nach dem Weltjugendtag, im Juli und August 2013, musste der Papst Bilanz ziehen bezüglich der Ergebnisse des kolossalen Glaubensfestes von Rio de Janeiro. Sein eigenes Auftreten wurde weltweit positiv bewertet. Der Papst hatte die Feuerprobe der ersten katholischen Massenveranstaltung seines Pontifikats bestanden. Aber so sehr sein eigener Einsatz in Rio de Janeiro auch gelobt wurde, so intensiv musste er sich erstmals damit auseinandersetzen, was im Vatikan unter dem Schlagwort »Der Albtraum« (ital. *l'incubo*) kursiert. Es geht um das Gespenst des Untergangs der katholischen Kirche, der sich in weiten Teilen der Erde nach Ansicht einiger langsam abzuzeichnen beginnt. Dieses Gespenst würde sich als der wahre Prüfstein des ersten Papstes aus Lateinamerika erweisen – es geht um alles!

Es gilt als ausgesprochen unfein innerhalb der katholischen Kirche, über den mehr oder weniger geheimen Zweck der Weltjugendtage offen zu sprechen. Dabei steht zunächst einmal im Vordergrund, dass der offizielle Gastgeber der Weltjugendtage, der Papst, die Jugendlichen der Welt trifft und mit ihnen den Gottesdienst feiert. Vor allem jedoch sind diese gigantischen Glaubensfeten die weltweit mit Abstand größten Rekrutierungskampagnen, um neue Mitarbeiter zu gewinnen. Wenn andere große Organisationen und Konzerne mit Informationsmappen an Schulen und Hochschulen um den Nachwuchs buhlen, dreht der Vatikan ein ganz großes Ding: Statt nur vor ein paar hundert Schülern oder Studenten aufzutreten, inszeniert die katholische Kirche ihre Rekrutierungsbemühungen live vor einem Millionenpublikum und legt dabei jedes Mal eine Großstadt auf dem Globus für einige Tage lahm.

Selten sprechen die Kirchenmänner das Werben um den Nachwuchs so deutlich an, wie das der Kölner Kardinal Joachim Meisner anlässlich des Weltjugendtags 2005 in Köln getan hat, als er prophezeite, dass man am Priesterseminar werde anbauen müssen, um den Andrang von Priesteramtskandidaten nach dem Großereignis bewältigen zu können. Das erwies sich jedoch als fataler Irrtum. Im Sommer 2012, als die Organisatoren des Weltjugendtags von Rio de Janeiro Bilanz zogen, musste auch Papst Franziskus zur Kenntnis nehmen, dass selbst die Weltjugendtage das Problem des katastrophalen Priestermangels in der katholischen Kirche nicht lösen können. Der Priestermangel dürfte eines der maßgeblichen Hindernisse für ein zentrales Vorhaben von Papst Franziskus werden. Denn er bedeutet vor allem eines: Für seine Pläne, eine tätige, helfende, zupackende Kirche aufzubauen, deren Vertreter auf die Straße und zu den Menschen gehen, die an ihrer Seite kämpfen, gibt es schlicht und einfach nicht genügend Personal. In weiten Teilen der Welt drohen die Vorgaben des Papstes einfach Vorgaben zu bleiben, weil es vor Ort schlicht niemanden mehr gibt, der sie umsetzen könnte. Kommt die Radikalkur des Papstes Franziskus einfach ein halbes Jahrhundert zu spät?

Der Rückgang der Zahl der Priester und Ordensleute ist so groß, dass die Kirche sich zum ersten Mal mit der Frage auseinandersetzen muss, wie lange es sie wohl noch geben wird. In Rom kann man sich diese Entwicklung nicht wirklich vorstellen. Das mag daran liegen, dass Rom es dem Christentum zu verdanken hat, dass es die »Ewige Stadt« genannt wird. Wenn das Christentum nicht die Hauptstadt des Römischen Reiches zu ihrer Zentrale gemacht hätte, dann hätte das alte Rom vielleicht ein ähnliches Schicksal erlitten wie das weitaus ältere Alexandria in Ägypten, das als eine der wichtigsten Städte der Welt in die völlige Bedeutungslosigkeit abstürzte.

Das Christentum beeinflusste die Geschichte der Erde weit mehr als jede andere Religion, auch mehr als jede säkulare Ideologie. Der Staat der Päpste war über viele Jahrhunderte hinweg eine Supermacht. Der Aufstieg des Papsttums und der Streit mit den weltlichen Kaisern um die Vorherrschaft prägten zunächst das Mittelalter. Die Päpste waren an der Entstehung der europäischen Reiche, Fürstentümer und Staaten maßgeblich beteiligt. Ohne den jahrhundertelangen dominanten Einfluss des Vatikans sähe die Landkarte der Erde heute ganz anders aus. Die Kreuzzüge hätte es nie gegeben, Venedig wäre, hätte es nicht die Truppen des Papstes ins Heilige Land transportiert, im Mittelalter nicht zu einer Weltmacht aufgestiegen, die Renaissance hätte nicht oder ganz anders stattgefunden. Ohne den Streit zwischen Papst Clemens VII. und dem englischen König Heinrich VIII. über eine Eheannullierung wäre nicht die Anglikanische Kirche entstanden. Ohne Papst Alexander VI. würde die Bretagne möglicherweise nicht zu Frankreich gehören, erst die Annullierung der Ehe König Ludwigs XII. brachte ihm eine neue Gattin und als Mitgift die Bretagne ein. Gesandte des Papstes beeinflussten bereits im 16. Jahrhundert die Politik der Kaiser von China.

Zimperlich waren die Päpste nicht, im Guten wie im Schlechten. Päpstliche Kommandeure schlugen die blutigste Seeschlacht aller Zeiten. Am 7. Oktober 1571 kämpfte eine von Papst Pius V. zusammengestellte Armada gegen die Mittelmeerflotte des Osmanischen Reiches und vernichtete sie in der Seeschlacht von Lepanto. Knapp 40 000 Menschen verloren dabei ihr Leben, nie wieder gab es eine Seeschlacht mit so vielen Toten an einem einzigen Tag. Napoleon Bonaparte versuchte die Päpste von der Bühne der Weltgeschichte zu drängen, doch weder die Verhaftung Papst Pius' VII. noch der Versuch, den Kirchenstaat zu annektieren, gelang dem Korsen letztendlich. Die Reihe ließe sich endlos fortsetzen. Die katholische Kirche überdauerte alles. Nicht einmal die vernichtenden moralischen Niederlagen in den beiden Weltkriegen, in denen es den Päpsten nicht einmal gelungen war, die schlimmsten Exzesse zu verhindern, schadeten der Kirche wirklich. Im Ersten Weltkrieg metzelten katholische Deutsche Millionen französischer Katholiken nieder, im Zweiten Weltkrieg wurden Millionen polnischer Katholiken Opfer deutscher Aggression. Nicht einmal die Zugehörigkeit zur selben Konfession verhinderte das Gemetzel. Erst recht nicht versuchten die deutschen Katholiken in nennenswertem Ausmaß, ihre jüdischen Nachbarn, Bekannten, Freunde vor der massenhaften Ermordung zu bewahren. Damals fragten viele: Wozu ist eine Kirche überhaupt noch gut? Aber auch das war der katholischen Kirche nachgesehen worden.

Angesichts dieser fast 2000 Jahre währenden Geschichte

können sich nur sehr, sehr wenige hohe Kirchenmänner im Vatikan vorstellen, dass die katholische Kirche in Teilen der Welt einfach aufhören könnte zu existieren. Doch das ist die Herausforderung, auf die Papst Franziskus an seinem kleinen Schreibtisch im Zimmer 201 des Gästehauses der Kardinäle eine Antwort finden muss. Diesmal hat es die katholische Kirche nicht mit so einem imposanten Gegner wie Napoleon zu tun, sondern mit simplem Desinteresse an der Kirche. Wie groß das Ausmaß der Bedrohung ist, zeigen ein paar Zahlen aus Deutschland. Im Jahr 1970 leisteten in Deutschland 26 089 Priester Seelsorgedienste. 2012 gab es noch 14 636 Priester, ein Rückgang um über 40 Prozent. Noch aussagekräftiger ist eine andere Zahl. 1970 wurden noch 303 Priester geweiht, 2012 waren es 76, ein Rückgang in gut 40 Jahren um 75 Prozent. Ein Debakel, denn selbst diese Zahl ist noch geschönt, weil in Deutschland immer häufiger Männer zum Priester geweiht werden, die gar nicht aus Deutschland stammen, sondern aus Schwellenländern wie Brasilien.

Es ist nicht schwer zu verstehen, dass angesichts von 76 neuen Priestern pro Jahr viele Seelsorgestellen in Deutschland nicht mehr besetzt werden können. Wenn der Rückgang der Priester in diesem Tempo weitergeht und die Zahl der Neuberufungen auf fast null sinkt, wird es im kommenden Jahrhundert in Deutschland so gut wie keine deutschen katholischen Priester mehr geben. Es ist also schlicht eine Frage der Zeit, bis die römisch-katholische Kirche in Deutschland verschwindet.

Und Deutschland ist keineswegs ein Einzelfall: Überall in Europa sieht es ähnlich aus. Auch das traditionell katholische Italien erlebt aus katholischer Sicht ein Desaster. Im Jahr 2003 starben in der Diözese Trient 22 Priester, nur einer wurde geweiht. In Piacenza starben im selben Jahr 15 Priester, zwei feierten Primiz, ihre erste Messe. Selbst in der erzkatholischen Südtiroler Diözese Bozen-Brixen standen 13 verstorbenen lediglich zwei neu geweihte Priester gegenüber. Papst Franziskus weiß auch, dass die Zusammenlegung von Gemeinden in Europa keine Lösung ist. Priester, die 30000 Gläubige oder mehr versorgen sollen, können letztendlich ihrer eigentlichen Aufgabe nicht mehr nachkommen.

Ähnlich dramatisch sieht es in den USA aus. Dort sank die Zahl der katholischen Priester zwischen den Jahren 1965 und 2012 um ein Drittel. Versahen 1965 noch knapp 60000 katholische Priester ihren Dienst in den USA, waren es 2012 noch knapp 40000. Wenn der Trend so weitergeht, gibt es in den USA noch vor Beginn des kommenden Jahrhunderts keinen einzigen katholischen Priester mehr.

In drastischer Weise vollzieht sich auch das Schrumpfen der katholischen Orden. So hatten etwa 1960 die Franziskaner, einer der ältesten Orden der Welt, der seit seiner Anerkennung 1210 die Geschichte Europas maßgeblich mitgeprägt hat, weltweit noch etwa 26000 Mitglieder zu verzeichnen. Heute sind es weniger als 16000, ein Rückgang um gut ein Drittel.

Und auch der Weltjugendtag in Brasilien 2013 hat gezeigt, dass es keine Lösung gibt für das existenzielle Problem des weltweiten Priestermangels. Papst Franziskus weiß: Er steht mit dem Rücken zur Wand. Seine Aufgabe besteht nicht darin, die katholische Kirche ein wenig aufzupolieren. Es geht darum, ihren Untergang zu verhindern. Die Kardinäle hatten ausgerechnet zu einem Zeitpunkt ihrer größten Not einen Mann von weit her geholt, »fast vom Ende der Welt«, wie Franziskus unmittelbar nach seiner Wahl zu sagen pflegte. Die Frage ist, ob er überhaupt noch eine Chance hat, das Blatt zu wenden. Es geht um nichts weniger als darum, die Kirche aus einer aussichtslosen Situation zu retten.

Papst Franziskus war lange genug ein praktisch orientierter Erzbischof gewesen, um zu wissen, dass sich hinter den eh schon deprimierenden Zahlen eine noch deprimierendere Wirklichkeit verbirgt – und das liegt an der hohen Zahl der Priestertransfers. Die Zahl der Priester in vielen Ländern Europas und in den USA wäre noch weitaus geringer, wenn die katholische Kirche nicht Tausende Priester aus Schwellenländern in die Erste Welt »importieren« würde. Vor allem Priester aus Indien, von den Philippinen, aber auch aus Afrika sollen die Lücken in Europa auffüllen. Dabei stellt sich in fast allen Fällen immer das gleiche Problem: Die nach Europa transferierten Priester haben häufig enorme Probleme, sich einzugewöhnen, und beschränken sich daher fast ausschließlich auf das, was sie können: nämlich katholische Gottesdienste zu zelebrieren. Doch nur selten sind diese Priester dazu in der Lage, das ganz alltägliche Gemeindeleben zu organisieren und zu begleiten oder gar Hausbesuche zu machen.

Papst Franziskus weiß angesichts dieser Tatsachen sehr genau, dass seine Forderungen nach einer neuen Kirche sich in weiten Teilen der Erde nur unter äußersten Anstrengungen umsetzen lassen. Priester, die aus einer indischen Provinz nach Europa katapultiert werden, können die Aufgaben, die Papst Franziskus ihnen zumutet, nur unter Aufbietung all ihrer Kräfte erfüllen. Sie können nicht gleich nach ihrer Ankunft die von Papst Franziskus geforderten Priester der Straße sein, weil sie die Sprache des Landes, in dem sie leben müssen, nur unzulänglich verstehen. Wie soll etwa ein Mann, der aus Kerala in Indien ins Sauerland verfrachtet wurde, einer sterbenden, Dialekt sprechenden Bäuerin aus Meschede am Sterbebett beistehen? Er hat kaum eine Chance.

Das ist einer der Gründe, weshalb sich Papst Franziskus diesen Namen gab. Die Zukunft der katholischen Kirche hängt in weiten Teilen der Welt von Priestern und Ordensleuten ab, die eigentlich keine Chance haben, diese Kirche wieder aufzurichten. Jorge Mario Bergoglio ging es von Anfang an nicht nur um die Armen, für die seine Kirche da sein soll, sondern auch um die Ausgenutzten, die in der Kirche sind.

Schon als Erzbischof von Buenos Aires hatte er sich gegen diesen Missbrauch von Menschen innerhalb der Kirche gewehrt, vor allem gegen den Import von Arbeitskräften aus der Dritten Welt. Ich erinnere mich an ein Kloster im karibischen Raum, in dem ich zu Gast war und in dem ich das einmal ganz dramatisch erlebte. Die Ordensfrauen stammten aus Tansania, der Orden unterhielt ein Haus dort. Die Frauen redeten nach einer Weile nicht mehr um den heißen Brei herum: Sie waren meist von ihren Großfamilien in ein Kloster gezwungen worden, um den Familienclan zu retten. Der Deal sollte sein: Der Orden erhielt eine Ordensfrau, dafür musste der Orden aber für den Unterhalt der Großfamilie aufkommen. Diese armen Ordensfrauen waren einer Vielzahl sich widerstreitender Interessen ausgesetzt: Sie wollten dem Orden dienen, aber auch ihrer Familie helfen. In diesem Chaos wurden sie dann häufig in das weit entfernte Europa verfrachtet, um dort für die katholische Kirche zu arbeiten. Das war es auch, was Jorge Mario Bergoglio mehr als irgendetwas anderes in der Kirche aufbrachte:

dass Ordensfrauen als Küchenhilfen, Haushälterinnen, Putzfrauen missbraucht werden, statt sie das tun zu lassen, was sie tun sollten: Gottes Wort verkünden. Statt die Hose des Kardinals zu bügeln, sollten sie in Kinderheime, Altenheime, Krankenhäuser die Botschaft tragen, dass Gott alle Menschen liebt.

Diese ausgebeuteten Underdogs der katholischen Kirche, die ein Leben voller Schwierigkeiten als Priester und Ordensleute in einer oft feindseligen Umgebung leben müssen, die mühsam den Dienst in der Kirche verrichten, den Papst Franziskus von ihnen verlangt – sie sind die Hoffnung für Papst Franziskus. Diese Menschen auf eigentlich verlorenem Posten sind es, die seiner Kirche helfen sollen, wieder aufzustehen. Diese Menschen, die sich allen Verständigungsschwierigkeiten, allen kulturellen Barrieren zum Trotz an die Seite der Armen und Schwachen stellen, die sich einfach zu Herzen nehmen, dass eben die selig sind, die barmherzig sind – auf die setzt Papst Franziskus seine Hoffnung.

# Der politische Papst

Journalisten, die fast täglich Umgang mit Präsidenten, Premierministern, Kanzlern haben, neigen dazu, sich für weitaus wichtiger zu halten als ihre Kollegen etwa aus den Ressorts Sport oder Lokalpolitik. Wahrscheinlich ist das ganz normal. Nur in einem Land auf der Welt war das jahrzehntelang nicht so: in Italien. Hier waren es ausgerechnet die in anderen Ländern belächelten Kirchenfachleute unter den Journalisten, die lange Zeit einen besonderen Status hatten. Das hatte mit genau einem Mann zu tun: Papst Johannes Paul II. Die 104 Auslandsreisen seines Pontifikats hatten dafür gesorgt, dass seine Begleiter, also die Vatikanjournalisten italienischer und vieler internationaler Medien, darunter auch ich, ohne eigenes Zutun in rascher Abfolge die Mächtigen der Welt trafen – immer wieder. So habe auch ich Bill Clinton in St. Louis kennengelernt, Ariel Sharon und Benjamin Netanjahu in Israel, Hosni Mubarak in Ägypten und selbstverständlich mehrfach Lech Wałęsa. Ein italienischer Parlamentsreporter konnte davon natürlich nur träumen, musste aber zur Kenntnis nehmen, dass das wahre politische Zentrum Roms nicht der Präsidentenpalast und nicht der Sitz des Ministerpräsidenten im Palazzo Chigi waren, sondern der Apostolische Palast neben dem Petersdom. Um wie vieles der Vatikan auf der Bühne der Weltpolitik wichtiger war als der italienische Ministerpräsident, zeigte sich etwa im Februar 2003, als der damalige irakische Außenminister Tariq Aziz nach Rom kam, um auf diplomatischem Weg den Einmarsch der US-Armee im Irak zu verhindern. Verhandeln wollte der Christ Aziz jedoch im Vatikan und nicht im Palast von Ministerpräsident Silvio Berlusconi. Italien hatte sich unter dem Pontifikat von Johannes Paul II. daran gewöhnt, dass die Mächtigen der Welt zum Papst kamen.

Doch dann bestieg 2005 Benedikt XVI. den Papstthron. Er hatte ja eher theologische Interessen und weniger für die Politiker dieser Welt übrig. Zwischen 2005 und 2013 verfiel der Vatikan in einen politischen Dornröschenschlaf, der erst am 7. September 2013 endete. Papst Franziskus betete an diesem warmen Abend zusammen mit Zehntausenden Menschen auf dem Petersplatz, um einen Angriff der USA auf Syrien zu verhindern. Um seinem Appell mehr Nachdruck zu verleihen und auch zu zeigen, dass die Religionen an einem Strang ziehen, holte er mehrere muslimische Geistliche an den Altar vor dem Petersdom und betete zusammen mit ihnen. Das Risiko, das der Papst an diesem Abend einging, war beträchtlich, und ich erinnere mich gut daran, dass im Staatssekretariat des Vatikans viele Experten fest davon überzeugt waren, dass der Papst einen sehr großen Fehler begehen würde. Es ging um seinen ersten Auftritt auf der internationalen politischen Bühne – selbstverständlich war es aus Sicht des Vatikans wünschenswert, dass die erste spektakuläre Initiative des Papstes nicht gleich schiefging. Aber genau danach sah es aus: Der Papst hatte mit seinem geplanten Vorstoß, einem Appell an die USA, die Waffen ruhen zu lassen, im Grunde keine Chance. Mit dem Giftgasangriff gegen Zivilisten in Syrien, der, wie die USA behaupteten, von syrischen Regierungstruppen ausgegangen sein soll, hatten diese laut Barack Obama eine rote Linie überschritten. Die USA hatten mehrfach gedroht, bei einem Einsatz von chemischen Waffen einzugreifen – jetzt ging es um die Glaubwürdigkeit des US-Präsidenten. Was die Position des Papstes außerdem erschwerte, war die Tatsache, dass der US-Präsident breite Unterstützung erhalten hatte. Zahlreiche Länder Europas, darunter das Schwergewicht Frankreich, befürworteten den Militärschlag der USA. Sollte also ernsthaft das Oberhaupt eines Ministaates, der gerade mal so groß ist wie ein paar Fußballfelder, sich gegen die USA und ihre Verbündeten richten, die dem syrischen Machthaber klarmachen wollten, dass er nicht mit Giftgas gegen die eigene Bevölkerung vorgehen könne?

Ich weiß nicht, wie man in Zukunft das politische Geschick von Papst Franziskus einschätzen wird – eines wird man über ihn nicht sagen können: dass es ihm an Mut fehlte auf politischer Ebene. An diesem Abend ging er volles Risiko – und gewann. Das Unglaubliche trat ein: US-Präsident Barack Obama blies den Militärschlag ab, nachdem der russische Außenminister Sergej Lawrow ein syrisches Angebot aufgegriffen hatte, die Chemiewaffenbestände des Landes vernichten zu lassen. Der Mann, der sich selbst als einen Straßenpfarrer aus Buenos Aires betrachtet, hatte also nach außen hin mit dazu beigetragen, den mächtigen US-Präsidenten von einem Bombardement Syriens abzuhalten. Der Papst hatte dadurch den Vatikan schlagartig wieder zurück aufs politische Parkett gebracht. Seine Gegner gaben zu bedenken, wie groß das

Risiko gewesen war. Was wäre passiert, wenn die USA trotz des Appells des Papstes Syrien angegriffen hätten? Dann hätte sich ein weiteres Mal die Wirkungslosigkeit von Papstappellen erwiesen. Aber so war es nicht gekommen, aus welchen Gründen auch immer. Das Schicksal oder Gott oder die politischen Umstände hatten dafür gesorgt, dass Papst Franziskus als Sieger dastand.

# Der Fall Tebartz-van Elst

Der Vatikan konnte ein gutes halbes Jahr die Illusion aufrechterhalten, dass es kein Problem darstelle, wenn zwei Päpste im Vatikan lebten. Dass Papst Benedikt XVI. Papst Franziskus die Veröffentlichung einer Enzyklika aufgezwungen hatte, war nicht wirklich als ernsthafte Einmischung in die Amtsgeschäfte des regierenden Papstes aufgefasst worden.

Doch dann kam der 12. Oktober 2013: An diesem Tag flog nicht nur der Limburger Bischof Franz-Peter Tebartz-van Elst mit dem Billigflieger Ryanair nach Rom, sondern da endete auch die Mär vom einträchtigen Nebeneinander von emeritiertem und regierendem Papst. Aufschlussreich an der Entwicklung in jenem Oktober 2013 war vor allem, wie unglaublich gut die Überzeugungsarbeit des Vatikans bis dahin funktioniert hatte. Die Öffentlichkeit bekam überhaupt nicht mit, was gespielt wurde. In der kleinen Diözese Limburg hatte ein monatelanger Streit zwischen dem Bischof und seinen Gläubigen geschwelt. Es ging um die explodierenden Kosten der neuen Bischofsresidenz, die den anfangs veranschlagten Betrag von einigen Millionen Euro bei Weitem übersteigen sollten. Dem Bischof wurden Prunksucht und Verschleierung der tatsächlichen Kosten vorgeworfen. Zudem hatte er ganz offensichtlich gelogen, die Umstände eines Luxusfluges nach Indien verheimlicht. Der Vorsitzende der deutschen Bischofskonferenz, Robert Zollitsch, wollte im Oktober mit Papst Franziskus über den heiklen Fall sprechen, doch Tebartz-van Elst wollte Zollitsch das Feld nicht allein überlassen. Er beschloss, sich direkt an den Papst zu wenden, flog also nach Rom und versteckte sich in der Gästewohnung der deutschen Gemeinde der Kirche Santa Maria dell'Anima in Rom. Die Medien überschlugen sich mit Berichten darüber, ob und wann der Papst den Limburger Bischof empfangen würde, die deutsche Öffentlichkeit erwartete gespannt das Treffen. Eigenartigerweise nahm kein Mensch wahr, dass die entscheidende Begegnung des Bischofs mit dem Papst längst stattgefunden hatte, allerdings nicht mit Papst Franziskus, sondern mit dem emeritierten Papst Benedikt XVI., in dessen Residenz am vatikanischen Hügel. Bischof Tebartz-van Elst war tatsächlich nach Rom geflogen, um sich mit dem Papst zu treffen, aber nicht in erster Linie mit Papst Franziskus. Es war auch nicht so, dass ihn Papst Franziskus zappeln ließ, wie es die Medien darstellten, nein, der Papst, allerdings der Papst emeritus Benedikt XVI., empfing ihn gleich nach seiner Ankunft in Rom.

Jetzt trat genau das ein, was die Kritiker des Rücktritts von Papst Benedikt XVI. gefürchtet hatten: In einem konkreten Fall stand der alte Papst gegen den neuen. Was sollte jetzt passieren?

Aus Sicht von Tebartz-van Elst, der in Deutschland als Protz-Bischof beschimpft wurde, war ihm höchstes Unrecht angetan worden. Er hatte nichts weiter getan, als was Papst Benedikt XVI. von ihm erwartet hatte. Es war doch in Deutschland üblich, dass die Bischöfe Business Class fliegen. Kurz vor Reiseantritt im Januar 2012 war der Business-Class-Flug des Tebartz-van Elst zu einem First-Class-Flug hochgestuft worden. Wie hätte der Limburger Bischof ahnen sollen, dass ein gutes Jahr später ein Papst der Armen gewählt werden und dieser über einen Luxuslangstreckenflug nach Indien außer sich geraten würde? Genau dieses Thema, Langstreckenflüge, hatte Papst Franziskus sich nämlich schon in den ersten Minuten seiner Amtszeit zu eigen gemacht. Er bat bereits im März 2013 seine argentinischen Landsleute, auf Langstreckenflüge nach Rom zur Feier des ersten lateinamerikanischen Papstes zu verzichten. Sie sollten das auf diese Weise gesparte Geld besser den Armen geben.

Aber nicht nur der Luxusflug passte so gar nicht zum neuen Papst. Tebartz-van Elst hatte zusätzlich noch das Pech, dass Papst Franziskus auch allergisch gegen luxuriöses Residieren ist. Er hatte sich ja als erster Papst der Geschichte geweigert, in die prächtigen päpstlichen Gemächer einzuziehen, und blieb in seinem Zimmerchen im Gästehaus der Kardinäle. Ein Bischof, der sich First-Class-Flüge und Luxusbadewannen in einer für Millionen von Euros erbauten Residenz gönnte, und ein Papst Franziskus, der auf den Spuren seines Namensgebers wandelte, passten nun überhaupt nicht zusammen. Die einzige Chance des Limburger Bischofs war da der andere Papst.

Ich weiß nicht, ob es Gott gibt, und ich weiß auch nicht, ob er, wenn es ihn denn gibt, einen Sinn für Humor hat. Aber der Fall Tebartz-van Elst könnte ein Beleg dafür sein, dass Gott im Himmel sich gelegentlich damit amüsiert, die kirchlichen Dinge hienieden auf den Kopf zu stellen, in dem er schier unglaubliche Zufälle geschehen lässt. Vielleicht will er den Menschen ja sagen, dass sie ganz oft falsch liegen, wenn sie meinen, im Namen Gottes zu handeln. Die ganze Affäre um den Limburger Bischof erinnert sehr stark an die Geschichten der Gallier Asterix und Obelix. Da war das kleine aufständische Limburg, das sich, noch im alten Jahrtausend, gegen das große Rom aufgelehnt hatte und gewann. Joseph Kardinal Ratzinger, damals noch Präfekt der Glaubenskongregation, hatte sich die Niederlage im Kampf mit dem rebellischen Limburg gefallen lassen müssen und später, als er dann Papst war, beschlossen, den aufständischen Limburgern einen neuen Bischof zu verpassen, der den Aufstand gegen Rom beenden sollte. Der Zufall hatte es gewollt, dass ausgerechnet dieser Bischof, der die Limburger wieder an die Seite der römischen Päpste bringen sollte, mit einem römischen Papst Riesenärger bekommen sollte. War es Zufall, dass der Bischof der Armen durch einen Papst der Armen nachträglich Gerechtigkeit erfuhr?

Begonnen hatte das Possenspiel um Limburg lange zuvor, mit Bischof Franz Kamphaus, der ganze 25 Jahre, von 1982 bis 2007, auf dem Limburger Bischofsstuhl gesessen hatte. Kamphaus scheint auf eigentümliche Weise eine Vorwegnahme von Papst Franziskus gewesen zu sein. Gleich drei Übereinstimmungen lassen sich finden: 1. Ihm lag die Evangelisierung der Armen am Herzen, sein Wahlspruch lautete: »Evangelizare pauperibus« (»den Armen das Evangelium verkünden«). 2. Er lehnte den Luxus des bischöflichen Palais ab und zog in das Priesterseminar, die Bischofswohnung überließ er einer Flüchtlingsfamilie aus Eritrea. 3. Er hatte ständig Ärger mit Rom.

Der Kampf des kleinen Limburg gegen das große Rom

hatte 1995 mit dem Streit um die Schwangerenkonflikt-beratung begonnen. Dabei ging es um die Frage, ob die Kirche in Deutschland die ergebnisoffene Beratung von Frauen, die ungewollt schwanger geworden waren, auf-rechterhalten durfte oder nicht. Eine schwangere Frau konnte bis dahin eine Beratung bei der Kirche in An-spruch nehmen, wofür sie einen Beratungsschein erhielt. Für den Staat kam es darauf an, dass die Frau sich hatte beraten lassen, bevor sie sich eventuell für eine Abtrei-bung entschied. Wenn sie einmal den Beratungsschein in Händen hatte, lag es an ihr, ob sie das Hilfsangebot der Kirche annahm und das Kind bekam oder ob sie eine Ab-treibung vornehmen ließ. Die Befürworter des Beratungs-systems innerhalb der Kirche, wie Bischof Franz Kamp-haus, waren der Meinung, dass Frauen in Notsituationen auf jeden Fall geholfen werden müsse. Die Gegner argu-mentierten, dass die Kirche sich dann an Abtreibungen beteiligen würde.

Der damalige Präfekt der Glaubenskongregation, Jo-seph Kardinal Ratzinger, hatte schließlich 1999 den Aus-stieg der deutschen katholischen Kirche aus dem Be-ratungssystem durchgesetzt. Alle deutschen Bischöfe hielten sich daran, bis auf einen, Franz Kamphaus. Der weigerte sich und wurde daraufhin, Anfang 2001, zu sei-nem damaligen Vorgesetzten, dem Chef aller Bischöfe, Giovanni Battista Kardinal Re, nach Rom zitiert. Ich erinnere mich noch gut an diesen Tag im Jahr 2000 und auch daran, was mir seinerzeit durch den Kopf ging. Es gab nach meiner damaligen Einschätzung keinen Zwei-fel daran, was passieren würde: Der Choleriker Re würde Kamphaus einen Kopf kürzer und ihm klarmachen, dass die heilige Mutter Kirche, Kardinal Ratzinger und auch der Papst ihn eindeutig und endgültig angewiesen hatten, die Beratungsstellen der Kirche im Bistum Limburg zu schließen. Eine eventuelle Weigerung würde seinen sofortigen Rauswurf aus der Diözese Limburg bedeuten. Doch an diesem Tag geschah ein Wunder.

Ich weiß noch, dass ich mit Kollegen in der Nähe des Büros der Kongregation für die Bischöfe auf das Ende des Gesprächs von Kamphaus mit Re wartete. Eigentlich hatte jeder schon seinen Text über das Ereignis im Kopf geschrieben. »Kardinal Re zwingt Bischof Kamphaus zum sofortigen Ausstieg«, schien die einzig denkbare Schlagzeile zu sein. Aber dann kam ein Mitarbeiter von Re und erklärte uns schier Unglaubliches: Franz Kamphaus hatte etwas Einzigartiges getan. Er hatte monatelang alle Frauen, die sich dazu entschlossen hatten, nach einer Beratung ein Kind zu bekommen, im Krankenhaus besucht. Er hatte sie um die Erlaubnis gebeten, ihre Babys fotografieren zu dürfen. Mit den Fotos dieser Kinder, die geboren worden waren, weil sie sich in Limburg hatten beraten lassen, in einem Album war Bischof Kamphaus zu Kardinal Re gereist.

Der Mitarbeiter Res sagte mir damals: »Der Kardinal hat es nicht übers Herz gebracht, Kamphaus zu feuern, als er dieses Fotoalbum gesehen hat. Er hat ihm ein Jahr Aufschub gewährt. Dieser aufrechte Bischof mit seinen Babyfotos hat den Kardinal regelrecht zu Tränen gerührt.«

Das also war die Ausgangslage: Das kleine Limburg hatte den Kampf gegen Joseph Ratzinger aufgenommen und zumindest einen Teilerfolg errungen. Erst im Jahr 2002, zwei Jahre nach allen anderen Bischöfen, musste auch Franz Kamphaus aus dem Beratungssystem aussteigen. Nach dem altersbedingten Ausscheiden von

Franz Kamphaus aus dem Bischofsamt im Jahr 2007 war klar, dass Joseph Ratzinger, inzwischen als Papst Benedikt XVI. das Oberhaupt der katholischen Kirche, vor allem eines vom Nachfolger verlangen würde: dass er den rebellischen Kurs des Bistums gegen Rom und den Papst beendete. Dass der neue Bischof Franz-Peter Tebartz-van Elst sich einen luxuriösen Amtssitz genehmigte, sah Rom keineswegs kritisch. Das würde den Bruch mit dem Vorgänger, der wie ein armer Schlucker im Priesterseminar gewohnt hatte und lieber mit dem Fahrrad fuhr, als sich im Dienstwagen kutschieren zu lassen, noch deutlicher machen. Doch dann wählten die Kardinäle Jorge Mario Bergoglio zum neuen Papst – und alles kam ganz anders.

In den Oktobertagen des Jahres 2013 hielt man im Vatikan den Atem an, denn die geistlichen Herren wurden Zeugen der ersten echten Auseinandersetzung zwischen den beiden Päpsten. Es ging um nichts weniger als die Glaubwürdigkeit von Papst Franziskus. Würde er sich als zahnloser Tiger erweisen, der aus Furcht vor seinem Vorgänger Papst Benedikt XVI. dessen luxusverliebten Schützling schonte? Würde er dem Limburger Bischof all das durchgehen lassen, was er als falsch und verwerflich verurteilt hatte? Würde der Fall Tebartz-van Elst der ganzen Welt zeigen, dass der Papst das eine predigte und das andere tat?

Joseph Ratzinger hatte Franz-Peter Tebartz-van Elst eindeutig wissen lassen, dass jetzt Papst Franziskus zu entscheiden habe, aber natürlich hatte der Papst emeritus auch kundgetan, was seine Meinung war. Eine unrühmliche Strafversetzung von Tebartz-van Elst hätte die Strategie Ratzingers im Kampf gegen das rebellische Bistum, das mit seinem Bischof den Aufstand gegen den einstigen Präfekten der Glaubenskongregation gewagt hatte, nachträglich diskreditiert. Joseph Ratzinger und sein wichtigster Vertrauensmann im Vatikan, Bischof Gerhard Ludwig Müller, der heutige Präfekt der Glaubenskongregation, setzten sich dafür ein, dass der Bischof im Amt bleiben solle.

Papst Franziskus war sich sehr wohl bewusst, dass es nicht nur um den vermeintlich oder tatsächlich in Luxus verliebten Limburger Bischof ging oder darum, ob man ausgerechnet den Bischof bestrafen sollte, der den Auftrag gehabt hatte, das Bistum enger an Rom zu binden. Es ging auch um Grundsätzliches. Im Mittelpunkt stand die Frage, wem das Geld in den Bistümern dieser Welt gehört. Die Antwort des Papstes auf diese Frage war radikal und entsetzte die wohlhabenden Bistümer der Welt. Der Papst ist der Meinung, dass das Geld in den Kirchenkassen den Ärmsten der Armen zustehe, denen, die nichts zu essen haben, die sich kein Dach über dem Kopf und keine Schulbücher für ihre Kinder leisten können. Der Papst hat das in aller Deutlichkeit demonstriert, indem er einen Mann einsetzte, der nichts anderes tun sollte, als sich um die Armen zu kümmern: den langjährigen Mitarbeiter des Amtes für Zeremonien, den einst Papst Johannes Paul II. geholt hatte, Erzbischof Konrad Krajewski. Wie Krajewski das Geld des Bistums des Papstes ausgeben sollte, erklärte Franziskus so: »Wenn deine Kassen immer leer sind, weißt du, dass du alles richtig gemacht hast.« Der Auftrag war klar: Krajewski sollte das Geld mit vollen Händen unter den Armen verteilen. Priester, die das Geld für ihren aufwendigen Lebensstil ausgeben, nennt der Papst nicht Sünder – für Sünder hat er ein bedingungsloses Verständnis –, nein, er nennt sie »Korrupte«, und die hätten in der Kirche keinen Platz.

Die vermögenden Bistümer der Welt sahen mit einem gewissen Entsetzen nach Rom. Wie würde der Papst im Fall Tebartz-van Elst entscheiden? Würde das bedeuten, dass sie künftig bei der Anschaffung eines neuen Dienstwagens oder einer neuen Küche jeden Cent würden umdrehen müssen? Was würde auf sie zukommen? Können sie einfach weitermachen wie bisher? Als Papst Franziskus seine Entscheidung bekannt gab, dass Tebartz-van Elst bis auf Weiteres aus dem Bistum zu entfernen sei, waren die Hardliner entsetzt. Papst Franziskus hatte sich durchgesetzt. Das Projekt Limburg war gescheitert. Die Bischöfe auf Erden konnten definitiv nicht so weitermachen wie bisher.

# Ärger mit dem Sex

Eine der zahlreichen Entscheidungen von Papst Franziskus, die die konservativen Kreise im Vatikan im ersten Amtsjahr gegen ihn aufbrachten, war die Veranlassung einer Umfrage unter den Gläubigen. Der Papst beabsichtigte, im Vorfeld der Bischofssynode zur Familienpastorale, die im Herbst 2014 stattfindet, weltweit Katholiken danach befragen zu lassen, was ihre grundsätzliche Haltung zu Partnerschaft, Ehe, Familie ist. Was die konservative Opposition im Vatikan so auf die Palme brachte, war keineswegs der Fragenkatalog, den möglichst viele Katholiken ausfüllen sollten, sondern die schlichte Tatsache, dass der Vatikan überhaupt die Gläubigen nach ihrer Meinung fragte. Wann hätte sich denn die katholische Kirche je um die Meinung ihrer Mitglieder geschert? Hat Papst Paul VI. etwa die Katholikinnen in Bezug auf Familienplanung danach gefragt, ob sie die Antibabypille für sinnvoll halten oder nicht? Natürlich nicht. Paul VI. hat die Einnahme der Pille einfach verboten. Es hat sich zwar außer einer winzigen Minderheit keine Katholikin je an das Verbot gehalten, aber auf die Idee einer Befragung wäre Paul VI. nie gekommen. Ein anderes Beispiel ist das Reizthema Homosexualität. In der Umfrage sollten die Katholiken auch ihre Meinung zu homosexuellen Bindungen und Lebensformen äußern. Für die konservativen Bischöfe war nicht einsichtig, warum man dazu Gläubige befragen sollte. Was es dazu zu sagen gibt, hatte bereits der Apostel Paulus gesagt. Im Römerbrief schreibt er (1, 26–30):

»Darum lieferte Gott sie entehrenden Leidenschaften aus: Ihre Frauen vertauschten den natürlichen Verkehr mit dem widernatürlichen; ebenso gaben die Männer den natürlichen Verkehr mit der Frau auf und entbrannten in Begierde zueinander; Männer trieben mit Männern Unzucht und erhielten den ihnen gebührenden Lohn für ihre Verirrung. Und da sie sich weigerten, Gott anzuerkennen, lieferte Gott sie einem verworfenen Denken aus, sodass sie tun, was sich nicht gehört: Sie sind voll Ungerechtigkeit, Schlechtigkeit, Habgier und Bosheit, voll Neid, Mord, Streit, List und Tücke, sie verleumden und treiben üble Nachrede, sie hassen Gott, sind überheblich, hochmütig und prahlerisch, erfinderisch im Bösen und ungehorsam gegen die Eltern.«

Aus Sicht konservativer Katholiken hat Gott also Paulus offenbart, dass Frauen und Männer die Finger von gleichgeschlechtlichem Sex lassen sollen. Wozu also eine Umfrage unter den Gläubigen? Im günstigsten Fall konnte dabei herauskommen, dass sie die Worte des Apostels Paulus voll und ganz glaubten. Aber was würde geschehen, wenn die Gläubigen anderer Meinung waren als Paulus? Sollte die katholische Kirche sich dann künftig nicht mehr nach ihm richten, sondern befolgen, was Susi aus Detmold auf den Umfragebogen geschrieben hat oder Douglas aus St. Louis oder Evelyn aus Sydney? Natürlich nicht. Also ergab die beabsichtigte Befragung der Gläubigen für die Gegner von Papst Franziskus keinen Sinn.

Als im November 2013 der Fragenkatalog des Vatikans

veröffentlicht wurde, schien jedoch äußerlich im Kirchenstaat Harmonie vorzuherrschen. Es fiel nur auf, dass der Papst sich in einem Punkt nicht ganz hatte durchsetzen können: Jorge Mario Bergoglio ist ein Mann, der eine leicht verständliche Sprache bevorzugt. Der Fragenkatalog des Vatikans jedoch war zum Teil so kompliziert formuliert, dass sich etwa der Bund der Deutschen Katholischen Jugend (BDKJ) gezwungen sah, den Fragebogen zu »übersetzen«. Papst Franziskus hätte nicht zugelassen, dass ein kirchliches Dokument vorgestellt wird, das nur eine Minderheit verstehen kann.

Wie groß der Widerstand im Vatikan gegen die Befragung wirklich gewesen war, begann ich jedoch erst zu ahnen, als ein Freund aus dem Päpstlichen Rat für die Familie sich plötzlich weigerte, mit mir Mittag zu essen. Es konnte dafür nur einen Grund geben: Er wusste, dass ich im Lauf des Gesprächs eine Frage stellen würde, auf die er keine Antwort geben durfte, weil sein Boss ihm das verboten hatte. Erst nach mehreren Anrufen und hartnäckigem Insistieren ließ er sich breitschlagen, sich mit mir zu treffen.

»Was ist eigentlich los?«, fragte ich ihn in einem ruhigen Café in der Nähe des Vatikans.

»Was soll schon los sein?«, antwortete er. »Die Hölle ist los, wegen dieser Umfrage.«

»Wieso das denn? Es sieht doch alles ganz ruhig aus, die Diözesen befragen die Mitglieder, und ich habe noch von niemandem gehört, dass es irgendwem nicht passt.«

»Du hast keine Ahnung«, entgegnete er.

»Was ist denn passiert?«, fragte ich. »Ihr habt doch in bestem Einvernehmen den Diözesen die Fragen geschickt. Wo ist das Problem?«

Er lachte. »Du weißt nicht, was das Problem ist? Ganz ehrlich? Du weißt wirklich nicht, was das Problem ist?« Er lachte schon wieder. Dann sah er sich vorsichtig um, um sicherzugehen, dass ihn auch niemand sah.

»Du bist das Problem«, sagte er. »Ihr alle seid das Problem, ihr seid eben nicht so, wie ihr sein sollt. Sie haben die ersten Ergebnisse bekommen.«

»Ja, und?«

»Was meinst du, wie die Ergebnisse ausgefallen sind? Sie sind so ausgefallen, dass der Päpstliche Rat regelrecht in Panik verfallen ist.«

»Was haben sie denn getan?«

»Ich sage ja, einfach Panik. Sie haben eine völlig unsinnige Anweisung herausgegeben, und die Bischöfe in aller Welt haben völlig zu Recht dagegen revoltiert. Sie haben den Bischöfen gesagt, dass sie die Antworten der Gläubigen nicht veröffentlichen sollen, das haben aber viele schon getan. Verstehst du, die Bischöfe haben sofort kapiert, wie unsinnig die Anordnung aus dem Vatikan war. Erst sollen sie den Fragebogen hinausposaunen und verlangen, dass die Gläubigen ihn ausfüllen. Nachdem sie die Antworten haben, sollen sie die geheim halten? Das geht gar nicht, weil die Presse und die Gläubigen natürlich wissen wollen, was bei der Umfrage herausgekommen ist.«

»Und warum sollen sie die Ergebnisse der Befragungen nicht öffentlich machen?«, fragte ich ihn.

Er beugte sich zu mir herüber. »Na rate mal!«, flüsterte er. »Weil sie eine Katastrophe sind.«

Weshalb die konservativen Kreise so entsetzt waren, zeigt ein deutsches Beispiel sehr genau, die Auswertung der Fragen durch den BDKJ.

In Deutschland gelang es eigenartigerweise keinem Bistum, eine so professionelle Auswertung des vatikanischen Fragenkatalogs hinzubekommen wie dem BDKJ.

Die jungen Katholiken werteten knapp 10 000 Fragebogen aus. »Was uns sehr überrascht hat, ist, dass viele Teilnehmer sich große Mühe gaben und nicht nur Antworten ankreuzten, sondern insgesamt über 1000 Seiten Kommentare schrieben«, sagte mir der Bundesvorsitzende des BDKJ, Dirk Tänzler.

Das Ergebnis war für die konservativen Kreise des Vatikans ein Desaster. Das lag weniger am Ergebnis selbst, als vor allem daran, wie es zustande gekommen ist. Eines war von Anfang an klar: Wenn die katholische Kirche weltweit ihre Gläubigen befragen wollte, musste sie sich bewusst sein, dass auch viele Katholiken antworten würden, die der Amtskirche eher fernstehen und nicht nach der Lehrmeinung der katholischen Kirche leben. Sie bilden unter den Katholiken weltweit die Mehrheit und werden oft abwertend als »Taufscheinchristen« bezeichnet.

Aber es kam ganz anders: »Die meisten Menschen, die geantwortet haben, stehen der Kirche nahe, sind in ihr engagiert und schätzen ihre eigenen Kenntnisse der Gebote und Verbote der katholischen Kirche als gut ein«, so Dirk Tänzler.

Das ließ die Kardinäle in Rom auf einen guten Ausgang der Befragung hoffen, weil eben nicht so sehr die »Taufscheinchristen«, sondern vor allem die aktiven, engagierten Katholiken die Fragebogen ausgefüllt hatten. Aber nicht einmal diese kleine Schar von »Vorzeigechristen« ließ in ihren Antworten durchblicken, dass sie sich an die Kernforderungen der Kirche zu halten gedachte, vor allem nicht im Bereich der Sexualmoral. »Das Ergebnis ist eindeutig, und wir liegen im gleichen Trend wie die Diözesen, die die Fragebogen ausgewertet haben. Die Katholiken kennen die Gebote der Kirche zwar, aber neunzig Prozent denken vor allem im Bereich der Sexualmoral nicht daran, sich auch daran zu halten. Verhütungsmittel und Sex vor der Ehe sind keineswegs tabu, sondern werden als ein normaler Bestandteil einer Beziehung angesehen«, so Tänzler.

Den Hardlinern in Rom konnte das ganz und gar nicht gefallen.

# Ökumene: Was uns eint, nicht, was uns trennt

Am 24. November 2013 unterschrieb Papst Franziskus seine Apostolische Konstitution »Evangelii Gaudium«. Ihr Inhalt löste im Vatikan ein theologisches Erdbeben aus. Bis zu diesem Tag hatten viele Kardinäle und Bischöfe geglaubt, Papst Franziskus führe einfach den Weg fort, den Papst Benedikt XVI. eingeschlagen hatte. Franziskus gebe sich zwar ein wenig exzentrisch mit seinem Tick, sich dauernd für die Armen einzusetzen, aber im Großen und Ganzen lägen Benedikt XVI. und Franziskus inhaltlich sehr nahe beieinander. Schließlich hatte Franziskus sogar zugelassen, dass die erste Enzyklika seiner Amtszeit, »Lumen Fidei«, von Joseph Ratzinger geschrieben worden war. Sein erstes eigenes Opus, so vermuteten viele Theologen, würde ganz nah an seinem Vorgänger sein. Doch weit gefehlt: Mit der Veröffentlichung der Konstitution »Evangelii Gaudium« war die Epoche Ratzinger endgültig zu Ende. Eine neue Zeit hatte begonnen.

Man kann auch ohne das geringste theologische Vorwissen sofort verstehen, warum Papst Benedikt XVI. und Papst Franziskus zwei total unterschiedliche Ansätze haben. In den ersten Absätzen der Enzyklika Benedikts kommt der Mensch mit seinen Nöten überhaupt nicht vor. Es geht um ein Konzept, das des Lichts des Glaubens, um eine abstrakte Idee. Franziskus hingegen wendet sich im Vorwort seines Schreibens unmittelbar an die Menschen. Es geht ihm nicht um ein Konzept, es geht ihm um die Probleme der Menschen.

Der Unterschied zwischen »Lumen Fidei« und »Evangelii Gaudium« könnte größer nicht sein. Joseph Ratzinger interessiert der Mensch nur in einer einzigen Form: als Glaubender. Im Absatz 19 seiner Enzyklika heißt es: »In der Annahme des Geschenks des Glaubens wird der Gläubige in eine neue Schöpfung verwandelt. Er empfängt ein neues Sein, ein Sein als Kind Gottes.«

Aus Sicht von Papst Franziskus kann das ja durchaus sein, dass der Glaube dem Menschen ein neues »Sein« beschert. Allerdings weiß er nur allzu gut, dass das »Sein« der meisten Menschen dieser Welt sich eher damit beschäftigen muss, nichts zu essen zu haben, keinen Job, kein sauberes Wasser, keine medizinische Versorgung für die Familie und keine Schulbildung für die Kinder. Das bestimmt das »Sein« der meisten Menschen so sehr, dass es ihnen in der Regel völlig egal sein dürfte, ob das Geschenk des Glaubens irgendetwas mit ihrem Sein zu tun hat. Ein Mensch, der hungert, braucht zunächst einmal etwas zu essen und dann erst das Evangelium. Ob ein Mensch, der in einem Elendsviertel leben muss und seine Familie nicht ernähren kann, an Gott glaubt oder es bleiben lässt, ist nicht das Problem Bergoglios. Sein Kernproblem ist vielmehr, dass man diesem Menschen keine Chance gibt, ein würdevolles Leben zu führen, dass Millionen bitterarme Menschen auf dieser Erde nicht wissen, wie sie den nächsten Tag überleben sollen, weil die Christen dieser Erde sich viel zu selten an den einen Satz des

Jesus von Nazareth halten: Selig sind die, die barmherzig sind.

In seiner Kritik an der ungerechten Verteilung der Güter auf der Erde wird Papst Franziskus in seinem Schreiben so heftig, dass er sich für seine Wortwahl fast entschuldigt. So schreibt er in Paragraf 208, nachdem er die rücksichtslose und ausbeuterische Wirtschaftspolitik angeprangert hat, offenbar erschrocken über seinen Zorn: »Falls jemand sich durch meine Worte beleidigt fühlt, versichere ich ihm, dass ich sie mit Liebe und in bester Absicht sage.« Er verurteilt scharf das Vorhaben, die »Ertragsfähigkeit zu steigern, indem man den Arbeitsmarkt einschränkt und auf diese Weise neue Ausgeschlossene schafft«. Papst Franziskus fordert die Unternehmer auf, nicht Angestellte zu entlassen, um den Gewinn zu steigern – weil das gegen das Gebot der Barmherzigkeit des Jesus von Nazareth verstößt.

Man könnte den Unterschied zwischen Papst Benedikt XVI. und Papst Franziskus auch so umreißen: Der eine denkt darüber nach, was Glauben bedeutet, während der andere überlegt, was ein gläubiger Mensch auf dieser Erde tun sollte, und zwar möglichst rasch. Für den einen steht die Frage im Vordergrund, ob ein Mensch auch wirklich gut genug ist für die Kirche, für den anderen, ob die Kirche gut genug ist für den Menschen.

Geschickt baute Papst Franziskus in sein Apostolisches Schreiben immer wieder Zitate von Papst Benedikt XVI. ein, sodass die Abkehr von dessen Haltung nicht so sehr auffällt. Im Prinzip wiederholt Franziskus in dem Schreiben, was er schon im Interview mit der Jesuiten-Zeitschrift *La Civiltà Cattolica* im Juni 2013 ausgesprochen hat und was wohl eine der einprägsamsten

Aussagen seines ganzen Pontifikates bleiben wird. »Ich sehe die Kirche wie ein Feldlazarett nach der Schlacht. Es ist sinnlos, einen Schwerverletzten zu fragen, ob er vielleicht einen hohen Blutzucker- oder Cholesterinwert hat. Man muss die Wunden verbinden.«

Diese Sätze waren eine Abrechnung mit der Haltung Joseph Ratzingers. War es nicht dieser gewesen, der darauf bestand, dass – um in diesem Bild zu bleiben – der Priester auf dem Schlachtfeld den Schwerverletzten erst einmal fragte, bevor er ihm die Wunden verband: Sagen Sie, waren Sie etwa schon einmal verheiratet und haben sich dazu hinreißen lassen, sich wiederzuverheiraten? Dann kann ich mich nicht um Sie kümmern, auch wenn Sie noch so sehr verletzt sind. Papst Benedikt hatte immer wieder betont, dass die Heiligkeit des Sakraments vorgehe. Doch auf dem Schlachtfeld kommt man mit der Verteidigung der Heiligkeit des Sakraments wahrscheinlich nicht weiter.

Papst Benedikt XVI. hatte wohl erkannt, dass die erdrückend große Mehrheit der Katholiken keineswegs die reine Lehre befolgt. Seine Reaktion darauf war die Idee der »kleinen Herde«. Statt zu versuchen, ein riesiges Volk Gottes zu erhalten, das mehr schlecht als recht die grundlegenden Gebote der Kirche erfüllt, sollte eine kleine, aber reine Gemeinschaft geschaffen werden, die wirklich bemüht ist, nach der Doktrin der katholischen Kirche zu leben. All die Katholiken, die ohne schlechtes Gewissen die Antibabypille nehmen, die sich scheiden lassen, neue Lebenspartnerschaften eingehen, homosexuelle Paare nicht verurteilen, all diese »Taufscheinchristen« sollten wissen, dass sie eben nicht Teil der »kleinen Herde« sind.

Papst Franziskus hingegen geht es nicht darum, den

reinen Glauben einer kleinen Minderheit in der Kirche zu stärken. Vielmehr soll denen geholfen werden, die am Boden liegen, unabhängig davon, ob sie sich haben scheiden lassen, die Antibabypille nehmen oder homosexuelle Freunde haben. Vielleicht hätte das Apostolische Schreiben von Papst Franziskus nicht so für Furore gesorgt, wenn nicht gleich zu Anfang, im dritten von 287 Absätzen, ein Satz gestanden hätte, der dazu taugt, die Ära Ratzinger definitiv zu beenden. Papst Franziskus schreibt darin: »Es gibt keinen Grund, weshalb jemand meinen könnte, diese Einladung [zu Gott zu kommen] gelte nicht ihm, denn ›niemand ist von der Freude ausgeschlossen, die der Herr uns bringt‹.« Kurz darauf heißt es: »Die Freude aus dem Evangelium ist für das ganze Volk, sie darf niemanden ausschließen.« Aber genau das: die auszuschließen, die nicht rein genug und nicht in der katholischen Kirche sind, stand für Joseph Ratzinger immer im Vordergrund. Zumindest hatte das ein Großteil der Gläubigen so verstanden.

Ein Beispiel für Ratzingers Rigorismus ist seine Entscheidung, während der Wandlung in der katholischen Messfeier beten zu lassen, dass das Blut Christi »für viele«, aber nicht »für alle« vergossen werde. Im April des Jahres 2012 hatte der Papst die deutsche Bischofskonferenz zu dieser Änderung gezwungen, die viele andere Länder ablehnten. Im sogenannten eucharistischen Hochgebet hieß es bis dahin: »…mein Blut, das für euch und für alle vergossen wird, zur Vergebung der Sünden.«

Papst Benedikt verordnete eine Änderung dieser Passage im deutschen Sprachraum. Seitdem muss nun gebetet werden: »…mein Blut, das für euch und für viele vergossen wird, zur Vergebung der Sünden«. Warum Papst

Benedikt XVI. diese Änderung wollte, bleibt rätselhaft. Er weiß genau, dass Christus wieder und wieder verkündet hat, dass er gekommen ist, um *alle* zu retten. Nur an einer Stelle im Matthäusevangelium klingt das anders, was immer Matthäus auch damit bezwecken wollte. Aber warum wollte der Papst diese eine Stelle so sehr aufwerten? Warum hielt er diese eine Stelle für so bedeutend, dass er sogar das Hochgebet der Eucharistie ändern ließ?

Was immer Joseph Ratzinger auch gewollt haben mag, die Wirkung der Entscheidung war verheerend. Denn es hatte sich wie ein Lauffeuer herumgesprochen, dass der Papst sich möglicherweise den ultrakonservativen Traditionalisten gebeugt habe. Die zweifeln die Gültigkeit der modernen Messe gegenüber der lateinischen Tridentinischen Messe an, eben weil in Ersterer »für alle« und nicht »für viele« gebetet werde. Die Traditionalisten behaupten, »für alle« statt »für viele« zu beten gebe nicht wieder, was Gott habe sagen wollen, es sei eine Häresie.

An der Basis kam diese Entscheidung des Papstes äußerst schlecht an. Die meisten Gläubigen, aber auch viele Theologieprofessoren, hielten dieses Anliegen des Papstes für falsch. Der katholische Theologe Professor Thomas Söding zum Beispiel unterstrich in einem Aufsatz zu diesem Thema, dass es »Unsinn« sei zu behaupten, dass »für alle« statt »für viele« zu beten eine falsche Lehre sei. Im Gegenteil, »für viele« im Neuen Testament meine »für alle«. Söding schreibt: »›Für alle‹ ist schlicht die richtige Wiedergabe des biblischen Textes.«

Benedikt XVI. hatte erläutert, die Ersetzung des Wortes »alle« durch »viele« solle verdeutlichen, dass es keinen Heilsautomatismus gebe. Der Papst wollte damit sagen, dass die Gläubigen sich an die Gebote der Kirche halten müssen, der Glaube an Gott allein reiche nicht aus. Dass das zwingende Vorhandensein einer religiösen »Leistungsfähigkeit«, die mit den Geboten der Kirche übereinstimmen müsse, kaum haltbar ist, hatte schon Paulus erklärt, wie Professor Söding in seinem Artikel zeigte.

Mit Franziskus' oben erwähntem Machtwort aus »Evangelii Gaudium« – »Die Freude aus dem Evangelium ist für das ganze Volk, sie darf niemanden ausschließen« – schien dieses Kapitel endgültig beendet zu sein, doch das Apostolische Schreiben hatte noch einen weiteren Effekt. Es geht dabei um die am heißesten diskutierte und vermutlich spannendste Frage, die seit der Wahl von Papst Franziskus den Vatikan und nicht nur den bewegt: Wie viele echte Gegner hat eigentlich Papst Franziskus, wer sind sie, und vor allem: wie stark sind sie? Können sie es schaffen, die Kirchenrevolution des Papstes aus Argentinien zu stoppen? All das, was der neue Papst bisher unternommen hat, um die katholische Kirche auf einen völlig neuen Kurs zu bringen – hat das wirklich einen Sinn? Oder sind die konservativen Kräfte so stark, dass all diese Richtungsentscheidungen ignoriert werden würden oder wirkungslos verpufften? Ist »Evangelii Gaudium« nur ein gut gemeinter Versuch der Erneuerung, der an der knallharten Haltung der Konservativen wirkungslos abprallen würde?

# Päpstliche Feinde?

Die Wochenzeitung *Die Zeit* meinte in ihrer Ausgabe vom 5. Dezember 2013, den »hartnäckigsten Gegner« des Papstes ausgemacht zu haben, und zwar in der Person des Chefs der Glaubenskongregation, Bischof Gerhard Ludwig Müller. Der Autor unterstellt Müller, »seit dem Konklave alles versucht« zu haben – »Umarmung erst, Herablassung dann, schließlich Intrige« –, um Franziskus zu desavouieren. Es entzieht sich meiner Kenntnis, welche Intrigen die Zeitung meint, da sie auch keine Einzelheiten benennt. Ich kann auch nicht sagen, warum die *Zeit* Gerhard Ludwig Müller zum »zweitwichtigsten Mann« im Vatikan befördert – eine Ehre, die seit Jahrhunderten nicht dem Präfekten der Glaubenskongregation, sondern dem Kardinalstaatssekretär zukommt. Aber hatte die Zeitung im Kern recht? Ist Bischof Müller ein Feind des Papstes? Ich glaube, dass sich diese Frage nicht so einfach beantworten lässt, obwohl die Zeitung sicherlich nicht ganz falsch damit liegt, dass die Positionen Müllers sehr weit von denjenigen Papst Franziskus' entfernt sind. Dennoch würden vor allem Kirchenmänner, die aus Lateinamerika stammen, sicherlich betonen, wie nahe sich Jorge Mario Bergoglio und Gerhard Ludwig Müller zumindest einmal gestanden haben.

Müller ist Lateinamerika zugetan, er bereiste oft diesen Teil des amerikanischen Doppelkontinents, er kennt sich dort besser aus als auf den Fluren des Vatikans, spricht weitaus besser Spanisch als Italienisch. Müller war in Lateinamerika vor allem deshalb so populär, weil er vor Ort immer einen ausgesprochen bescheidenen Lebensstil pflegte. Er gehört nicht zu den Kirchenmännern, die im Fünfsternehotel absteigen und dann publikumswirksam die Slums besuchen. Entscheidend für die Nähe des ehemaligen Regensburger Bischofs Müller zu Bergoglio war die spektakulärste Aktion des Bayern: Er holte den »Dissidenten« Gustavo Gutiérrez in die Kirche zurück. Gutierrez gehört zu den Gründungsvätern der Theologie der Befreiung, die jahrzehntelang vom ehemaligen Präfekten der Glaubenskongregation, Joseph Ratzinger, bekämpft worden war. Müller gelang der spektakuläre »Friedensschluss«. Er schrieb zusammen mit Gutiérrez ein Buch mit dem Titel *An der Seite der Armen*. Richtig ist zweifellos, dass Bergoglio die Theologie der Befreiung äußerst kritisch sah und sie als »unfruchtbar« verwarf. Sicher ist aber auch, dass Bergoglio einen Mann, der sich an die Seite der Armen stellt und sich in Lateinamerika auskennt, zweifellos schätzt.

Um zu verstehen, wo trotz der Gemeinsamkeiten die Probleme liegen, die Gerhard Ludwig Müller mit Papst Franziskus hat, braucht man nicht nach Intrigen zu suchen. Es genügt ein Blick auf das Wappen des ehemaligen Bischofs von Regensburg, um zu erkennen, dass Papst Franziskus in der Tat mit Männern die Kirche regieren muss, die völlig anders denken als er. Das Wappen Müllers trägt die Inschrift »Dominus Iesus«, Herr Jesus. Das ist – wie schon weiter vorne erwähnt – auch der Titel

einer am 6. August 2000 von Joseph Ratzinger veröffent-
lichten Grundsatzschrift. Es verwundert also nicht, dass
Müller, der auch Herausgeber von Ratzingers Gesamtwerk ist, diesem auch theologisch sehr nahesteht und ein
ganz anderes Verständnis von der Kirche und von Gott
hat als Franziskus.

In der Erklärung »Dominus Iesus – Über die Einzig-
keit und die Heilsuniversalität Jesu Christi und der Kirche«, so der komplette Titel – geht es nur um eines: klarzustellen, dass Gott katholisch ist, dass der ewige Gott
im Himmel die katholische Kirche als das Instrument er-
dacht hat, den Menschen den Weg ins Paradies zu ebnen.
An die Adresse der Katholiken der Welt gerichtet heißt
es dort: »Es ist vor allem *fest zu glauben*, dass die ›pil-
gernde Kirche zum Heile notwendig ist.‹« Diesen Befehl
lässt Joseph Ratzinger sogar *kursiv* setzen. Joseph Ratzinger erklärt den Katholiken also, was sie »fest zu glauben«
haben und was nicht. Wenn sie nicht glauben, verfehlen
sie das Paradies.

Nach Ratzingers Argumentation kann der allmäch-
tige Gott nur derjenige der Katholiken sein, denn es gibt
nur eine Religion und nur eine Kirche, in der Gott sich
mitteilt. In »Dominus Iesus« heißt es im Absatz 21 dazu:
»Einige Gebete und Riten der anderen Religionen können
tatsächlich die Annahme des Evangeliums vorbereiten, insofern sie Gelegenheit bieten und dazu erziehen, dass die
Herzen der Menschen angetrieben werden, sich dem Wirken Gottes zu öffnen. Man kann ihnen aber nicht einen
göttlichen Ursprung oder eine Heilswirksamkeit *ex opere
operato* zuerkennen, die den christlichen Sakramenten
eigen ist. Es kann auch nicht geleugnet werden, dass andere
Riten, insofern sie von abergläubischen Praktiken oder an-

deren Irrtümern abhängig sind (vgl. 1 Kor 10, 20–21), eher ein Hindernis für das Heil darstellen.«

Was das bedeutet, ist offenbar: Die übrigen Religionen – Islam, Buddhismus, Hinduismus – sind nur minderwertig und allenfalls dazu da, die Menschen »vorzubereiten«, ihnen also zu verdeutlichen, wie nötig sie den katholischen Glauben und die katholische Kirche haben. Die Riten der anderen Religionen hingegen sind nicht »heilswirksam«. Ein katholischer Priester, der eine Ehe schließt, tut dies vor Gott; wenn das Gleiche ein Muslim oder ein Hindu vollzieht, ist das »heilsunwirksam«. Nach der Vorstellung von Ratzinger und auch Müller hat es Gott den Milliarden von Muslimen, Hindus oder Buddhisten auf der Welt aufgebürdet zuzusehen, dass sie so rasch wie möglich in die katholische Kirche aufgenommen werden, um die Aussicht auf das Heil nicht zu verlieren.

Aus Sicht von Joseph Ratzinger ist es also pure Zeitverschwendung, sich mit heilsunwirksamen Riten abzugeben. Auch sämtliche evangelische Kirchen sind für ihn nicht auf Augenhöhe mit der katholischen. Im Absatz 17 von »Dominus Iesus« schreibt er dazu: »Die kirchlichen Gemeinschaften hingegen, die den gültigen Episkopat und die ursprüngliche und vollständige Wirklichkeit des eucharistischen Mysteriums nicht bewahrt haben, sind nicht Kirchen im eigentlichen Sinne.«

Gott ist in der Ideenwelt von Ratzinger und Müller so katholisch, dass es neben der katholischen Kirche keine anderen christlichen Kirchen geben darf. Joseph Ratzinger spricht den evangelischen und allen anderen nicht- katholischen Kirchen damit ab, überhaupt eine Kirche zu sein – sie sind für ihn lediglich »kirchliche Gemeinschaften«. Was für ein Schlag ins Gesicht der nicht-katholischen Kirchen! Darüber kam es – wie weiter vorne erwähnt – beim ökumenischen Abschlussgottesdienst des Heiligen Jahres Anfang 2001 zum Eklat.

Wie radikal anders hingegen als das Gespann Ratzinger – Müller denkt Franziskus über Gott und Religion. In einem Gespräch mit dem Gründer der italienischen Tageszeitung *La Repubblica*, Eugenio Scalfari, sagte er: »Gott ist nicht katholisch.« Lapidarer lässt sich die Revolution des Papstes Franziskus nicht auf den Punkt bringen.

Während der Gott des Joseph Ratzinger über seine Kirche ausrichten lässt, was die Katholiken »fest zu glauben« haben, macht sich der Gott des Papstes Franziskus auf die Suche, um die Gläubigen zu finden. Das hört sich bei Papst Franziskus in »Evangelii Gaudium« so an: »Ich lade jeden Christen ein [...], seine persönliche Begegnung mit Christus zu erneuern oder zumindest den Entschluss zu fassen, sich von ihm finden zu lassen.«

Und auch Papst Franziskus' Haltung zu anderen Religionen unterscheidet sich fundamental von derjenigen seines Vorgängers. In »Evangelii Gaudium« schreibt er: »Die heiligen Schriften des Islam bewahren Teile der christlichen Lehre; Jesus Christus und Maria sind Gegenstand tiefer Verehrung, und es ist bewundernswert zu sehen, wie junge und alte Menschen, Frauen und Männer des Islams fähig sind, täglich dem Gebet Zeit zu widmen und an ihren religiösen Riten treu teilzunehmen.« Wie bitte? Papst Franziskus lobt die »treue Teilnahme« der Muslime an ihren Riten, die laut seinem Vorgänger keinen Pfifferling wert sind, weil sie nicht von Gott kommen und nicht heilswirksam sind? Und in Bezug auf die anderen christlichen Kirchen heißt es in »Evangelii Gaudium«: »So zahlreich und so kostbar sind die Dinge, die uns verbinden!«

Das ist jedoch nicht die Haltung des Chefs der Glaubenskongregation und Ratzinger-Gefolgsmanns Gerhard Ludwig Müller. Dieser wird sich wohl daran gewöhnen müssen, die Kirche und ihre Zukunft etwas anders zu sehen als sein früherer Chef Papst Benedikt. Im Januar 2014 wandte sich einer der acht Berater des Papstes, Kardinal Oscar Andrés Rodríguez Maradiaga, an Müller und forderte ihn zum Umdenken auf: »Die Welt, mein Bruder, die Welt ist nicht so. Du solltest ein wenig flexibel sein, wenn du andere Stimmen hörst, damit du nicht nur zuhörst und sagst, nein, hier ist die Wand.«

# Neue Männer der Kirche

In den ersten Wochen des Jahres 2014 bereitete sich der Vatikan auf den 13. März vor, den Tag, an dem die Kirchenmänner des ersten Jahrestags der Wahl von Papst Franziskus und damit des Beginns einer neuen Ära der Kirche gedenken wollen. Aber natürlich stellte sich die Frage, was es eigentlich ist, dessen man gedenken will. Was hatte dieses erste Jahr denn eigentlich gekennzeichnet? Viele würden die drastische Veränderung der päpstlichen Amtsführung hervorheben – und sie hätten durchaus recht damit. Andere würden Franziskus' Entscheidung, sich als erster Papst konsequent an die Seite der Armen zu stellen, nennen – und auch das wäre sicher richtig.

Aber ich persönlich finde, dass eine andere Entscheidung die wichtigste seines ersten Jahres auf dem Stuhl Petri war. Ich erfuhr davon erst, als ich die Agenda für den 22. Februar 2014 durchsah. Damals dachte ich: »Das gibt's doch gar nicht. Der Papst macht wirklich ernst: Er baut tatsächlich eine ganz neue Kirche auf. Jetzt bricht wirkliche eine neue Zeit an.«

Ich hätte niemals zu träumen gewagt, dass eines Tages ein Papst kommen würde, der ausgerechnet an diesem weit entfernten Ort, der mir so viel bedeutet, Gerechtigkeit schaffen und die Kirchenspitze wirksam verändern könnte. Ich habe das Gefühl, dass in der Kirche Ähnliches geschieht wie in Südafrika an dem Tag, als der langjährige Gefangene Nelson Mandela Präsident des Landes wurde, oder in Indien an jenem Tag, als der Asket Mahatma Gandhi das britische Imperium in die Knie zwang.

Denn an diesem 22. Februar 2014 sollten die mächtigen Kirchenmetropolen Venedig und Turin leer ausgehen. Ihre Vertreter konnten nicht fassen, dass die seit Jahren automatische Beförderung ihrer Erzbischöfe zum Kardinal ausblieb und stattdessen der demütigste aller Straßenpfarrer dieser Welt, mein Freund Bischof Kelvin Felix, Kardinal werden sollte. Und auch ich konnte es nicht fassen. An die Spitze der Kirche, in das Kollegium der Kardinäle, sollte damit ein Mann gehievt werden, der von ganz, ganz unten kam. Ich bin sicher kein besonders guter Katholik, und ich habe lange mit der katholischen Kirche gehadert, aber nach dieser Entscheidung dachte ich: Jetzt wird doch noch alles gut. Ich glaubte den Geist des Zimmermannssohns aus Nazareth, der sein Leben lang barfuß gegangen war, weil er es ablehnte, Schuhe zu tragen, mitten im Vatikan zu spüren. Was war geschehen?

Auch wenn die grimmigsten Gegner der katholischen Kirche das ungern hören: Es gibt auch in der katholischen Kirche wirklich gute, beeindruckende Bischöfe, die alles tun, um die Welt ein bisschen besser zu machen. Die gängigen Kirchenkrimis werden bevölkert von gemeinen Kardinälen, mörderischen Opus-Dei-Mitgliedern und verräterischen Bischöfen, aber natürlich stimmt das nicht. Ich habe in vielen Ländern Bischöfe kennengelernt, die jeden Tag darum kämpfen, dass Hungernde endlich etwas zu essen bekommen, dass Obdachlose nicht mehr mit ihren Familien auf der Straße schlafen müssen, dass Kranke die Medizin bekommen, die sie brauchen, auch wenn sie sich das gar nicht leisten können. Wahr ist allerdings, dass nach diesen Monsignori oder Bischöfen im Vatikan kein Hahn kräht. Denn sie nutzen ihre Zeit nicht dafür, ihre eigene Karriere zu fördern, sondern dafür, einer alleinerziehenden, unverheirateten Mutter samt ihren zahlreichen Kindern ein Dach über dem Kopf zu besorgen. Statt an komplizierten theologischen Formulierungen zu feilen, versuchen diese Bischöfe, den Jungs, die schon ein paar mal zu oft im Knast waren, einen Job zu besorgen, oder holen Junkies zu sich in ihre Wohnung, um diesen zu helfen, von den Drogen loszukommen.

Diese Kirchenmänner erleiden in der langen Geschichte der katholischen Kirche immer das gleiche Schicksal: Niemand in der katholischen Hierarchie nimmt von ihnen und ihrem Werk Notiz. Sie verrichten ihren Dienst, kämpfen einen einsamen Kampf, den sie nie werden gewinnen können, gegen unvorstellbare Armut, brutale Ausbeutung, bodenlose Angst. Deshalb hat es auch in der Kirchengeschichte noch nie einen Papst gegeben, der auf die eigentlich naheliegende Idee gekommen wäre, sich nach dem armen, radikalen Franz von Assisi zu nennen. Um aufzusteigen in der katholischen Kirche, musste man nicht in Elendsvierteln für trinkbares Wasser sorgen, sondern an angesehenen Universitäten lehren und wichtige Bücher schreiben. Es half einem Bischof nicht, Waisenkindern neue Eltern zu vermitteln. Weit wichtiger war es, in römischen Salons zu verkehren, um mindestens Chef eines Päpstlichen Rates oder einer Kongregation zu werden.

Ich habe viele Kirchenmänner kennengelernt, die ich bewundert habe, auch viele aufrichtige Kardinäle und Bischöfe, aber ein Mann war anders als alle anderen. Ich weiß nicht, ob es Heilige gibt, aber sollte es so sein, dann gibt es für mich vorbehaltlos nur zwei Kandidaten: Papst Johannes Paul II. und Bischof Kelvin Felix.

Ich verdanke Monsignore Kelvin Felix eines der geheimnisvollsten Treffen meines ganzen Lebens. Während der Amtszeit von Papst Johannes Paul II. hatte es im Vatikan ein einzigartiges Tabu gegeben. Immer wieder bekam ich zu hören, dass ich schreiben und recherchieren könne, was und wo immer ich wolle – nur die Karibikinsel St. Lucia, die war tabu, völlig tabu. Was immer dort auch geschehen sein mochte, kein Journalist, dem daran gelegen war, ein gutes Verhältnis zum Vatikan zu haben, sollte diese Insel betreten. Ich habe mich wie alle anderen daran gehalten, auch wenn ich so manches Mal, wenn am Flughafen eine Verbindung nach St. Lucia aufgerufen wurde, der Versuchung nachgeben wollte, einfach hinzufliegen. Aber ich blieb konsequent, ganze 25 Jahre lang.

Erst als Papst Johannes Paul II. verstorben war, erfuhr ich auf Nachfrage, dass das Verbot aufgehoben worden sei, und ich flog hin. Ich hatte keine Ahnung, wonach ich suchen sollte, wusste lediglich, dass während des Pontifikats Johannes Pauls II. auf der Insel etwas geschehen war, über das der Vatikan nicht sprechen wollte. Ich traf mich mit dem amtierenden Bischof, mit Priestern, mit Vertretern der Regierung, der Polizei, und ich entdeckte – nichts. Tagelang war ich auf der Insel unterwegs – vergebens. Dann traf ich ihn, Bischof Kelvin Felix, den emeritierten Bischof der Inselhauptstadt Castries, in einem Kloster hoch oben auf einer Anhöhe der Insel. Er kam in das Wartezimmer, in dem ich saß, unter der Decke surrten leise die Ventilatoren. Ich sagte zu ihm: »Es tut mir leid, dass Sie sich hierher bemüht haben. Der Vatikan hat mir 25 Jahre lang verboten nachzufragen, was auf der Insel geschehen ist. Das ist alles, was ich weiß. Ich gebe zu, viel ist das nicht.«

Er lächelte mich an und antwortete: »Wissen Sie was: Ich habe 25 Jahre lang darauf gewartet, dass endlich jemand kommt und mir diese Frage stellt. Kommen Sie«, sagte er und stand auf, »wir müssen sie suchen und hoffen, dass sie alle noch am Leben sind.«

Am 7. Juli 1986 hatte Papst Johannes Paul II. nur für einige Stunden die Insel St. Lucia besucht; er hatte in der Kathedrale von Castries den damals anderthalb Jahre alten, unheilbar kranken Kevin Jeremies gesegnet, der auf dem Arm seiner Mutter Mary gelegen hatte. Die Frau war nicht aus eigenem Antrieb mit dem Kind in die Kathedrale gekommen, sie sagte mir später: »Ich hatte einen Traum, dass ein Mann kommen würde, von sehr weit her, der mein Kind retten könnte, aber ich wusste nicht, wer das sein sollte. An dem Tag, an dem Papst Johannes Paul II. auf die Insel kam, war ich aufgeregt, weil ich mit meinem Kirchenchor für den Papst singen sollte. Ich wartete dort, wo der Gottesdienst stattfinden sollte, am Hafen, auf den Papst. Doch dann fiel mir ein: Vielleicht ist ja der Papst der Mann, der von weit her gekommen ist und Kevin retten wird.« Sie verließ ihren Chor und lief mit dem Kind in die Kathedrale, wo der Papst die Kranken empfing und auch das Kind segnete.

Im Auto auf dem Weg über die Insel erzählte mir Kelvin Felix, wie es weiterging: »Eine der Damen aus dem Chor erzählte mir am nächsten Tag, dass ein Wunder geschehen sei. Ich war natürlich äußerst skeptisch, aber dann habe ich später den Kinderarzt der Insel getroffen,

Dr. Simmons, der übrigens kein Katholik ist. Er war ganz außer sich und sagte mir, dass er das Kind lange behandelt habe. Es hatte einen unheilbaren Hirnschaden erlitten, der dem Kind nicht einmal gestattete, sich im Bett aufzurichten. Dass dieses Kind von einem Tag auf den anderen vollkommen gesund sei und herumlaufe, war laut Dr. Simmons völlig unmöglich, unerklärlich. Er sagte mir, dass er eigentlich nicht an Wunder glaube, aber dass es sie offensichtlich doch gebe. Ich habe bei einem Besuch in Rom Papst Johannes Paul II. davon erzählt. Er wurde ernst, pries Gott und bat mich, nicht darüber zu sprechen, solange er am Leben sei. Er wollte nicht, dass die Leute glaubten, er könne bei Gott Wunder erwirken, dazu war er ein viel zu bescheidener Mann. Ich habe mich auch immer daran gehalten, bis zu seinem Tod. Aber ob der Junge, der das Wunder erfuhr, noch auf der Insel lebt, weiß ich nicht. Aber ich weiß, wo wir fragen können, bei denen, die die Armen wirklich kennen.«

Wir fuhren in einem klapprigen Wagen über die Insel, in eines der Elendsviertel am Hafen. Ich stellte eine Frage, die ich für harmlos gehalten hatte, doch sie löste beim Bischof einen unbändigen Lachanfall aus: »Haben Sie als Bischof denn keinen Fahrer?« Als er wieder Luft bekam, antwortete er: »Ich habe nicht einmal ein Auto. Das hier, in dem wir fahren, gehört dem Rat der Diözese. Als Bischof konnte ich es mir ab und zu ausleihen, aber ich musste es immer selber waschen.«

»Und Ihre Haushälterin?«, fragte ich.

»Du bist ein Spaßvogel«, sagte er. »Was für eine Haushälterin? Ich habe mein Leben lang für mich selber gekocht.«

Er stoppte das Schrottauto vor einem Gebäude, das

wie eine heruntergekommene Bauruine aussah. Als wir ausstiegen, blieben die Menschen auf der Straße plötzlich stehen, gingen wie magnetisch angezogen auf ihren Exbischof zu und bildeten eine Menschentraube um ihn herum. Ich habe noch nie in meinem Leben einen Menschen kennengelernt, der so eindrucksvoll die Gesichter der Menschen zum Leuchten bringen konnte. Ich weiß nicht, was er den Menschen auf seiner Insel gegeben hat, aber für die Armen hier schien die Sonne aufzugehen, nur weil er zu ihnen kam. Sie wollten keineswegs Almosen von ihm erbetteln, sondern einfach seine Hand halten oder sich von ihm das Kreuzzeichen auf die Stirn zeichnen lassen. Mir imponierte, dass Bischof Kelvin Felix sich ohne jede Angst unter diese Menge begab – 2006, bevor ich ihn kennenlernte, hatte ihn nämlich nach der Abendmesse mitten auf der Straße ein Mann angegriffen, versucht, ihm die Kehle durchzuschneiden, und ihn mit einem Messer am Hals schwer verletzt. Wir schafften es irgendwann, uns durch die Menge zu kämpfen und bis zum Tor des Hauses zu gelangen. Eine Ordensfrau öffnete ein Stahltor, und auf ihrem Gesicht explodierte geradezu die Wiedersehensfreude: »His Grace«, rief sie. »Was für eine Überraschung!«

»Kommen Sie«, sagte Bischof Felix zu mir, »Sie werden jetzt eine andere Seite der katholischen Kirche kennenlernen.« Es war um die Mittagszeit, und die Schwestern brachten noch rasch zwei weitere Gedecke herbei. Die bestanden aus zwei schon mehrfach benutzten und leicht eingerissenen Plastiktellern, die eigentlich für die Einmalbenutzung vorgesehen waren, und zwei ramponierten Plastikbechern.

Es war ein Haus aus nacktem Beton, es gab weder Farbe

an den Wänden noch Kacheln. Alte, sterbende Menschen aus den Armenvierteln, Menschen, um die sich niemand sorgte und die ihre letzte Wegstrecke auf dieser Erde zu bewältigen hatten, bevölkerten dieses Haus. Ich habe als Zivildienstleistender rund anderthalb Jahre in der Krankenpflege gearbeitet und dabei viele alte Menschen sterben sehen, aber so katastrophale Verhältnisse wie hier hatte ich mir nicht vorstellen können. Die Betten und Liegen der Schwerkranken waren mit Abfall gepolstert, um zu verhindern, dass sie sich durchlagen. Es waren uralte Lumpen, die provisorisch benutzt wurden. Vollkommen zerschlissene Mullbinden waren wieder und wieder ausgekocht worden und zerfielen regelrecht auf den Wunden. Es war offensichtlich, dass einige der schwer verwirrten alten Leute in ein psychiatrisches Krankenhaus gehörten und fachkundigen Personals bedurften; sie spielten ihre sinnlosen Spiele mit Plastikabfall auf dem nackten Boden.

Was mich aber an diesem Tag so überwältigte, war die Würde, die Bischof Felix diesen Leuten verlieh, die aus Elend und Armut ausgespuckt und gleichsam auf den Müll geworfen worden waren. Er bestand darauf, jedem einzelnen Kranken vorgestellt zu werden. Wir gaben den alten Menschen die Hand, und Bischof Kelvin Felix machte sie glauben, dass sie es waren, die uns eine Audienz gewährten, und dass er sich glücklich schätzen durfte, sie gesehen zu haben.

Die Schwestern waren so bitterarm, dass ich mich heute noch schäme. Die jungen Frauen klapperten die Märkte ab in der Hoffnung, etwas verdorbenen Fisch und fauliges Obst und Gemüse geschenkt zu bekommen. Was meine Sicht auf die Welt in diesen Stunden so veränderte, war aber die Freude dieser Frauen. Ich konnte einfach nicht begreifen, dass die jungen Ordensfrauen inmitten dieses unglaublichen Elends voller Freude wie die Vögel zwitscherten. Ich fragte mich die ganze Zeit: Wie können diese jungen Frauen so fröhlich sein? Sie haben nichts, aber auch gar nichts von dem, was nach meinen beschränkten Kenntnissen Menschen glücklich macht: keine guten Jobs, keine gefüllten Bankkonten, keine aufregenden Urlaubsreisen, keine Familien. Dennoch habe ich selten in meinem Leben eine so ausgelassene Atmosphäre erlebt wie in dieser Wohngemeinschaft der Ärmsten in jenem karibischen Kloster inmitten des Abfalls.

Nach dem äußerst frugalen Mahl, das der Bischof wie einen Festschmaus lobte, kam er zur Sache. »Ihr kennt doch die Slums. Wisst ihr, wo die Frau lebt, deren Sohn das Wunder erfahren hat?«

Sie nickten dem Bischof zu, eine deutete auf mich und sagte: »Ich weiß nicht, ob Sie dort wirklich hingehen sollten.« Nachdem der Bischof erfahren hatte, in welchem Viertel die Familie jetzt lebte, wandte er sich an mich: »Das schaffst du schon, das solltest du sehen.«

»Was ist denn so besonders an dem Ort?«, fragte ich.

»Oh«, sagte der Bischof, »es ist das vielleicht schlimmste Elendsviertel. Denn die Menschen wohnen dort nicht in Hütten oder Baracken, sondern in alten Gräbern. Sie hausen in den Steingruften des alten französischen Friedhofs. Dort wohnt die Familie Jeremies.«

»Aber um diese Zeit arbeiten sie und sind nicht zu Hause«, wandte eine der Ordensfrauen ein. Wir verabredeten uns gegen 19 Uhr, eine Nonne wollte uns den Weg zeigen.

»Und was machen wir bis dahin«, fragte ich den Bischof, als wir die Nonnen verließen.

418

Er lachte mich an. »Das ist doch wohl klar, du bist in der Karibik, wir gehen schwimmen.«

Ich werde nie vergessen, wie Bischof Felix sich eine Badehose besorgte und mit mir am Strand bei Castries in das wundervolle karibische Meer sprang. Er entfernte sich nicht zu weit vom Strand; der Mann, der sein ganzes Leben in der Karibik verbracht hatte, gestand mir, dass er nicht gut schwimmen könne. Wir planschten im seichten Wasser, und er erzählte mir sein Leben. Es war kein einfaches Leben – das Leben eines Farbigen auf der Insel Dominica, als einer der Nachkommen der Sklaven, die von den Franzosen auf die Insel gebracht worden waren. Dominica war arm. Nur einmal blitzten seine Augen vor Vergnügen auf: als er erzählte, dass er als Kind in den Hunderten von Bächen und kleinen Flüssen der Insel spielte, weil es an der schroffen Küste Dominicas fast keine Strände, sondern nur Felsen gibt. Die Auswirkungen des Zweiten Weltkriegs reichten bis hierher, die Kost war karg, Kevin Felix weiß, was Hunger ist. Noch heute empört es ihn, wenn er sieht, dass die Bananen oder Ananasfrüchte, die auf der Insel gedeihen, einfach weggeworfen werden und am Straßenrand verfaulen. Im Jahr 1956 wurde er zum Priester geweiht, ein schwarzer Priester in einer von Weißen dominierten katholischen Kirche. In den USA und in England bildete er sich weiter, um dann in seine geliebte Heimat zurückzukehren, diesmal auf die rund 150 Kilometer südlich gelegene Insel, St. Lucia, wo er 1981 Erzbischof wurde.

Er fragte mich, wie die Bischöfe in Deutschland eigentlich so lebten, erkundigte sich nach den Kardinälen in Rom, und ich erzählte ihm natürlich von den prächtigen Palästen. Er schilderte mir sein Leben als einfacher

Pfarrer auf Dominica nach seinem Abschied als Bischof; er wolle weiter als Pfarrer arbeiten, weil Priester fehlten. Er würde jetzt wie ein Pfarrer dem Bischof gehorchen, das sei ganz normal, selbst wenn er Bischof emeritus sei. Er hegt keinerlei Groll gegen die reiche, weiße Kirche, dachte ich.

Erst bei einem weiteren Treffen einige Jahre später bekam ich mit, was Bischof Felix vor mir verborgen hatte, nämlich wie arm er in Wirklichkeit war. Ich schäme mich noch heute dafür, dass ich, ein verwöhnter Reporter, seine Lage nicht richtig erkannt habe.

Ich hatte im Jahr 2010 die Diözese Castries angerufen, um ein Treffen mit meinem Freund Kelvin Felix zu verabreden. Er hatte eingewilligt, und wir wollten uns auf St. Lucia sehen. Eine Mitarbeiterin der Diözese sagte mir am Telefon: »Mr. Englisch, ich weiß, dass der Bischof Sie hier sehen will, aber Sie wissen doch, dass er von der Nachbarinsel Dominica kommen muss.«

»Ich weiß«, antwortete ich, »Monsignore Felix hat selbst vorgeschlagen, dass wir uns auf St. Lucia treffen sollen.«

»Aber Sir«, entgegnete sie, »es gibt da ein Problem.«

»Was für ein Problem?«, fragte ich zurück. »Das ist doch ganz einfach für Monsignore Felix, er kann für 50 Euro mehrmals am Tag von Dominica nach St. Lucia fliegen, das ist doch ganz nah.«

»Sie meinen«, sagte sie, »das ist nicht viel Geld, und da haben sie recht, es ist nicht viel Geld. Für Sie.«

Ich schämte mich. Ich wusste, dass er sich weigern würde, von mir Geld anzunehmen, also schickte ich der Diözese das Geld, damit die dem Bischof das Ticket beschaffte.

Damals am Strand, bei meinem ersten Treffen mit

Kelvin Felix, erzählte er mir auch von seiner Arbeit für die Konferenz der karibischen Bischöfe, aber der Tatsache, dass er von daher den Chef der Lateinamerikakonferenz, Bischof Jorge Mario Bergoglio, kennen musste, maß ich keine Bedeutung zu.

Als wir vom Strand weggingen, um in das Armenviertel zu fahren, und wieder im Auto saßen, spürte ich, dass er mir etwas sagen wollte, etwas, das ihm unangenehm war. Ich schämte mich furchtbar, denn ich hatte mich bestimmt wichtiger gemacht, als ich es in Wirklichkeit war. Der Bischof hatte eine gewisse Scheu vor mir, er fürchtete offenbar, dass ich, da ich aus Rom kam und über den Vatikan geschrieben hatte, äußerst konservativ und linientreu sei. Jemand, der auf die Regeln der Kirche ganz besonders bedacht sei, in gewisser Weise ein Spion, der sich in die alles andere als linientreue katholische Kirche der Karibik eingeschlichen hätte. Das war natürlich Unsinn. Bereits am ersten Tag unserer Begegnung hatte er demonstrativ sein Brevier dabei, als könnte ich in Rom petzen, dass er nicht wie vorgeschrieben regelmäßig beten würde, was im Übrigen nur noch wenige Priester wirklich tun. Jetzt im Auto machte sich eine ähnlich beklemmende Stimmung breit, die sich wie ein dunkler Schleier über uns legte. Dann fasste er sich ein Herz und legte los: »Du musst etwas wissen, bevor wir Frau Jeremies treffen: Sie hat vier Kinder.«

»Wie schön für sie.«

»Aber sie ist nicht verheiratet.«

Mir lag auf der Zunge: Exzellenz, ich habe selbst lange in wilder Ehe gelebt und völliges Verständnis für die Frau, mir ist so was von egal, ob sie verheiratet ist, Hauptsache, sie ist glücklich.

Ich sagte schließlich: »Ich finde es wunderbar, dass Gott ein Wunder auf dieser Insel gewirkt haben soll, dass er einer Frau ein Kind zurückgab, die in den Augen der Kirche eine Sünderin ist.«

Er schien beruhigt, und ich spürte, dass er jetzt endlich Vertrauen zu mir gefasst hatte. Er sprach erstmals offen mit mir über die Frauen in den Armenvierteln der Insel. »Fast alle dieser Frauen lassen sich von irgendeinem Mann missbrauchen, weil sie seinen Schutz brauchen. Sie haben Angst in den Slums, vergewaltigt, geschlagen, ausgeraubt zu werden. Sie tun sich mit Männern zusammen, weil sie dann wenigstens für einige Zeit vor den anderen sicher sind. Aber natürlich werfen diese Männer die Frauen manchmal weg wie Müll. Es ist sehr schwer, arm und eine Frau zu sein auf dieser Insel. Die Vorstellungen der Kongregation des Vatikans sind sehr weit weg von diesen armen Frauen, und die meisten können sich nicht an die Regeln der katholischen Kirche halten, selbst wenn sie es wollten. Sie müssen erst einmal um ihr Essen kämpfen, um ihre Sicherheit, um ihre Kinder, um einen Platz in einem verrotteten Grab, wie Frau Jeremies in einem hausen muss, um sauberes Wasser, was schwer zu besorgen ist. Sie stehen tagelang an, um ein bisschen medizinische Versorgung zu bekommen. Die sind fromm, viele von ihnen leben aber sicher nicht so, wie die katholische Kirche sich das vorstellt. Dennoch«, und da machte er eine Pause, als müsste er noch einmal nachdenken, »ich habe schon immer daran geglaubt, dass Gott ganz nahe bei ihnen ist, viel näher als den Männern in den Palästen in Rom. Und das Wunder zeigt doch nur, dass es stimmt, dass Gott tatsächlich bei ihnen ist, und das macht mich glücklich.«

Er parkte den Wagen am Fuß des Hügels, an dem der alte Friedhof liegt, und wir stiegen zwischen den Gräbern nach oben. Auf den Inschriften der Grabsteine wurde irgendeiner Sophie, irgendeines Jacques oder François gedacht, die auf dieser Insel gelebt hatten, bevor die Briten sie eroberten. Bischof Kelvin Felix wusste, was uns erwartete, ich nicht. Was mich dann so beschämte, war nicht die bittere Armut, sondern die ungeheure Mühe, die die arme Frau sich gemacht hatte, um den Bischof und mich, seinen Begleiter, zu empfangen. Sie hatte auf einer Plastiktischdecke eine Flasche Orangenlimonade aufgebaut, für ihre Verhältnisse ein ungeheurer Luxus. Als ich mich in den Bretterverschlag setzte, der an das Grab angrenzte, fragte ich mich: Warum hatte ich Frauen wie ihr nicht besser geholfen? Warum hatte ich in Rom meine Blumen auf dem Balkon gegossen und mein Auto gewaschen und keinen Gedanken daran verschwendet, dass eine Milliarde Menschen auf dieser Welt sich nicht einmal den Luxus sauberen, sicheren Wassers leisten können?

Als Mary Jeremies schließlich ihren Sohn Kevin präsentierte, einen gesunden, schönen, vor Lebensfreude sprühenden jungen Mann, hoffte ich, dass es kein medizinischer Zufall gewesen war, der Kevin das Leben gerettet hatte, sondern dass wirklich Gott in diesem Elendsviertel einem jungen Mann und seiner Mutter ein unfassbares Geschenk gemacht hatte. Als wir Frau Jeremies verließen, sagte Kelvin Felix zu mir: »Ich weiß nicht, ob Gott die Gebete in diesem Viertel erhört und ein Wunder gewirkt hat.« Dann wandte er sich an mich: »Aber wir sollten diese Gebete hören und dort helfen, wo wir helfen können. Den Rest muss ohnehin der liebe Gott machen.«

Ich weiß noch genau, was ich in jenem Augenblick

dachte: Was könnte die katholische Kirche für eine wunderbare Einrichtung sein, wenn Männer wie Kelvin Felix etwas zu sagen hätten! Ich war mir damals sicher, dass in der katholischen Kirche die Ungerechtigkeit immer weitergehen würde, dass das mächtige Venedig und das mächtige Turin ihre Kardinalstitel verlangen und bekommen würden. Aber dass es eines Tages einen Papst geben könnte, der den altehrwürdigen italienischen Kardinalssitzen den Kardinalstitel verweigern würde, um ihn dem Pfarrer Kelvin Felix zu verleihen, das hätte ich nicht zu träumen gewagt.

# Ein Papst, der kämpft

Für die große Mehrheit der Kardinäle und Bischöfe im Vatikan war es nicht die Frage gewesen, ob Franziskus seinen bescheidenen Lebens- und Regierungsstil aufgeben würde, sondern wann. Aus ihrer Sicht konnte das Experiment, dass ein Papst als gewöhnlicher Mensch ohne Privilegien im Vatikan lebte, nicht gelingen. Schließlich waren von seinen 264 Vorgängern im Amt des Papstes nicht alle nur auf Luxus versessene Potentaten gewesen; sie hatten einen Lebensstil entwickelt, der einfach nötig war, um das Amt des Papstes ausüben zu können. Was bildete sich Jorge Mario Bergoglio eigentlich ein, sich einfach in die Mensa zu setzen? Er würde schon sehen, dass er Speisesäle, Beratungszimmer, Kammerdiener und eine kleine Armee Ordensfrauen brauchte, um seinen Pflichten nachgehen zu können.

Doch nach dem ersten Jahr zeichnete sich ab, dass Franziskus nicht aufgeben würde. Das einzige Zugeständnis waren einige wenige Meter. Er hatte sich früher immer an irgendeinen zufällig gewählten Platz in der Mensa mitten unter die Mitarbeiter der Kurie gesetzt. Was die Kritiker von Franziskus vorher gesagt hatten, traf tatsächlich ein: Der Alltag schlauchte den Papst gewaltig, denn immer beim Frühstück, Mittag- und Abendessen marschierten ganze Truppen von Kirchenmännern auf, die für kurze Zeit im Haus der heiligen Martha abgestiegen waren, weil sie einen vorübergehenden Job in der Kirchenregierung zu erledigen hatten. Sie stellten sich vor Franziskus hin, zückten ihre Kameras, Handys und Tablets, um den Papst dabei zu filmen, wie er sich ein Brötchen aufschnitt, Spaghetti auf die Gabel rollte oder ein Stück Braten zum Mund führte.

Doch kapitulieren wollte der Papst nicht. Seine Kritiker hatten keinerlei Zweifel gehegt, dass er angesichts der Gafferei endlich das ihrer Ansicht nach Richtige tun und sich in die Abgeschiedenheit des noblen Apostolischen Palastes zurückziehen würde, wie alle seine Vorgänger auch, die so auch nicht mehr mitbekamen, was im Vatikan wirklich lief. Doch der Papst wich nur wenige Meter zurück. Statt in den Apostolischen Palast zu ziehen, ließ er sich einen neuen Platz in der Mensa geben, wo er weniger auf dem Präsentierteller saß. Einsperren lässt er sich in dieser Ecke aber nicht; wenn er mit jemandem sprechen will, durchquert er immer noch die Mensa und setzt sich zu ihm, trotz des zu erwartenden Blitzlichtgewitters der neugierigen Priester. »Papst Franziskus ist ein Kämpfer. Erinnert er dich an Karol Wojtyła?«, fragte mich ein befreundeter Priester aus Kanada, der, angezogen durch das Charisma des Argentiniers, nach Rom gekommen war.

Ich musste daran denken, wie ich Wojtyła hatte kämpfen sehen, gegen die Übermacht der Sowjetdiktatur, die versucht hatte, ihn auszuschalten, und gegen seinen geschwächten Körper, der schließlich sein Gefängnis wurde. Ich hatte Benedikt XVI. kämpfen sehen gegen das Schicksal, das ihm das Amt des Papstes aufgebürdet hatte.

»Ja, ich glaube, du hast recht, er ist ein Kämpfer«, sagte ich.

»Aber wofür«, fragte er mich. »Für wen kämpft er eigentlich?«

Das wusste ich zufällig genau. Sie hatte mir einen Brief geschrieben, aus ihrem Elendsviertel, wo Menschen nur deswegen an Typhus sterben, weil sie kein sauberes Wasser haben, wo sich die größten Crack-Drogenküchen der Welt befinden und wo Killer täglich Angst und Schrecken verbreiten.

»Lieber Andreas«, schrieb sie mir, »ich werde jetzt 83 Jahre alt, und ich habe gehört, dass sie hier ein richtiges Grillfest für mich machen wollen. Ich danke dir für das Foto, das dein Freund von uns beiden gemacht hat und das du mir geschickt hast. Ich habe es aufgehängt an der Wand meiner Bude, und es erinnert mich jetzt immer an den Tag, als der Papst vor meiner Haustür stand, und auch daran, dass du zu mir gekommen bist, um zu fragen, was der Papst mir denn eigentlich gesagt hatte. Du weißt ja, dass ich ihm von meinen Enkeln erzählt habe. Es war der Tag damals, an dem all die wichtigen Leute von Rio vergeblich darauf gewartet hatten, dass der Papst zu ihnen nach Hause kommt, denn er war bei mir, bei mir zu Hause, bei Amara Oliveira. Und bitte schick mir kein Geld mehr, das ist mir peinlich. Ich drücke dich an mein Herz.«

»Ich weiß, für wen er kämpft«, sagte ich. Der kanadische Priester schaute mich neugierig an.

»Sie heißt Amara Oliveira und wohnt in der Varginha-Favela in Rio de Janeiro, sie ist 83 Jahre alt. Ich habe Papst Franziskus im letzten Jahr einmal wirklich glücklich gesehen, und zwar als er bei dieser Frau und ihren Bekannten war und die Straße in ihrer Favela entlanggegangen ist. Wenn du wissen willst, für wen er kämpft: Sie ist es!«

»Wie heißt sie noch mal?«, fragte er.

»Der Name tut nichts zur Sache«, sagte ich, denn es gibt noch eine runde Milliarde anderer Frauen und Männer, die genauso leben müssen wie Amara. Und er, Franziskus, kämpft für sie alle, und weißt du, warum? Weil das seine Leute sind.«

# Bildnachweis

# Joachim Kaiser
## *Sprechen wir über Musik*
### Eine kleine Klassik-Kunde

176 Seiten, Broschur
*btb* 74712

## Was Sie schon immer über Musik wissen wollten, aber bisher nicht zu fragen wagten

Mit diesem besonderen Buch will Joachim Kaiser vor allem eines: Andere für den Zauber der Musik gewinnen. Und so schreibt er auch: Begeistert, kenntnisreich und immer verständlich. Er erhebt sich nicht über den Leser, sondern lässt ihn an seinem Wissen und seiner Liebe zur Musik teilhaben. Wie deutsch klingt eigentlich deutsche Musik? Was störte Glenn Gould an Beethoven? Welche Bedeutung haben Pausen in einem Stück? Und wozu braucht man eigentlich Musikkritiker? Auf solche und viele weitere Fragen seiner Leser antwortet Kaiser in diesem Buch.

Eine ebenso kluge wie unterhaltsame kleine Klassik-Kunde, die viel Wissenswertes vermittelt und auf wunderbare Weise zu einer tieferen Beschäftigung mit der Musik anregt.

»Zweifellos der größte Musikkritiker der Gegenwart«
*Die Welt*